변상과 징계의 이론과 사례

Theory and Practice of Reparation and Disciplinary Punishment

법학박사
강 인 옥 저

감사 및 회계업무 담당 직원을 포함한 공직자들이
위법 또는 부당한 행위에 대하여 변상이나 징계 책임의 대상이
되는지 여부를 판단하고 책임의 정도가 어떠한지 알 수 있도록
이론적 검토와 사례를 제공하였다. 이는 공직자들의 업무 수행에
필요한 이정표가 될 것이다.

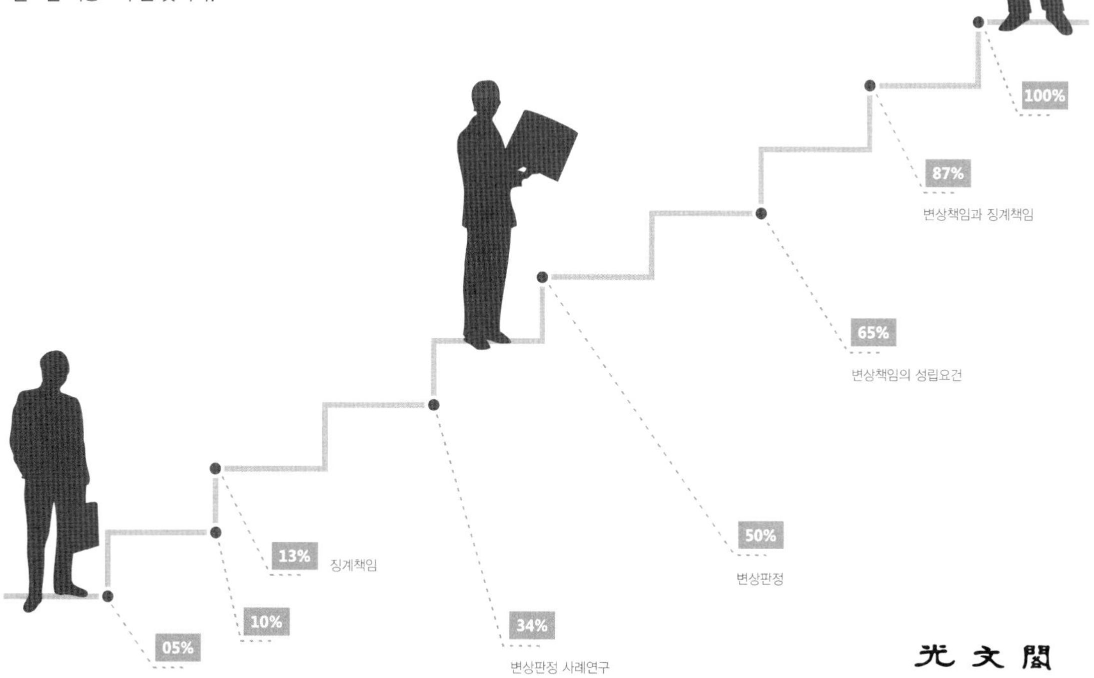

光文閣
www.kwangmoonkag.co.kr

머리말 :

예나 지금이나 국민들의 변하지 않는 관심사는 공직자들의 청렴성과 국민에 대한 헌신이 아닌가 싶다. 다산 정약용(1762~1836)선생은《목민심서》'청심(淸心)'에서 "청렴은 목민관의 본무이자 모든 선의 원천이요 모든 덕의 뿌리이다. 청렴하지 않고 목민관을 한다는 것은 있을 수 없다.(廉者, 牧之本務, 萬善之源, 諸德之根, 不廉而能牧者, 未之有也)"라고 하였다. 우리나라의 공직자에게는 고결한 선비정신에서 비롯된 청백리 문화가 이어져 오고 있는 것이다.

최근 우리나라는 글로벌 경제 위기와 북한의 핵 도발 등 국가적 어려움에 봉착해 있다. 이를 타개하고 21세기 일류 국가로 도약하기 위해서는 국민들의 지혜를 모으고 이를 뒷받침할 공직자들의 공직에 대한 사명감과 책임이 중요하다.

국민들이 공직에 거는 기대와 도덕적 기준도 높아져서 '부정청탁 및 금품수수의 금지에 관한 법률'(세칭 김영란법)이 제정되었고 시행을 앞두고 있다. 공무원 징계 관련 법규도 강화된 공직관을 반영하여 개정·시행되었다. 특히 청렴 의무와 관련된 법규가 강화되었으며, 강등 또는 정직의 경우는 보수 전액을 삭감하는 규정이 2016. 6. 25.에 시행되는 등 징계가 내용적으로도 엄격해졌다.

공직자들의 적극적이고 창의적인 노력이 필요한 시점임을 감안하여 감사원에서는 공직자가 불합리한 규제의 개선 등 공공의 이익을 위하여 적극적이고 창의적으로 업무를 처리한 결과에 대해 고의나 중대한 과실이 없는 경우에는 징계 등 책임을 묻지 않도록 하여 일하는 공직 분위기를 조성하고 감사결과 처리의 투명성과 절차적 정당성을 제고함을 목적으로 감사원법 제34조의3(적극행정에 대한 면책)과 공공감사에 관한 법률 제23조의2(적극행정에 대한 면책)을 신설하여 적극 행정 면책제도를 운영하고 있으며, 부작위 등 소극 행정에 대한 처벌을 강화하여 적극적으로 공직사회의 변화를 요구하고 있다.

이처럼 공직자들의 창의적인 발상과 혁신이 필요한 시점에 변상책임과 징계책임에 관한 지식은 업무 내외적으로 발생할 수 있는 공직자의 잘못에 대하여 어떤 책임이 있는지를 명확하게 안내해서 적극적인 행정활동을 이끌어내게 한다고 생각한다.

이를 위해 실사구시(實事求是) 정신에 맞추어 지식을 생각만을 위한 지식으로 두지 않고 실용적으로 실무에 적용할 수 있도록 이론과 사례를 조화시켜서 변상과 징계에 대한 연구를 수행하기로 한다.

변상과 징계에 대한 교육에 있어서도 이론과 함께 사례연구(case study)를 병행하여 관련 이론이 어떻게 적용이 되는지를 확인함으로써 이론적 기초가 더욱 튼실해 지고 이 사례들로 변상과 징계의 처리안을 작성하도록 해서 직접 실무에 적용할 수 있도록 하는 '이론과 실무를 하나로 묶는 교육'이 나름대로 성과를 거두고 있다.

책임은 행위나 결과에 비례해서 정확하게 지우는 것이 이상적이고 법이 추구하는 정의에 부합한다. 이런 관점에서 보면 변상책임의 경우에는 변상금액의 결정이 그리고 징계책임에는 정확한 징계 양정이 핵심이라고 하겠다.

이 책은 이 점을 고려하여 감사 및 회계업무 담당직원을 포함한 공직자들이 변상이나 징계의 대상이 되는 공직자의 위법 또는 부당한 행위에 대해서 이것이 변상이나 징계책임의 대상이 되는지를 판단하고, 책임의 정도가 어느 정도인지 헤아려 정할 수 하는데 목적을 두었다. 이는 물론 모든 공직자들에게는 공직 수행에 필수적인 지식이 될 것이다.

이 책은 전체 5개 chapter로 구성 되어 있다. 크게 보면 변상과 징계책임의 개념, 변상판정과 징계책임으로 구분된다. chapter 1에서는 변상책임과 징계책임의 개념, 법적 성격과 관련 제도와의 관계를 서술하였고, chapter 2는 변상책임의 성립 요건을 객관적 요건과 주관적 요건으로 구분하여 정리하였다. chapter 3은 변상판정에 대해서 연구하였다. 특히 변상액의 결정에 대해 중점을 두었는데 손해액 산정, 변상책임의 유형, 전임자와 후임자의 책임이 경합하는 경우, 이자부과 가능 여부, 제3자의 책임과의 관계, 변상금액의 감면, 변상금액 산정 관련 쟁점사항 등을 검토하였다. chapter 4는 변상판정 사례연구로서 그동안 감사원의 변상판정 사항을 사항별로 구분 정리하고 최근의 사례에 직접 변상책임의 성립 요건과 변상금액 결정 등을 적용해 보고 확인함으로써 변상판정에 대한 지식을 총정리하여 견고한 지식을 확보하는 데 도움이 되도록 하였다. chapter 5 징계책임은 2016년에 새롭게 시행되고 있는 징계제도를 연구하는데, 징계제도와 절차, 징계 관련 법령 개정사항, 징계사례를 검토하였다.

이 책은 필자가 변상과 징계에 관한 강의를 하면서 관련 자료를 수집하고 정리한 내용과 그동안 관련 논문집에 기고한 글 등을 중심으로 정리한 것이다. 이 책이 감사 및 회계업무 담당직원을 포함한 모든 공직자에게 도움이 되었으면 하는 것이 작은 바람이다.

여기서 이 책을 발간함에 있어 저자를 도와준 여러분께 고마움의 뜻을 표하고자 한다. 먼저, 이 책을 집필할 수 있는 여건을 마련해 주시고 교육에 지대한 성원을 보내 주시는 황찬현 감사원장님과 이완수 사무총장님께 깊은 감사의 말씀을 드린다. 훌륭한 인품과 리더십을 갖추신 정경순 공직감찰본부장님과 김홍률 교수부장님, 장주흠, 이길후, 이종각 과장님, 사랑하는 동료 이종운, 김수종 교수님, 바쁘신 중에도 내용과 체계 등에 대해 전반적인 검토와 의견을 주고 알아보기 등을 정리해 주신 배재일 과장님께 심심한 감사의 말씀을 드린다.

또한, 본 서적을 출판하는데 수고를 아끼지 않은 광문각의 박정태 회장님을 비롯한 임직원께도 감사의 말씀을 드린다.

2016년 6월 7일

이른 아침 연구실에서

강인옥

CONTENTS

❖ 알아보기

변상책임과 징계책임

CHAPTER 01

CHAPTER 01

변상책임과 징계책임

1. 서론

최근 우리나라는 글로벌 경제 위기와 북한의 핵 도발 등 국가적 어려움에 봉착해 있다. 이를 타개하고 21세기 일류 국가로 도약하기 위해서는 공직자들의 공직에 대한 사명감과 책임이 중요하다. 국민들의 공직에 거는 기대와 도덕적 기준도 높아져서 '부정청탁 및 금품수수의 금지에 관한 법률'(세칭 김영란법)이 제정되었고 시행을 앞두고 있다. 공무원 징계 관련 법규도 강화된 공직관을 반영하여 2016년에 새로 시행되었다.

감사원에서도 징계와 관련하여 적극 행정 면책제도를 입법화하였고, 부작위 등 소극 행정에 대하여 엄중한 조치를 취하는 등 적극적으로 공직사회의 변화를 요구하고 있다.

즉, 공무원이 적극적이고 창의적으로 불합리한 규제의 개선 등 공공의 이익을 위하여 업무를 처리한 결과에 대하여 고의나 중대한 과실이 없는 경우에 징계 요구 등 책임을 묻지 않도록 하여 일하는 공직 분위기를 조성하고 감사결과 처리의 투명성과 절차적 정당성을 제고함을 목적으로 감사원법에 제34조의3(적극행정에 대한 면책)과 공공감사에 관한 법률 제23조의 2(적극행정에 대한 면책)을 신설하여 운영하고 있다.

이와 같이 공직자들의 창의적인 발상과 혁신이 필요한 시점에 변상책임과 징계책임에 관한 지식은 업무 내외적으로 발생할 수 있는 공직자의 잘못에 대하여 어떤 책임이 있는지를 명확하게 안내하는 것은 책임 있는 행정활동을 위하여 중요하다고 생각한다.

공직자가 업무 수행 중에 위법행위로 소속기관에 피해를 준 경우는 어떤 책임을 지게 될까?

예컨대, 갑은 공공기관인 A공사에서 등기소송 담당자로 근무하면서 A공사를 피공탁자로 공탁한 공탁금을 수령하여 위 공사 계좌에 납입하는 업무를 담당하였고, B조합은 공부상 소유자인 A공사를 상대로 소유권 이전등기 청구소송을 제기하면서 위 공사를 피공탁자로 하여 350,650,000원을 변제공탁을 하였다. 갑은 수원지방법원 성남지원으로부터 공탁통지서를 수령하여 위 공사를 피공탁자로 한 공탁금 350,650,000원이 있다는 사실을 알게 되자, 2015년 4월 1일 오전에 경남지역본부장 명의의 위임장[1)]을 작성한 후 법인인감 보관 담당자인 과장 을이 잠시 자리를 비운 사이 법인인감 도장을 무단으로 날인하는 수법으로 공탁금 출급·회수 청구서와 위임장을 각각 위조하고, 다음 날인 4월 2일 이와 같이 확보한 위임장 등 관련서류를 자신이 몰래 발급받아 보관하고 있던 인감증명서 1부와 함께 수원지방법원 성남지원에 제출하여 공탁금 350,650,000원과 그 이자 858,282원 계 351,508,282원 전액을 자신의 계좌로 수령하여 착복한 사례가 있다.[2)]

이 경우 갑은 형사적으로는 횡령죄(형법 제355조 제1항) 등에 해당되어 고발조치될 것이고, 동시에 공무원의 (성실, 청렴 등)의무 위반으로 파면 등 징계조치가 되며, 재산적으로는 착복한 금액에 대하여 변상책임이 성립되어 변상판정의 대상이 된다. 법인 인감 담당자인 과장 을은 법인인감 등 관리 태만으로 징계처분의 대상이 된다.

이처럼 공직자가 업무수행 중에 고의 또는 과실로 위법한 행위를 한 경우에 예견되는 책임은 크게 3가지가 된다. 즉, 일반 형벌권의 작용으로부터 발생하는 형사적 책임, 공무원의 특별권력관계 등 근무 관계로부터 발생하는 징계책임이 있고 재산권과 관련된 재산적 책임이 있다. 물론 회계관계직원인 경우에는 재산적 책임은 변상책임이 원칙이다. 이 세 가지는 책임의 성질이 다르기 때문에 세 가지 모두 해당되는 경우도 있고 그렇지 않은 경우도 있다. 위 책임은 그 요건에 해당하면 각각 성립할 수 있으므로 병과될 수 있다.

1) "공탁금 출급·회수 및 공탁기록 열람·복사 등 일체의 업무수행을 갑에게 위임한다"는 내용임

2) 출처 : 2015 판정 2

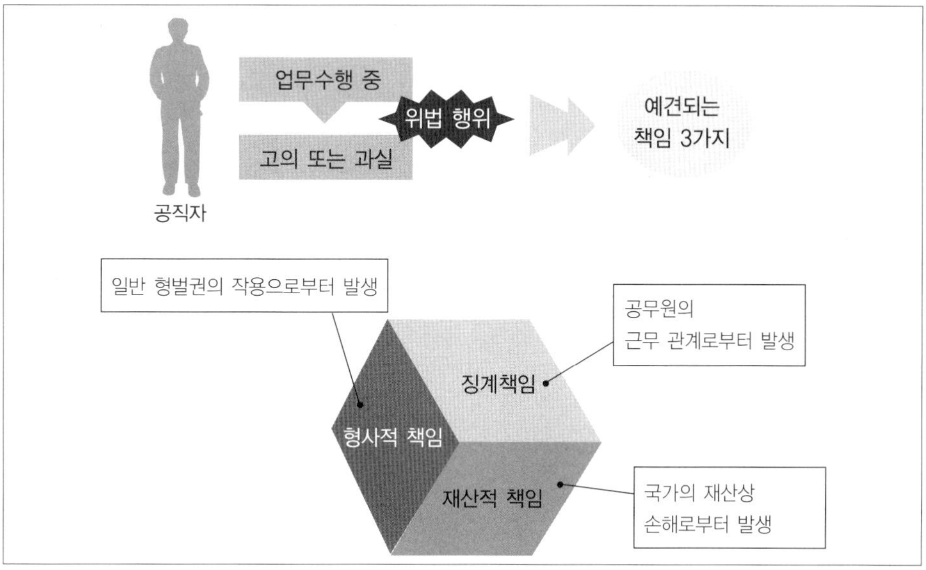

우리는 이러한 책임 중에서 변상책임과 징계책임에 대하여 연구하기로 한다. 형사책임과 구상제도는 변상과 징계를 연구하는 과정에 관련 사항으로 검토하게 된다.

이곳에서는 변상책임과 징계책임의 개념과 관련 제도와의 관계를 설명하고, 구체적인 것은 chapter를 달리해서 검토하기로 한다.

2. 변상책임

1) 변상책임의 개념과 근거 법규

(1) 개념

변상책임이란 회계관계직원이 고의 또는 중대한 과실로 법령이나 그 밖의 관계 규정 및 예산에 정하여진 바에 위반하여 국가·지방자치단체 그 밖에 감사원의 감사를 받는 단체 등의 재산에 대하여 손해를 끼친 때에 그 손해를 변상하여야 하는 책임을 말한다.

(2) 변상청구권(변상책임) 발생 시기

국가나 지자체, 그 밖에 감사원의 감사를 받는 단체가 소속 회계관계직원에 대하여 변상을 청구할 수 있는 권리(회계관계직원의 변상책임)가 언제 성립하는지에 대해서 「회계관계직원 등의 책임에 관한 법률」(이하 "회계직원책임법"이라 한다) 제4조에 따르면 회계관계직원이 국가나 지방자치단체, 그 밖에 감사원의 감사를 받는 단체(공공단체) 등의 재산에 손해를 끼치거나 현금 또는 물품을 망실·훼손한 경우 변상할 책임이 있다고 규정하고 있고, 「감사원법」 제31조 제1항에 따르면 감사원이 변상책임의 유무를 심리하고 판정하도록 규정하고 있다. 이에 대하여는 국가나 지자체, 공공단체는 회계관계직원의 불법행위로 재산상의 손해를 끼친 때 변상을 청구할 수 있는 권리를 취득하고, 감사원의 변상판정은 법원의 재판과 유사하게 변상의무의 유무 및 범위 등을 확정하는 데 불과하다는 것이 통설이다.[3)]

(3) 근거 법규

회계관계직원의 책임과 관련되는 법규로는 「회계관계직원 등의 책임에 관한 법률」과 「회계관계직원 등의 책임에 관한 법률 시행령」을 비롯하여 「감사원법」과 「감사원 재심의규칙」 등이 있다. 이 중에서 「회계관계직원 등의 책임에 관한 법률」은 '회계관계직원'의 변상책임에 관한 일반법으로서 회계관계직원의 의무, 변상책임의 요건, 변상금액의 감면 등에 관하여 규정하고 있다.

이외에도 「감사원 변상판정 청구에 관한 규칙」, 「변상판정 집행절차에 관한 규칙」, 「변상판정 처리기준」, 「현장감독자와 검사자의 책임의 한계」 등이 있다.

「국가회계법」 제28조(회계관계공무원 등의 책임), 「물품관리법」 제45조(물품관리

3) 윤진수, 정부법무공단, 강인옥, 2013년 감사원 자문의견

종사공무원의 책임) 및 「군수품관리법」 제28조(물품관리공무원의 책임) 등에서 관련자의 책임에 관하여는 따로 법률로 정한다고 하고 있는데, 이 법률이 바로 회계직원책임법이다. 지방자치단체의 경우 「지방재정법」 제94조(회계관계공무원의 책임)에 변상책임에 관한 규정을 두고 있으나, 구체적인 집행절차나 구제방법 등을 규정하지 아니하여 실질적으로 지방자치단체의 경우에도 「회계직원책임법」이 적용된다. 「회계직원책임법」은 1957년 제정 이후 수차의 개정을 거쳐 2014년 5월 28일에 법률 제12687호로 개정되어 시행 중이다.

알아보기 1 회계관계직원등의 책임에 관한 법률에서 '관계', '등'은 무엇을 의미하는가?

이는 책임의 주체가 회계직으로 임명된 자(회계직원)뿐만 아니라 실질적으로 회계업무를 처리하는 자(회계관계직원 : 보조자)와 회계관계직원의 상급자(등)를 모두 포함하는 넓은 개념이기 때문이다.

예컨대, 토지보상금 지급업무를 살펴보기로 하자.

토지보상금을 지출하기 위한 업무 절차를 보면 보상액과 보상의 상대방이 결정되어야 하고 이를 기초로 지출결의를 한다. 그런데 A시 건설국 소속 과장이 기안책임자인 계장의 말만 믿고 관계서류를 면밀히 검토하지 않고 결재하여 2억여 원의 보상금이 부당하게 지급된 경우가 발생하였다면, 담당 과장과 계장이 「회계직원책임법」의 적용이 되는 회계관계직원에 해당하는지 의문이 생긴다. 담당과장과 계장은 토목직이고 건설국 소속이므로 직제상 회계업무를 담당하는 사람이 아니기 때문이다. 그러나 회계직 여부는 직제상으로 구분하는 것도 의미가 있지만 업무의 내용으로 구분하는 것이다. 이들의 업무내용을 보면 보상금 지출대상자 선정과 보상가액을 결정함으로써 재무관인 재무국장의 보상금 지출결의 업무를 보조하고 있으므로 회계관계직원에 해당한다. 즉, 회계직원인 재무국장을 업무적으로 보조하는 보조자 즉 회계관계직원에 해당한다.

회계관계직원의 상급자(등)는 회계관계직원은 아니지만 회계관계직원의 직무에 대해 지휘감독을 할 수 있는 권한을 가진 자이다. 「회계직원책임법」 제8조 제1항에 위법한 회계 행위를 지시·요구한 상급자는 회계직원과 연대하여 변상할 책임이 있다고 규정하고 있다. 이와 관련해서는 Chapter 3. II.2.3) 연대책임을 참조하기 바란다.

2) 법적 성격

변상책임의 성격을 정확하게 파악하여야 다른 제도와의 차이, 소멸시효는 재정시효를 적용받게 되는지 아니면 민법상의 소멸시효가 적용되는지, 행위자인 회계관계직원에게 변상 이외에 손해배상청구를 할 수 있는지, 또한 변상책임이 상속될 수 있는지 등에 대한 정확한 해결방법을 제시할 수 있기 때문에 법적 성격에 대한 논의는 중요하다. 변상책임은 회계관계직원이 자신의 직무위반의 행위로 인해 손해가 발생한 경우에 그 손해를 전보하는 배상책임의 일종으로 볼 수 있으나, 그 법적 성격에 대해서는 종래부터 학설이 나뉘어 있다. 공법의 특수성을 어느 정도 인정할 것인지의 문제와 사법상의 손해배상제도에 있어서의 청구권 경합을 인정할 것인가의 문제에 견해가 다르다. 이런 차이점 때문에 변상책임의 본질에 대하여는 크게 나누어 공법설과 사법설이 있다.[4] 종래 학설과 판례가 공법설을 취함에 따라 변상책임에 해당하는 경우에는 사법상 손해배상책임을 지우지 못하는 것으로 해석되어 왔다. 변상책임의 인적 범위가 공무원이 아닌 자까지도 포함하고 있으므로 변상책임의 본질에 관한 종래의 학설을 그대로 인정할 수는 없다고 하겠다.

4) 서민석, “구 회계관계직원등의책임에관한법률(2001.4.7. 법률 제6461호로 전문 개정되기 전의 것) 제2조 소정의 회계관계직원으로서 공무원이 아닌 사람이 같은 법 제4조 제1항에 따라 변상책임을 지는 경우, 그 직원의 소”, 「대법원 판례해설」 제63호(2006 하반기), 법원도서관, 2007.7, p.765-p.767. 참조.

(1) 공법설을 취한 기존 판례

공무원의 복무관계는 사법상의 고용관계가 아닌 국가와 공무원 간의 특별권력관계에 따른 공법상의 근무관계이므로 이와 같은 복무관계를 기초로 하는 변상책임은 회계관계법규의 규정에 의하여 창설된 공법상의 특별책임이라는 설로서 종래의 통설이며 기존의 판례의 태도[5]이다. 또한, 공무원이 아닌 회계관계직원의 경우에도 「회계직원책임법」에 특별히 규정된 경우는 별도로 하고 민법상 불법행위에 의한 책임은 지지 않는다고 해석하였다.[6] 이는 회계관계직원의 신분이 공무원인지 여부와 관계없이 직무와 관련된 손해에 대해서는 변상책임 이외에 손해배상책임은 물을 수 없다고 보는 것이다. 공법설의 경우는 회계관계직원이 공무원인 경우는 적절한 해석이 되지만, 민간인인 경우는 논란의 소지가 있다. 공공기관의 경우, 회계관계직원이 아닌 경우는 당연히 손해배상청구대상이 되는데 비해 오히려 가중책임적 요소를 갖고 있는 회계관계직원은 대상이 아니라면 오히려 책임이 가벼워지는 문제점이 있다.

① 대법원 1988.10.24. 선고 87다카1751 판결

"국가배상심의회 간사 및 위원장직에 있던 피고들이 배상신청서에 첨부된 소명자료들을 모두 진정한 것이라고 믿은 나머지 업무처리지침에 따른 증거조사절차를 거치지 아니함으로써 위 각 서류들이 위조된 것임을 간과한 채 경솔히 배상금지급결정을 하였으나 이러한 피고들의 증거조사 해태행위는 순전한 직무상의 행위(부작위)임이 명백하므로 국가인 원고는 피고들에게 민법상의 불법행위책임을 추궁할 수 없다고 판단"한 원심을 공무원이 순전한 직무상의 행위로 인하여 국가 또는 공공단체에 손해를 입힌 경우에는 회계관계직원등의책임에관한법률이나 물품보관법 등에 의하여 특별히 규정된 경우를 제외하고는 국가 또는 공공단체에 대하여 민법상 불법행위로 인한 손해배상책임을 지지 않는다(1968.11.19. 선고 68다651 판결 및 1983.11.8. 선고 81다카996 판결 각 참조)라는 기존 판례의 법리를 원

5) 대법원 1983.11.8. 선고 81다카996 판결

6) 대법원 2002. 9. 24. 선고 2001다56386 판결

용하여 국가 또는 공공단체에 대하여 민법상 불법행위로 인한 손해배상책임을 부인하고 있다.

② 대법원 2002. 9. 24. 선고 2001다56386 판결

이 판결은 피고 갑이 A공단 전주사업소의 소장으로서 전주사업소의 업무를 총괄적으로 지휘·감독하는 한편, 분임회계수입담당 겸 지출 및 유가증권 업무의 최종 결재권자로서 성실한 관리자의 주의를 다하여 관련 규정을 준수하여 자금관리 및 회계 업무를 처리하여야 할 책임과 임무가 있음에도 불구하고, 이를 게을리한 채 을이 작성한 전표나 예금청구서를 증빙서류의 확인이나 관련 장부와의 대조 없이 그대로 결재하고, 거래인감의 관리를 소홀히 하여 출장이나 휴가 시 을에게 이를 맡겨 그로 하여금 이를 도용하게 하고, 사후에라도 총무과장에게 지시하거나 또는 스스로라도 직접 집행 영수증을 전표와 대조하고, 통장잔고를 회계장부상의 시재금과 비교하거나, 매입한 양도성예금증서(CD)의 원본이나 금융기관이 발행한 유가증권예수증 또는 잔액증명서를 확인하는 등으로 자금이 제대로 집행·관리되고 회계도 제대로 이루어지고 있는지 여부에 대하여 일체 확인함이 없이, 사업소장 및 분임회계수입담당의 직무를 유기한 중대한 과실로 인하여 A공단이 을이 횡령한 2,762,105,686원 상당의 손해를 입은 사건에서 비롯되었다.

A공단은 감사원의 변상판정제도를 이용하지 않고 민사상 손해배상을 청구하였는데, 이에 대하여 대법원은 회계관계직원의 직무와 관련된 사항은 감사원의 변상판정에 의해야 한다는 기존 판례의 견해를 원용하면서 다음과 같은 이유를 들어 기각하였다.

회계관계직원 등의 책임에 관한 법률에서 정한 회계관계직원이 그 직무와는 상관없이 개인적인 행위를 한 경우는 물론, 직무의 집행을 이용하여 또는 직무집행과 경합하여 개인적인 행위를 하고 이로 인하여 국가 또는 단체에 대하여 재산적 손해를 입혔을 때에는, 민법상 불법행위의 요건을 갖추는 이상 이로 인한 손해배상책임을 져야 하나, 이와는 달리 회계관계직원이 순전한 그 직무상의 행위로 말미암아 국가 또는 단체에 손해를 입혔을 때에는 회계관계직원 등의 책임에 관한 법률에 의하여 특별히 규정된 경우는 별도로 하고, 민법상 불법행위에 의한 손해배상책임은 지지 아니한다고 해석되고, 이는 회계관계직원의 직무상 행위가 그 보조자인 부하 직원의 업무에 대한 감독상 주의 의무를 현저히 태만히 한 감독상의 과실, 즉 부작위인 경우에도 마찬가지이며, 회계관계직원의 직무상 의무 위반으로 인한 변상책임은 감사원의 변상판정에 의하지 않고 민사상 소구하여 그 책임을 물을 수는 없다.[7)]

3 기존 판례의 취지

위에 인용된 기존의 판결들은 모두 공무원의 행위로 국가 또는 지방자치단체가 직접적인 재산상의 손해를 입은 경우에 해당 공무원의 책임에 관한 것이다.

기존 판례의 취지를 분석하면 첫째, 공무원이 그 직무 집행과는 상관없는 개인으로서 행위를 한 경우는 물론 직무의 집행을 이용하여, 또는 직무 집행과 경합하여 개인으로서의 행위를 하고 이로 인하여 국가 또는 지방자치단체에 대하여 재산상의 손해를 입혔을 때에는 민법상의 불법행위의 요건을 갖추는 이상, 손해배상의 책임을 져야 한다. 둘째, 공무원이 순전한 그 직무상의 행위로 말미암아 국가 또는 지방자치단체에 손해를 입혔을 때에는 「회계직원책임법」 등에 의하여 특별히 규정된 경우는 별도로 하고 민법상의 불법행위에 의한 손해배상책임은 지지 않는다. 셋째, 회계관계직원으로서 「회계직원책임법」에 의한 변상책임을 지는 경우, 그 변상책임은 감사원의 변상판정에 의하지 아니하고 민사상 소구할 수는 없다.[8)]로 정리할 수 있다.

(2) 변경된 현행 판례

종래 학설과 판례가 공법설을 취함에 따라 변상책임에 해당하는 경우에는 사법상 손해배상책임을 지우지 못하는 것으로 해석되어 왔다. 그러나, '공무원이 아닌 회계관계직원이 …… 법 제4조 제1항에 따라 변상책임을 지는 경우에도 그 직원

7) 대법원 1980. 2. 26. 선고 79다2241 판결, 1983. 11. 8. 선고 81다카996 판결, 1988. 10. 24. 선고 87다카1751 판결 등 참조

8) 서민석, 대법원 판례해설 제63호, 법원도서관, 2007.7., p.758 참조

의 소속 단체에 대한 민법상의 불법행위책임이 배제되는 것은 아니다.'라고 하여 판례의 태도가 사법상의 손해배상 제도에 있어서의 청구권 경합을 인정하는 것으로 바뀌었다. 이는 변상책임의 성질에 대한 해석의 차이에서 오는 것으로 볼 수 있겠다. 종래의 학설과 관련해서는 검토가 많이 되어 있으므로 여기서는 이 판례의 취지를 검토하여 회계관계직원에 대한 직접적인 손해배상 청구가 가능한지를 검토하기로 한다.

1 사건의 개요(대법원 2006.11.16. 선고 2002다74152 전원합의체 판결)

A시 체육회 총무과 소속 일반회계 경리담당 직원이 총무과장의 지시에 따라 입출금 업무에 종사하면서, 2000. 2. 7.경 A시 체육회 총무과 사무실에서 그곳에 있던 은행 출금전표의 계좌번호란에 (번호 생략), 금액란에 '오십일만원정(510,000원)', 성명란에 '대한체육회'라고 각 기재한 다음, 총무과장 책상 위에 있던 체육회의 직인 및 책상 서랍 안에 있던 총무과장의 사인(사인)을 찍어 원고 명의의 출금전표를 작성한 후 은행에서 이를 원고 명의의 통장과 함께 제출하여 위 은행 직원으로부터 510,000원을 교부받아 이를 개인 용도로 소비한 것을 비롯하여 출금전표 또는 공금지급통지서를 위조하여 수차례에 걸쳐 합계 금 534,051,900원을 원고 명의의 예금통장에서 임의로 인출하여 소비한 사건에 대해 A시 체육회가 총무과장 등을 상대로 손해배상청구소송을 제기하였다.

2 대법원의 판결 요지

이에 대하여 하급심인 고등법원은 그동안의 대법원 판례에 따라서, 「회계직원책임법」에서 정한 회계관계직원이 그 직무와는 상관없이 개인적인 행위를 한 경우는 물론, 직무의 집행을 이용하여 또는 직무 집행과 경합하여 개인적인 행위를 하고 이로 인하여 국가 또는 단체에 대하여 재산적 손해를 입혔을 때에는, 민법상 불법행위의 요건을 갖추는 이상 이로 인한 손해배상책임을 져야 한다고 전제하였다. 그러면서 이와는 달리 회계관계직원이 순전한 그 직무상의 행위로 말미암아 국가 또는 단체에 손해를 입혔을 때에는 「회계직원책임법」에 의하여 특별히 규정된 경우는 별도로 하고, 민법상 불법행위에 의한 손해배상책임은 지지 아니한다고 해석하였다. 이는 회계관계직원의 직무상 행위가 그 보조자인 부하 직원의 업무에 대한 감독상 주의 의무를 현저히 태만히 한 감독상의 과실, 즉 부작위인 경우에도 마찬가지이며, 회계관계직원의 직무상 의무 위반으로 인한 변상책임은 감사원의 변상판정에 의하지 않고 민사상 소구하여 그 책임을 물을 수는 없다고 판결하였다.[9] 이는 종래의 학설과 판례에 충실한 내용으로 보이지만 피해자의 손해배상청구권을 제한하는 결과를 초래할 수 있다.

이에 불복한 A시 체육회가 대법원에 상고하기에 이르렀다. 대법원은 공무원이 아닌 회계직원에까지 직접적인 손해배상청구를 제한하는 것은 불합리하다는 취지에서 다음과 같이 판결하였다. "구 회계관계직원 등의 책임에 관한 법률 제2조 소정의 공무원이 아닌 회계관계직원이 고의 또는 중대한 과실로 법령 기타 관계 규정 및 예산에 정하여진 바에 위반하여 소속 단체의 재산에 대하여 손해를 입혀 「회계직원책임법」 제4조 제1항에 따라 변상책임을 지는 경우에도, 그 직원의 소속 단체에 대한 민법상의 불법행위책임이 배제되는 것은 아니다. 종전에 이와 견해를 달리하여 공무원이 아닌 회계관계직원이 순전한 그 직무상의 행위로 소속 단체에 손해를 입혔을 때에는 「회계직원책임법」에 의하여 특별히 규정된 경우는 별도로 하고 민법상 불법행위에 기한 손해배상책임은 지지 않는다고 판시한 대법원 2002. 9. 24. 선고 2001다56386 판결은 이 판결의 견해에 배치되는 범위 내에서 이를 변경하기로 한다."

(3) 결어

판례를 종합해 보면 공무원인 회계관계직원인 경우에는 기존 판례의 견해를 유지하는 것으로 되어 있으므로, "공무원이 순전한 직무상의 행위로 말미암아 국가 또는 공공단체에 손해를 입혔을 때에는 …… 민법상의 불법행위에 의한 손해배상 책임은 지지 아니한다."[10]라고 하여 기존의 공법설을 유지하는 것으로 보인다. 다만, 공무원이 아닌 회계관계직원에 대하여는 기존 판례를 변경하여 "……변상책

9) 대전고법 2002. 11. 21. 선고 2001나7733 판결

10) 대법원 1983.11.8. 선고 81다카996 판결

임을 지는 경우에도 그 직원의 소속 단체에 대한 민법상의 불법행위책임이 배제되는 것은 아니다."[11]라고 하여 불법행위책임설을 취하고 있다. 결국 당해 회계관계직원의 근무 관계가 공법적인지 사법적인지에 따라 그 법적 성격을 구분하고 있다고 분석된다.

변상책임의 법적 성격에는 가중책임적 요소가 있는 점을 고려하면, 모든 공공기관의 직원에게는 직종에 관계없이 손해배상 청구를 할 수 있는데, 회계직원이라는 이유로 손해배상을 청구할 수 없다고 하면 오히려 회계직원의 책임이 가벼워지는 모순된 결과를 초래한다. 즉, 손해배상의 경우 경과실로 인한 손해도 배상의 대상이 되므로 일반직원은 경과실에도 책임을 지는 반면 회계직원은 변상책임만 지게 된다면 경과실로 인한 경우는 변상 대상이 아니므로 면책이 되는 문제점을 고려한 것으로 보인다.[12]

「회계직원책임법」의 변상책임은 국고금 등의 손실을 보전하기 위한 공법상 특별책임이므로, 사법관계를 규율하는 민사상 배상책임과는 그 책임 영역을 달리한다. 따라서 공무원이 아닌 회계관계직원은 직무수행상 잘못으로 소속 단체 등에 손해를 입힌 경우 소속 단체에 대하여 공법상의 특별책임인 「회계직원책임법」에 의한 변상책임은 물론이고 민법의 채무불이행 또는 불법행위에 의한 손해배상책임도 부담하고, 민사상 손해배상책임은 민사소송으로, 「회계직원책임법」에 의한 변상책임은 감사원의 변상판정에 의하여 추궁할 수 있게 된다.[13]

그러나 판례에 따르면 회계관계직원의 신분이 공무원인지 민간인지에 따라 민법상의 불법행위책임의 적용이 달라지는 문제점이 있다. 회계관계직원은 그 신분이 공무원인지 여부와 관계없이 「회계직원책임법」의 적용 대상자이기 때문이다.[14] 즉, 공무원인 경우는 변상 이외에 손해배상청구를 할 수 없으므로 공무원인 회계관계직원이 경과실로 손해를 야기한 경우에는 결과적으로 면책이 된다. 이와는 달리 공무원이 아닌 회계관계직원에 대해서는 변상책임 이외에 민사상 손해배

11) 대법원 2006.11.16. 선고 2002다74152 전원합의체 판결

12) 서민석, 앞의 논문, p.772. 참조

13) 김성엽, "회계관계직원의 민사상 손해배상책임 대상판결 2006.11.16. 선고 2002다74152 전원합의체 판결", 「재판과 판례」 제16집, 대구판례연구회, 2008, p.118.

14) 회계직원책임법 제2조 및 제4조 제1항

상책임을 인정하고 있다. 피해자의 손해배상 청구권을 인정하더라도, 고의・중과실인 경우에는 회계관계직원에게 변상책임이 있으므로 민법상 불법행위책임에 근거한 손해배상책임을 지우는 것은 동일한 효과가 예견되므로 무리가 없다고 하겠다. 그러나 경과실로 인한 손해 발생의 경우에 손해배상책임을 부과한다면 피해자(소속기관)의 선택에 따라서 당해 회계직원의 책임이 달라지게 된다.

그런데, 이와 같은 문제점에 대하여, 공무원의 국민에 대한 직접적인 배상책임에 대하여 판례가 취하고 있는 태도에 비추어 볼 때, 공법과 사법 간의 경계가 사실상 무너진 상황에서 공법과 사법을 준별하는 전통적인 관점에서 통용되던 공무원의 국가에 대한 무배상책임 원칙이 계속 유지되기는 어려울 뿐만 아니라, 공무원의 직무상 위법행위로 인하여 손해가 발생한 경우에 그것이 순전한 직무상 행위라는 이유만으로 공무원 개인의 국가에 대한 손해배상책임을 모두 면제하게 되면 공무원 개인의 책임을 통하여 공무원의 위법행위를 감시・억제하는 효과를 기대할 수 없기 때문에 공무원이 위법행위를 저지를 가능성이 커지는 부작용이 있을 수도 있으므로, 공무원의 국가에 대한 민사상 배상책임을 일반적으로 인정하는 판례변경의 가능성도 있다. 이러한 취지로, 대상 판결에서 '공무원 아닌 회계관계직원'이라고 그 대상을 특정하여 공무원인 회계관계직원에 대하여도 변상책임 외에 민사상 배상책임을 인정할 것인지 여부에 대하여 명시적으로 언급하고 있지는 않지만, 장차 공무원인 회계관계직원도 「회계직원책임법」에 의한 변상책임과는 별도로 민사상의 손해배상책임을 부담한다는 취지로 판례가 변경될 가능성도 있다고 보는 견해[15)]가 있어서 장기적인 관점에서는 문제가 해결될 것으로 보인다.

3) 국가배상법상 구상제도와의 관계

통상 변상책임이라고 함은 '회계관계직원'이 '국가' 등에 손해를 발생시킨 경우와 관련되며, 이 점에서 국가배상법에 따라 '공무원'이 불법행위로 '국민'에게 끼친 손해

15) 김성엽, 앞의 논문, p.119 참조

를 국가가 먼저 국민에게 배상한 후에 구상하는 공무원의 구상책임과는 구별된다.

(1) 구상제도

국가배상법상의 구상제도는 행정 주체가 손해를 배상한 경우에 그 손해에 대한 궁극적인 책임이 있는 자가 있으면 그에게 책임을 귀속시키는 제도라고 할 수 있다. 이 제도 역시 과실책임주의원칙에 입각한 제도로서 결국 변상제도와 마찬가지로 당해 직원의 재산적 부담을 통한 '국고손실의 보전'이라는 목적을 갖고 있다.

구상권에 관하여 현행 「국가배상법」 제2조 2항은 "제1항 본문의 경우에 공무원에게 고의 또는 중대한 과실이 있는 때에는 국가 또는 지방자치단체는 그 공무원에게 구상할 수 있다."라고 규정하여 국가 또는 공공단체가 공무원의 직무상의 불법행위로 인한 배상책임을 진 경우에, 그것이 공무원의 고의 또는 중과실로 인한 것인 때에는 배상을 한 국가 또는 공공단체가 당해 공무원에 대하여 구상권이 있음을 밝히고 있다. 이는 동시에 경과실인 경우에는 그 공무원에 대하여 국가 또는 공공단체는 구상권을 행사할 수 없음을 규정한 것인데, 이는 공무원의 집무 의욕의 저하와 사무 정체를 방지하기 위한 입법정책적 고려에서라고 할 수 있다.

또한, 국가 또는 지방자치단체가 가지는 구상권의 실효성을 확보하기 위하여 가해자인 공무원의 소속기관의 장은 구상권 행사에 필요한 조치를 취할수 있으며, 법무부장관 또는 지구심의회 해당 지방검찰청의 장은 구상권 행사에 필요한 조치를 취할 것을 관계 기관에 요청할 수 있고, 그 요청이 있을 때에는 정당한 이유가 없는 한 그에 따라야 한다.[16)]

16) 국가배상법 시행령 제25조

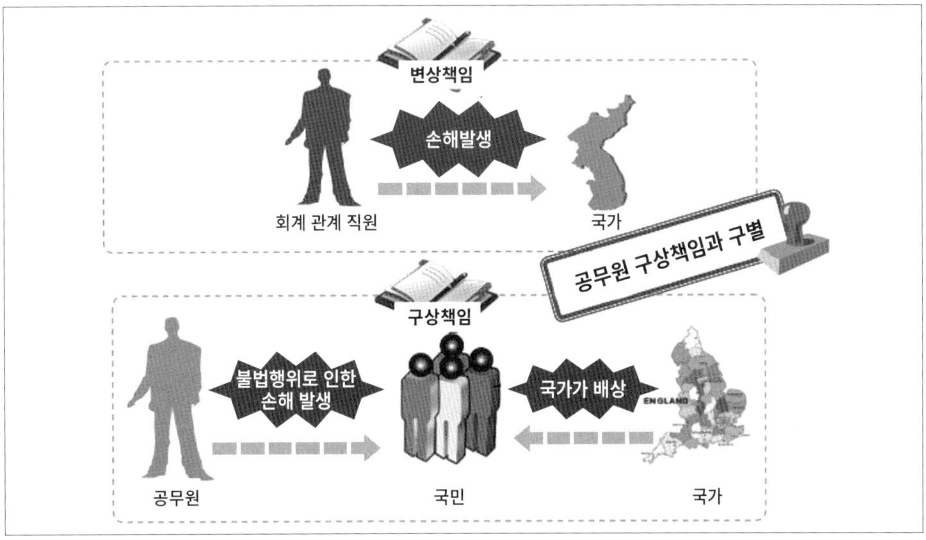

(2) 구상권 행사의 요건

국가 또는 지방자치단체가 공무원에게 구상권을 행사하기 위해서는 법정의 요건을 충족하여야 하는데, 이와 관련해서 「국가배상법」 제2조는 국가 또는 지방자치단체는 공무원이 그 직무를 집행함에 당하여 고의 또는 과실로 법령에 위반하여 타인에게 손해를 가하거나, 손해배상의 책임이 있는 때에는 이 법에 의하여 그 손해를 배상하여야 하며, 이 경우에 공무원이 고의 또는 중대한 과실이 있는 때에는 국가 또는 지방자치단체는 그 공무원에게 구상할 수 있다는 취지로 규정되어 있다.[17] 이들 요건 중에서 논점이 되고 있는 직무집행 관련성과 상당인과관계 및 중대한 과실 부분을 검토하기로 한다.

① 직무집행관련성에 대한 판단 기준

공무원의 위법행위에 대하여 국가 등이 피해자에게 배상을 하기 위해서는 그

17) 국가배상법 제2조 참조

행위가 공무원의 직무 집행과 관련이 있어야 한다. 이에 관하여 대법원은 「국가배상법」 제2조 제1항의 '직무를 집행함에 당하여'라 함은 직접 공무원의 직무집행행위이거나 그와 밀접한 관련이 있는 행위를 포함하고, 이를 판단함에 있어서는 행위 자체의 외관을 객관적으로 관찰하여 공무원의 직무행위로 보여질 때에는 비록 그것이 실질적으로 직무행위가 아니거나 또는 행위자로서는 주관적으로 공무집행의 의사가 없었다고 하더라도 그 행위는 공무원이 '직무를 집행함에 당하여' 한 것으로 보아야 한다[18]라고 해석하고 있다.

인사업무를 담당하면서 공무원들의 공무원증 및 재직증명서 발급업무를 하는 공무원이 다른 공무원의 공무원증 등을 위조하는 행위와 관련해서 법원은 비록 그것이 실질적으로는 직무행위에 속하지 아니한다 할지라도 적어도 외관상으로는 공무원증과 재직증명서를 발급하는 행위로서 직무 집행으로 보여진다는 취지로 해석하였다. 실제로는 공무원증 및 재직증명서의 발급권자인 기관장의 직무를 보조하는 데 불과한 지위에 있다거나, 신청자의 발급 신청 없이 정상의 발급 절차를 거치지 아니하고 이를 발급하였으며, 위 공무원증 등 위조행위가 은행으로부터 대출을 받기 위한 목적으로 행하여졌다 하더라도 직무 관련성이 인정된다고 판단하였다.

공무원증 등 위조행위가 상대방 없이 자기 혼자 밀실에서 저지른 범죄행위이므로 직무행위를 수행하는 것과 같은 외관 자체가 전혀 없었다는 주장에 대하여는, 공무원증이나 재직증명서는 공무원의 신분 또는 재직 여부를 증명하는 공문서로서, 그 발급 과정이 어떠하든 일단 발급되고 나면 그 발급된 공무원증 등을 패용 또는 제시함으로써 공무원의 직무행위에 의하여 적법하게 발급된 것과 같은 외관을 띠게 된다 할 것이라는 이유로 주장을 배척한 사례가 있다.[19]

2 직무상 의무 위반행위와 손해 사이의 상당인과관계 유무의 판단 기준

공무원이 법령에서 부과된 직무상 의무를 위반한 것을 계기로 제3자가 손해를 입은 경우에는 그 의무 위반행위와 제3자의 손해 사이에 상당 인과관계가 존재해야 제3자가 손해배상청구권을 행사할 수 있게 된다.

18) 대법원 1995. 4. 21. 선고 93다14240 판결, 2001. 1. 5. 선고 98다39060 판결 등 참조.

19) 대법원 2005. 1. 14. 선고 2004다26805 판결

이와 관련해서 법원은 상당인과관계 유무의 판단은 '일반적인 결과 발생의 개연성은 물론 직무상 의무를 부과한 법령 기타 행동규범의 목적이나 가해행위의 태양 및 피해의 정도 등을 종합적으로 고려하여야 할 것'이라고 한다.[20] 또한, 공무원에게 직무상 의무를 부과한 법령의 보호 목적이 사회 구성원 개인의 이익과 안전을 보호하기 위한 것이 아니고 단순히 공공 일반의 이익이나 행정기관 내부의 질서를 규율하기 위한 것이라면, 가사 공무원이 그 직무상 의무를 위반한 것을 계기로 하여 제3자가 손해를 입었다 하더라도 공무원이 직무상 의무를 위반한 행위와 제3자가 입은 손해 사이에는 법리상 상당인과관계가 있다고 할 수 없다는 일관된 견해를 보이고 있다.[21]

인과관계를 인정한 사례로는, '주민등록 사무를 담당하는 공무원이 개명으로 인한 주민등록상 성명 정정을 본적지 관할 관청에 통보하지 아니한 직무상 의무위배 행위와 A와 같은 이름으로 개명 허가를 받은 듯이 호적등본을 위조하여 주민등록상 성명을 위법하게 정정한 B가 A의 부동산에 관하여 불법적으로 근저당권설정등기를 경료함으로써 A가 입은 손해 사이에는 상당인과관계가 있다'고 한 사례가 있다.[22]

3 중대한 과실에 대한 판단 기준

공무원의 위법행위로 인하여 국가 또는 지방자치단체의 손해배상책임이 인정된 경우 그 위법행위가 고의 또는 중대한 과실에 기한 경우에 한해서 당해 공무원에 대하여 구상할 수 있다고 할 것이다. 경과실로 인해 발생한 손해는 구상권을 행사할 수 없다고 하겠는데, 이는 공무원의 집무 의욕의 저하와 사무 정체를 방지하기 위한 입법 정책적인 배려에서 기인한다고 하겠다.[23] 고의로 인한 경우는 쉽

20) 대법원 2001. 4. 13. 선고 2000다34891 판결

21) 대법원 1993. 2. 12. 선고 91다43466 판결, 1994. 6. 10. 선고 93다30877 판결, 1994. 12. 27. 선고 94다36285 판결, 1995. 4. 11. 선고 94다15646 판결, 1997. 8. 26. 선고 96다33143 판결, 1997. 9. 9. 선고 97다12907 판결, 1998. 2. 10. 선고 97다49534 판결, 1998. 5. 8. 선고 97다36613 판결, 1998. 9. 22. 선고 98다2631 판결, 1999. 12. 21. 선고 98다29797 판결, 2000. 6. 9. 선고 98다55949 판결, 2001. 4. 13. 선고 2000다34891 판결, 2001. 10. 23. 선고 99다36280 판결, 2002. 3. 12. 선고 2000다55225, 55232 판결, 대법원 2006.4.14. 선고 2003다41746 판결 등

22) 대법원 2003. 4. 25. 선고 2001다59842 판결

23) 박균성, 《행정법강의》, 박영사, 2016, p.532.

게 구분이 되겠으나 과실로 인한 손해의 경우 그것이 중대한 과실인지 경과실인지의 구분은 구상과 관련해서는 중요한 논제라고 하겠다.

이와 관련해서 법원은 일관된 해석을 내놓고 있다. 즉, '공무원의 중과실이라 함은 공무원에게 통상 요구되는 정도의 상당한 주의를 하지 않더라도 약간의 주의를 한다면 손쉽게 위법, 유해한 결과를 예견할 수 있는 경우임에도 만연히 이를 간과함과 같은 거의 고의에 가까운 현저한 주의를 결여한 상태를 의미한다 할 것이다.'[24]라고 해석하고 있다.

일반적으로 법원은 중대한 과실의 적용을 엄격하게 해석하고 있는 것으로 보인다. 즉 부동산 경매와 관련해서 집행관이 임대차 관계의 현황을 조사하면서 주민등록상 단독 세대주인 임차인이 그 가족과 함께 거주하고 있음에도 가족의 주민등록 관계를 조사하지 아니한 것이 「국가배상법」 제2조 제2항 소정의 '중과실'에 해당하지 않는다[25]라고 해석하고 있다.

(3) 구상권 행사의 범위 – 손해의 공정한 분담과 징계적 성격

공무원의 고의 또는 중대한 과실로 인한 경우에는 국가 또는 지방자치단체는 해당 공무원에 대하여 구상을 하고 있다. 이는 공무원이 져야 할 배상책임을 국가가 그에 대신하여 부담하는 것으로 보는 대위책임설에 의하면 본래의 배상책임자인 당해 공무원에게 구상하는 것을 당연시하고 있으며, 자기책임설에 의하더라도 공무원은 그 근무 관계에서 오는 의무를 위반하여 국가 또는 지방자치단체에게 재산상 손해를 발생시켰으므로 그에 대하여 변상책임을 지는 것은 당연하다고 하여 이론 없이 구상을 인정하고 있다.

공무원에 대한 국가의 구상권 행사가 많지 않으므로 구상권에 관한 대법원의 판례는 많지 않고, 국가의 공무원에 대한 구상권을 인정한 판례는 그 수가 더욱 적다. 그 이유로는 당해 공무원의 고의가 명백한 경우에는 징계면직처분 또는 형사소추를 통하여 책임을 추궁할 수 있고, 당해 공무원의 자력 부족으로 구상 소송의

24) 대법원 1996. 8. 23. 선고 96다19833 판결 참조
25) 대법원 2003. 2. 11. 선고 2002다65929 판결

실익이 없는 경우가 많으며, 구상권을 행사할 경우 공무원 전반의 사기 및 동료의식 등을 크게 해할 우려가 있다는 점 등이 고려된 것으로 보인다.[26)]

판례는 기본적으로 손해의 발생에 기여한 정도에 따라 국가와 공무원 간에 손해의 공정한 분담이라는 견지에서 국가의 공무원에 대한 구상권을 인정하고 있다. 그러나 부분적으로는 공무원에 대한 징계적 성격도 인정하고 있는 것으로 보인다.

즉 대법원은, '국가 또는 지방자치단체의 산하 공무원이 그 직무를 집행함에 당하여 중대한 과실로 인하여 법령에 위반하여 타인에게 손해를 가함으로써 국가 또는 지방자치단체가 손해배상책임을 부담하고, 그 결과로 손해를 입게 된 경우에는 국가 등은 당해 공무원의 직무내용, 당해 불법행위의 상황, 손해 발생에 대한 당해 공무원의 기여 정도, 당해 공무원의 평소 근무태도, 불법행위의 예방이나 손실 분산에 관한 국가 또는 지방자치단체의 배려의 정도 등 제반 사정을 참작하여 손해의 공평한 분담이라는 견지에서 신의칙상 상당하다고 인정되는 한도 내에서만 당해 공무원에 대하여 구상권을 행사할 수 있다고 봄이 상당하다.'[27)]라고 판시하고 있다.

대법원이 구상권의 범위를 결정함에 있어서 '손해 발생에 대한 당해 공무원의 기여 정도', '불법행위의 예방이나 손실 분산에 관한 국가 또는 지방자치단체의 배려의 정도'를 고려하도록 한 것은 손해 발생에 대한 기여 정도에 따라 국가와 공무원 간의 책임의 분담을 정하고자 하는 것으로 보인다. 또한, '당해 공무원의 평소 근무태도'를 고려한 점은 국가의 구상권이 해당 공무원에 대한 징계적 성격을 갖고 있다는 것을 나타내는 것으로 볼 수 있다.

(4) 선택적 청구권의 문제

공무원의 불법행위로 인하여 국가 또는 지방자치단체가 배상책임이 있는 경우 피해자가 국가 등과 실질적 행위자인 공무원 중에 선택적으로 배상을 청구할 수 있는가 아니면 국가 등에 대해서만 배상을 청구할 수 있는가 하는 논의가 있다. 이

26) 금윤성, "검사직무 관련 국가배상책임 성립시 검사에 대한 구상권 행사여부", 「검찰」, 2003년(통권 제114호)

27) 대법원 1991.5.10. 선고 91다6764 판결

경우 그 선택적 청구권을 인정하면 당해 공무원의 행위가 경과실로 인한 것이었을 경우에 피해자의 선택에 따라서 당해 공무원의 책임이 달라지는 문제가 발생한다. 즉 공무원에 대한 구상은 고의 또는 중과실인 경우에 한하고 있고, 우리나라의 제도에서는 당해 공무원의 국가 등에 대한 구상권이 인정되고 있지 않기 때문에, 경과실로 인한 불법행위에 대한 배상을 당해 공무원이 행한 경우에는 당해 공무원이 궁극적인 책임을 부담하게 된다. 이는 경과실로 인한 국가 배상의 경우 당해 공무원에 대한 구상을 인정하지 않은 입법 취지와 배치되는 결과라고 할 수 있다. 한편, 프랑스의 경우에는 책임중복이론의 결과로 국가는 물론 공무원에게도 구상권이 인정되어 있으므로 이런 문제는 발생하지 않는다.[28)]

이와 관련하여 대법원은 긍정설의 입장을 택하고 있었던 것으로 보인다. 즉, '공무원의 직무상 불법행위로 손해를 받은 국민이 국가 또는 공공단체에 배상을 청구하는 경우 국가 또는 공공단체에 대하여 그의 불법행위를 이유로 손해배상을 구함은 국가배상법이 정한 바에 따른다 하여도 이 역시 민사상의 손해배상 책임을 특별법인 국가배상법이 정한 데 불과하며 헌법 제26조 단서는 국가 또는 공공단체가 불법행위로 인한 손해배상책임을 지는 경우 공무원 자신의 책임은 면제되지 아니한다고 규정하여 공무원의 직무상 불법행위로 손해를 받은 국민이 공무원 자신에게 대하여도 직접 그의 불법행위를 이유로 손해배상을 청구할 수 있음을 규정하여 국가배상법의 공무원 자신의 책임에 관한 규정 여하를 기다릴 것 없이 공무원 자신이 불법행위를 이유로 민사상의 손해배상책임을 져야 할 법리'라고 이해한 바 있다.[29)]

현재는 판례가 바뀌어 제한적 긍정설 즉 고의 또는 중과실로 인한 경우에만 피해자의 선택적 청구권을 인정하여 경과실로 인한 국가 배상의 경우에 발생할 수 있는 당해 공무원의 책임 불균형을 해소하고 있다. 즉, 대법원은 '헌법 제29조 제1항 본문과 단서 및 국가배상법 제2조를 그 입법 취지에 조화되도록 해석하면 공무원이 직무 수행 중 불법행위로 타인에게 손해를 입힌 경우에 국가나 지방자치단체가 국가배상책임을 부담하는 외에 공무원 개인도 고의 또는 중과실이 있는 경우에

28) 이에 관해서는 강인옥, 《행정행위와 감사》, 책과공간, 2006. pp.357-362. 참조

29) 대판 1972년 10월 10일 (69 다 701)

는 불법행위로 인한 손해배상책임을 지지만, 공무원에게 경과실이 있을 뿐인 경우에는 공무원 개인은 불법행위로 인한 손해배상책임을 부담하지 아니하고(대법원 1996. 2. 15. 선고 95다38677 전원합의체 판결 등 참조), 여기서 공무원의 중과실이라 함은 공무원에게 통상 요구되는 정도의 상당한 주의를 하지 않더라도 약간의 주의를 한다면 손쉽게 위법·유해한 결과를 예견할 수 있는 경우임에도 만연히 이를 간과함과 같은 거의 고의에 가까운 현저한 주의를 결여한 상태를 의미한다고 할 것이다.(대법원 1996. 8. 23. 선고 96다19833 판결 등 참조)'[30]라고 해석하여 선택적 청구권을 행사할 수 있는 것은 고의 또는 중과실에 한하며, 중과실은 거의 고의라고 할 수 있는 정도의 현저한 주의의무 위반의 상태라고 해석하고 있다. 이와 같이 대법원은 제한적 긍정설을 취하고 있는 바,[31] 비교적 최근에는 직무수행 중 경과실로 피해자에게 손해를 배상하였다면, 공무원은 국가가 피해자에 대하여 부담하는 손해배상책임의 범위 내에서 자신이 변제한 금액에 관하여 구상권을 취득한다고 판단하여 제한적이지만 공무원의 구상권을 인정하고 있다[32].

(5) 결어

국가배상제도에서는 '공무원'이 직무를 행함에 있어서 위법한 행위로 인하여 발생한 손해를 국가가 피해자에게 배상을 한 경우에, 그 손해가 공무원의 고의 또는 중대한 과실로 인한 경우 구상권을 행사하도록 하고 있다. 즉 구상권은 피해자에게 국가가 대신 배상을 해줌으로 인한 국고 손실을 전보시키는 제도라고 할 수 있다. 변상판정의 경우는 '회계관계직원'이 고의 또는 중대한 과실로 국가 등에 손해를 야기시킨 경우에 국고 손실의 전보를 하는 제도라고 할 수 있다.

양 제도는 행위자가 회계직이냐 여부, 공무원에 한하는지 여부 등이라는 점에서 차이가 있으나, 결국 위법한 행위로 인한 국고 손실의 보전이라는 점에서는 동

30) 대법원 2003. 12. 26. 선고 2003다13307 판결

31) 박균성, 앞의 책, p.529.

32) 대법원 2014. 8. 20., 선고 2012다54478 판결, 김향기, 《행정법 개론》, 탑북스, 2016. p.454.

일한 성격을 지니고 있다고 볼 수 있다.

모든 직종의 공무원에게 적용되는 국가배상법상의 구상제도가 존재하는데, 또 다시 회계직원책임법에서 회계직만을 위한 변상제도를 규정하고 있는가에 관한 의문이 있을 수 있다.

이는 변상책임의 법적 성격에서 확인한 바와 같이 가중책임적 요소 즉, 회계직의 특수성을 고려하여 보다 더 도덕적 책임을 요구하는 결과라고 하겠다. 즉, 구상제도와는 특별 법적 관계가 있다고 하겠다. 따라서 회계직인 경우 업무와 관련된 책임은 변상제도에 의해서 책임 여부를 가리게 된다. 이 가중책임적 요소는 중대한 과실의 해석에서 그 차이를 구분할 수 있게 된다.

즉, 구상제도에서의 중대한 과실은 '거의 고의에 가까운 현저한 주의의무 위반'을 의미하지만, 변상제도에서의 중대한 과실은 공무원의 '주의의무 위반의 정도가 성실의무에 비추어 중대'한지에 따라서 판단한다. 그 중대한 과실이라는 동일한 표현이지만 의미에는 차이가 있다. 또한, 회계직 중 출납직의 경우에는 선량한 관리자의 주의의무의 위반 즉, 추상적 경과실만으로도 변상책임이 발생하는 점에 비추어 보면, 구상제도의 중대한 과실은 변상제도의 중대한 과실보다 정도가 더 심한 경우를 상정하고 있어서 중대한 과실로 인정되기 더 어렵다고 하겠으며, 이런 중대한 과실의 정도의 차이가 회계직에게는 책임 가중적 요소로 작용된다고 하겠다.

차이점	• 행위자가 회계직이냐 여부 • 공무원에 한정하는지 여부 등
공통점	• 위법한 행위로 인한 국고 손실의 전보

알아보기 2 변상, 구상의 구분과 징계 가능성

지금부터 4년 전에, A시청에서 시장이 특수 목적 고등학교를 유치하기 위하여 직원 3인을 팀원으로 구성하였다. 팀원들은 관내에 적합한 부지를 확인하고 그 토지를 토지 소유자가 시교육청에 기부채납하도록 하는 업무를 담당하게 하였다. 팀원들은 성실하게 업무를 수행하여 4차선 국도 변의 갑 소유의 토지가 보존임지로 되어 있으나 접근도가 좋고 나지막한 완경사의 토지이므로 적지로 판단하여 갑에게 지역발전 등을 위하여 시교육청에 토지 일부를 무상으로 시교육청에 기부채납해 줄 것을 간청하였으나, 취지에는 동감하지만 대가를 요구하므로 기부채납을 할 경우 보존 임지가 학교 용지로 용도가 바뀌는 점에 착안하여 갑의 연접한 토지도 타 용도로 바뀌게 하는데 협조하겠다는 각서를 써주었다. 그러나 산림의 용도를 바꾸는 것은 시의 권한이 아니다. 그러나, 이를 신뢰한 갑은 시교육청에 무조건으로 기부채납을 하였고 현재 학교가 설립되어 2년이 되었는데, 갑의 연접한 토지는 수도권 난개발 방지 등의 이유로 변경되지 못하였다. 이에 갑은 A시를 상대로 손해배상청구소송을 진행하여 6억 원의 손해배상금을 수령하였다.

Q 이 경우 팀원 3인에 대한 책임은 변상으로 물을 것인가 구상으로 물을 것인가? 징계는 가능한가?

A 이 경우 팀원들은 회계직이 아니고 업무도 회계업무가 아니므로 구상 책임을 검토하여야 한다. 이 경우 구상 요건인 중대한 과실은 변상에서의 중대한 과실과는 달리 거의 고의와 같은 정도에 해당 되어야 한다. 한편, 사건 발생이 4년 전이므로 징계시효는 경과되었으므로 주의환기조치만이 가능하다.

4) 소멸시효에 대한 「민법」의 준용 가능 범위

현재 「회계직원책임법」에는 소멸시효 관련 규정이 없고, 감사원 예규인 '변상판정 처리기준'에서 국가나 지자체의 경우는 손해발생 시(손해발생 시를 알 수 없는 경우 손해발견시)로부터 5년이고 공공단체는 손해발생을 안 날로부터 3년, 손해가 있은 날로부터 10년의 소멸시효 기간을 규정하고 있다.

한편, 「회계직원책임법」 제6조 제5항에서 감사 대상기관의 자체 변상명령 또는 감사원의 변상판정에 따른 변상명령서 송달을 시효 중단 사유로 인정하고 있으나, 기타의 소멸시효 중단 및 정지 사유에 대해서는 규정이 없다.

이에 따라 「회계직원책임법」에 소멸시효 기간을 직접 규정하는 한편, 소멸시효의 중단과 정지 사유도 정비하는 것이 필요한데, 이와 관련하여 공법상 채권인 변상청구권에 민법상 소멸시효 중단 사유를 어느 범위까지 준용할 것인지가 문제이다. 참고로, 민법상 소멸시효 중단 사유는 ① 청구(재판외/재판상) ② 압류·가압류·가처분 ③ 채무의 승인이 있고 소멸시효 정지 사유는 ① 무능력 ② 상속재산 ③ 천재 기타 사변이 있다.

(1) 소멸시효 기간

「민법」 제162조와 제766조에 따르면 민사상 채권의 소멸시효 기간은 10년으로 규정되어 있고, 「국가재정법」 제96조와 「지방재정법」 제82조에 따르면 금전의 급부를 목적으로 하는 국가나 지자체의 권리의 소멸시효는 5년으로 규정되어 있어서 '변상판정 처리기준'에서는 회계관계직원에 대한 국가나 지자체의 변상청구권의 소멸시효 기간을 「국가재정법」이나 「지방재정법」에 준하여 5년으로 규정하고 있는 바, 국가나 지자체의 변상청구권 소멸시효를 민법상 불법행위에 따른 손해배상청구권에 준해 '손해발생을 안 날로부터 3년, 불법행위가 있은 날로부터 10년'으로 정하는 방안이 법리상 타당한지에 대한 의문점이 있다. 참고로 국세의 경우 과거 소멸시효 기간이 5년이었으나, 「국세기본법」 제28조가 개정되어 2003. 1. 1.부터는 5억 원 이상 국세의 소멸시효 기간이 10년으로 연장된 바 있다.

이에 대해서는 두가지의 해석이 가능하다. 우선, 국가나 지자체의 변상청구권 소멸시효 기간을 어떻게 정할 것인지는 입법 정책상의 문제로서, 변상판정 제도가 불법행위에 따른 민사상 손해배상제도의 특례라는 점을 고려할 때 일반적인 공법상 채권의 소멸시효 기간인 5년보다는 민사상 불법행위에 따른 손해배상청구권의 소멸시효 기간을 유추 적용함이 합리적이다. 또한, 공무원의 직무상 불법행위(횡령 등)의 경우 변상판정 외에 민사 절차를 통해서도 손해배상을 청구할 수 있는 데, 현행 규정에 따르면 손해 발생을 안 날로부터 3년이 경과하면 민사소송 제기는 금지되나 변상판정은 가능하게 되어 불합리하다고 생각할 수 있다.

그리고 변상청구권을 국가나 지자체의 일반적인 금전채권과 다르게 취급할 사유가 없으므로, 현재와 같이 변상청구권의 소멸시효 기간을 5년으로 규정함이 타당하다고 생각할 수도 있다.

이에 대해서는 입법 정책의 문제로서 어느 한 가지가 맞고 다른 것은 틀리다고 말할 수는 없다는 견해(서울대 윤진수, 경희대 박균성, 정부법무공단, 강인옥)와 국가재정법이나 지방재정법과 달리 규정하여야 할 근거가 있는지는 명확하지 않다(윤진수, 정부법무공단)는 견해로 나뉜다.

생각컨대 소멸시효 기간을 늘릴 경우 징벌 효과도 있다. 다만, 법률로 명확히 규정할 필요가 있다. 그럴 경우에는, 모든 손해에 대해 (있은 날로부터) 10년으로 연장하는 것보다는 횡령, 사기, 절도 등 죄질이 나쁜 행위만을 10년으로 연장하는 방안도 고려할 수 있다고 생각한다(강인옥).

(2) 소멸시효 기산점

회계관계직원의 위법한 회계행위로 인해 국가나 지자체, 공공단체 등에 즉시 손해가 발생한 경우에는 해석상 논란 소지가 없으나, 아래 각 유형과 같이 회계관계직원의 위법한 회계행위와 제3자의 행위가 결합하여 손해가 발생한 경우 소멸시효 기산점(손해 발생시기)은 논란이 있다.

〈유형 1〉

국가나 지자체, 공공단체 등이 건물을 임차하면서 전세권 등의 담보권을 설정한 후 추가적인 담보를 제공받지 않은 채 담보권을 해제하거나 선순위 담보권을 후순위 담보권으로 전환하고, 이후 기존 선순위 담보권을 유지하였다면 임차보증금(또는 전세금) 전액을 회수할 수 있었으나 후순위 담보권으로의 전환이나 담보권 해제로 임차보증금 등을 미회수한 경우가 있다.

이에 대해서 회계관계직원은 적절한 채권 확보 조치를 취할 의무가 있는 것이고, 선순위 담보권을 후순위 담보권으로 전환하거나 담보권을 해제한 때에 손해 발생의 위험이 구체화된 것이므로 소멸시효가 시작되는 것으로 봄이 타당하다는 견해(윤진수)와 설사 회계관계직원이 담보권을 약화시켰다고 하더라도 계약기간 만료 시 임대인이 임차보증금 등을 반환하는 경우 손해가 없으므로, 실제 임대차 기간 종료 이후 임차보증금을 회수하지 못한 경우에 손해가 발생하고 소멸시효도 개시되는 것으로 봄이 타당하다는 견해(박균성, 정부법무공단, 강인옥)로 나뉜다.

생각컨대, 담보물을 권한 없이 멸실・훼손하거나 담보 가치를 감소시키는 행위는 위법한 행위로서 불법행위를 구성(대법원 1998. 11. 10. 선고 98다34126 판결)한다고 보아야 한다. 다만, 실제로는 담보물을 멸실 훼손시키면 바로 손해배상청구권이 발생한다고 보더라도, 그 손해배상액을 산정하는 경우에는 어느 시점을 기준으로 할 것인가가 문제된다[33](윤진수)라는 견해가 있으나, 설사 회계관계직원이 담보권을 약화시켰다고 하더라도 계약기간 만료 시 임대인이 임차보증금 등을 반환하는 경우에는 손해가 발생하지 않으므로 소멸시효를 논의할 수 없게 된다. 따라서, 실제 임대차 기간 종료 이후 임차보증금을 회수하지 못한 경우에 손해가 발생하고 소멸시효도 개시되는 것으로 봄이 타당하다고 생각한다(박균성, 정부법무공단, 강인옥).

〈유형 2〉

국가나 지자체, 공공단체 등이 자신의 계약상 의무는 이행하였으나 상대방이 의무를 이행하지 않아 손해가 발생한 경우가 있다.

33) 대법원 2009.5.28. 선고 2006다42818 판결 참조.

예컨대, 물품을 판매하면서 계약조건과 달리 상대방이 물품대금을 지급하지 않고 있고, 판매대금 미수금이 계약보증금을 초과하였는데도 외상 판매를 지속하다가 대금을 회수하지 못한 경우와 계약조건상 대금을 먼저 납부받은 후 물건을 인도해야 하는데도 대금 납부 이전에 물건만 인도하였다가 상대방이 물건을 전매한 후 잠적, 판매대금을 회수하지 못한 경우를 생각할 수 있다.

이에 관해서는 계약조건상 상대방의 채무이행기가 도래하였으나, 상대방이 대금지급 등 채무를 이행하지 않은 때 손해가 발생한 것이고 이때 소멸시효가 진행한다는 견해(윤진수, 강인옥)와 단순히 상대방의 채무이행기가 도래한 것으로는 불충분하고, 채무이행기 도래 이후 상대방이 채무이행 거절 의사를 표시(예 : 수차례 독촉에도 불구하고 채무를 미이행)한 때 소멸시효가 진행한다는 견해(박균성, 정부법무공단)로 나뉜다.

즉, 손해의 발생이 현실화된 시점이 소멸시효 기산점이 된다고 할 것인데, 단순히 상대방의 채무이행기가 도래한 것으로는 불충분하고, 채무이행기 도래 이후 상대방이 채무이행 거절 의사를 표시한 때 소멸시효가 진행한다고 보아야 한다(박균성, 정부법무공단)는 견해의 경우, 채무이행기가 도래하면 바로 손해가 발생하는 것이고, 상대방이 채무이행을 거절한 때 손해가 발생하는 것이라고는 볼 수 없으며(윤진수, 강인옥), 채무이행기 도래 이후 상대방이 채무이행 거절 의사를 표시(예 : 수차례 독촉에도 불구하고 채무를 미이행)한 때 소멸시효가 진행한다고 보게 되면 채무자의 우연적이고 임의의 의사에 따라 소멸시효의 기산점이 달라지게 되는 불합리한 점이 있고('수차례 독촉'), 특별한 기준이 있다고 보기 어렵다(강인옥)는 점에서 계약조건상 상대방의 채무이행기가 도래하였는데도 상대방이 대금지급 등 채무를 이행하지 않은 때 손해가 발생한 것으로 보아야 한다고 보는 것이 타당하다.

(3) 변상청구권의 소멸시효 중단 사유

〈유형 1〉

국가나 지자체, 공공단체 등이 변상명령 및 변상명령서 송달 절차에 의하지 아니한 채 회계관계직원에게 구두 또는 문서로 변상의무 이행을 청구한 경우가 있다.

이 경우에는 「회계직원책임법」 제6조 제5항에서 '자체 변상명령에 근거한 변상명령서 송달'을 소멸시효 중단 사유로 규정하고 있는 바, 이는 재판외 청구(최고) 방식을 규정한 것이므로 위 절차를 거치지 아니한 재판외 청구는 소멸시효 중단 효과가 없다는 견해와 변상청구권이 공법상 채권이라 하더라도 소멸시효 중단에 대해서는 「민법」과 달리 적용할 사유가 없으므로, 6월 내에 다른 소멸시효 중단 조치를 취하는 경우 소멸시효 중단 사유로 인정할 수 있다는 견해가 있다.

견해를 소개하면, 「국세징수법」 제27조 제2항은 국세징수권의 소멸시효에 관하여는 이 법 또는 세법에 특별한 규정이 있는 것을 제외하고는 「민법」에 따른다고 규정하고, 제28조 제1항은 납세고지, 독촉 또는 납부최고를 소멸시효 중단 사유로 규정하고 있다. 「민법」 제174조에 의한 최고가 시효 중단 사유가 될 것인가 하는 점에 관하여, 반대의 견해도 있기는 하지만, 세법상 납세고지나 독촉, 납부최고의 재발부가 허용되지 않는다고 해석하는 입장에 설 때, 달리 시효중단의 방법이 없는 경우에는 「민법」 제174조의 최고에 의한 시효 중단의 효력을 인정하는 것이 타당하다는 견해가 유력하고, 일본의 판례도 그러하다.[34] 이러한 설명은 회계직원책임법상의 변상책임에 관하여도 대체로 적용될 수 있다(윤진수).

회계직원책임법 제6조 제5항에서 '자체 변상명령에 근거한 변상명령서 송달'을 소멸시효 중단 사유로 규정하고 있는 것은 소멸시효 중단에 관한 예시적인 특별 규정에 해당한다. 따라서 「민법」과 달리 적용할 이유가 없으므로, 6월 내에 다른 소멸시효 중단 조치를 취하는 경우 소멸시효 중단 사유로 인정하는 것이 타당하다(박균성).

민법상 시효 중단 조항을 변상책임의 경우에 준용하는 규정이 없다고 하더라도, 변상책임도 소멸시효가 인정되는 책임인 이상 일반적인 규정이라고 할 수 있는 민법상 시효 중단 조항을 적용할 수 있다고 보는 것이 타당하다. 감사원의 변상판정은 사법적 관계에서의 법원 판결에는 미치지 못한다고 하더라도 판결에 준하여 변상금액을 확정하는 중요한 공법상의 절차인 점을 감안하여 변상명령의 송달을 민법상의 시효 중단 사유와는 별개의 시효 중단 사유로 추가하여 명시해 놓은 것으로 볼 수 있다(정부법무공단).

34) 조용호, 조세채권의 소멸시효, 재판자료 제61집, 1993, 355면

위에 소개한 것처럼, 대체로 시효 중단을 인정하는 견해가 다수이다. 하지만 소멸시효 중단 사유는 권리·의무 관계에 중요한 영향을 미치는 사항이므로 법률에 근거하여 엄격하게 적용할 필요가 있다. 「회계직원책임법」 제6조 제5항에 따른 중단 사유 외에 다른 중단 사유를 인정하기는 곤란하므로 「회계직원책임법」에 '「민법」 규정을 준용한다'는 식의 명시적인 규정을 신설하여 입법적인 해결을 하는 것이 바람직하다고 생각한다(강인옥).

〈유형 2〉

국가나 지자체, 공공단체 등이 회계관계직원을 상대로 민사소송을 제기한 경우 시효중단 사유가 되는지에 관한 의문이다('공무원의 직무상 불법행위'에 대해서는 민사소송 제기가 허용되지 않으므로 '공무원의 직무외 불법행위'와 '공공단체 직원의 불법행위'의 경우에만 문제가 된다).

이 경우에는 국가나 지자체 등이 회계관계직원에 대한 변상청구권과 민사상 손해배상 청구권을 모두 갖는 경우 민사상 권리의 행사로 볼 수 있는 행위가 있는 경우 변상청구권의 소멸시효도 중단된다고 보는 것이 합리적이라는 견해와 공법상의 채권인 변상청구권과 사법상의 채권인 손해배상청구권은 별개의 권리이므로 민사상 손해배상청구권의 행사로 인해 공법상 채권인 변상청구권의 소멸시효까지 중단된다고 보는 것은 불합리하다는 견해가 있을 수 있다.

이에 관하여 일반적이고 사법적인 민사상 손해배상청구소송을 제기한 것만으로는 공법상 특별책임 관계인 변상청구권의 시효 중단의 효력을 인정할 수 없고, 별개로 보아야 하기 때문에 배상청구권의 행사로 인해 공법상 채권인 변상청구권의 소멸시효까지 중단된다고 보는 것은 불합리하다고 생각한다(윤진수, 박균성, 정부법무공단, 강인옥).

〈유형 3〉

국가나 지자체, 공공단체 등이 회계관계직원을 상대로 민사 절차를 통해 압류·가압류·가처분 등을 신청한 경우 변상시효가 중단되는지에 관한 의문이다.('공무원의 직무상 불법행위'에 대해서는 민사 절차를 통한 압류·가압류·가처분 신청이 허용되지 않으므로 '공무원의 직무 외 불법행위'와 '공공단체 직원의 불법행위'의 경우에만 문제가 된다).

이에 대하여 국가나 지자체 등이 회계관계직원에 대한 변상청구권과 민사상 손해배상 청구권을 모두 갖는 경우에 민사상 권리의 행사로 볼 수 있는 행위가 있는 경우에는 변상청구권의 소멸시효도 중단된다고 보는 것이 합리적이라는 견해와 공법상의 채권인 변상청구권과 사법상의 채권인 손해배상청구권은 별개의 권리이므로 민사상 손해배상청구권의 행사로 인해 공법상 채권인 변상청구권의 소멸시효까지 중단된다고 보는 것은 불합리하다는 견해가 있을 수 있다.

국가나 지자체, 공공단체 등이 회계관계직원을 상대로 민사 절차를 통해 압류·가압류·가처분 등을 신청한 경우('공무원의 직무상 불법행위'에 대해서는 민사절차를 통한 압류·가압류·가처분 신청이 허용되지 않으므로 '공무원의 직무 외 불법행위'와 '공공단체 직원의 불법행위'의 경우에만 문제)에는 변상청구권의 확보를 위한 압류·가압류·가처분 등의 신청이 가능하므로 변상청구권의 확보를 위한 압류·가압류·가처분의 경우 변상청구권의 소멸시효가 중단된다고 보는 것이 합리적이다. 당사자 소송에서도 가압류나 가처분은 인정된다(박균성)라는견해가 있으나, 민사상 손해배상청구소송을 제기한 것만으로는 변상청구권의 시효 중단의 효력을 인정할 수 없고 이는 별개로 보아야 한다(윤진수, 정부법무공단, 강인옥).

〈유형 4〉

'공무원의 순수한 직무상 불법행위'로 손해가 발생하고, 국가나 지자체 등에서 착오로 민사 절차를 통해 회계관계직원에 대한 가압류 또는 가처분을 신청하고 법원이 이를 각하하지 않고 인용한 경우에 시효중단 사유가 되는지에 관한 의문이다.

이에 대해서는 실제 법원에서 '가압류나 가처분' 신청 등을 인용한 경우 변상청구권 행사로 볼 수 있으므로 소멸시효가 중단된다고 봄이 타당하다는 견해와 대법원 판례에 따르면 '공무원의 순수한 직무상 불법행위' 시 민사상 가압류·가처분이 허용되지 않으므로 부적법한 가압류 등을 소멸시효 중단 사유로 보기 어렵다는 견해가 있을 수 있다.

즉, '공무원의 순수한 직무상 불법행위'로 손해가 발생하였더라도 실제 법원에서 '가압류나 가처분' 신청 등을 인용한 경우에는 변상청구권 행사로 볼 수 있으므로 소멸시효가 중단된다고 보는 견해가 있다(박균성).

이 견해와는 달리 우선 이 경우 가압류나 가처분의 피보전권리를 어떤 것으로 한 것인가를 따질 필요가 있는데, 피보전권리를 민사상 손해배상채권으로 기재하였다면 변상청구권에는 시효 중단의 효력이 미칠 수 없고, 피보전권리를 변상청구권으로 기재한 경우에도 마찬가지로 보아야 할 것이다. 「민법」 제175조는 압류, 가압류 및 가처분은 권리자의 청구에 의하여 또는 법률의 규정에 따르지 아니함으로 인하여 취소된 때에는 시효 중단의 효력이 없다고 규정하고 있으므로 피보전권리를 변상청구권으로 기재한 경우에도 그 보전처분이 취소되면 시효 중단의 효력은 소멸되게 되며 이론적으로는 취소되기 전까지는 시효 중단의 효력이 유지된다고 생각할 수도 있으나, 위와 같은 가압류나 가처분은 취소되어야 할 것이 명백하므로, 취소되지 않은 경우를 생각하여 소멸시효 중단의 효력이 있는 것으로 보는 것은 무의미하다고 한다(윤진수).

결론적으로 양자는 공법상 책임과 민사상 책임은 엄별되는 관계이므로 별개로 보는 것이 타당하다. 이 경우 법원에서 가압류나 가처분 신청을 인용하였다고 하여 변상청구권 행사로 보기도 어렵다(정부법무공단, 강인옥).

〈유형 5〉

국가나 지자체, 공공단체 등에 재산상 손해를 끼친 회계관계직원이 감사원의 변상판정 이전 또는 이후에 스스로 손해액 전부 또는 일부를 보전한 경우에 시효 중단 사유가 되는지에 관한 의문이다.

이에는 채무자의 자진변제 등 승인의 소멸시효 중단 효과는 사법과 공법에 있어 달리 취급할 필요가 없으므로 이를 변상청구권 소멸시효 중단 사유로 인정해야 한다는 견해와 채무의 승인은 사법상 고유한 소멸시효 중단 사유이므로 공법상 채권인 변상청구권에는 적용하기 어렵다는 견해가 있을 수 있다.

전문가들은 대체로 이를 변상청구권 소멸시효 중단 사유로 인정해야 한다는 견해를 갖고 있으며 이는 타당하다고 생각한다. 그 논거를 소개하면 다음과 같다. 「국가재정법」 제96조는 금전의 급부를 목적으로 하는 국가의 권리에 있어서는 소멸시효의 중단·정지 그 밖의 사항에 관하여 다른 법률의 규정이 없는 때에는 「민법」의 규정을 적용한다고 규정하고 있고, 국세기본법상으로도 채무자의 승인은 시효중단 사유로 인정되고 있으므로,[35] 「회계직원책임법」에 의한 변상청구권의 경우에만 민법상 승인에 의한 시효 중단의 규정이 적용되지 않는다고 볼 근거는 없다(윤진수). 채무자의 자진 변제 등 승인의 소멸시효 중단 효과는 사법과 공법에 있어 달리 취급할 필요가 없으므로 이를 변상청구권 소멸시효 중단 사유로 인정하는 것이 타당하다(박균성, 강인옥). 대법원은 비록 상사 거래에 관한 사안이지만 '시효완성 전에 채무의 일부를 변제한 경우에는 그 수액에 관하여 다툼이 없는 한 채무승인으로서의 효력이 있어 시효 중단의 효과가 발생'한다고 판시하였는 바(대법원 1996. 1. 23. 선고 95다39854 판결), 이러한 법리는 변상책임의 경우에도 적용될 수 있다(정부법무공단).

〈유형 6〉

다수인의 행위로 국가나 지자체, 공공단체 등에 재산상 손해가 발생하고, 수인의 변상 의무자 중 일부에 대해서만 소멸시효 중단 조치가 이루어진 경우 나머지 변상 의무자에 대한 시효 중단 여부에 대해 의문이 있다. 이에 대해서는 시효의 중단 효과는 사법상의 채권과 공법상의 채권을 달리 취급할 사유가 없고, 공법상 채권인 변상청구권의 경우에도 「민법」 제169조와 같이 시효의 중단은 '당사자 및 그 승계인'에만 효력이 있는 것으로 봄이 타당하다는 견해와 공법상 채권은 사법상 채권에 비해 보다 강한 보장이 필요하므로, 다수의 변상 의무자 중 일부에 대해 소멸시효 중단 조치가 이루어진 경우 나머지 변상 의무자에 대한 변상청구권의 소멸시효도 중단되는 것으로 봄이 타당하다는 견해가 있을 수 있다.

이에 대해서는 대체로 「민법」 제169조에 비추어 볼 때, 일부의 변상 의무자 중 일부에 대해 소멸시효 중단 조치가 이루어졌다고 하여 나머지 변상 의무자에 대한 변상청구권의 소멸시효도 중단된다고 볼 근거가 없다(윤진수, 박균성, 정부법무공단, 강인옥). 다만, 「민법」 제416조에 따라 어느 연대 채무자에 대한 이행 청구는 다른 연대 채무자에게도 효력이 있으므로, 변상 의무자들이 연대책임을 지기로 약정되어 있는 경우에는 부진정연대채무 관계와는 달리 나머지 변상 의무자에 대하여도 시효 중단의 효력이 발생한다(정부법무공단, 강인옥)고 할 것이다.

35) 조용호, 위 논문, 356면 참조.

〈유형 7〉

회계관계직원과 제3자의 책임이 경합하는 경우 국가나 지자체, 공공단체가 제3자에 대한 채권(손해배상청구권, 부당이득반환청구권) 소멸시효를 중단하는 조치를 취한 경우 회계관계직원에 대한 변상청구권의 소멸시효가 중단되는지 의문이 있다.

이에 대해 공법상 채권은 사법상 채권에 비해 보다 강한 보장이 필요하므로, 제3자에 대한 채권의 소멸시효 중단 조치 시 변상청구권의 소멸시효도 함께 중단된다고 생각할 수도 있으나, 회계관계직원에 대한 변상청구권과 제3자에 대한 채권은 별개의 채권이고, 시효의 중단 효과는 사법상의 채권과 공법상의 채권을 달리 취급할 이유가 없으므로, 제3자에 대한 소멸시효 중단 조치로 변상청구권 소멸시효까지 중단되는 것은 아니라고 생각한다(윤진수, 박균성, 정부법무공단, 강인옥).

3. 징계책임

1) 징계의 개념

징계란 공무원의 의무 위반에 대하여 공무원 관계의 목적을 달성하기 위하여 국가 또는 지방자치단체가 그 사용자의 지위에서 과하는 행정상의 제재를 말한다. 징계의 개념에 대해 대체로, 국가공무원이 공무원으로서 부담하는 의무를 위반하였을 때 공무원 관계의 질서 유지를 위해 국가공무원법에 따라 당해 공무원에게 과하는 행정상제재이다. 국가공무원의 의무 위반에 대하여 가해지는 처벌이 징계벌이고 처벌을 받게 되는 지위를 징계책임이다[36] 라고 정의하고 있는데, 결국 공무원의 잘못된 행태를 교정하기 위한 인사 절차를 의미한다.

대법원은 '공무원에 대한 징계처분은 당해 공무원의 직무상의 위반행위 기타 비행이 있는 경우 공무원 관계의 질서를 유지하고, 기강을 숙정하여 공무원으로

36) 홍정선, 《행정법특강》, 박영사, 2014, p.1121, 박균성, 《행정법강의》, 박영사, 2016, p.1084, 김향기, 《행정법개론》, 탑북스, 2016, p.833.

서의 의무를 다하도록 하기 위하여 과하는 제재'[37]라고 해석하고 있고 징계처분은 징계권자의 재량행위로 보고 있다.[38]

징계는 공무원에게 불이익을 주는 처분이고 국민의 권리인 공무담임권[39]을 침해할 우려가 있기 때문에 신분 보장의 견지에서 징계의 사유, 절차, 효력 등을 법률에 직접 규정할 필요가 있다. 「헌법」 제7조 제1항도 공무원은 국민 전체에 대한 봉사자이며, 국민 전체에 대하여 책임을 진다고 규정하고 있다. 이 역시 각종 법률에 공무원의 책임을 규정해야 하는 근거가 된다. 즉, 공무원의 징계 사유, 절차, 효과를 규정한 국가공무원법, 공무원징계령 등의 근거가 된다.

비위 사건에 대한 징계는 특정된 비위행위에 대해 구체적으로 징계 기준을 적용하여 처분함으로써 그 정당성을 갖는다. 예외를 두거나 또는 그 예외의 범위나 사항이 바람직한 측면이 있다 하더라도 이는 비위 척결의 장애요인으로 작용되기 쉽다. 또한, 비위의 기준이나 잣대도 여러 유형이거나 사유가 다양한 점 등을 고려할 때 징계위원회에서 일반적인 기준으로 삼는 또는 법원에서 법리적 판단으로 참조하는 징계의 원칙에 대하여 살펴볼 필요가 있다.[40] 이에는 공정의 원칙, 평등의 원칙, 비례의 원칙, 응보의 원칙이 있다.

2) 감사원의 적극행정 면책제도

공무원이 적극적이고 창의적으로 불합리한 규제의 개선 등 공공의 이익을 위하여 업무를 처리한 결과에 대하여 고의나 중대한 과실이 없는 경우에 징계 요구 등 책임을 묻지 않도록 하여 일하는 공직 분위기를 조성하고 감사결과 처리의 투명성과 절차적 정당성을 제고함을 목적으로 「감사원법」 제34조의3(적극행정에 대한 면

37) 대법원 1992.3.27.선고 91누9145판결, 대법원 1991.7.23.선고 90누8954판결, 대법원 1983.6.28.선고 83누130판결 등 참조

38) 대법원 2008.10.9.선고2006두13626판결, 대법원 1997.11.14.선고 97누7325판결 등 참조

39) 헌법 제25조 모든 국민은 법률이 정하는 바에 의하여 공무담임권을 가진다.

40) 국가공무원 징계의 원칙과 관련해서는 이명진, "국가공무원 비위사건의 징계제도 개선에관한 연구-대법원 판례를 중심으로-", 강원대학교 대학원, 박사학위논문, 2016.2., pp.88-92. 참조.

책)을 신설하여 적극행정 면책제도가 법률적 근거를 갖게 되었다. 즉, 제1항에는 감사원 감사를 받는 사람이 불합리한 규제의 개선 등 공공의 이익을 위하여 업무를 적극적으로 처리한 결과에 대하여 그의 행위에 고의나 중대한 과실이 없는 경우에는 이 법에 따른 징계 요구 또는 문책 요구 등 책임을 묻지 아니한다고 규정하고 있다. 그러나, 적극행정 면책제도는 감사 과정에서 성실하고 적극적으로 일하는 공무원 등에 대한 불이익한 처분 요구 등을 신중하게 하려는 취지의 제도로서, 감사를 느슨하게 하거나 감사 실시를 면제하는 등의 제도로 운영되거나 오해되면 안 된다.

(1) 적극행정의 개념

적극행정은 감사원 감사를 받는 자가 불합리한 규제를 개선하거나 공익사업을 추진하는 등 공공의 이익을 증진하기 위하여 성실하고 적극적으로 업무를 처리하는 행위를 말하고, 적극행정면책은 중앙행정기관, 지방자치단체, 공공기관과 그에 소속한 공무원 또는 임·직원 등 감사원 감사를 받는 자가 고의 또는 중과실 없이 적극적으로 업무를 처리한 결과에 대하여 「감사원법」에 따른 징계 등 불이익한 처분 요구를 하지 않는 등 그 책임을 면제하는 것을 말한다. 이를 위하여 감사원에서 처리 중인 감사결과의 처리에 대하여 감사원 감사를 받는 자 및 이해관계자가 적극행정면책의 신청 등을 포함한 지적사항에 대한 의견 또는 소명자료를 제출하면 감사원에서 이를 검토하여 처리하는 절차 등의 감사소명제도를 운영하고 있다.

(2) 적극행정면책의 적용 범위와 적극행정면책의 기준

적용 범위는 감사원의 감사 대상 업무 전반에 대해 국가적인 경제난 극복을 위한 정책의 수립 또는 집행과 직접적으로 관련된 업무처리 및 불합리한 규제 개선과 관련한 업무처리가 적용 대상이 되는데, 감사원의 감사를 받는 자가 적극행정면책의 대상이 되려면 공익성·타당성·투명성 등의 요건을 충족해야 한다.

즉, 감사원 감사를 받는 자의 업무처리가 불합리한 규제의 개선, 공익사업의 추진 등 공공의 이익을 위한 것일 것이고, 감사원 감사를 받는 자가 업무를 적극적으로 처리하였을 것, 감사원 감사를 받는 자의 행위로 인하여 결과가 발생하였을 것, 감사원 감사를 받는 자에게 고의 또는 중대한 과실이 없을 것 등의 기준들을 충족하여야 한다. 그리고 감사원의 감사를 받는 자가 감사원 감사를 받는 자와 대상 업무 사이에 사적인 이해관계가 없고, 대상 업무의 처리에 필요한 정보를 충분히 검토하였으며, 법령에서 정한 필수적인 행정 절차를 거치고, 대상 업무를 처리하면서 필요한 결재 절차를 거쳤을 경우에는 고의 또는 중과실이 없는 것으로 추정한다.

(3) 절차

감사대상기관의 장 또는 감사원 감사를 받는 자 및 이해관계자는 실지감사가 종료된 후 감사원의 지적사항에 대하여 이 규정에 따른 적극행정면책 신청 등 소명자료를 제출하고자 할 경우에는 '감사 관련 소명서'(제1호 서식)를 작성하여 소명자료와 함께 감사원에 제출하여야 한다. 감사원에서는 감사소명자료를 접수한 경우에는 이를 검토·처리하여야 한다. 감사원은 적극행정면책 등 소명자료를 검토한 결과 이유가 있다고 인정되는 경우에는 적극행정면책을 하는 등 감사결과의 처리에 반영하여야 한다.

감사대상기관, 감사원 감사를 받는 자 및 이해관계자는 법률에 따라 대리인의 자격을 가진 자를 대리인으로 선임할 수 있으며, 대리인을 선임한 때에는 '감사 관련 소명서'에 대리권을 증명할 수 있는 위임장을 첨부하여 제출하여야 한다. 감사결과 지적사항에 대하여 공동으로 이해관계를 가진 자들은 전체를 대표할 대표자를 선임하거나 또는 연명으로 감사원에 소명자료를 제출할 수 있다. 감사원은 감사결과 지적된 사항에 대하여 직권으로 검토한 결과 적극행정면책이 필요하다고 인정하는 때에는 제8조에 따른 면책 신청이 없는 경우에도 면책 처리를 할 수 있다. 감사원은 제8조의 면책 신청에 따른 면책 또는 제11조에 따라 직권으로 검토하여 책임을 묻지 않기로 결정한 사항에 대하여는 책임을 묻지 않기로 한 사실을 감사대상기관의 장에게 통보하여야 한다. 감사원은 지적사항에 대하여 제출한 소명자료를 검토한 결과 소명 사유가 이유 있다고 인정하여 불문 처리한 경우에는 그 결과를 소명자료를 제출한 자에게 통지하여야 한다. 다만, 소명자료가 이유 없다고 인정하여 처분 요구를 한 경우에는 처분 요구의 시행으로 갈음한다.

(제1호 서식)

감사 관련 소명서

<table>
<tr><td rowspan="4">1. 제 출 자</td><td>주 소</td><td colspan="3"></td></tr>
<tr><td>기 관 명</td><td></td><td>직 명</td><td></td></tr>
<tr><td>성 명</td><td></td><td>전화번호</td><td></td></tr>
<tr><td>감사사항과 제출자의 관련성</td><td colspan="3"></td></tr>
<tr><td>2. 소명자료 관련 감사사항명 및 지적건명</td><td colspan="4">(예시) ○○집행관리실태 감사(하수관거설치공사 계약 관련)</td></tr>
<tr><td>3. 소명자료제출 취지
(해당사유 모두 표시)</td><td colspan="4">사실관계 상이( )/ 새로운 증거( )/ 법령해석 차이( )/ 적극행정면책( )/ 정상참작 등 기타( )</td></tr>
<tr><td>4. 소명 요지</td><td colspan="4">필요한 경우 별지로 작성</td></tr>
<tr><td colspan="5">위 감사 및 지적 내용에 관하여 소명(적극행정 면책)이 필요하여 위와 같이 소명자료를 제출합니다.

20 . . .

신청인 (인)

첨부서류 : 1. 대리인 위임장
2. 소명자료(매)
3. 적극행정면책 사유서

감사원 귀중</td></tr>
</table>

※ 소명서 작성 시 유의사항

1. 이해관계자의 대리인이 소명자료를 제출하는 경우 제출자는 이해관계자 본인의 성명을 작성하고 대리인 위임장을 첨부해주시기 바랍니다.
2. 소명자료 관련 감사사항명 및 지적건명은 위 소명자료가 어떤 지적내용에 관하여 제출된 것인지를 파악하기 위한 것이므로 알고 계신 범위 내에서 최대한 자세히 작성하시면 됩니다.

3) 징계책임과 변상책임이 경합하는 경우

변상판정 시 징계 요구 등 신분상 책임까지 더하는 것이 적정하냐에 대해서는 찬반이 있을 수 있다.

변상책임이 공무원 등 회계관계직원의 금전적 책임을 묻는 것이므로 사실상 행위에 대한 제재나 처벌이고 따라서 징계까지 병과하는 것은 가혹하다는 의견도 있다. 그러나 변상책임은 직무상 의무위반으로 발생한 손해를 전보하도록 하는 재정상 책임이고, 징계책임은 의무위반에 따른 복무관계 내 질서 유지를 위해 부과되는 신분상 책임으로, 목적과 기능이 다르기 때문에 병과하는 것이 원칙이다.

감사원은 횡령 등 고의적 행위에 대하여 판정하는 경우에는 당연퇴직[41] 등의 사유가 없다면 파면 등 신분상 책임을 병과하고 있고, 중과실 행위에 대하여 판정하는 경우는 사안의 경중이나 대상자의 행위 등을 고려하여 판단하고 있는 것으로 보인다. 감사원 판정 당시 회계관계직원의 소속기관에서 자체적으로 징계하였기 때문에 징계 요구를 병과하지 않는 경우도 있다. 2013년 2월 채권압류 등의 조치 없이 체납금 징수도 하지 않아 발생한 손해에 대해 관련자에게 3천여만 원을 변상판정하면서 징계처분을 요구하였다. 2013년 7월 보험금 미청구 등으로 발생한 손해에 대하여 관련자 6명에게 책임 비율에 따라 각각 변상판정하고 징계 및 주의요구(징계시효 경과)하였다.

특히 변상판정을 받아도 재정보증보험에 가입하여 실제로 재정상 책임을 지지 않는 경우 징계의 병과 여부가 문제가 되고 있는데, 중과실이 있는데도 재정보증보험으로 인해 책임이 면제되는 결과가 되므로 징계책임을 물을 필요가 있다는 견해가 있다. 그러나 판정은 「회계직원책임법」에 따른 재정상의 책임이고, 징계는 「국가공무원법」 등에 따른 신분상의 책임에 관한 것으로 양 제도를 연결하여 생각하거나 회계관계직원에 대해 단순히 이중의 고통을 주기 위해 병과하는 것은 아니라고 보는 것이 타당하다.

그 밖에 변상명령을 받은 자가 판정청구한 경우나 망실·훼손 통보 사건 처리

41) 「국가공무원법」 제69조에 금고 이상의 형을 선고(선고유예)받거나 횡령·배임행위로 300만 원 이상의 벌금형 선고 등은 당연퇴직한다고 규정되어 있다.

시에도 징계를 병과할 수 있는지 문제가 될 수 있다.

중앙관서의 장이나 지방자치단체의 장은 「회계직원책임법」 제6조에서 정한 바에 따라 감사원 판정 전에 변상명령을 할 수 있고, 변상명령을 받은 대상자는 이의가 있으면 감사원에 판정청구를 할 수 있다. 「감사원법」 제29조에 따라 감사원 감사를 받는 기관은 현금·물품·유가증권 등의 재산이 망실 또는 훼손된 때 감사원에 통보하여야 하고 이를 망실·훼손 통보라고 한다. 망실·훼손을 통보받은 감사원은 망실·훼손에 회계관계직원의 책임이 있다고 인정되면 변상판정을 하게 된다.

판정청구나 망실·훼손 통보된 사건의 판정 시에도 감사에서 적발된 판정 사안과 같이 징계를 병과하는 것이 타당하다는 견해도 있다. 망실·훼손사건을 달리 취급할 필요는 없으므로 망실·훼손사건 검토 결과 징계 요구할 만한 사안이면 징계 요구를 병과하는 것이 타당하다. 다만, 판정청구된 사안은 변상명령에 대한 불복절차에서 신분상 책임까지 추가되면 판정청구에 장애로 작용할 수 있고, 이의신청 제도 취지에도 맞지 않으므로 청구된 판정 사안만 검토하는 것이 바람직하다.

신분상 책임 병과 원칙 아래, 판정에 징계 등 신분상 책임을 부과하는 방식으로 운용하면 되는데, 징계의 정도는 같은 사안을 감사에서 적발하였다면 부과할 수 있는 수준에서 결정하면 된다.

횡령 등 고의 있는 행위는 직무배제 필요성, 당연퇴직 예정 등을 고려하여 파면·해임 등 징계 조치를 해야 한다. 중과실 행위도 고의에 의한 사건(병과) 및 경과실로 인한 사건(신분상 책임)과의 형평성, 해당 기관의 자체 징계 사례 등을 고려하여 병과를 원칙으로 하되 구체적인 사안별로 징계 정도를 정하면 된다. 판정 대상자가 다수라면, 주 책임자 양정을 우선 판단한 후 나머지는 그 이하로 결정하는 것이 합리적이다.

일각에서는 변상판정을 하는 경우 판정에는 징계적 성격도 있으므로 신분상 책임을 별도로 묻지 않지만, 재정보증보험 가입으로 인하여 실질적인 부담이 없는 경우라면 신분상 책임을 병과하자는 견해가 있다.

그러나 이러한 견해는 다음과 같은 이유로 실제 적용하거나 수용하기 어렵다 할 것이다. 변상책임을 묻는 판정에 징계적 성격도 있다고 보아 신분상 책임을 묻지 않기로 하였다면, 당연히 실제 부담이 없으면 징계책임을 병과하여야 하는데 징계 요구 등의 신분상 책임이 재정보증보험 가입 여부에 따라 좌우되어 부적정하다. 그리고 판정 대상자가 다수인 경우 주 책임자의 양정을 먼저 판단한 후 나머지를 그 이하로 의결함은 동일하나, 주 책임자가 실제 재정적 부담을 지게 되어 징계책임을 지지 않으면 나머지 관련자는 실제 부담이 없더라도 징계책임이 면제되게 되는바, 이는 실제 부담이 없는 대상자는 신분상 책임을 묻는다는 전제와 모순되는 것이다.

판정청구는 변상명령에 대한 이의신청 제도라는 취지를 고려하여 변상책임의 유무만 판단하는 것이 바람직하다. 망실·훼손 통보는 사실상 감사자료 성격으로 서면감사와 확인출장 등을 거쳐 변상책임과 신분상 책임의 확정이 가능하므로 징계할 사안이라면 징계요구를 병과하는 원칙을 그대로 적용하는 것이 당연하다.

다만, 징계 양정에 있어서는 피징계자가 변상판정을 지는 경우에는 피징계자의 재산으로 소속기관의 손해가 전부 또는 일부 보전되어 결과책임이 줄어드는 효과가 있으므로 고의로 인한 것이 아니라면 고려해야 비례의 원칙에 맞을 것이다.

징계부과금과 변상금과의 관계 등 징계책임의 전반적인 내용에 관해서는 chapter 5에서 설명하기로 한다.

변상책임의 성립 요건

CHAPTER 02

CHAPTER 02

변상책임의 성립 요건

변상책임은 회계관계직원의 위법한 행위로 인하여 국가 등의 재산에 손해가 발생한 경우에 성립한다. 이를 객관적 요건과 주관적 요건으로 구분하면 회계관계직원, 의무에 위반한 행위와 그로 인한 재산적 손해 발생이 객관적 요건에 해당하는 주요 검토사항이고 고의 또는 중과실이 주관적 요건에 해당한다.

그런데, 「회계직원책임법」은 주관적 요건에 해당하는 고의와 과실의 정도를 회계관계직원이 담당하는 회계사무의 성질이 명령직에 해당하는지 출납직에 해당하는지를 구분하여 성립 요건을 규정하고 있다.

즉, 제4조 제1항에서 회계관계직원은 고의 또는 중대한 과실로 법령이나 그 밖의 관계 규정 및 예산에 정하여진 바를 위반하여 국가, 지방자치단체, 그 밖에 감사원의 감사를 받는 단체 등의 재산에 손해를 끼친 경우에는 변상할 책임이 있다고 규정하여 명령직의 경우 고의 또는 중대한 과실을 요건으로 하고 있다.

제4조 제2항에서 현금 또는 물품을 출납·보관하는 회계관계직원은 선량한 관리자로서의 주의를 게을리하여 그가 보관하는 현금 또는 물품이 망실되거나 훼손된 경우에는 변상할 책임이 있다고 규정하여 출납직의 경우 선량한 관리자의 주의의무(경과실)를 변상책임의 성립 요건으로 규정하고 있다. 이런 점을 고려하여 변상책임의 성립 요건을 살펴보기로 한다.

「회책법」 제4조 제1항

– **명령직 회계 관계 직원**의 경우는 **고의 또는 중대한 과실로** 법령이나 그 밖의 관계 규정 및 예산에 정하여진 바를 위반하여 국가, 지방자치단체, 그 밖에 감사원의 감사를 받는 단체 등의 재산에 손해를 끼친 경우에는 변상할 책임이 있다고 규정하여 고의 또는 중대한 과실을 요건으로 함

명령직 회계 관계 직원 : 수입지출 업무를 관리하거나 재산 등을 관리하는 회계 관계 직원을 말한다.
예) 재무관, 지출관, 재산관리관, 물품관리관 등

「회책법」 제4조 제2항

– **출납직 회계 관계 직원**은 선량한 관리자로서의 주의를 게을리하여 그가 보관하는 현금 또는 물품이 망실되거나 훼손된 경우에는 변상할 책임이 있다고 규정하여 **선량한 관리자의 주의 의무(추상적 경과실)**를 변상 책임의 성립 요건으로 규정함

출납직 회계 관계 직원 : 현금 또는 물품을 출납·보관하는 회계 관계 직원을 말한다.
예) 현금출납 공무원, 물품출납 공무원 등

Ⅰ. 객관적 성립 요건

변상책임은 회계관계직원의 위법한 행위로 인하여 국가 등의 재산에 손해가 발생한 경우에 성립한다. 여기에서는 어떤 사람이 회계관계직원에 해당하는지에 대한 판단기준, 명령직과 출납직의 구분에 따른 의무위반행위와 인과관계를 설명한다.

1. 주체

변상책임의 주체는 '회계관계직원'이다. 「회계직원책임법」에서 말하는 회계관계직원은 동법 제2조에 열거된 사람을 말하는데, 국가, 지방자치단체 또는 감사원의 감사를 받는 단체에서 회계사무를 집행하는 사람을 의미한다. 변상책임의 주체인 회계관계직원에 해당하는지 여부에 대한 판단기준은 해당 직원이 수행한 업무가 회계사무인지에 달려 있다. 예컨대, 서울 소재 공공기관에서 대당 2천만 원인 계측장비 10대를 구매한다고 하면 납품업체와의 계약은 본사에서 체결하지만 납품 장소는 계측장비를 사용할 울산지사에 납품하도록 계약조건이 작성될 것이다. 이 경우 해당 장비의 검사자로 그 장비를 잘 아는 울산지사의 기술직 직원이 지정되고, 검사자가 작성한 검사조서가 전자문서에 첨부되어 본사 지출담당자에게 송부되면 지출담당자가 지출을 할 것이다. 이과정에서 검사자가 검사 과정에 고의 또는 중과실로 수량이나 품질의 문제를 발견하지 못하고 적합하다고 검사서류를 작성하였고 이를 신뢰한 지출담당자가 지출하였다가 정당한 대가보다 초과 지출된 금액을 회수하지 못하게 된다면, 이 경우 검사자는 회계직원은 아니지만 검사업무를 수행함으로써, 재무관의 지출 원인 행위를 보조하고 있기 때문에 업무의 실질상 변상의 대상자인 회계관계직원으로 보게 된다. 회계관계직원이 아닌 자는 국가배상법상의 구상권 행사의 대상이 되는 경우와 「회계직원책임법」 제8조에 규정한 바와 같이 회계관계직원의 상급자가 회계관계직원에게 위법한 회계관계행위를 지시하거나 요구함으로써 그에 따른 회계관계행위로 인하여 변상의 책임이 있는 손해가 발생한 경우에 회계관계직원과 연대하여 변상책임을 지는 경우를 제외하고는 변상책임이 없다.

1) 회계관계직원의 범위

회계관계직원의 범위와 관련하여 「회계직원책임법」 제2조는 국가, 지방자치단체, 공공단체 및 보조자의 경우로 구분하고 있다.

회계 관계 직원의 범위(「회계직원책임법」 제2조)

1. 국가의 경우

1. **국가재정법, 국가회계법, 국고금관리법** 등 국가의 예산 및 회계에 관계되는 사항을 정한 법령에 따라 국가의 회계사무를 집행하는 사람으로서 다음 각 목의 어느 하나에 해당하는 사람

가. 수입징수관, 재무관, 지출관, 계약관 및 현금출납 공무원
나. 유가증권 취급 공무원
다. 선사용자금출납명령관
라. 기금의 회계사무를 처리하는 사람
마. 채권관리관
바. 물품관리관, 물품운용관, 물품출납 공무원 및 물품 사용 공무원
사. 재산관리관
아. 국세환급금의 지급을 명하는 공무원
자. 관세환급금의 지급을 명하는 공무원
차. 회계책임관
카. 그 밖에 국가의 회계사무를 처리하는 사람
타. 가목부터 카목까지에 규정된 사람의 대리자, 분임자 또는 분임자의 대리자

2. 지방자치단체의 경우

2. **지방재정법** 등 지방자치단체의 예산 및 회계에 관계되는 사항을 정한 법령에 따라 지방자치단체의 회계사무를 집행하는 사람으로서 다음 각 목의 어느 하나에 해당하는 사람

가. 징수관, 재무관, 지출원, 출납원, 물품관리관 및 물품 사용 공무원
나. 가목에 규정되지 아니한 사람으로서 제1호 각 목에 규정된 사람이 집행하는 회계사무에 준하는 사무를 처리하는 사람

3. 공공단체의 경우

3. **감사원법**에 따라 감사원의 감사를 받는 단체 등의 회계사무를 집행하는 사람으로서 다음 각 목의 어느 하나에 해당하는 사람

가. 관계 법령, 정관, 사규 등에 규정된 사람
나. 관계 법령, 정관, 사규 등에 따라 임명된 사람
다. 가목 또는 나목의 대리자, 분임자 또는 분임자의 대리자

4. 회계 관계 직원의 보조자

4. 제1호부터 제3호까지에 규정된 사람의 보조자로서 그 회계사무의 일부를 처리하는 사람

보조자란

회계직의 보조자로서 그 회계사무의 일부를 처리하는 자를 의미한다.
보조자는 반드시 본직자의 부하직원이어야 하는 것은 아니며 타 소속직원이라도 명에 따라 본직자의 회계사무의 일부를 보조하는 경우에는 보조자로 본다.
"회책법 제2조 제4호에서 회계관계직원의 한 종류로 규정하고 있는 보조자에 해당되는지의 여부는 직제상 동일 부서에 근무하는지의 여부에 따라 결정할 것이 아니라 그 업무의 실질에 의하여 결정되어야 한다"면서 대법원 판례(1994. 12. 13. 선고 93누98판결)도 같은 입장을 취하고 있다.

2) 판례를 통해 본 회계관계직원

「회계직원책임법」 제2조의 규정은 그 법의 적용을 받는 회계관계직원의 종류를 제한적으로 열거하는 형태를 취하고는 있으나 그 제1호 (카)목에 의하여 회계사무를 처리하는 자를 전부 포함하는 것이므로, 어떤 공무원이 회계관계직원에 해당하는지의 여부는 특정한 회계관계직원으로 지정된 것인지가 중요한 것이 아니라 그 업무의 실질에 비추어 회계사무를 집행 또는 보조하는 행위를 하였는지의 여부에 따라 판단해야 한다. 이런 관점에서 판례는 다음에 열거된 자들을 회계관계직원으로 인정하고 있다.

① 대전광역시 체육회 사무처장, 사무차장, 총무과장

(대한체육회 정관 제52조에 따라 설치된 대한체육회의 지부로서 감사원법 제23조 제3호, 제10호에 의하여 감사원의 감사를 받는 단체이므로, 동 체육회의 사무처장, 사무차장, 총무과장 등의 지위에서 총무과 소속 일반회계 경리담당 직원을 지휘·감독)[42]

② 전라남도 강진군수

(보증채무 부담행위와 그 관리에 관한 사무를 집행한 경우 : 「지방재정법」 제44조

42) 대법원 2006.11.16. 선고 2002다74152 전원합의체 판결

제1항, 제49조 제1항, 제91조 제1항, 제106조 제1항 등의 규정을 보면 지방자치단체의 회계관계업무는 원칙적으로 지방자치단체의 장의 권한사항으로 되어 있고 그 중 특정한 권한을 소속 공무원에게 위임할 수 있는 것으로 되어 있으므로 지방자치단체의 장이 이러한 위임을 하지 않았다거나 또는 법령상 지방자치단체의 장이 스스로 회계관계업무를 처리하도록 되어 있는 경우에는 지방자치단체의 장도 「회계관계직원 등의 책임에관한법률」 제2조에 규정된 회계관계직원의 범위에 포함된다고 보아야 한다.)[43]

③ 서울특별시 구로구 건설국 건설관리과 관리2계 계장 또는 계원으로 각 경리관을 보조하여 수용 토지에 대한 보상업무 등을 담당하던 자.[44]

④ 서울특별시 성북구 건설국 건설관리과 관리2계에 소속되어 공공 용지의 취득 및 보상업무에 관한 실무를 담당하던 자, 관리2계장, 건설관리과장으로 재직하면서 공공용지 취득에 따른 보상업무와 국공유지 관리, 가로정비업무를 총괄하던 자.[45]

⑤ 인천직할시 건설국 건설행정과 보상계에서 소관 건설사업에 따른 토지 및 지상물 수용보상업무를 담당하는 실무자(인천직할시 직제상 회계업무를 직접 담당하는 자는 아니지만 스스로의 책임과 판단 아래 보상금 지출대상 여부와 보상가액을 결정함으로써 경리관인 재무국장의 보상금 지출결의업무를 보조하는 지위에 있던 자로서 「회계직원책임법」 제2조 제4호의 보조자에 해당)와 인천직할시 건설국 건설행정과의 과장으로 근무하면서 소속된 방재계, 건설행정계, 보상계의 업무 전반을 감독하는 지위에 있던 자.[46]

⑥ 대구직할시 위생처리장 관리소의 경리관과 위 관리소의 수질계 직원들(위 관리소 직제규칙 제3조 소정의 사무분장에 의하면 회계에 관한 업무를 직접 담당하지 않으나, 위 관리소의 분뇨처리장에서 사용하는 방류수 소독약품인 치아염소산소다 구입 당시 위 약품의 거래실례가격조사서를 작성하고 89년도 연간단가계

43) 대법원 2001. 2. 23. 선고 99두5498 판결
44) 대법원 1996. 3. 26. 선고 95누14411 판결
45) 대법원 1995. 3. 24. 선고 94누9764 판결
46) 대법원 1994. 12. 13. 선고 93누98 판결

약서를 설계품의 한 자와 이를 심사 결재한 자,「회계직원책임법」 제2조 제2호 (가)목 소정의 경리관[47]의 보조자로서 그 제4호 소정의 회계관계직원에 해당).[48]

⑦ 농업진흥공사의 수요물자 조달에 따른 구매업무를 담당하는 자.[49]

⑧ 육군 군단장과 한미연합군사령부 부사령관[50] (육군 군단장과 한미연합군사령부 부사령관으로 근무한 피고인이 회계업무를 담당하는 예하 참모인 소속 군단 관리 참모나 한미연합군사령부 경리과장을 지도·감독하고, 부대운영비·군인복지기금 등의 지출을 승인하며, 위 관리 참모나 경리과장 또는 피고인의 지시에 의하여 부대운영비 등을 관리하는 군단장 비서실장이나 한미연합군사령부 부사령관 보좌관 등으로부터 매월 예산사용 내역에 관한 보고를 받고 관련 장부를 정리하게 하는 등으로 예산에 대한 회계업무를 처리하였다면, 피고인은「회계관계직원 등의 책임에관한법률」 제2조 제1호 (카)목에서 정한 '기타 국가의 회계사무를 처리하는 자'에 해당).

3) 보조자의 개념

회계직의 보조자로서 그 회계사무의 일부를 처리하는 자를 의미한다. 보조자는 반드시 본직자의 부하 직원이어야 하는 것은 아니며 타 소속 직원이라도 명에 따라 본직자의 회계사무의 일부를 보조하는 경우에는 보조자로 본다. 보조자의 신분이 기능직 또는 고용직인 경우에도 보조자의 개념에 포함된다. 그러나 군의 경우 의무병은 보조자로 보지 아니한다. 또한, 보조자의 회계사무의 일부를 보조하는 자도 보조자로 본다. 그러나 본직자와 업무협조 관계에 있는데 불과한 경우에는 보조자로 보지 않는다.

「회계직원책임법」 제2조 제4호에서 회계관계직원의 한 종류로 규정하고 있는

47) 2014. 5. 28. 지방재정법 개정으로 경리관은 재무관으로 변경되었다.

48) 대법원 1993. 2. 9. 선고 92누4055 판결

49) 대법원 1985. 5. 14. 선고 83누362 판결

50) 서울고법, 2005.4.29, 2004노1506 판결

'제1호 내지 제3호에 규정된 자의 보조자로서 그 회계사무의 일부를 처리하는 자'에 해당되는지의 여부는 직제상 동일 부서에 근무하는지의 여부에 따라 결정할 것이 아니라 그 업무의 실질에 의하여 결정되어야 할 것으로서, 회계업무를 직접 담당하는 위 법조의 제1호 내지 제3호에 규정된 자가 그 회계업무를 처리함에 있어서 필수적으로 거쳐야 할 기초 행위의 일부를 법령 또는 직제의 규정에 의하여 자기의 책임과 판단 아래 처리하는 자는 이에 해당된다고 보아야 할 것이다. 이런 취지에서 법원은 시 건설국 과장은 소관 건설사업에 따른 토지 및 지상물 수용보상업무를 담당하는 실무자로서 시 직제상 회계업무를 직접 담당하는 자는 아니지만 스스로의 책임과 판단 아래 보상금 지출대상 여부와 보상가액을 결정함으로써 경리관인 재무국장의 보상금지출 결의업무를 보조하는 지위에 있어 「회계직원책임법」 제2조 제4호에서 말하는 '보조자'에 해당한다고 판단하였다. 결국, 회계직원인지의 여부는 직제상 직무로 볼 것이 아니라 실질적으로 수행한 직무(사무)가 회계사무인지 여부에 따라 판단해야 한다.

알아보기 3 회계사무란 무엇인가?

회계관계직원이 직무로서 하는 행위와 이와 관련된 일체의 행위를 말한다.

회계관계직원에게 변상책임을 부과하려면 당연히 직무 집행과 관련이 있는 회계사무이어야 한다. 이에 해당하는 사무로는 「회계직원책임법」 제2조에 열거된 회계직의 고유 업무를 의미한다.

세입징수관이 세입의 원인, 채무자, 금액을 조사하고, 세입에 관한 국가 등의 권리를 확정하여 납입의 고지를 하는 행위 및 이와 관련된 일체의 행위를 말한다. 재무관이 국가 등의 지출의 원인이 되는 계약을 체결하고, 계약으로 인하여 발생한 반대급부의 이행을 확인하고 필요한 감독과 검사를 하는 행위 및 이와 관련된 일체의 행위(예정가격의 확정 등)을 말한다. 지출관의 경우에는 국가 등의 제반 수

요를 충족시키기 위하여 세출예산에 기한 지출 원인 행위 관계 서류를 조사 확인하고 청구서 등을 심사하여 계좌이체하거나 반납금을 여입하는 행위 및 이와 관련된 일체의 행위를 말한다.

대법원도 "A시 지역경제 과장 및 계장인 원고들이 A시 공유재산인 제2 농공지구 내 토지의 재산관리관 및 그 보조자의 지위에서 수행하는 각서(위 농공지구 내 토지를 분양받기로 한 입주예정업체를 위하여 A시가 발행한 자금지원용 각서)의 이행과 관련한 사무는, 입주 예정업체로 하여금 용지 매입을 위하여 필요한 자금을 용이하게 조달할 수 있도록 하기 위한 것으로서 농공지구 관리업무인 분양계약에 부수되는 사무이므로, 「회계직원책임법」 제2조 제2호 (나)목, 제1호 (아)목, 제4호가 정한 재산관리관 및 그 보조자의 회계사무에 해당한다고 할 것이다."고 해석하여 「회계직원책임법」 제2조에 열거된 회계직원의 직무를 회계사무로 보고 있다.(대법원 2003. 6. 27. 선고 2001두9660 판결)

알아보기 4 지방자치단체의 장이 회계관계직원에 해당하는가?

〈해설〉

지방자치단체의 장이 스스로 회계관계업무를 처리하도록 되어 있는 경우에는 회계관계업무를 처리한 것이므로 회계관계직원에 해당한다.

「회계직원책임법」 제4조 제1항은 "회계관계직원은 고의 또는 중대한 과실로 법령이나 그밖의 관계 규정 및 예산에 정하여진 바를 위반하여 국가, 지방자치단체, 그밖에 감사원의 감사를 받는 단체 등의 재산에 손해를 끼친 경우에는 변상의 책임이 있다."고 규정하여 변상책임의 주체를 회계관계직원에 한정하고 있고, 같은 법 제2조는 회계관계직원의 정의에 대하여 규정하고 있는데, 거기에 지방자치단체의 장을 명시적으로 열거하지는 않고 있으나, 같은 법 제2조 제1호 (카)목은 같은 호 (가)목 내지 (차)목에 열거된 직원 이외에도 '기타 국가의 회계사무를 처리하는 자'를 회계관계직원으로 규정하고 있고, 같은 조 제2호 (나)목은 지방자치단체에 관하여도 같은 조 제1호 각 목에 규정된 자가 집행하는 회계사무에 준하는 사무를 처리하는 자를 역시 회계관계직원으로 규정하고 있으므로, 같은 조 제1호 (가)목 내지 (차)목 또는 제2호 (가)목에 열거된 직명에 따라 회계관계직원으로 구체적으로 지정되어 있지 않다고 하더라도 업무의 실질에 있어서 회계관계업무를 처리하는 경우에는 회계관계직원에 해당한다고 보아야 할 것일 뿐만 아니라, 「지방재정법」 제44조 제1항, 제49조 제1항, 제91조 제1항 등의 규정을 보면 지방자치단체의 회계관계업무는 원칙적으로 지방자치단체의 장의 권한사항으로 되어 있고 그 중 특정한 권한을 소속 공무원에게 위임할 수 있는 것으로 되어 있으므로 지방자치단체의 장이 이러한 위임을 하지 않았다거나 또는 법령상 지방자치단체의 장이 스스로 회계관계업무를 처리하도록 되어 있는 경우에는 지방자치단체의 장도 「회계직원책임법」 제2조에 규정된 회계관계직원에 해당될 수 있다.

2. 행위

변상책임은 회계관계직원이 국가 또는 단체의 재산에 손해를 끼친 경우에 성립한다. 그 손해의 원인이 되는 행위의 개념은 행위의 주체인 회계관계직원이 명령직인지 출납직인지에 따라서 다르다.

명령직 회계관계직원은 「회계직원책임법」 제4조 제1항에 따르면, '법령이나 그 밖의 관계 규정 및 예산에 정하여진 바를 위반하여 국가, 지방자치단체, 그 밖에 감사원의 감사를 받는 단체 등의 재산에 손해를 끼친 경우'를 의미한다. 제4조 제2항에는 출납직 회계관계직원의 경우를 규정하고 있는데, '그가 보관하는 현금 또는 물품이 망실되거나 훼손된 경우'를 의미한다.

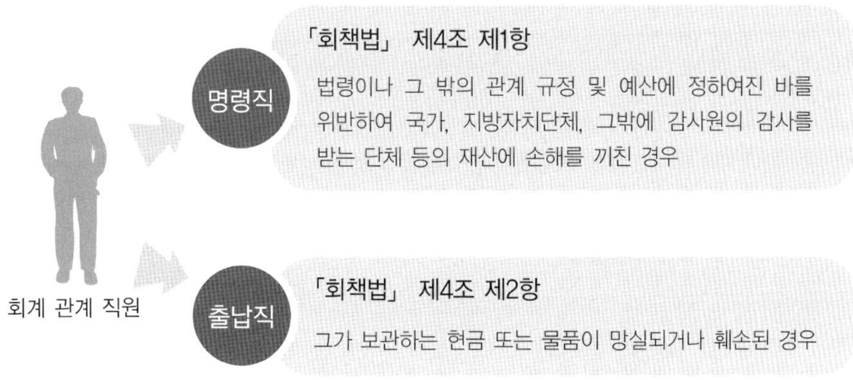

1) 명령직 회계관계직원의 행위

(1) 의무 위반

「회계직원책임법」 제3조는 '회계관계직원은 법령, 그 밖의 관계 규정 및 예산에 정하여진 바에 따라 성실하게 직무를 수행하여야 한다'고 회계관계직원의 의무에 대하여 규정하고 있는데 이를 위반하는 것을 의미한다.

① 법규 위반

법령준수의무는 성실의무, 복종의무 등과 함께 모든 공무원이 준수해야 할 의무 중의 하나이다. 「회계직원책임법」이 회계관계직원의 의무와 관련해서 규정하고 있는 법령은 국가의 법령 모두를 의미하는 것이 아니고 특히 회계경리에 관한 사무의 처리를 규정하고 있는 법령을 의미한다. 예컨대, 「국가재정법」, 「국고금관리법」, 「국가회계법」, 「국가를 당사자로 하는 계약에 관한 법률」, 「지방재정법」, 「지방자치단체를 당사자로 하는 계약에 관한 법률」, 「물품관리법」 등과 동법의 시행령과 시행규칙 등을 그 예로 들 수 있다.

정부회계의 대상은 관리하는 재산의 종류에 따라서 현금, 물품, 재산 및 채권 등에 관한 것으로 구분할 수 있으며, 이에 대한 회계검사까지 포함해서 본다면, 정부회계의 법규체계는 다음과 같이 분류할 수 있을 것이다.

[정부회계의 법규체계]

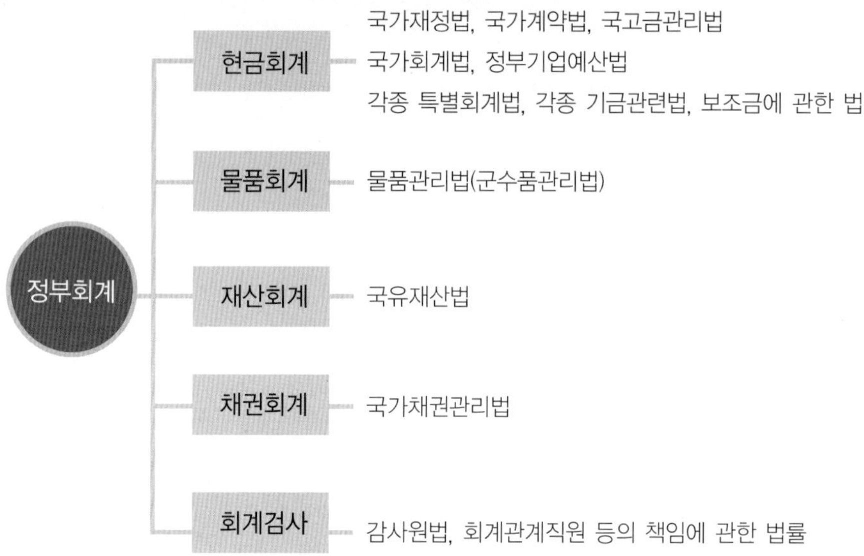

＊ 지방자치단체 : 지방재정법, 지방자치단체 기금관리기본법, 공유재산 및 물품관리법, 지방자치단체를 당사자로하는 계약에 관한 법률

이 중에서 정부재정관리의 기초를 이루는 회계법규의 기본법인 국가재정법은 재정에 관한 헌법상의 규정을 보완하는 동시에 정부 재정관리에 관한 총칙 법적 성격을 지니고 있다. 「국가재정법」은 7장 102조로 구성되어 있다.

회계는 비권력적 관리작용이고 그 본질은 사인의 회계경리와 다르지 않다는 점에서, 사법규정 또는 사법원칙이 적용될 수 있는 소지가 크다. 그러나, 국가 또는 지방자치단체가 회계를 공정하고 적정하게 수행하는 것은 국민의 권익 보호에 있어 중요한 의미를 갖고 있기 때문에 위에 나열한 다수의 법규가 제정되어 이를 규율하고 있는 것이다. 이들 법규는 일반 행정법규와 구별되는 다음과 같은 특색이 있다.

① 회계법의 내규성(內規性)

회계법은 일반적으로 법령의 형식으로 되어 있으나, 실질적으로는 행정기관의 내부 절차적인 규정인 경우가 적지 않다. 이러한 경우 그 회계법규를 위반하여도 행위자의 행정기관 내부에서의 책임 문제는 별론으로 하고, 외부적으로는 당해 행위 자체의 효력에는 영향을 미치지 않는 것이 원칙이다. 그러나 회계법의 규정 중에는 강행규정인 것도 있는데, 이 경우 그에 위반한 행위는 무효이다.

② 회계에 대한 사법규정의 적용

회계는 사인의 회계경리와 본질적인 차이가 있는 것은 아니므로, 회계관계법에 특별한 규정이 없는 경우에는 사법규정 또는 사법원리의 적용이 인정되는 경우가 많다.

③ 회계법의 기술성

회계법의 목적은 회계의 공정과 사무처리의 합리화·능률화를 실현하는 데에 있다 할 것이다. 이러한 두 가지 목적의 상호조화의 결과로 이루어진 것이 회계법이라고 할 수 있으므로, 회계법은 기술적인 성격이 강하다.

2 예산위반

회계관계업무는 '예산에 정한 바'에 따라서 수행하여야 한다. 이는 국회를 통과한 세출예산은 법률과 유사한 효력을 지니는 데서 유래한 것이다. 이와 같은 효력은 예산의 성립 형식에 대한 비교를 통해서 확인할 수 있다. 예산을 법률로 통과시키는 국가가 대부분인 현실을 보면 특히 세출예산에는 한시법적인 법률과 유사한 효력이 있다고 하겠다.

우리나라 중앙정부 예산은 국회의 의결을 통하여 성립하게 된다. 「헌법」 제54조에서 '국회는 국가의 예산안을 심의·확정한다.'라고 예산의 성립에 관한 규정을 두고 있다. 일본의 경우 우리나라와 유사하게 예산이 국회의 의결 형식으로 성립하나 미국, 영국, 프랑스, 독일 등의 경우에는 예산이 법률로서 성립한다. 그러나 의결 형식이나 법률 형식 모두 국회의 심의·의결을 거친다는 점에서 실질적으로 큰 차이는 없다.

일본	미국	영국	독일	프랑스
• 의결 형식인 예산으로 성립 • 세출·세입 모두 의결 대상	• 세출예산은 소관별(13개) 개별법으로 성립	• 법률로 성립 (세입도 법률형식)	• 법률로 성립 (예산법)	• 법률로 성립 (제정법) • 세입·세출 모두 의결 대상

예산은 예산총칙, 세입세출예산, 계속비, 명시이월비와 국고채무부담행위의 5개 요소를 그 내용으로 하고 있다. 다만, 흔히 예산규모라 하면 이 가운데 세입세출예산을 지칭하며 세입세출예산이 실질적으로 예산의 본체를 이루고 있다.

① 예산총칙 : 예산의 일부로서 세입세출예산, 계속비, 명시이월비와 국고채무부담행위에 대한 총괄적 규정을 두고 그 밖에 국채 또는 차입금의 한도액, 재정증권의 발행과 일시차입금의 최고액 기타 예산집행에 관한 필요한 사항을 규정한다.(국가재정법 제20조)

② 세입세출예산 : 1회계연도에 있어서의 수입지출의 예산액으로서 예산의 본체를 이루는 것인 바 중앙관서의 조직별로 구분하고 세입예산은 그 내용을 성질별로 관 · 항으로, 세출예산은 그 내용을 기능별, 성질별 또는 기관별로 장 · 관 · 항으로 각각 구분 편성한다.

③ 계속비 : 수년도에 걸친 사업의 경비에 관하여 미리 국회의 의결을 얻은 범위 안에서 수년도에 걸쳐 지출할 수 있는 경비를 말하는 바, 장기에 걸친 사업의 원활한 집행을 확보하기 위하여 인정되고 있다. 계속비로 계상할 수 있는 경비는 완성에 수년을 요하는 공사, 제조 및 연구개발에 소요되는 경비에 한하되, 계속비의 총액과 연부액을 정하여 미리 국회의 의결을 얻어야 하며 정부가 지출할 수 있는 연한은 5년 이내로 한다. 다만, 사업 규모 및 국가재원 여건상 필요한 경우에는 10년 이내로 할 수 있다. 기획재정부장관은 필요하다고 인정할 때에는 국회의 의결을 거쳐 다시 그 연한을 연장할 수 있다.

④ 명시이월비 : 세출예산 중 경비의 성질상 연도 내에 그 지출을 마치지 못할 것이 예정될 때에는 그 취지를 명시하여 국회의 의결을 얻어 다음 연도까지 이월하여 사용할 수 있게 한 경비이다.

⑤ 국고채무부담행위 : 법률에 의한 것과 세출예산금액 또는 계속비의 총액의 범위 안의 것 이외에 국가가 채무를 부담하고, 그것으로 인하여 국가가 금전 급부를 부담하는 행위로서 그 채무 이행의 책임은 다음 연도 이후에 부담됨을 원칙으로 한다. 그런데 채무부담행위는 세출예산이 수반되지 아니하고 지출의무부담에 소요되는 경비의 지출이 그 연도 내에는 필요하지 아니하며 익년도 이후에 그 이행의 책임이 부과되는 의무부담만을 원칙으로 한다. 그러므로 지출을 요하는 연도에는 다시 그 소요경비를 세출예산에 계상하여 국회의 의결을 얻어야 하며 국고채무부담 행위에 의하여 이미 채무부담이 된 금액에 대하여는 정부의 동의 없이 국회에서 세출예산에 계상된 금액을 삭제할 수 없다.

3 성실의무 위반

성실의 의무는 최대한으로 공공의 이익을 도모하고 그 불이익을 방지하기 위해 전 인격과 양심을 바쳐서 성실히 직무를 수행할 의무를 의미한다. 성실의 의무는 공무원의 국민 전체에 대한 봉사자로서의 지위에서 도출되는 공무원의 모든 의무의 원천이 되는 기본 의무로서, 각종의 직무상 의무 등도 여기에서 나오는 것이다. 국가공무원법상 공무원의 성실의무의 적용 범위는 행위의 적법성 여부와 별도로 경우에 따라서는 근무시간 외에 근무지 밖에까지도 미치는 경우가 있다. 윤리성이 강한 측면이 있지만 공무원법상의 의무를 의미하며, 단순한 도덕적인 의무와는 구분되는 징계책임의 원인이 되는 법적의무인 것이다. 어느 정도의 불성실한 행위가 도덕적 차원을 넘는 법적의무 위반에 해당하는 가를 구분하기 위하여 판례를 분석해 보면, 사소한 형식의 차이가 있으나 내용에 차이가 없는 경우나 실무자의 조사복명서에 기하여 건축허가를 한 경우 등은 성실의무 위반이 아니며, 담당공무원의 서류 검토만 믿고 주무계장과 과장의 검토를 생략하고 한 행위, 서류 내용의 충분한 검토 및 실지조사 없이 고액의 세금을 환급받게 한 세무공무원, 토지의 형질 변경을 허가하여서는 안 될 지역임에도 불구하고 같은 시 주택과장이 가능한 지역이라고 기안하도록 하여 주택건설사업계획 허가신청자에게 형질 변경이 허가되도록 한 것 등은 위반행위로 인정되었다.

변상책임의 경우도 그 요건의 하나로 성실의무 위반을 들고 있다.

대법원은 "회계직원책임법 제4조 제1항에서 규정하고 있는 중대한 과실을 범한 경우에 해당되는지의 여부는 … 성실의무에 위배한 정도가 그 업무내용에 비추어 중대한 것으로 평가될 수 있는지에 따라 결정되어야 한다."고 일관성 있게 해석하고 있다. 이처럼 의무위반행위에 해당하는지 여부는 공무원의 권익에 직접 관련되는 것이며, 감사와 관련해서도 징계·변상 등의 기준이 되는 중요한 것이므로 명확해야 할 것이다.

그런데 관련 법규를 해석해 보면 어떤 행위가 성실의무에 위반이 되는지와 관련해서는 관계법 해석상 명확하지 않은 경우가 많은데 성실의무의 개념과 관련 사례는 Chapter 5. 징계제도 V. 징계사례연구 2. 성실의 의무에서 설명하기로 한다.

(2) 국가 또는 단체에 손해를 끼칠 것

변상책임제도의 목적이 '손해의 보전'에 있으므로 현실적인 손해의 발생을 그 성립 요건으로 한다. 만약, 공사기간을 연장하면서 담당자가 업무상 과실로 선금지급보증서의 연장 조치를 하지 않았으나, 무사히 공사가 종료되어 손해가 발생하지 않은 경우에는 다른 요건은 충족이 되지만 손해가 발생하지 않았으므로 변상책임이 성립하지 않는다.

변상책임의 성격상 손해는 재산적 손해에 한정되며 실질적인 손해를 의미한다. 변상책임이 발생한 원인이 되는 행위로 인하여 국가 또는 단체에 동시에 반대급부나 이득이 발생한 경우에는 그 반대급부 내지 이득은 손해에서 제외되어야 한다. 금액으로 평가할 수 있는 이용가치가 있는 경우에도 그 가치 상당 부분은 손해에서 제외되어야 한다. 다만, 환가도 안 되고 이용가치도 평가할 수 없는 경우에는 손해액에 포함되어야 할 것이다.

반대급부로서 물권 또는 채권 등의 형태로 국가 또는 단체의 권리가 확정되어 있는 경우는 현실적으로 국가 또는 단체에 손해가 발생했다고 볼 수 없다. 다만, 국가 또는 단체의 권리로 가능성만 존재하고 아직 불확정 상태에 있는 경우에는 일단, 손해가 발생한 것으로 보아야 한다. 즉, 계약조항이나, 상대방의 동의, 승낙 등에 의하여 당해 변상책임의 원인이 되는 사실에 대하여 손해배상, 부당이득반환 등의 청구권이 국가 또는 단체의 권리로 확정되어 있을 때에는 아직 국가 또는 단체에 손해가 발생되었다고 볼 수 없다. 다만, 청구권을 행사해도 손해의 전부 또는 일부를 회수하지 못하게 되는 것이 확정되면 그 부분의 손해가 발생한 것으로 보아야 한다. 그러므로 계약상대방 등에 대한 손해배상청구권과 회계관계직원에 대한 변상청구권이 경합하는 경우에는 상대방에게 우선 손해배상을 청구하고 회수하지 못한 손해에 대해서 변상을 청구하는 것이 정당하다.

손해는 존속되어야 한다. 따라서 손해가 일단 발생하였다 하여도 그 후에 손해가 국가 또는 단체의 부담에 의하지 아니하고 회복이 되었다면 손해가 없다고 하겠다. 또한, 회복된 것이 손해의 일부인 경우에는 변상책임제도의 궁극적인 목적이 원상회복에 있으므로 손해가 보전된 부분에 대해서는 변상책임을 지게 할 사유가 소멸한 경우이므로 이를 제외한 현존 손해액에 대해서만 변상판정을 해야 할 것이다.

따라서 손해액이 미확정인 경우에는 변상책임의 유무 판정을 할 수 없다. 예를 들면, 계약담당 공무원이 청사 임대차계약을 한 경우 임대인(회사)이 파산선고를 받은 경우에 파산 재산에 대하여 채권을 갖는 경우에는 손해액은 미확정 상태에 있는 것이므로 청산 완료 후가 아니면 판정을 할 수 없다.

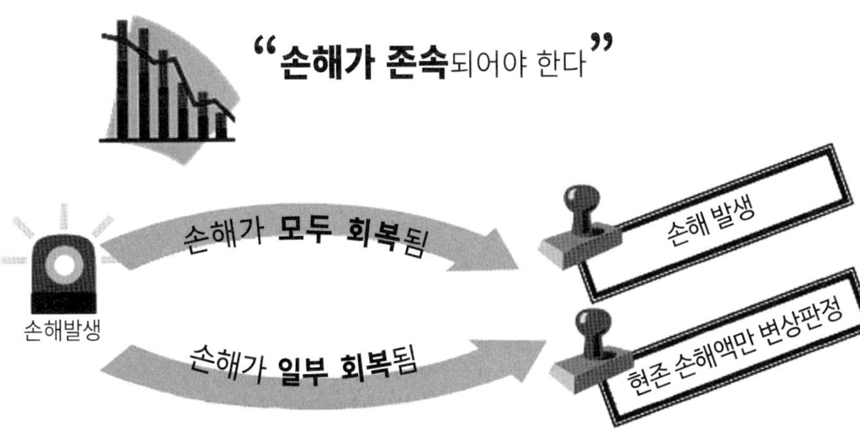

손해액이 미확장인 경우 변상책임의 유무 판정을 할 수 없음

2) 출납직 회계관계직원의 행위

(1) 보관에 속하는 현금 또는 물품

출납직 회계관계직원은 출납 및 보관에 관한 사무를 처리하는 것을 직무로 하고 있으므로, 직무상 출납 보관하고 있는 현금과 물품에 대하여 책임을 진다.

'현금'라 함은 국가 또는 단체가 소유 또는 보관하고 있는 내국통화와 외국통화를 의미한다. 내국통화는 법정통화로서 국가가 법률에 의하여 강제 통용력을 부여한 화폐를 의미하며, 우리나라는 한국은행권이 유일하다. 외국통화는 엄격한 의미에서는 법정통화가 아니므로 통화라고 하기 어렵고 단순한 상품에 준한다고 보는 견해도 있으나, 「민법」 제378조에는 채권액이 다른 나라 통화로 지정된 때에는 채무자는 지급할 때에 있어서의 이행지의 환금시가에 의하여 우리나라 통화로 변제할 수 있다고 규정하고 있어서 내국통화에 준한다고 하겠다. 은행보증수표는 거래 관행에 따라서 내국통화와 동일한 취급을 받으므로 현금에 해당한다. 예컨대, 세입세출 외 현금출납 공무원이 입찰보증금으로 납부되어 보관하고 있는 은행보증수표를 선량한 관리자의 주의의무를 게을리하여 망실함으로써 국가에 손해를 끼친 경우에는 변상책임이 발생한다.

'유가증권'은 재산적 가치가 있는 사권(私權)을 표시하는 증권이며, 그 권리의 이용 또는 처분과 증권의 점유가 분리될 수 없는 것이다. 권리와 증권을 결합시켜 권리의 행사를 원활하게 하고 유통을 도모하는 제도이다. 권리는 재산적 가치를 가지는 것이면 채권은 물론이고 물권도 관계없다. 통화 · 수입인지 · 우표 등은 사법상의 권리를 표시하는 것이 아니므로 유가증권이 아니다. 권리와 증권과의 결합 정도는 유가증권의 종류에 따라 동일하지 않으며 권리의 발생 · 행사 · 양도의 모든 경우에 증권을 필요로 하는 완전유가증권(어음, 수표, 상품권 등)과 반드시 권리의 발생 · 행사에는 증권을 필요로 하지 않는 불완전유가증권(주권, 화물상환권 등)이 있다.

정부가 소유하는 유가증권은 특수한 사정이 있는 경우를 제외하고는 한국은행에 예탁하여야 한다.

'물품'은 「물품관리법」 제2조에 의하면 국가 등이 소유하는 동산과 국가 등이 사용하기 위하여 보관하는 동산을 말한다.

수입인지·우표 등은 금전의 급부를 입증하는 증거증권에 해당하고 유가증권에 해당하지 않는 것이므로 물품의 개념에 포함된다.

'보관'은 자기의 세력 범위 내에서 유체물을 사실상 또는 법률상 지배하는 것을 말한다. 사실상의 지배는 실력으로서 유체물을 현실적으로 점유하는 것을 의미한다. 법률상의 지배는 국가 또는 단체가 소유권을 갖거나 반환청구권을 갖는 경우를 의미한다. 그러므로 보관은 출납직 회계관계직원이 현금 또는 물품을 현실적으로 점유하고 있을 때 뿐만 아니라 한국은행에 예탁한 현금, 운송 중의 물품 또는 공사나 제조 기타의 계약자에게 인도한 물품 등도 출납직 회계관계직원의 보관에 속한다.

국가 또는 단체의 소유에 속하는 물품은 책임 있는 직원의 보관하에 두어야 할 것이므로 운송 중의 물품은 상대방에게 도달할 때까지는 발송한 출납직 회계관계직원에게 보관의 책임이 있다. 인도 물품은 그것을 사용하여 생산한 물품을 납품받거나 공사가 준공될 때까지는 출납직원의 보관에 속한다.

보관은 적극적으로 물품을 이용 개량하는 행위는 포함하지 않는다. 보관 관계의 내용은 민법상의 임치계약 관계와 유사하다. 민법상 임치계약에서 발생하는 수치인의 의무는 상대방을 위하여 물품을 보관하는 것이며, 보관에 있어서 필요한 주의의 정도는 선량한 관리자의 주의를 요구한다.

(2) 망실되거나 훼손된 경우

망실은 법률상의 정당한 원인에 기하지 아니하고 그 보관을 떠나는 일체의 경우를 의미한다. 망실은 물건의 물리적 존재를 상실하는 멸실과 물리적 존재의 상실 여부를 묻지 않는 분실등의 경우가 있다. 따라서 출납직 회계관계직원이 횡령 소비한 경우는 물론 분실, 도난, 사기로 인한 편취 등이 망실에 해당한다.

사기에 의하여 편취당한 경우에는 민법상의 반환청구권 또는 손해배상청구권이 발생해서 관념적으로는 재산적 가치가 국가에 귀속되어 법률상의 지배권을 가

지므로 보관을 이탈하지 않았다고 볼 수도 있겠으나 현실적으로 손해가 발생한 부분은 망실에 속한다.[51)]

훼손은 출납직 회계관계직원의 지배하에 있으면서 그 가치가 감소되는 것을 의미하며 그 감소가 손해로 귀착되는 것이다. 물품의 외형을 손상한 경우와 변질로 인하여 본래의 용도에 사용하지 못하게 된것을 의미한다. 예컨대, 물품이 화재로 일부 소실된 경우, 보관방법의 부적합으로 복사용지나 담배가 침수되어 사용불능 또는 변질된 경우 등이 있다.

망실

- 법률상의 정당한 원인에 기하지 아니하고 그 **보관을 떠나는 일체의 경우**를 의미
- 물건의 물리적 존재를 상실하는 멸실과 물리적 존재의 상실 여부를 묻지 않는 분실로 구분

예) 출납직 회계관계직원이 횡령 소비한 경우, 분실, 도난, 사기로 인한 편취 등

훼손

- 출납직 회계관계직원의 지배하에 있으면서 그 **가치가 감소되는 것을 의미**하며 그 **감소가 손해로 귀착**되는 것
- 물품의 외형을 손상한 경우와 변질로 인하여 본래의 용도에 사용하지 못하게 된 것을 의미함

예) 물품이 화재로 일부 소실된 경우 보관방법의 부적합으로 복사용지나 담배가 침수되어 사용불능 또는 변질된 경우 등

3) 손해의 발생시기 및 손해액 산정방법

손해의 발생시기와 손해액 산정방법은 획일적으로 정해지는 것이 아니라 유형별, 사례별로 구체적인 판단이 필요하다. 여기서 변상판정이 자주 발생하는 주요 회계업무를 유형별로 구분하여 위법한 회계행위에 대한 손해의 발생시기와 손해액 산정방법을 정리하면 다음과 같다.

51) 대법원 2002.10.11. 선고 2001두3297 판결

(1) 계약 관련 사항

위법한 회계행위	손해의 발생시기	손해액 산정방법
외자(外資) 구매를 위해 예정가격을 산정하면서 환율을 잘못 적용하여 예정가격을 고가로 산정	과다 산정된 예정가격에 기초하여 물품을 구매한 때	실제 구매가격과 정당 구매가격과의 차액
관련 규정에 위반하여 계약보증금(또는 보증보험서) 미징수	계약상대방이 정당한 사유 없이 채무를 이행하지 않아 계약이 해지·해제되는 등 계약보증금 귀속사유가 발생한 때	미징수된 계약보증금 상당액
계약이행이 완료되지 않았는데도 계약이행보증보험증권을 반환		
계약기간을 연장하면서 선급금지급보증보험 기간은 미연장	계약상대방이 정당한 사유 없이 채무를 이행하지 않아 계약이 해지되는 등 선금 회수사유가 발생한 때	회수하지 못한 선금 상당액
장기계속공사에서 연간 계약금액이 아닌 총계약금액을 기준으로 선금을 과다 지급		선금 과다지급을 사유로 보험사로부터 회수하지 못한 선금 상당액
실제 기성고와 정산된 선금액보다 많은 금액으로 '선금정산확인원'을 발급	부당하게 발급된 '선금정산확인원'으로 인하여 보험사의 선급금지급보증채무가 소멸한 때	보험사로부터 회수하지 못한 선금 상당액

(2) 공공사업 수행에 따른 손실보상 관련

위법한 회계행위	손해의 발생시기	손해액 산정방법
손실보상 대상이 아닌데도 보상금을 지급하거나 정당 보상금 보다 과다하게 지급	실제 보상금을 지급한 때	잘못 지급된 보상금과 정당 보상금의 차액
감정평가를 거치지 않는 등 보상금 결정이 잘못된 경우		
근저당권 등 사권(私權)을 말소하지 않은 채 보상금을 지급하고 토지나 지장물의 소유권을 취득	근저당권자 등에 의한 경매로 소유권을 상실한 때	토지나 지장물 소유권을 다시 취득하기 위해 지출된 비용

위법한 회계행위	손해의 발생시기	손해액 산정방법
제3자가 토지나 지장물 소유자의 보상금 청구권을 압류 또는 가압류하거나, 토지나 지장물의 소유자가 보상금 청구권(채권)을 제3자에게 양도한 사실을 통지받거나 이를 승낙하고도, 당초 소유자에게 보상금을 지급	보상금을 토지나 지장물 소유자에게 지급한 때	채권을 압류·가압류 또는 양도받은 제3자에게 배상금 등을 지급한 금액

(3) 전세금(임차보증금) 등 채권관리 관련

위법한 회계행위	손해의 발생시기	손해액 산정방법
건물을 전세 또는 임차하면서 객관적인 건물 가액, 선순위 채권액 등을 감안하여 충분한 담보를 확보하지 않은 채 계약을 체결	임차 건물에 대한 경매에서 임차보증금(전세금) 전액을 회수하지 못한 때	임차보증금(전세금) 미회수액
채무자의 재산보유 사실을 알고도 채권확보조치(가압류 등)를 이행하지 않아 소멸시효가 완성	채권확보 조치 미이행으로 소멸시효가 완성된 때	소멸시효가 완성된 채권액
구상채무자에게 변제자력이 있는데도 구상채권을 행사하지 않아 소멸시효가 완성	구상채권을 행사하지 않아 소멸시효가 완성된 때	소멸시효가 완성된 채권액
채무자의 재산을 가압류하면서 실제 금액보다 적은 금액을 신고	채권액을 과소 신고한 때	실제 채권액을 신고한 경우 배당액과 실제 수령한 배당액의 차액

(4) 물품 및 재산 관련 등 기타 사항

위법한 회계행위	손해의 발생시기	손해액 산정방법
군부대 물품사용공무원이 인가받지 않은 개인 온풍기를 사용하다가 화재가 발생	화재 발생으로 군수품이 소실된 때	화재로 소실된 군수품 가액

군부대 유류 탱크 관리를 소홀히 하여 보관 중이던 유류가 유출	보관 중이던 유류가 유출된 때	유출된 유류의 가액
제3자가 불법취득한 국유지에 대한 등기부 취득시효 중단조치를 미이행	등기부 취득시효 완성으로 국유지 소유권을 상실한 때	소유권을 상실한 국유지 가액
불법취득 국유지 특례매각 또는 환수보상금 지급대상이 아닌 자에게 저가로 특례매각 하거나 환수보상금을 지급	무자격자에게 불법취득 국유지를 특례매각 하거나 환수보상금을 지급한 때	정당매각액과 특례매각액과의 차액, 또는 환수보상금 지급액
예산을 개인적인 목적을 위해 사용	예산편성 목적과 달리 사적 목적을 위해 예산을 사용한 때	부당 집행된 예산액

4) 직무상 의무위반행위의 유형

회계관계직원의 직무상 의무란 법령 기타 관계규정 및 예산에 정하여진 바에 따라 성실하게 그 직무를 수행하여야 할 의무를 말한다(회계직원책임법 제3조). 여기서 의무위반행위는 당해 회계관계직원의 능력이 아니고 그 업무를 담당하는 자가 갖추어야 할 객관적 의무-공직자의 의무 또는 직무-에 위반한 것을 의미한다. 그 담당직원을 기준으로 주관적으로 판단하지 않고 담당직원이 담당하는 직무를 기준으로 객관적으로 판단한다. 예컨대, 축구시합에서 골키퍼의 의무(직무)는 골대에 공이 안 들어가도록 하는 것이며, 직무 범위는 골대 및 골에어리어이다. 설령 능력이 다소 다른 골키퍼가 교체되도 새로운 골키퍼의 직무 범위는 동일하다. 즉 골키퍼가 바뀐다고 골대가 골키퍼에 맞추어 교체되지는 않는다. 골키퍼의 직무상 의무는 객관적으로 규격화되어 있다. 즉, 골키퍼의 능력과 무관하게 객관적으로 골대 규격 안으로 공이 들어가면 골인이 된다. 이처럼 의무위반은 개인을 기준으로 주관적으로 판단하지 않고 규정 등에 있는 객관적인 직무 범위를 기준으로 그 위반을 가리게 된다.

회계관계직원의 담당업무에 따른 의무위반행위를 예시해 보면 다음과 같다.

의무위반행위의 유형

1. 재무관 또는 이와 유사한 직무를 행하는 자 및 그 보조자인 경우

- 법령의 규정에 의하여 가격이 통제된 경우에 그 통제가격을 알아보지 아니하고 예정가격 등을 결정한 때
- 적정한 거래실례가격이 형성되어 있는 경우에 2 이상의 사업자로부터 그 가격을 직접 조사하지 아니하거나 조달청장이 조사하여 통보한 가격을 참작하여 예정가격 등을 정하지 아니한 때
- 다량의 물품을 도매가격으로 구입할 수 있는 경우에 소매가격을 조사하거나 공장도가격으로 구입할 수 있는 조건이 갖추어진 경우에 도매가격 또는 소매가격을 조사하여 예정가격을 결정한 때
- 신규개발품, 특수규격품 등 특수물품, 공사, 용역 등 계약의 특수성으로 인하여 적정한 거래실례가격이 없는 경우에 원가계산을 하지 아니하고 예정가격을 결정한 때
- 원가계산 전문기관에 의뢰하여 납품받은 원가계산서의 내용 검토를 소홀히 한 때
- 여건 변동 등 사유가 있음에도 막연히 전회 구입 실례만을 답습하여 구입한 때
- 원가계산의 기초가 되는 각종 자료에 관한 서류가 사본인 경우 원본과 상위 없다는 인증이 없음에도 그대로 믿고 원가계산을 한 때
- 물가 변동으로 인한 계약금액의 조정을 잘못한 때

2. 지출관 또는 이와 유사한 직무를 행하는 자 및 그 보조자인 경우

- 재무관의 지출원인행위 없이 수표를 발행한 때
- 지출관이 수표책이나 인장의 관리를 소홀히 한 때

3. 현금출납직원 또는 이와 유사한 직무를 행하는 자 및 그 보조자인 경우

- 현금을 직접 보관하면서 견고한 용기 내에 보관하지 아니한 때
- 수입금을 금고에 납부하여야 할 기한까지 납입하지 아니하고 보관한 때
- 현금지급청구서의 기재내용 및 인장을 확인하지 아니한 때

4. 물품출납직원 또는 이와 유사한 직무를 행하는 자 및 그 보조자인 경우

- 물품관리관의 출납명령에 의하지 아니하고 물품을 출납한 때
- 물품의 보관에 따른 시건 등을 제대로 하지 아니한 때
- 물품의 출납사무를 정확히 취급하지 아니하여 재고 부족이 발생한 때
- 정당한 수령권자의 확인이 없음에도 물품을 불출한 때

알아보기 5 물품사용 공무원의 변상책임은 어떠한가?

회계직원책임법에는 물품사용 공무원의 변상책임에 대해 별도로 규정한 바가 없다. 물품사용 공무원은 업무수행을 위하여 국가 등의 물품을 사용하는 공무원을 의미하는데, 변상책임의 대상이 되는 회계관계직원에 해당하는지, 해당한다면 업무수행 중에 물품을 망실한 경우 변상책임의 주관적 요건이 중대한 과실인지 선량한 관리자의 주의인지에 대한 의문이 생긴다. 예컨대, 경찰관이 직무수행을 위하여 무전기, 권총, 가스총, 방독면 등을 사용하다가 망실한 경우를 가정해 보자. 업무의 실질을 기준으로 볼 때, 해당 경찰관은 물품사용 공무원에 해당하고, 무전기 등을 사용하기 위해서는 필연적으로 보관을 수반하게 되므로, 물품보관직원으로서의 책임을 수반하게 된다. 즉 주어진 보관장소에 두지 않거나 부주의로 망실한 경우라면, 물품출납직원의 변상책임 요건에 해당하는 선량한 관리자의 주의의무위반에 해당하는지 여부에 따라서 주관적 성립 요건의 충족 여부가 결정된다. 정당한 범인 검거 등 작전 수행 중에 격투 등으로 탈취당한 경우라면, 위법성이 없기 때문에 애초에 변상의 대상이 되지 않는다. 물품사용 공무원을 회계직원책임법에 따로 규정하지 않은 것은 이처럼 물품 사용은 보관이 수반된다는 점에서 물품출납보관담당자의 책임을 적용하기 때문으로 보인다.

알아보기 6 전부명령, 채권가압류결정 등 사건에 있어서 변제공탁과 변상책임의 법률관계는?

(1) 공탁이란 채권자가 변제를 받지 아니하거나 받을 수 없는 경우에 변제자가 채권자를 위하여 변제의 목적물을 공탁소에 임치함으로써 채무를 면하는 제도(변제공탁)

(2) 법적 성질-공탁자와 공탁소간의 공법관계설이 있고, 공법적인 면과 사법적인 면이 모두 존재한다는 양면관계설이 있다.

① 공법관계설에 따를 때는 공탁은 국가기관인 공탁소를 중심으로 공탁법의 규정에 따라 그 절차가 실현되기 때문에 공탁관계가 형성될 때에 민법상의 채무는 그 목적을 달성하고 소멸하는 것으로 본다. 따라서 채권자에 대한 공탁통지나 채권자의 수령의 의사표시가 있는 때에 공탁의 효력이 생기는 것이 아니다.(대법원 판결, 91다39429, 96다11747)

② 양면관계설에 따를 때는 공법적인 면에서는 공탁법이, 사법적인 면에 대하여는 민법이 적용된다고 한다. 사법적인 면의 경우 공탁의 성질은 제3자를 위한 임치계약이 된다고 한다.

③ 결국, 공탁자와 공탁소간의 관계를 중심으로 하면서 공탁자와 채권자(권리자), 공탁소와 채권자(권리자)간의 관계를 부정할 수 없으므로 공탁관계는 제3자를 위해 행해지는 공법상의 임치관계라고 이해할 수 있다.

(3) 공탁에 의하여 채무가 소멸되는 효과가 발생하므로 공탁의 내용은 채무내용에 따른 것이어야 한다.

(4) 공탁을 하려는 자는 공탁통지서를 첨부하여 공탁서를 공탁관에게 제출하여야 한다. 공탁자의 공탁이 인정될 경우 공탁관은 공탁서를 채무자에게 교부하고 공탁자는 공탁물보관자에게 공탁물을 납입한다. 공탁물보관자로부터 공탁물납입통지를 받은 공탁관은 공탁통지서를 채권자에게 발송한다.

(5) 공탁에 의하여 변제가 있었던 것처럼 채무는 소멸한다. 변제효과의 발생시기는 공탁관의 수탁처분과 공탁물보관자의 공탁물수령이 있는 때이다. 채권자에게 공탁통지나 채권자의 수익의 의사표시가 있는 때가 아니다.

공탁이 있게 되면 채권자는 공탁물출급청구권을 취득하는데, 채권자가 공탁물을 수령하기 위하여는 공탁물출급청구서에 공탁통지서, 출급청구권이 있음을 증명하는 서면 등을 첨부하여 공탁물출급청구를 하여야 한다.

(6) 변제자는 공탁으로 질권 또는 저당권이 소멸하지 않는 한 채권자가 공탁을 승인하지 않았거나 공탁소에 대하여 공탁물수령의 의사를 통지하지 않은 경우 또는 공탁유효의 판결이 확정되기까지는 공탁물을 회수할 수 있다. 이 경우 변제자가 회수권을 행사하게 되면 변제자는 공탁물 반환청구권을 취득하게 되고, 채권자의 공탁물출급청구권은 소멸하게 된다. 변제의 효력도 소급하여 소멸하게 된다.

공탁법상으로는 변제자가 착오로 공탁한 경우 및 공탁원인이 소멸한 경우에도 부당이득을 이유로 공탁물을 회수할 수 있다.

(7) 토지보상금 등 채권가압류결정이나 압류 및 추심, 전부명령을 받은 채권 또는 채권양도된 채권의 채무자(제3채무자)가 공탁서류에 공탁원인사실 및 공탁을 하게 된 관계법령의 조항 등을 기재하고 정당한 권리자에게 지급할 수 있도록 위 권원들을 첨부하여 표시하여야 한다.

그러나, 업무담당자(제3채무자)가 위 제3채권자들을 외면하고 자신의 채권자(압류 및 추심, 전부명령, 가압류결정통지서상의 채무자)를 위한 변제공탁을 하게 되면 채권자는 공탁통지서를 받고 정당한 수령인인 것처럼 공탁물출급청구를 하여 공탁물을 수령한다.

그 후 가압류, 압류전부채권자나 채권양도를 받은 정당한 권리자로서의 제3채권자가 채무자(제3채무자)에게 채무이행을 청구하면 채무자는 채무변제를 할 수 밖에 없다. 결국 2중 지급으로 손해가 발생하고 변상책임의 문제가 생긴다.

3. 인과관계

변상책임이 성립하기 위해서는 회계관계직원의 위법한 행위와 손해 발생 사이에 인과관계가 존재해야 한다. 여기에서는 인과관계의 개념, 상당인과관계, 부작위의 인과관계 등을 설명하기로 한다.

1) 인과관계의 개념

인과관계는 A의 사실이 없었다면 B의 사실이 발생하지 않는 경우에 A와 B의 연관관계를 말한다. 즉 A의 사실이 원인이 되어 B라는 결과가 발생하였다고 하는 관계이다.

예컨대, 사무처장, 사무차장, 총무과장 등의 지위에서 총무과 소속 일반회계 경리담당 직원을 지휘·감독하는 회계관계직원이 그 보조자인 부하 직원의 업무에 대한 감독상 주의의무를 현저히 게을리한 감독상의 과실로 말미암아 소속 단체에 손해를 끼친 경우[52]에 인과관계가 있다.(감독상의 과실과 손해 발생의 인과관계 성립)

또한, 지방자치단체의 재산을 이전하는 중요한 업무인 소유권이전등기 업무를 주무과장 내지 주무계장으로 감독 처리함에 있어 갑이 기안한 ' 제2 농공지구 입주업체 공장부지 본계약 체결 및 등기이행 건의'만 면밀히 검토하여 보아도 쉽사리 "갑이 기안한 소유권이전등기 사항에 자금지원용 각서에 관련된 내용이 간과되었다."는 사실을 밝혀낼 수 있었을 것임에도 불구하고 이를 게을리하여 직접 또는 담당자인 갑을 지휘·감독하여 자금지원용 각서에 따라 취하여야 할 조치를 하지 아니함으로써 A시로 하여금 손해배상책임을 지도록 한 경우[53]에 인과관계가 있다.(지휘·감독상의 과실과 손해 발생의 인과관계 성립)

회계관계직원은 행위와 결과와의 사이에 인과관계가 존재하지 않으면 책임을 지지 않는다. 명령직 회계관계직원의 경우에 있어서는 작위 또는 부작위에 의한 '의무위반의 행위'와 '손해'와의 사이에 인과관계가 있어야 하며, 출납직 회계관계직원의 경우에 있어서는 '선량한 관리자의 주의의무 태만'과 '망실, 훼손' 사이에 인과관계가 있어야 비로소 변상의 책임이 성립하는 것이다.

52) 대법원 2006.11.16. 선고 2002다74152 전원합의체 판결

53) 대법원 2003. 6. 27. 선고 2001두9660 판결

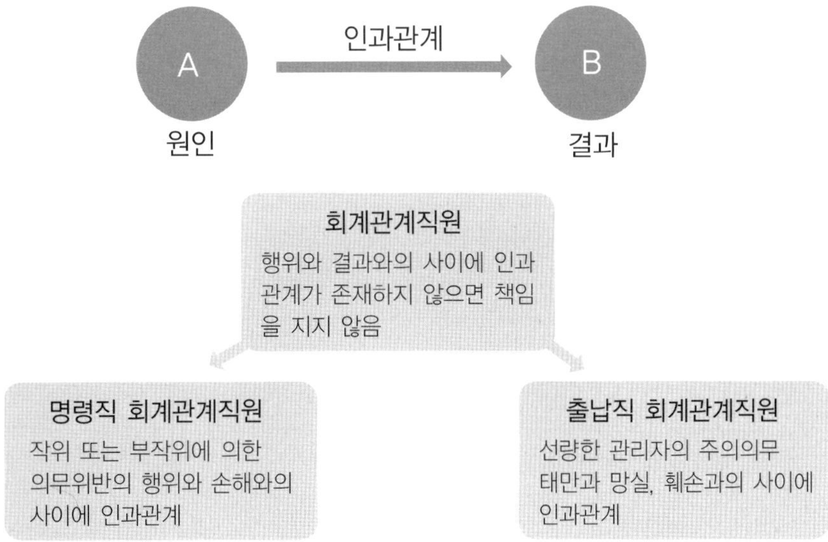

인과관계는 이론적으로는 두 가지 기능을 갖고 있다. 하나는 변상책임의 성립요건(행위와 손해와의 인과관계의 유무)으로서의 기능이며, 또 하나는 그 책임의 범위 한정(손해배상의 범위 확정)의 기능이다. 책임의 범위 한정의 기능은 변상책임에 따른 손해액 산정의 근거가 된다. 회계직원책임법상의 손해액의 산정에 있어서는 회계관계직원의 의무위반과 상당 인과관계에 기하여 발생한 손해의 총액, 즉 의무위반이 있으면 '통상 발생할 손해'에 대하여 변상책임을 물을 수 있다. '통상 발생할 손해'라 함은 특별한 사정으로 인하여 발생할 손해에 대한 것으로 의무위반이 있으면 보통인의 통상의 경험으로 보아 특별한 사정이 없더라도 발생할 수 있는 손해를 말한다.

또한, 다수의 회계관계직원이 관련된 경우, 회계직원책임법에서는 각자의 행위가 손해 발생에 미친 정도의 한계가 분명한 때에는 그 정도의 한계에 따라 각각 변상의 책임을 지며, 그 손해 발생에 미친 정도의 한계가 불분명한 때에는 그 정도가 동일한 것으로 간주하여 각각 변상의 책임을 진다고 규정하였다.[54] 공동 책임

54) 회계직원책임법 제4조 제4항

이 성립하기 위하여는 첫째로 각자의 행위가 각각 독립하여 변상책임의 성립 요건을 구비하여야 하며, 둘째로 각자의 행위가 객관적으로 공동 관계에 있으면 족하고, 행위자 간에 반드시 공모 또는 공동의 인식이 있을 필요는 없다.

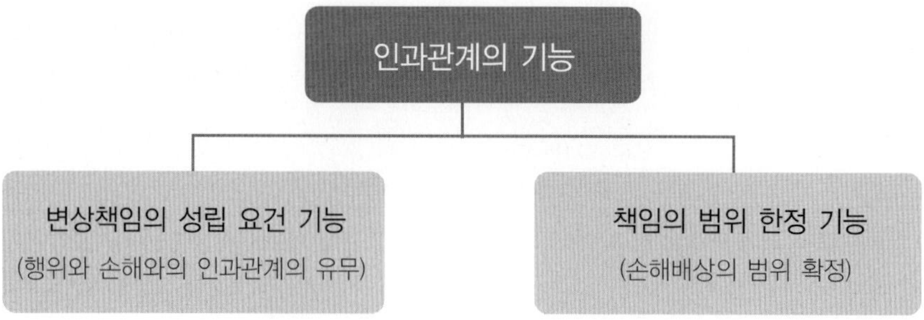

2) 상당인과관계

인과관계가 A의 사실이 원인이 되어 B라고 하는 결과가 발생한 경우, A의 어느 범위까지를 B의 원인이라고 할 것인가에 관하여는 상당인과관계설이 통설이며 판례의 태도이다. 상당인과관계설에 의하면, 원인·결과의 관계가 어떤 특정한 경우에 타당함으로써 족한 것이 아니고, 다른 일반적인 경우에도 타당한 경우에 한하여 원인결과의 관계가 존재하는 것이라고 설명한다. 그러나 상당인과관계의 범위를 행위자를 표준으로 하여 결정할 것인가 또는 일반인을 표준으로 하여 결정할 것인가에 관하여, 주관적 상당인과관계설과 객관적 상당인과관계설 및 절충적 상당인과관계설로 나누어져 있다.

주관적 상당인과관계설은 어떤 원인이 있을 때 다른 일반적인 경우에도 다 같이 어떤 결과가 발생하느냐 하지 않느냐에 관한 판단을 원인 행위를 한 자의 주관에 따라 판단하여야 한다고 설명한다. 그리고 객관적 상당인과관계설은 어떤 사실로부터 통상 동일한 결과가 발생한다고 하는 관계를 행위자의 주관에 따라 판단할 것이 아니라 건전한 상식을 가지는 일반인을 표준으로 판단하여야 한다고 설명한다. 절충적 상당인과관계설은 인과관계는 객관적인 기준으로 판단하는 것을 원칙으로 하되, 행위자의 주관적인 사정도 참작하여야 한다고 설명한다.

인과관계는 객관적으로 판단되어야 할 것이지만, 인간의 행위에 관하여는 행위자의 주관적인 사정을 고려하지 않고 판단하는 것은 바람직하지 않다. 그러므로 절충적 상당인과관계설이 타당하다. 채무불이행(민법 제393조) 및 불법행위로 인한 손해배상의 범위(민법 제763조)에 관하여, 민법은 '통상의 손해를 그 한도로 한다' 그러나 '특별한 사정으로 인한 손해는 채무자가 그 사정을 알았거나 알 수 있었을 때에 한하여 배상의 책임이 있다'고 규정하여 절충적 상당인과관계설에 따르고 있다.

상당인과관계의 존부와 관련하여 대법원은 직접증명방식에서 간접증명방식으로 개정된 인감증명법하에서 허위의 인감증명서의 발급과 이를 믿고 거래하여 발생한 손해 사이의 상당인과관계를 변경전과 동일하게 인정하고 있다. 제도가 간접증명방식으로 변경되기 전 대법원은 "인감증명은 인감 자체의 동일성을 증명함과 동시에 거래행위자의 동일성과 거래행위가 행위자의 의사에 의한 것임을 확인하는 자료로서 일반인의 거래상 극히 중요한 기능을 갖고 있는 것이므로, 인감증명사무를 처리하는 공무원으로서는 그것이 타인과의 권리·의무에 관계되는 일에 사용되어지는 것을 예상하여 그 발급된 인감증명으로 인한 부정행위의 발생을 방지할 직무상의 의무가 있고, 따라서 위 발급된 허위의 인감증명에 의하여 그 인감 명의인과 계약을 체결한 자가 그로 인한 손해를 입었다면 위 인감증명의 교부와 그 손해 사이에는 상당인과관계가 있다고 할 것이다."[55]는 취지로 판시하였다. 간접증명방식으로 바뀐 후에도 여전히 인감 신고는 원칙적으로 본인이 하여야 하고(법 제7조 제1항), 인감증명을 발급함에 있어서는 그 신청인이 본인 또는 대리인인지를 확인하는 절차를 거쳐야 하고(시행령 제13조 제1항, 제2항 및 제4항 전단), 그 신분 확인이 곤란한 때에는 인감증명의 발급을 거부하며(시행령 제15조 제2호), 부동산매도용으로 인감증명을 발급받고자 할 때에는 부동산 매수자란에 매수자의 인적사항을 기재하여야 하고(시행령 제13조 제3항), 인감증명을 발급한 때에는 그 발급대장에 수령자의 서명 날인 또는 서명 무인을 받아야 하는 등(시행령 제13조 제4항 후단), 인감

55) 대법원 1991. 3. 22. 선고 90다8152 판결, 대법원 1991. 7. 9. 선고 91다5770 판결, 대법원 1994. 1. 11. 선고 93다50185 판결 등 참조

증명의 발급 절차 또는 그 기능에 종전과 다른 어떤 본질적인 변화가 없다.

이와 같은 이유로 대법원은 "이러한 법리는, 구 인감증명법(2002. 3. 25. 법률 제6667호로 개정되기 전의 것) 및 구 인감증명법 시행령(2002. 12. 31. 대통령령 제17867호로 개정되기 전의 것) 아래에서 인감증명은 증명청이 신청인의 본인 또는 대리인인지 여부를 주민등록증 등에 의하여 확인한 다음 신청서에 날인된 인영을 미리 신고되어 있는 인감대장상의 인영과 대조·확인하여 그 동일성을 증명하는 이른바 직접증명방식으로 이루어져 오다가, 위와 같은 법 및 시행령의 개정에 따라 증명청이 전산정보처리 조작을 이용하여 인감증명을 할 수 있게 하면서 신청서에 날인된 인영과 인감대장상의 인영을 대조·확인하는 절차를 생략하고 단순히 인감대장상의 인영을 현출하여 그것이 신고되어 있는 인감의 인영임을 증명하는 이른바 간접증명방식으로 전환되었다고 하여 달리 볼 것은 아니다."[56]라고 판시하고 있다.

3) 부작위의 인과관계

부작위의 인과관계는 회계관계직원에게 결과의 발생을 방지할 법률상의 의무가 있음에도 불구하고 결과의 발생을 방지할 적극행위를 취하지 않았으므로 인하여 결과가 발생한 경우에 그 부작위와 결과와의 사이의 연관관계를 말한다. 즉 부작위가 없었다면(따라서 작위가 있었다면) 결과는 발생하지 않았으리라고 추리할 수 있는 개연적인 조건관계가 존재하는 경우에는 인과관계를 인정하지 않으면 안 된다.

부작위의 인과관계에 있어서도 작위의 경우와 같이 부작위가 결과에 대하여 상당한 조건(인과)관계에 있음을 요한다. 예를 들면, 물품출납 공무원이 창고에 시건을 하지 않았기 때문에 보관물품을 절취당한 경우에 있어서 경험상, 시건과 순시를 시행하였다면 도난을 방지할 수 있었다고 추정할 수 있는 경우에는 인과관계가 존재하게 된다.

원래 적극행위의 경우에는 그 동작에 의하여 일정의 현상을 현실적으로 발생시키는 것이므로 인과관계의 존재를 바로 파악할 수 있으나 부작위의 경우에는 외

56) 대법원 2008.7.24. 선고 2006다63273 판결

적 원인으로 인한 손해 방지의 방법을 강구하였다고 하더라도 그 외적 원인으로 인한 손해 발생을 방지할 수 있었느냐는 입증하기 어렵다. 입증이 어렵다고 인과관계의 존재를 부정한다면 거의 모든 경우에 부작위를 무책이 되므로 인과관계에 대한 연구가 필요하다. 인과관계의 존부는 적극행위의 경우에 '이것이 없었다면 결과도 없었을 것이다'라고 하는 조건관계를 추리적으로 인정하는 것처럼 부작위의 경우에 있어서도 추리적으로 인과관계를 인정하여야 한다. 그러나 외적 원인이 커서 방지의무를 다하였어도 도저히 이것을 방지할 수 없었다고 추정되는 경우에는 방지의무를 다하지 않았다 하더라도 그 부작위는 의무위반은 되지만 그것은 망실의 원인이 된다고 할 수 없다. 예를 들면, 대화재의 경우 창고의 물품을 반출하여도 소실을 면할 수 없는 경우에는 소실을 예견하고도 그대로 하등의 수단을 취하지 않고 방치하였다 하더라도 그 소실과 부작위와의 사이에는 인과관계가 존재한다고 보기 어렵다. 즉 의무위반의 부작위가 존재하였으나 그것이 원인이 아니고 외적 세력이 커서 망실이 생긴 경우에는 인과관계가 존재하지 아니함을 이유로 변상책임이 없다고 판정하여야 한다.

예컨데, 예상 외의 태풍, 호우, 홍수, 도난, 화재 등으로 인하여 출납공무원의 보관에 속하는 현금 또는 물품을 망실, 훼손한 경우에는 불가항력에 기인한 사고이므로 책임이 없다. 여기서 말하는 불가항력이라 함은 천재지변과 같이 절대적인 것뿐만 아니라 채무자가 신의성실의 원칙에 따라 통상 이행을 위하여 기대되는 모든 노력을 하더라도 피할 수 없는 사실까지를 포함한다.

➡ 경험상, 시건과 순시를 시행하였다면 도난을 방지할 수 있었다고 추정할 수 있는 경우에는 인과관계가 존재

II. 주관적 성립 요건

회계관계직원이 위법한 행위를 하게 된 일정한 심리상태 즉 고의 또는 과실을 변상책임의 주관적 성립 요건이라고 한다.

회계직원책임법은 주관적 요건에 해당하는 고의와 과실의 정도를 회계관계직원이 담당하는 회계사무의 성질이 명령직에 해당하는지 출납직에 해당하는지를 구분하여 성립 요건을 규정하고 있다.

즉, 회계직원책임법 제4조 제1항은 현금 또는 물품을 출납 보관하는 자를 제외한 회계관계직원, 소위 명령직 회계관계직원의 경우는 고의 또는 중대한 과실로 법령이나 그 밖의 관계 규정 및 예산에 정하여진 바를 위반하여 국가, 지방자치단체, 그 밖에 감사원의 감사를 받는 단체 등의 재산에 손해를 끼친 경우에는 변상할 책임이 있다고 규정하여 고의 또는 중대한 과실을 요건으로 하고 있다. 제4조 제2항에는 출납직회계관계직원의 경우는 선량한 관리자로서의 주의를 게을리하여 그가 보관하는 현금 또는 물품이 망실되거나 훼손된 경우에는 변상할 책임이 있다고 규정하여 선량한 관리자의 주의의무 태만(추상적 경과실)을 변상책임의 성립 요건으로 규정하고 있다.

이와 같이 명령직 회계관계 직원에 대하여 변상책임의 주관적 요건인 과실의 정도를 중과실로 엄격히 한 것은 그 직무 내용이 고도의 기능적, 관리적인 성격을 가지는 것이므로 단순한 경과실에 대해서까지 책임을 지운다면 그들의 사기를 저해하고 예산집행의 원활을 기할 수 없을 것이 우려되기 때문인 것으로 이해된다.

명령직 회계관계직원의 경우에 주관적 책임 요건이 되는 고의 또는 중대한 과실을 검토하고 출납직 회계관계직원이 경우에 주관적 책임 요건이 되는 선량한 관리자의 주의의무 태만에 관하여 살펴보기로 한다.

1. 고의의 개념

'고의'라 함은 일정한 결과의 발생을 알면서 어떤 행위를 하는 심리 상태이다. '일정한 결과의 발생'이라 함은 '손해의 발생'이 아니고 '위법한 사실의 발생'을 지칭하는 것으로 손해의 발생까지를 인식하지 않았다 하더라도 고의가 성립된다. 고의에는 일정한 결과의 발생이라고 하는 '사실의 인식'외에 그것이 위법이라고 하는 '위법의 인식' 내지 '위법성의 의식'이 있음을 필요로 하느냐에 관한 문제가 있다. 주로 법률의 착오가 있는 경우의 문제로서 형법상으로는 착오로 인한 결과가 차이가 있을 수 있어서 논의가 되고 있으나, 민법상의 불법행위에서는 '위법의 인식' 없이 정당한 행위라고 확신하고 있었다 하더라도 객관적으로 위법한 사실이 발생할 것을 인식하고 있으면 고의가 성립한다고 해석한다.

변상책임의 경우에 있어서도 불법행위의 경우와 같이 자기의 회계관계 행위가 법령과 예산에 위반됨을 인식만 하면 고의가 성립되는 것이며, 그 행위의 결과, 국가에 대하여 손해가 발생할 것까지 인식할 필요가 없다.

2. 중대한 과실

'과실'이라 함은 일정한 결과가 발생할 것을 알 수 있음에도 불구하고, 부주의로 인하여 이를 알지 못하고 어떤 행위를 하는 심리상태를 말한다. 일정한 결과의 발생은 전술한 바와 같이 '손해의 발생'이 아니고, '위법한 사실의 발생'을 지칭하는 것으로 손해의 발생까지를 인식하지 않았다 하더라도 과실이 있다고 말할 수 있다.

이와 같이 과실은 어떤 주의를 결하는 것을 말하며 그 전제가 되는 주의의무의 성질에 따라 추상적 과실과 구체적 과실로 구분된다. '추상적 과실'이라 함은 추상적으로 일반인, 보통인, 표준인에게 요구되는 주의 즉, 법문상의 용어로는 '선량한 관리자의 주의'(민법 제374조)를 태만히 한 것이며, '구체적 과실'이라 함은 그 사람의 평소의 주의, 즉 법문상의 용어로는 '자기를 위하여서 하는 것과 동일한 주의' 또는 '자기의 재산(고유재산)에 대하는 것과 동일한 주의'(민법 제695조, 제1022조)를 태만히 하는 것을 말한다. 민법상, 불법행위의 경우에 있어서 문제가 되는 것은 추상적 과실 뿐이고 구체적 과실에 대하여는 문제가 되지 않는다.

회계직원책임법상의 변상책임에 있어서도 추상적 과실만이 문제가 되는 것이다. 그리고 추상적 과실은 주의의무의 정도에 따라 경과실과 중과실(또는 중대한 과실)로 구분된다. 추상적으로 말하여 중과실이라 함은 현저하게 주의를 결한 경우로서 고의와 과실과 같이 경과실과 중과실 사이에는 질적인 차이가 있는 것이 아니고 양적인 차이가 있음에 불과한 것이다.

우리의 주된 관심사인 회계직원책임법상 변상 요건인 중대한 과실의 개념에 대해서는 "회계관계직원이 그 업무를 수행함에 있어 따라야 할 법령 기타 관계 규정 및 예산에 정하여진 바에 따르지 않음으로써 성실의무에 위배한 정도가 그 업무내용에 비추어 중대한 것으로 평가될 수 있는지에 따라 결정된다."고 보는 것이 일반적이다. 여기서는 변상 요건인 중대한 과실에 대한 사례를 검토하기로 한다.

1) 판례의 태도

(1) 중대한 과실이 인정된 경우

① 지방자치단체의 재산을 이전하는 중요한 업무인 소유권이전등기 업무를 주무과장 내지 주무계장으로 감독 처리함에 있어 갑이 기안한 '제2 농공지구 입주업체 공장부지 본계약 체결 및 등기이행 건의'만 면밀히 검토하여 보아도 쉽사리 '갑이 기안한 소유권이전등기 사항에 자금지원용 각서에 관련된 내용이 간과되었다.'는 사실을 밝혀낼 수 있었을 것임에도 불구하고 이를 게을리하여 직접 또는 담당자인 갑을 지휘·감독하여 자금지원용 각서에 따라 취하여야 할 조치를 하지 아니함으로써 A시로 하여금 손해배상책임을 지도록 한 것은 그 성실의무 위배의 정도가 중하므로 중대한 과실이 있다고 판단하였다.[57)]

② 지방자치단체의 장이 지방의회의 의결을 얻어 보증채무부담행위를 하면서 충분한 담보를 확보하지 않고 지방의회의 동의를 거치지 않은 채 상환계획을 변경하여 줌으로써 지방자치단체가 그 보증채무를 대위변제하게 된 경우에는 지방자치단체의 장이 중대한 과실로 법령에 위반한 행위에 해당한다고 해석하였다.[58)]

③ 토지수용보상업무를 전반적으로 감독하는 직할시의 건설행정과장이 공사에 편입된 다른 토지와 전혀 소재지가 다르고 면적 및 보상금액도 다른 토지보다 월등히 많은데다가 도로과에서 보상 의뢰조차 되지 아니하여 결재 당시 조금만 주의를 기울여 서류만 면밀히 검토하여 보아도 쉽사리 보상토지가 아니라는 사실을 알 수 있었음에도 기안책임자인 보상계장을 믿고 서류를 제대로 검토하지 아니한 채 결재를 하여 2억 원 이상의 보상금이 부당하게 지급된 사안에서 중대한 과실이 있다고 인정하였다.[59)]

④ 소독약품을 구입하는 과정에서 조달청에 조달 요청이나 구매위임 요청을 하지 아니한 채 직접 구매를 결정하고 관계법령에 따른 거래실례가격조사를 하지도 아니하여 적정가격보다 고가로 매입한 사례에서 중대한 과실이 있었다고 인정하였다.[60)]

⑤ 물품의 실취득가액이나 수입원가 등을 확인하여 보지 아니한 채 정당가격의 2배나 되는 고가로 물품을 구입한 경우 물품의 수입원가나 거래의 실례가 된 가액조사를 소홀히 한 중대한 과실이 있었다고 인정하였다.[61)]

⑥ 환등기를 구입하는 과정에서 거래의 실제가격을 조사하여 구입가격을 결정하지 아니하여 다른 곳에 7,000원~15,000원에 매도된 사실이 있는 환등기를 600대 구입함에 있어서 대당 16,000원씩에 구입한 사례에서 중대한 과실이 있었다고 인정하였다.[62)]

57) 대법원 2003. 6. 27. 선고 2001두9660 판결
58) 대법원 2001. 2. 23. 선고 99두5498 판결
59) 대법원 1994. 12. 13. 선고 93누98 판결
60) 대법원 1993. 2.9. 선고 92누4055 판결
61) 대법원 1985. 5. 14. 선고 83누362 판결
62) 대법원 1968. 5. 28. 선고 67누67 판결

(2) 중대한 과실이 인정되지 않은 경우

① 대법원은 중대한 과실에 해당하는지와 관련해서 불가피한 사후 조치이고, 이미 선순위로 근저당권이 설정되어 있는 부동산 이외에 담보의 실효성이 있는 재산이 없는 경우 담보물 감정과 추가 담보를 확보하지 못한 데에 중대한 과실이 성립하기 어렵다고 해석하였다.[63]

② 토지에 대한 평가 의뢰를 함에 있어 관계 법령의 규정과 도로개설사업의 근거가 된 도시계획시설 결정일자 및 내용을 제대로 확인하지 아니하여 평가의뢰서에 사실상의 사도임을 기재하지 아니하였고, 또한 회계관계직원들이 토지가 다른 인근 토지들과 달리 사실상의 사도가 아닌 것으로 평가된 평가서를 받은 후에도 이를 다시 정밀하게 비교 검토하지 아니한 채 그대로 보상액을 결정한 점에는 잘못이 있으나, 토지에 대한 보상 과정과 회계관계직원이 토지에 대한 평가 의뢰를 함에 있어 토목과 담당직원에게 도시계획시설 결정 근거에 대하여 문의한 결과를 토대로 위 토지는 「공공용지의취득및손실보상에관한특례법시행규칙」 제6조의2 제3항에 규정된 사실상의 사도에 해당하지 않는 것으로 판단하게 되었고, 감정평가사가 문의할 당시 사실상의 사도인지의 여부를 확인하기 위하여 종전에 같은 토지의 일부에 대하여 사실상의 사도가 아닌 것으로 평가·보상된 선례까지 조사·참작하여 평가 회보토록 하고 그 평가 회보를 토대로 보상액을 결정하게 된 점 등을 종합해 보면, 회계관계직원이 토지에 대한 보상업무를 처리하는 과정에서 중대한 과실에 해당하지 않는다고 판단하였다.[64]

③ 구의 건설관리과장으로 새로 부임한 원고가 보상금 산정 품의안을 결재하면서 사실상의 사도에 해당하는지의 여부를 검토하거나 다른 직원들에게 확인하지 아니한 채 그 부임 이전에 검토가 끝난 것으로 생각하고 결재한 결과 정당한 보상금보다 과다한 보상금이 지출되게 한 사안에서 다른 공무원이 현장조사 및 공부 확인 절차를 거치지 않은 채 토지조서를 작성한 것이 결정

63) 대법원 1999. 7. 27. 선고 99다23550 판결
64) 대법원 1996. 3. 26. 선고 95누14411건 판결

적인 원인이 되었고 관계 서류만을 가지고는 사실상의 사도에 해당하는지의 여부와 토지에 대한 평가가 관계 법령에 위반된 것인지를 쉽게 확인할 수 없었다는 이유에서 중대한 과실에는 해당하지 않는다고 판단하였다.[65)]

(3) 결어

판례는 중대한 과실의 개념에 대해서는 일관성 있게, "회계관계직원 등의 책임을 물음에 있어서 그 전제되는 요건의 하나로 회계직원책임법 제4조 제1항에서 규정하고 있는 '중대한 과실'을 범한 경우에 해당되는지 여부는 동법 제1조에 규정된 동법의 목적 및 동법 제3조에서 회계관계직원의 성실의무를 규정하고 있는 점 등에 비추어 볼 때 회계관계직원이 그 업무를 수행함에 있어 따라야 할 법령 기타 관계 규정 및 예산에 정해진 바에 따르지 않음으로써 성실의무에 위배한 정도가 그 업무 내용에 비추어 중대한 것으로 평가될 수 있는지의 여부에 의해 결정되어야 할 것이지 단순히 그 업무 내용이 고도의 기능적, 관리적 성격을 가지느냐 아니면 기계적, 사실적 성격을 가지느냐에 의해 결정될 것은 아니다."라고 해석하고 있다. 이와 같이 중대한 과실에 대한 해석에서 판례의 태도는 회계직원의 업무수행과 관련하여 행위의 위법성뿐만 아니라 책임성 즉, 비난 가능성의 측면에서도 검토가 된다는 것을 의미하고 있다. 불가피한 사후 조치인 경우 달리 선택 가능성이 없는 경우에는 중대한 과실을 인정하지 않고 있는 점이 그 예이다. 이 경우 회계관계직원에게 책임을 묻기에는 비난 가능성이 약해서 가혹하기 때문이다.

2) 중대한 과실의 개념

감사원에서도 학교 설립 관련 설계용역비 등 예산 집행에 대한 사례에서, "중대한 과실이라고 함은 일반적으로 보통 사람이 조금만 주의를 기울였더라면 회계행

65) 대법원 1995. 3. 24. 선고 94누9764 판결

위의 결과를 예견하고 그 결과의 발생을 예방할 수 있었는데도 주의를 게을리하여 이를 간과함과 같은 현저한 주의의무 위반으로서 회계관계직원이 성실의무를 위배한 정도가 그 업무 내용에 비추어 중대한 것으로 평가될 수 있는지에 따라 결정되어야 할 것이다."[66] 라고 해석하고 있다.

대법원과 감사원의 중대한 과실에 관한 판단의 취지를 고려하면, 중대한 과실은 회계직원책임법 제1조에 규정된 목적 및 제3조에 규정된 회계관계직원의 성실의무 등에 비추어, 일반적으로 보통 사람이 조금만 주의를 기울였더라면 회계행위의 결과를 예견하고 그 결과의 발생을 방지할 수 있었는데도 주의를 게을리하여 이를 간과함으로써 회계관계직원의 성실의무 위배 정도가 그 업무 내용에 비추어 중대한 것으로 평가될 수 있는지에 따라 결정된다고 정의할 수 있다.

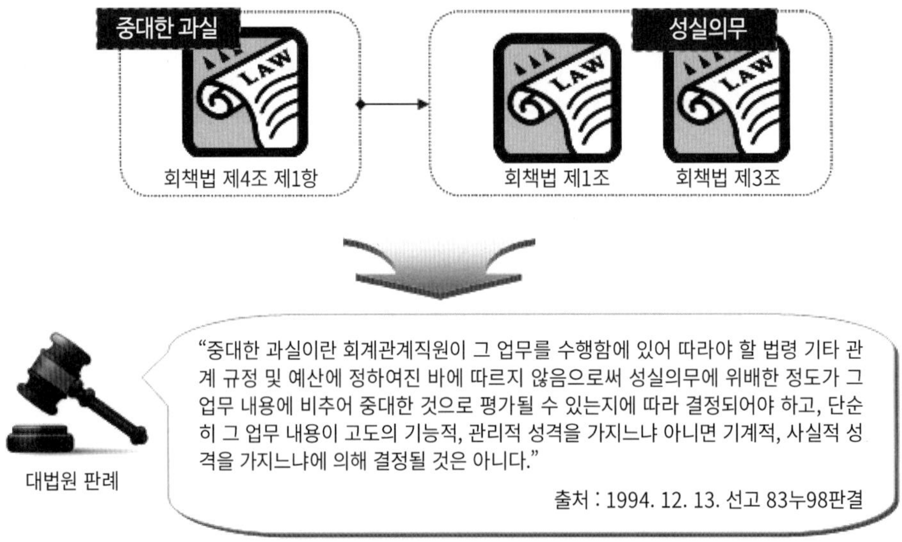

66) 2007년 감판 제6호

(중대한 과실이 인정된 변상판정 사례)

사례 1) 채권압류된 공사대금을 부당지급한 경우

A군에서 2004. 7. 14. B사와 도로공사계약을 체결한 후 같은 해 8. 10. 법원으로부터 도로 공사대금 603,632,000원 중 31,425,496원을 가압류한다는 채권가압류 결정문을 접수하고 같은 날 B사에 일부 도로공사대금 채권이 가압류된 사실을 통보하였다.

그런데 위 A군에서는 B사로부터 2004. 9. 1. 선금급 지급 요청을 받고 가압류 금액만큼 지급하지 않기 위한 아무런 조치도 없이 같은 해 9. 13. 총 공사대금 중 300,000,000원을 선금급으로 지급하였다.

이후 2005. 3. 2. 인사발령으로 지출업무를 담당한 회계관계직원들이 모두 교체되면서 선임자들은 후임자들에게 위 가압류 통지 사실을 구두나 문서로 인계하지 않았으며 후임자들은 가압류 사실을 확인하지 않고 2005. 9. 14.과 다음날 기성금으로 각각 148,656,000원 및 44,500,000원 계 193,156,000원과 2006. 1. 25. 준공금 110,476,000원을 그대로 지급하였다.

그 결과 A군에서는 2008. 5. 26. 법원으로부터 가압류를 본압류로 이전하는 채권압류 및 추심명령 결정문을 송달받았고, 같은 해 10. 31. 법원의 화해권고결정에 따라 같은 해 11. 24. C에게 33,527,230원(원금 31,425,496원, 연체이자 2,101,734원)을 지급함으로써 2006. 1. 25. 공사대금 지급 이후 발생한 연체이자 2,101,734원을 제외한 원금 31,425,496원만큼 A군에 손실을 끼쳤다.

따라서 위 사람들은 채권 가압류의 법적 효력을 잘 알고 있으면서도 주의의무를 태만히 하여 가압류된 공사대금 지급업무를 잘못 처리한 중대한 과실이 있다.

출처 : 2009년 감판 제7호

사례 2) 도로개설공사 지장물 보상금을 부당지급한 경우

2001. 5. 14.부터 경매가 진행 중인 지장물 ①(공장) 및 지장물 ②(화장실) 등 5개 지장물에 대하여 사권(私權)을 말소하지 아니한 채 2002. 2. 28. 및 같은 해 4. 30. 지장물 보상금을 지급하였을 뿐만 아니라, 그 후 위 보상금 지급 사실을 모르고 후임자가 2004. 4. 21. 지장물 소유자의 채권자 B에게 다시 4개 지장물 손실보상금 계 60,808,900원을 지급하고, 같은 해 12. 6.에는 위 지장물을 경매로 기낙찰받은 소유자 C에게 5개 지장물에 대한 손실보상금 계 67,199,200원을 또 지급함으로써 결과적으로 A시에 계 128,008,100원의 손해를 끼쳤다.

2005. 11. 21. 경매 배당 절차에서 회수한 10,829,750원을 제외하고 나머지 금액중 감면하고 남은 56,369,450원을 변상할 책임이 있다.

근저당권·경매 신청 등 사권 설정 여부를 확인하지 않은 것과 '지장물건 보상가격 사정표'에 보상금 지급 내역을 기재하지 않은 것은 중대한 과실에 해당한다.

출처 : 2009년 감판 제6호

사례 3) 관사 임대차계약업무 부당 처리

갑은 국가기관인 A시가 임대주택인 위 아파트에 입주할 자격이 있는지에 대하여 검토하지 않았고, 등기부등본을 열람하지도 않았으며, 전세권 설정 등의 채권 보전 방안을 마련하지 않은 채 위 아파트 분양사무소에서 제공하였던 양식의 "A 임대아파트 공급계약서(채권 보전에 관한 사항 없음)"를 그대로 첨부한 임대차계약 결의서를 작성한 후 을의 결재를 받아 임대차계약을 체결하였다.

을은 임대주택의 입주자격 관련 규정을 확인하도록 지시하지 않았고, 근저당권 설정 여부를 확인하거나 전세권 설정, 지급보증서나 이행보증보험증권을 제출받는 등의 채권 보전 방안을 마련하도록 지시하지도 않았다. 갑이 기안한 임대차계약서(채권 보전에 관한 사항 없음)를 그대로 결재하여 임대차계약이 체결되도록 하였다.

임의경매 배당 시 임차보증금 계 36,754,000원 중 32,976,838원을 회수하지 못하게 되어 같은 금액만큼 위 관서에 손해를 끼쳤다.

그러므로 임대주택을 대상으로 임대차계약 업무를 처리하면서 관련 규정 및 사실관계를 검토하지 않은 채 입주자격이 제한되어 있고 채권 확보도 불확실한 부동산에 대하여 계약을 체결한 위 사람들의 행위는 회계직원책임법 제4조 제1항의 중대한 과실에 해당한다.

출처 : 2015 판정1

3. 선량한 관리자의 주의

회계직원책임법 제4조 제2항은 현금 또는 물품을 출납 보관하는자, 이른바 출납직회계관계직원에 대한 변상책임의 주관적 성립 요건으로서 '선량한 관리자의 주의의무 태만'을 필요로 한다고 규정하였다. 이 경우에 출납직의 보조자에 대하여도 본직자와 같이 선량한 관리자의 주의의무 태만이 변상책임의 주관적 성립 요건으로 이해된다. 출납직회계관계직원에게 변상책임의 주관적 요건인 과실의 정도를 높인 것은 국가의 현금 또는 물품의 취급 여하에 따라 직접 국가재산상의 이해에 관계되는 바가 크므로 특히 그 취급을 신중히 하게 하는데 그 이유가 있다.

선량한 관리자의 주의 또는 선관주의(善管注意)라 함은 '채무자가 속하는 계급, 지위, 직업 등에 있어서 일반적으로 요구되는 주의'를 말하며, 개개인의 차이를 고려하지 않고, 추상적 평균인을 전제한다. 이와 같이 일반적, 객관적 표준에 기한 주의의무를 결하는 것을 추상적 과실이라 하며, 이를 회계직원책임법에서는 선량한 관리자의 주의의무 태만이라고 표현하고 있다. 이에 대하여 그 주의의무가 개개인의 차이를 고려하고 그 차이에 따라 구체적 개별인을 전제로 하는 것을 '자기의 재산(고유재산)에 대하는 것과 동일한 주의의무' 또는 '자기를 위하여 하는 것과 동일한 주의의무'라고 한다.

선량한 관리자의 주의란 통상의 사려 분별과 경험이 있는 사람이면 가지고 있을 것이라고 추정되는 정도의 주의이다. 따라서 자기로서는 충분한 주의를 하였다 하더라도 그 주의의 정도가 통상인의 주의의 정도에 미치지 못하였을 때에는 선량한 관리자의 주의를 다하였다고 할 수 없는 것이다. 그러나 다 같이 선량한 관리자의 주의라 하더라도 그 내용은 반드시 동일한 것은 아니다. 그 내용은 추상적으로 통상인을 기준으로 한 것이 아니라 그 사람의 계급, 지위, 직업과 구체적 사건에 있어서의 환경 등에 의하여 결정된다.

출납공무원에게 요구되는 선량한 관리자의 주의는 '출납공무원으로서 상당한 지식과 경험을 갖고, 또한 성의가 있다고 인정되는 자가 통상 행하는 정도의 주의'라고 할 수 있다. 즉 출납공무원의 개인적인 성격이 평소 태만하여 주의력이 모자라더라도 출납공무원으로서 요구되는 상당한 정도의 주의를 결한 경우에는 그 책임을 지지 않으면 안 되며, 그 반대로 평소에 용의주도 면밀하여 고도의 주의력을 갖는 자가 때마침, 평소의 주의력을 결하였다 하더라도 전술한 상당 정도의 주의를 결한 것이 아니면 책임을 지지 않는다. 여기에서 선량한 관리자의 주의란 추상적으로 출납공무원으로서 요구되는 상당한 정도의 주의라 하였지만 그 적용에 있어서는 구체적 사건에 따라 신중하게 판단하여야 한다.

출납공무원이 선량한 관리자의 주의의무를 위반하여 보관하는 현금 또는 물품의 망실, 훼손의 사실이 발생한 경우에 변상책임을 진다. 여기에서 망실은 넓은 의미로서 분실, 도난뿐만 아니라 편취 등에 의한 점유 상실도 포함된다. 이와 관련하여 대법원은 "법률용어는 그 문언적 의미, 입법 취지, 다른 법률과의 관계 등을 종합적으로 고려하여 가장 합리적인 내용으로 해석하여야 하는바, '망실' 자체의 문리적 의미, 같은 용어를 사용하고 있는 감사원법 제29조 제1항 제2호 및 관세법 제43조, 우편법 제38조, 군수품관리법 제23조 등의 규정 취지와의 조화로운 해석, 현금 또는 물품을 출납, 보관하는 자의 변상책임에 관하여 구 「회계관계직원등의책임에관한법률」 제4조 제2항에 규정하게 된 입법 연혁에 비추어 같은 법 제4조 제2항은 제1항과 비교하여 책임의 주체를 기준으로 하여 현금 등을 출납하는 회계관계직원의 주의의무를 가중하는 규정으로 해석될 뿐 현금 등을 출납하는 자의 행위 태양을 분실, 도난 등으로 한정하는 취지로는 보이지 않는 점 등을 고려하면, 같은 법 제4조 제2항에 규정된 '망실'의 의미에는 분실, 도난 등 당사자의 의사에 의하지 아니하고 그 점유를 상실한 경우뿐만 아니라 편취 등 당사자의 하자 있는 의사에 의하여 그 점유를 상실한 경우까지도 모두 포함된다고 보아야 한다."고 적극적인 해석을 하고 있다.[67)]

출납직 회계관계직원에게 변상책임의 주관적 요건인 과실의 정도를 높인 이유는?

⇒ 국가의 현금 또는 물품의 취급 여하에 따라 직접 재산상의 이해에 관계되는 바가 크므로 특히 그 취급을 신중히 하게 하기 위해서이다.

출납직 회계관계직원

선량한 관리자의 주의

출납직원으로서 상당한 지식과 경험을 갖고, 또한 선의가 있다고 인정되는 자가 통상 행하는 정도의 주의

태만하여 주의력이 부족한 성격	출납직원으로서 요구되는 상당한 정도의 주의를 결한 경우에 책임을 져야 함
고도의 주의력을 갖는 성격	평소의 고도의 주의력을 결하였다 하더라도 출납직원으로서 요구되는 상당한 정도의 주의를 결한 것이 아니면 책임을 지지 아니함

67) 대법원 2002. 10. 11. 선고 2001두3297 판결

4. 관련 제도에서의 중대한 과실

변상책임의 요건 중 회계관계직원, 의무위반행위, 재산에 손해 발생, 고의 등은 객관적인 판단 기준을 통하여 비교적 쉽게 해당 여부를 판단할 수 있다. 그런데, 회계관계직원의 어떤 행위가 중대한 과실에 해당하는지에 대한 판단기준은 관계 법령에 정함이 없어서 명확하지가 않다. 그 때문에 면책 요건이라 할 수 있는 경과실과의 구분은 쉽지 않은 것이다. 결국, 중대한 과실 여부에 대한 판단이 변상 요건 해석의 열쇠라고 해도 과언이 아니다.

이 점에서 회계직원책임법상 중대한 과실의 개념을 명확하게 정의할 필요가 있다. 이를 위해서는 '중대한 과실'이 책임 요건인 관련 제도를 검토할 필요가 있는데, 검토대상으로 국가배상법상의 구상제도와 공공기관의 감사 등의 손해배상책임제도를 들 수가 있다. 이 제도들은 모두 중대한 과실을 그 책임 요건으로 하고 있으며 그 개념에 대해 법령에 정함이 없으므로 판례를 통하여 개념을 정리하여야 하는 것들이다.

변상제도는 회계관계직원 등에 한정적으로 적용되는데 비해 국가배상법상 구상제도는 공무원에게 일반적으로 적용되는 제도이다. 요건도 주체인 공무원을 대상으로 하는 것 이외에는 '의무위반행위', '고의 또는 중대한 과실', '손해 발생' 등 유사하다. 공무원인 회계관계직원의 경우를 상정해 보면 당연히 구상제도에 의한 책임을 지면 될 것인데 회계직원만을 특별하게 규정한 이유는 무엇일까? 하는 의문이 자연스럽게 제기된다. 학자들은 일반적으로 가중책임적 요소라고 해석하고 있다. 즉 일반 공무원보다 회계사무를 처리하는 직원들은 국민의 혈세로 이루어진 국가재정을 관리하고 있으므로 보다 더 높은 주의의무를 부과하고 있는 것으로 해석된다.[68] 주의의무와 관련된 변상 요건은 회계관계직원의 위법행위가 중대한 과실로 인한 것인지를 판단하는 경우에 해당된다. 결국, 중대한 과실의 해석이

68) 대법원 판례도 이런 견지에서 보고 있다. 즉, "그리고 회계직원책임법에 의한 변상책임은 회계사무를 집행하는 회계관계직원에 대하여는 다른 공무원과는 달리 그 책임을 엄중히 하기 위한 것으로서, 국가배상법에 의한 공무원의 구상책임과는 그 성립의 기초를 달리하므로(대법원 2002. 10. 11. 선고 2001두3297 판결 참조)"라고 하고 있다.(출처 : 대법원 2003. 6. 27. 선고 2001두9660 판결【재심의판정취소】

국가배상법상의 중대한 과실의 개념과 차이가 있을 수밖에 없다는 논리적 추론이 가능하다.

이사나 감사가 중대한 과실로 임무를 해태하여 제3자에게 손해를 끼친 때에는 연대하여 손해배상책임을 지게 되어 있다.[69] 이 경우에도 중대한 과실의 개념에 대해 법령에 정함이 없으므로 판례를 통하여 개념을 정리할 수 있다. 이사나 감사의 책임과 관련한 중대한 과실, 국가배상법상 중대한 과실과 회계직원책임법상 변상책임의 요건이 되는 중대한 과실은 각자 대상에 따른 역할에 따라 그 내용이 다르다.

여기에서는 이러한 중대한 과실과 관련한 판례와 관련 문헌을 검토하여 우리의 주된 관심사인 회계직원책임법상 변상 요건인 중대한 과실의 개념을 명확하게 이해할 필요가 있다.

1) 구상권 행사 요건으로서의 중대한 과실

국가 또는 지방자치단체가 공무원에게 구상권을 행사하기 위한 요건과 관련하여 국가배상법 제2조는 국가 또는 지방자치단체는 공무원이 그 직무를 집행함에 당하여 고의 또는 과실로 법령에 위반하여 타인에게 손해를 가하거나, 손해배상의 책임이 있는 때에는 이 법에 의하여 그 손해를 배상하여야 하며, 이 경우에 공무원이 고의 또는 중대한 과실이 있는 때에는 국가 또는 지방자치단체는 그 공무원에게 구상할 수 있다고 하고 있다.[70] 구상권 행사와 관련해서 중대한 과실과 경과실의 구분은 경과실로 인한 손해인 경우에는 구상대상이 되지 않는다는 점에서 필요하다. 경과실로 인한 손해의 경우 구상 대상에서 제외한 것은 경과실의 경우까지 구상을 하면 공무원에게 가혹할 뿐만 아니라 집무 의욕 저하 등 부작용을

69) 이사가 고의 또는 중대한 과실로 그 임무를 게을리한 때에는 그 이사는 제3자에 대하여 연대하여 손해를 배상할 책임이 있다. <개정 2011.4.14.>
상법 제414조(감사의 책임) ① 감사가 그 임무를 해태한 때에는 그 감사는 회사에 대하여 연대하여 손해를 배상할 책임이 있다. ② 감사가 악의 또는 중대한 과실로 인하여 그 임무를 해태한 때에는 그 감사는 제삼자에 대하여 연대하여 손해를 배상할 책임이 있다. ③ 감사가 회사 또는 제3자에 대하여 손해를 배상할 책임이 있는 경우에 이사도 그 책임이 있는 때에는 그 감사와 이사는 연대하여 배상할 책임이 있다.

70) 국가배상법 제2조 참조

고려한 것으로 입법 정책적인 배려에서 기인한다고 하겠다.[71] 대법원도 경과실인 경우에는 면책하는 것이 입법정책적인 면에서 고려되어야한다고 전원합의체 판결로 확인하고 있다.[72]

(1) 경과실로 인한 국가배상의 경우 공무원의 개인책임

1 현 판례의 태도 : 면책

경과실에 의한 공무원의 직무상 위법행위에 대하여 공무원 개인의 손해배상책임을 인정하지 않는 것이 헌법 제23조에 위반하는지에 관해서 대법원은 "공무원의 직무상 위법행위가 경과실에 의한 경우에는 국가배상책임만 인정하고 공무원 개인의 손해배상책임을 인정하지 아니하는 것이 피해자인 국민의 입장에서 보면 헌법 제23조가 보장하고 있는 재산권에 대한 제한이 될 것이지만, 이는 공무수행의 안정성이란 공공의 이익을 위한 것이라는 점과 공무원 개인책임이 인정되지 아니하더라도 충분한 자력이 있는 국가에 의한 배상책임이 인정되고 국가배상책임의 인정 요건도 민법상 사용자 책임에 비하여 완화하고 있는 점 등에 비추어 볼 때, 헌법 제37조 제2항이 허용하는 기본권 제한 범위에 속하는 것이라고 할 것이다."라고 하여, 경과실인 경우 공무원에게 구상권 행사는 물론이고 손해배상책임 등을 할 수 없다고 하고 있다. 이것이 현재 대법원의 태도로 볼 수 있다.

구 수산청장으로부터 뱀장어에 대한 수출추천업무를 위탁받은 수산업협동조합이 수출제한조치를 취할 당시 국내 뱀장어 양식용 종묘의 부족으로 종묘 확보에 지장을 초래할 우려가 있다고 판단하여 추천업무를 행하지 않은 것이 공무원으로서 타인에게 손해를 가한 때에 해당한다고 한 사례가 있는데, 이 경우에도 판례는 고의 또는 중과실로 인한 경우에만 책임을 진다고 하고 있다.[73]

비교적 최근에도 이와 같은 취지에서 대법원은 "공무원이 직무수행 중 불법행

71) 박균성, 《행정법강의》, 박영사, 2016, p.532., 김향기, 《행정법개론》, 탑북스, 2016, p.452 참조

72) 대법원 1996. 2. 15. 선고 95다38677 전원합의체 판결; 공무원이 직무를 수행하면서 경과실로 타인에게 손해를 입힌 경우, 공무원 개인의 손해배상책임이 인정되는지 여부(소극), 대법원 2014.04.24. 선고 2012다36340 판결

73) 대법원 2003. 11. 14. 선고 2002다55304 판결

위로 타인에게 손해를 입힌 경우에 국가 등이 국가배상책임을 부담하는 외에 공무원 개인도 고의 또는 중과실이 있는 경우에는 불법행위로 인한 손해배상책임을 지고, 공무원에게 경과실이 있을 뿐인 경우에는 공무원 개인은 손해배상책임을 부담하지 아니한다. 이처럼 경과실이 있는 공무원이 피해자에 대하여 손해배상책임을 부담하지 아니함에도 피해자에게 손해를 배상하였다면 그것은 채무자 아닌 사람이 타인의 채무를 변제한 경우에 해당하고, 이는 민법 제469조의 '제3자의 변제' 또는 민법 제744조의 '도의관념에 적합한 비채변제'에 해당하여 피해자는 공무원에 대하여 이를 반환할 의무가 없고, 그에 따라 피해자의 국가에 대한 손해배상청구권이 소멸하여 국가는 자신의 출연 없이 채무를 면하게 되므로, 피해자에게 손해를 직접 배상한 경과실이 있는 공무원은 특별한 사정이 없는 한 국가에 대하여 국가의 피해자에 대한 손해배상책임의 범위 내에서 공무원이 변제한 금액에 관하여 구상권을 취득한다고 봄이 타당하다."[74]고 하고 있다.

② 책임이 있다는 판례

다만, 경과실인 경우에는 면책하는 것이 입법정책적인 면에서 고려되어야 한다는 전원합의체 판결에 손해배상책임을 물을 수 있다는 취지의 별개 의견이 있다. 그 취지를 살펴보면, "아무리 공무집행의 안정성이 공공의 이익에 속한다고 하더라도 그것은 어디까지나 공무집행이 적법하여야만 공공의 이익으로 되는 것이고 위법한 공무집행의 안정성이 공공의 이익에 부합될 수 없으며, 위법한 공무집행으로 손해를 입은 피해자에게 그 손해를 감수하라고 하는 것은 명분이 서지 않는다. 반대로 위법행위의 억제 기능이 느슨해져서 국가의 재정 부담이 증가하면 그것이 공공의 이익에 반하는 결과가 될 것이다. 그 뿐만 아니라 공공복리를 위하여 필요한 경우에도 국민의 기본권 제한은 반드시 법률로서 하여야 할 것인데, 그러한 법률이 없는데도 해석으로 이를 제한하는 것은 경계할 일이다."라고 하여 경과실의 경우에도 공무원에게 손해배상 청구는 가능하다는 취지의 견해를 제시하고 있다.[75] 이 별개 의견과 같은 취지로 공무원의 직무상 불법행위로 손해를 받은 국

74) 대법원 2014.08.20. 선고 2012다54478 판결

75) 대법원 1996. 2. 15. 선고 95다38677 전원합의체 판결

민은 공무원 자신에 대하여도 직접 그의 불법행위를 이유로 민사상의 손해배상을 청구할 수 있다는 취지의 판례가 있다.[76] 그 취지를 보면, "공무원의 직무상 불법행위로 손해를 받은 국민이 국가 또는 공공단체에 배상을 청구하는 경우 국가 또는 공공단체에 대하여 그의 불법행위를 이유로 손해배상을 구함은 국가배상법이 정한 바에 따른다 하여도 이 역시 민사상의 손해배상 책임을 특별법인 국가배상법이 정한데 불과하며 헌법 제26조 단서는 국가 또는 공공단체가 불법행위로 인한 손해배상책임을 지는 경우 공무원 자신의 책임은 면제되지 아니한다고 규정하여 공무원의 직무상 불법행위로 손해를 받은 국민이 공무원 자신에게 대하여도 직접 그의 불법행위를 이유로 손해배상을 청구할 수 있음을 규정하여 국가배상법의 공무원 자신의 책임에 관한 규정 여하를 기다릴 것 없이 공무원 자신이 불법행위를 이유로 민사상의 손해배상책임을 져야 할 법리"라고 하여 공무원에 대한 손해배상청구를 인정한 사례가 있다.

3 결어

국가배상법 제2조 제2항의 규정 취지를 해석해 보면 국가의 구상권 행사는 고의 또는 중과실의 경우로 한정하고 경과실의 경우는 행사 대상에서 제외하고 있는 것을 알 수 있다.[77] 이는 공무수행의 안정성이란 공공의 이익을 위한 것이라는 점과 공무원의 직무 집행을 과도하게 위축시키는 부작용을 고려한 것이라고 사료된다. 또한, 구상권을 행사하지 않고 당해 공무원에게 피해자가 손해배상책임을 물을 경우에는 당해 공무원의 국가에 대한 구상권이 인정되고 있지 않은 우리의 경우에는 피해자의 선택에 따라 공무원의 책임이 달라지는 문제점도 예견할 수 있다. 이 경우, 피해자는 공무원 개인책임이 인정되지 아니하더라도 충분한 자력이 있는 국가에 의한 배상책임이 인정되고 국가배상책임의 인정 요건도 민법상 사용자 책임에 비하여 완화하고 있기 때문에 권리 구제에도 충실하므로 굳이 공무원 개인책임을 물을 필요는 없다.

76) 대법원 1972.10.10. 선고 69다701 판결

77) 국가배상법 제2조(배상책임) ② 제1항 본문의 경우에 공무원에게 고의 또는 중대한 과실이 있으면 국가나 지방자치단체는 그 공무원에게 구상할 수 있다.

현행 판례도, "국가배상법의 입법 취지는 공무원의 직무상 위법행위로 타인에게 손해를 끼친 경우에는 변제능력이 충분한 국가 등에게 선임감독상 과실 여부에 불구하고 손해배상책임을 부담시켜 국민의 재산권을 보장하되, 공무원이 직무를 수행함에 있어 경과실로 타인에게 손해를 입힌 경우에는 그 직무수행상 통상 예기할 수 있는 흠이 있는 것에 불과하므로 이러한 공무원의 행위는 여전히 국가 등의 기관의 행위로 보아 그로 인하여 발생한 손해에 대한 배상책임도 전적으로 국가 등에만 귀속시키고 공무원 개인에게는 그로 인한 책임을 부담시키지 아니하여 공무원의 공무 집행의 안정성을 확보하고 …"라고 하고 있다.

또한, 형평성 논란에 관해서도 "만일 이렇게 해석하지 아니하고 국가배상법 제2조 제2항은 공무원의 국가 등에 대한 구상책임에 관한 것일 뿐 공무원 개인의 피해자에 대한 책임과는 전혀 무관하다고 하면서 공무원이 직무 집행상의 경과실로 타인에게 손해를 입힌 경우에도 공무원 개인이 피해자에 대한 손해배상책임을 부담하여야 한다고 해석한다면, 피해자가 공무원 개인을 상대로 손해배상을 청구하면 공무원 개인이 그 배상책임을 부담하게 되지만, 국가 등을 상대로 국가배상을 청구하면 그 책임을 이행한 국가 등으로서는 공무원 개인에게 이를 구상할 수 없어 궁극적으로 공무원 개인은 책임을 부담하지 아니하게 되는 바, 이러한 결과는 피해자의 임의적 선택에 따라 그 배상책임의 궁극적 귀속자가 달라지게 된다는 점에서 불합리할 뿐만 아니라 경과실의 경우에는 공무원 개인의 책임을 궁극적으로 면제시켜 공무원으로 하여금 안심하고 적극적으로 공무를 수행하도록 하려는 입법의도도 실현할 수 없게 되므로"라고 하고 있다.

경과실인 경우에도 구상권 행사를 한다면, 또는 피해자가 직무수행 중인 공무원의 직무상 경과실로 인한 피해를 직접 당해 공무원에게 책임을 묻게 된다면 '어떠한 영향이 있을까?'를 먼저 검토할 필요가 있을 것이다.

이 경우 공무원이 취급하는 사무가 다양하고 복잡하며 광범위하여 공무원의 직무상의 사소한 잘못으로도 막대한 손해가 발생할 수 있는데, 이러한 경우에도 언제나 공무원 개인에게 손해배상책임을 부담시킨다면 형평의 원칙에 어긋나는 결과가 초래될 수 있다. 또한, 이로 인하여 공무원의 사기가 저하되고 공무원이 자기방위를 위하여 필요 · 적절한 공무조차 회피하는 태도를 취할 가능성이 크기 때문에 원활한 공무수행에 지장을 초래할 우려가 있다.

이런 결과를 국가배상법은 고려하고 있는 것이다. 즉, 경과실인 경우에는 면책을 함으로써 공무수행의 안정성을 줌으로써 원활한 공무수행을 하도록 하는 것이다. 이런 점에서 현행 판례의 취지가 타당하다.

(2) 중대한 과실의 개념

중대한 과실과 관련한 대법원의 판례를 분석해 보면 대체로 일관된 견해를 보이고 있으며, 중대한 과실을 엄격하게 해석하고 있는 것으로 보인다. 구상권이 행사된 사례는 대부분 고의로 인한 경우가 대부분이고 중대한 과실로 인정된 사례는 많지 않다. 그만큼 중대한 과실의 의미가 거의 고의라고 할 정도의 주의의무위반을 의미[78)]하기 때문이다. 먼저 중대한 과실이 인정된 사례와 그렇지 않은 사례를 검토하고 중대한 과실의 의미를 고찰하기로 한다.

[1] 중대한 과실이 인정된 사례

등기공무원이 신청에 따라 등기부에 2번 근저당설정등기를 등재함에 있어 근저당권설정자 갑을 근저당권자로 착오 등재한 것이 등기공무원으로서의 주의의무를 현저히 결여한 중과실에 해당된다고 본 사례[79)]가 있다.

이 사건의 개요를 보면, 이 사건 부동산에 관하여 2번 근저당권자를 갑으로 하여 근저당권을 설정한 을과 근저당권자로 될 위 갑으로부터 근저당권설정등기의 신청 절차를 위임받은 법무사 병이 근저당권설정등기신청서를 작성함에 있어 일반적으로 사용되고 있던 근저당권설정등기신청서의 양식과 다르게 근저당권자의 성명과 주소를 먼저 기재하고 그 아래쪽에 근저당권설정자의 성명과 주소를 기

78) 공무원이 직무 수행 중 불법행위로 타인에게 손해를 입힌 경우에 국가나 지방자치단체가 국가배상책임을 부담하는 외에 공무원 개인도 고의 또는 중과실이 있는 경우에는 불법행위로 인한 손해배상책임을 지고, 공무원에게 경과실이 있을 뿐인 경우에는 공무원 개인은 불법행위로 인한 손해배상책임을 부담하지 아니하는데, 여기서 공무원의 중과실이란 공무원에게 통상 요구되는 정도의 상당한 주의를 하지 않더라도 약간의 주의를 한다면 손쉽게 위법·유해한 결과를 예견할 수 있는 경우임에도 만연히 이를 간과함과 같은 거의 고의에 가까운 현저한 주의를 결여한 상태를 의미한다(대법원 2011.09.08. 선고 2011다34521 판결)

79) 대법원 1991.5.10. 선고 91다6764 판결

재하여 이를 법원에 제출하였다. 담당 등기공무원이 위 신청에 따라 등기부에 위 근저당권설정등기를 등재함에 있어 일반적으로 법무사들이 당사자의 위임을 받아 근저당권설정등기 신청서를 작성함에 있어서는 근저당권설정자를 위쪽에, 근저당권자를 아래쪽에 기재하여 오던 관행을 믿고 위 신청서의 내용을 제대로 살피지 아니한 채 신청서 아래쪽에 기재된 근저당권설정자 을을 근저당권자로 잘못 알고 근저당권자를 갑이 아닌 을로 잘못 등재한 실수를 했다.

대법원은 이런 경우와 같은 "착오등재행위는 근저당권설정등기에 있어서 근저당권자의 표시가 중요한 내용을 이루고 있음에 비추어 등기공무원이 등기 기재를 함에 있어 기울여야 할 통상의 주의의무를 현저하게 결여한 중대한 과실이 있는 행위라 아니할 수 없다."라고 판단하고 있다. 즉, 주의의무를 게을리한 행위가 해당사안의 핵심적 내용을 이루고 있는 경우 그 행위에 대한 통상의 주의의무위반인 경우 중대한 과실이라고 해석하는 것으로 보인다.

② 중대한 과실이 인정되지 않은 사례

대부분의 국가배상 사건과 관련해서 공무원에게 구상권을 행사한 사례는 드물다고 하겠으며, 고의가 아닌 경우 즉 중대한 과실로 인정된 경우는 매우 적다고 하겠다. 중대한 과실이 인정되는 것이 얼마나 어려운지는 관련 판례를 검토해 보면 수긍이 간다. 이는 국가업무를 수행 중인 공무원의 집무 의욕 상실 등 사기 저하와 직업 안정성 등을 고려한 결과가 아닌가 생각한다.

① 부동산 경매에서 집행관이 임대차 관계의 현황을 조사함에 있어 주민등록상 단독 세대주인 임차인이 그 가족과 함께 거주하고 있음에도 가족의 주민등록 관계를 조사하지 아니한 것이 국가배상법 제2조 제2항 소정의 '중과실'에 해당하지 않는다고 해석한 사례가 있다.[80)]

즉 대법원은 "그 전에는 위와 같은 현황조사의 방법과 정도에 관한 구체적인 기준이 마련되어 있지 않았던 점, 세대주가 가족들과 함께 거주하는 경우

80) 대법원 2003. 2. 11. 선고 2002다65929 판결

에도 사정상 다른 가족들은 주민등록을 달리하는 사례가 적지 아니하며, 이 사건의 경우와 같이 한 가족이 같은 주소지에 전입신고를 하면서 세대를 합가하지 아니하고 별도의 세대로 주민등록을 하는 경우는 이례에 속하는 것으로 보이는 점 등 위에서 본 사정에 공무원의 공무 집행의 안정성을 확보하기 위해 고의·중과실의 경우에만 공무원 개인이 책임을 지도록 한 국가배상법의 취지와 중과실에 관한 앞서 본 법리를 종합하여 보면, 이 사건 현황조사를 함에 있어 피고에게 비록 정확하고 충실한 현황조사를 하지 못한 직무상의 과실이 있다 하더라도, 그것이 집행관이 현황조사를 함에 있어 기울여야 할 통상의 주의의무를 현저하게 결여한 중대한 과실에 해당한다고 보기는 어렵다 할 것이다."라고 해석하고 있다.

② 학교의 교장 또는 교사의 학생에 대한 보호감독의무의 범위 및 손해배상책임 인정 기준과 직무상 불법행위에 대하여 공무원 개인도 책임을 지는 '중대한 과실'의 의미를 검토한 후, 유치원생이 귀가 중 교통사고로 사망한 사안에서, 담임교사의 경과실만 인정된다고 하여 교사 개인의 손해배상책임은 부정하고 지방자치단체의 배상책임만 인정한 사례가 있다.[81]

대법원은 이 사안에 대하여, "위 망인이 위 유치원에 입학한 후 이 사건 사고일까지 6, 7일 정도는 유치원 교사가 위 망인 등을 정류장까지 인솔하고 나서 유치원에서 평소 수차례 교육하여 왔던 정류장 이탈 금지 등의 교통안전교육을 시킨 후 스스로 귀가하도록 하였으나 위 망인을 비롯한 유치원생들이 노선버스 등을 타고 별다른 사고 없이 귀가하여 왔고, 위 유치원 입학식 때 학부모들에게 원생들의 등하교는 학부모들의 책임임을 주지시키고 원생들에게도 수시로 교통안전교육을 실시하였으며, 이 사건 사고 당일에도 유치원 수업이 끝났으나 위 망인과 같은 동리에 거주하는 학부형이 1명도 유치원에 오지 않자 피고는 위 망인 등 시내버스를 타고 귀가하여야 하는 원생들을 그대로 방치한 것이 아니라 위 망인 등을 시내버스 정류장까지 인솔하

81) 대법원 1996. 8. 23. 선고 96다19833 판결

여 가서 약 25분 동안 시내버스를 위 망인 등과 함께 기다리다가 버스가 도착하지 않자 그들에게 위 정류장에서 이탈하지 말고 줄을 서서 기다리다가 버스가 오면 잘 살피며 버스를 타라는 등 매일 실시하던 교통안전교육을 다시 실시하고 나서 위 유치원으로 돌아온 것이므로, 위 피고는 유치원 교사로서 통상 요구되는 주의를 현저히 게을리한 것으로는 볼 수 없다 할 것이다."
라고 판단하여 중대한 과실을 인정하지 않았다.

3 중대한 과실의 개념

중대한 과실의 개념과 관련해서 대법원은 일관된 해석을 내놓고 있다. 즉, '공무원의 중과실이라 함은 공무원에게 통상 요구되는 정도의 상당한 주의를 하지 않더라도 약간의 주의를 한다면 손쉽게 위법, 유해한 결과를 예견할 수 있는 경우임에도 만연히 이를 간과함과 같은 거의 고의에 가까운 현저한 주의를 결여한 상태를 의미한다 할 것이다.'[82]라고 판시하고 있다.

위와 같이 엄격하게 해석하는 것은 공무원이 취급하는 사무의 복잡화 다양화 경향과 공무 수행의 안정성 등과 관련이 있을 것이다. 즉, 현대 행정 환경은 공무원의 과실이 유발되기 쉽다. 이런 환경에서 직무상의 잘못으로 인한 손해가 막대한 경우 공무원 개인에게 재산적 책임을 쉽게 물을 수 있다면 공무원이 자기방어를 위하여 필요·적절한 조치조차 위축될 수 있어서 원활한 직무수행에 저해가 될 것이기 때문이다. 결국, 공무원이 적극적으로 업무를 수행해야 국민의 권익, 나아가 국익에 도움이 된다는 전제에서 보면 중대한 과실의 개념이 일반 민사상의 개념보다는 강화되어야 공직에 대한 사기 저하나 공무원들의 자기방어적 행태를 막을 수 있다고 할 수 있다.

이런 점에서 국가배상법상 공무원의 책임이 인정되는 중대한 과실의 개념은 일반 민사상 중대한 과실과 달리 거의 고의에 가까운 현저한 과실이라고 하여 그 해석을 엄격하게 하고 있다고 보여지며, 합리적인 태도라고 할 수 있다.

82) 대법원 1996. 8. 23. 선고 96다19833 판결 참조

2) 이사나 감사의 손해배상 요건으로서의 중대한 과실

신용협동조합이나 새마을금고 등 공공기관의 경우 임원인 이사나 감사가 중대한 과실로 인하여 그 임무를 해태한 결과 제3자에게 피해를 입혔을 경우에는 제3자에 대하여 연대하여 손해배상책임을 지도록 하고 있다.[83] 이 경우 공공기관의 감사의 경우에 감사가 손해배상책임을 지는 중대한 과실의 해석과 관련해서 어느 정도의 과실을 중대한 과실이라고 하는지가 검토 대상이다. 감사업무에 비전문가가 임명되는 경우가 있다면, 감사의 지위가 비상근, 무보수의 명예직이거나 혹은 전문지식을 갖추지 못하였다는 사정으로 그 주의의무를 면하는지 등도 관심이 간다.

(1) 중대한 과실이 인정된 사례

① 신용협동조합의 감사가 분식결산 등과 관련하여 임무를 해태한 데 중대한 과실이 있는지 여부의 판단 기준 및 감사의 지위가 비상근, 무보수의 명예직이거나 혹은 전문지식을 갖추지 못하였다는 사정으로 그 주의의무를 면하는지 여부에 대해 판단을 하고, 신용협동조합 이사장의 직무를 대행하는 이사가 직무 정지된 임원으로 하여금 조합의 업무에 관여하지 못하도록 배제하지 못하여 결국 조합에 손해가 발생한 사안에서, 직무 대행자인 이사가 그 임무를 해태한 데 고의 또는 중대한 과실이 있다고 인정하여, 직무 정지된 임원과 연대하여 손해배상책임을 진다고 한 사례가 있다.[84]

이 사례에서, 대법원은 분식결산에 따른 배당 등에 의한 감사의 손해배상책

83) 신용협동조합법 제33조 (임원의 책임등) ②임원이 그 직무를 수행하면서 고의 또는 중대한 과실(상임인 임원의 경우에는 고의 또는 과실)로 조합 또는 타인에게 끼친 손해에 대해서는 연대하여 손해배상의 책임을 진다., 새마을금고법 제25조(임원의 성실 의무와 책임) ② 임원이 그 직무를 수행할 때 고의나 과실(비상근 임원의 경우에는 고의나 중대한 과실)로 금고에 끼친 손해에 대하여는 연대하여 손해배상의 책임을 진다. ③ 임원이 그 직무를 수행할 때 고의나 중대한 과실로 타인에게 끼친 손해에 대하여는 연대하여 손해배상의 책임을 진다. 상법제401조(제삼자에 대한 책임) ① 이사가 고의 또는 중대한 과실로 그 임무를 게을리한 때에는 그 이사는 제3자에 대하여 연대하여 손해를 배상할 책임이 있다. <개정 2011.4.14.>

84) 대법원 2008.09.11 선고 2006다57926 판결

임에 대해, "신용협동조합의 감사가 당해 분식결산 등의 행위를 알았거나 조합의 장부 또는 회계관련 서류상으로 분식결산임이 명백하여 조금만 주의를 기울였다면 이를 알 수 있었을 것임에도 그러한 주의를 현저히 게을리한 경우, 감사로서의 임무를 해태한 데에 중대한 과실이 있으며, 이러한 중대한 과실이 있는지 여부는 감사들의 개인적인 사정에 의해 가릴 것이 아니라 문제된 분식회계의 내용, 분식의 정도와 방법, 그 노출 정도와 발견 가능성, 감사업무의 실제 수행 여부 등을 심리하여 그에 의해 밝혀진 사정을 토대로 하여 판단하여야 하고, 감사의 지위가 비상근, 무보수의 명예직으로 전문가가 아니고 형식적이었다 하더라도 그러한 사정만으로 위와 같은 주의의무를 면할 수는 없으며, 신용협동조합 감사로서의 전문지식을 갖추지 못하였다는 사정 등은 피고들의 책임을 제한할 근거는 될 수 있을지언정 법령과 정관의 규정에 의한 위 피고들의 앞서 본 주의의무를 면하게 할 사유는 될 수 없다(대법원 2004. 3. 25. 선고 2003다18838 판결, 대법원 2006. 9. 14. 선고 2005다22879 판결 등 참조)."라고 일관되게 해석하고 있다.

또 문제된 사안이 중대한 과실인지 여부와 관련해서, "신용협동조합의 회계규정은 각종 채권에 대한 대손상각을 하여 대손충당금을 적립하되, 회계연도말 기준 대출금 잔액의 1% 이상이 유지되도록 규정하고 있고, 결산 시 결산일 현재의 미지급 이자를 산출하여 미지급 이자 전액을 비용으로 보정하도록 규정하고 있는 사실, 원심 판시 각 회계연도의 결산안 및 잉여금처분안 등 결산서류에는 미지급 이자가 전액 보정되지 아니하거나 대손충당금이 전액 적립되어 있지 아니함이 그 자체로 분명한 사실, 더구나 피고들은 각 해당 감사조서를 작성함에 있어 대손충당금의 과소 적립에 관한 기재까지 하였던 사실 등을 알 수 있다. 위 인정 사실에 의할 때, 피고들로서는 소외 1 신용협동조합이 미지급 이자를 일부만 보정하거나 대손충당금을 규정보다 적게 적립하는 방법으로 분식결산을 하였다는 사정을 알고서도 위법한 결산에 따른 배당이 이루어지지 않도록 이사장에게 서면으로 시정 및 개선을 요구하거나 감사보고서에 기재하여 총회 또는 중앙회장에게 보고하는 등의 조치를 취하여 분식결산에 따른 위법한 배당 등을 막아야 할 임무를 다하지 못함으로써 소외 1 신용협동조합으로 하여금 손해를 입게 하였고, 가사 그렇지 않다 하더라도 조합의 장부 또는 회계관련 서류상으로 분식결산임이 명백하여 조금만 주의를 기울였다면 이를 알 수 있었던 경우에 해당한다고 보아야 한다."라고 하여 감사의 책임을 인정하고 있다.

② 신용협동조합의 감사가 분식결산 등과 관련하여 조합에 대하여 손해배상책임을 지는 경우와 신용협동조합의 감사가 분식결산 등과 관련하여 임무를 해태한 데에 중대한 과실이 있는지 여부의 판단 방법과 관련한 사례가 있다.[85)]
대법원은 중대한 과실이 인정되는 경우와 관련하여, "중대한 과실이 있는지 여부는 그와 같은 위 피고들의 개인적인 사정에 의해 가릴 것이 아니라 문제된 분식회계의 내용, 분식의 정도와 방법, 그 노출 정도와 발견 가능성, 감사업무의 실제 수행 여부 등을 심리하여 그에 의해 밝혀진 사정을 토대로 하여 판단하여야 할 것이다."라고 하여 원심에서 중대한 과실이 없다고 한 판결이 신용협동조합 감사의 책임 및 중대한 과실에 관한 법리를 오해하거나 심리를 다하지 아니하여 판결에 영향을 미친 위법이 있어서 잘못되었다는 취지의 해석을 하고 있다.

③ 신용협동조합의 감사가 분식결산 등과 관련하여 그 임무를 해태한 데 중대한 과실이 있는지 여부는 감사의 개인적인 사정에 의해 가릴 것이 아니라 문제된 분식회계의 내용, 분식의 정도와 방법, 그 노출 정도와 발견 가능성, 감사업무의 실제 수행 여부 등을 심리하여 그에 의해 밝혀진 사정을 토대로 하여 판단하여야 한다.[86)]라고 한 사례가 있다.
대법원은 "그러한 사유는 피고들의 책임을 제한할 근거는 될 수 있을지언정 법령과 정관의 규정에 의한 피고들의 앞서 본 주의의무를 면하게 할 사유가 될 수는 없는 것이다(대법원 2006. 1. 12. 선고 2003다17606 판결 참조, 피고들이 감사보고서에 형식적으로 날인만 하였다거나 이사회에 참석도 하지 아니하였

85) 대법원 2008.2.28. 선고 2006다36905 판결
86) 대법원 2006.9.14. 선고 2005다22879 판결

다는 사정 등은 오히려 피고들이 감사업무를 소홀히 하였음을 뒷받침할 뿐이다)." 라고 하여 감사의 개인적인 사정은 주의의무를 면하게 할 수는 없다고 해석하고, 이와 같은 관점에서 대법원은, "피고들에게 중대한 과실이 있는지 여부는 그와 같은 피고들의 개인적인 사정에 의해 가릴 것이 아니라 문제된 분식회계의 내용, 분식의 정도와 방법, 그 노출 정도와 발견 가능성, 감사업무의 실제 수행 여부 등을 심리하여 그에 의해 밝혀진 사정을 토대로 하여 판단하여야 할 것이다."라고 하여 일관된 태도를 보이고 있다.

④ 새마을금고의 임원이 여유자금 운용 및 감독에 관하여 고의 또는 중대한 과실로 인한 책임을 지는 경우 및 이때 고의 또는 중대한 과실이 있는지 여부의 판단 기준과 관련한 사례가 있다.[87)]

이 사안에서 대법원은 "여유자금 운용상의 고의 또는 중대한 과실이 있는지 여부는 그 운용 당시의 사정으로 판단하여야 하므로 그 후 운용을 정당화할 수 있는 새로운 사정이 생겼다고 하더라도 특별한 경우가 아니라면 새로운 사정이 생길 때까지 발생한 손해에 대하여 그 배상책임을 면할 수 없다."라고 해석하고 있다. 이와 같은 견지에서, "피고가 수익증권의 상품별 약관이나 설명서를 교부받으면 쉽게 주식 운용 편입비율을 확인하여 운용지침 준수 여부나 투자 안전성에 대한 검토를 할 수 있음에도 불구하고 이를 게을리 하여 원고로 하여금 여유자금 운용이 금지된 이 사건 각 수익증권을 매입하게 한 이상 다른 특별한 사정이 없는 한 이는 피고의 고의 또는 중대한 과실로 인한 것이므로, 피고에게 자신의 위와 같은 행위로 인하여 원고가 입은 손해를 배상할 책임을 인정할 수 있을 것이다."라고 판시하고 있다.

(2) 중대한 과실이 인정되지 않은 사례

주식회사의 감사가 직무수행 의사 없이 명의만 빌려줌으로써 이사로 하여금 분

87) 대법원 2008.6.26. 선고 2006다81073 판결

식된 재무제표 등을 작성·이용하여 제3자에게 손해를 입히도록 묵인·방치한 경우, 악의 또는 중대한 과실이 인정되어 손해배상책임을 지는지 여부와 주식회사의 감사가 결산 업무를 수행하면서 재무제표 등이 허위로 기재된 것을 발견하지 못한 경우, 제3자에 대한 손해배상책임의 성립 요건인 중과실 유무의 판단 기준에 관한 사례가 있다.[88)]

이와 관련해서 대법원은 "주식회사의 감사가 실질적으로 감사로서의 직무를 수행할 의사가 전혀 없으면서도 자신의 도장을 이사에게 맡기는 등의 방식으로 그 명의만을 빌려줌으로써 회사의 이사로 하여금 어떠한 간섭이나 감독도 받지 않고 재무제표 등에 허위의 사실을 기재한 다음 그와 같이 분식된 재무제표 등을 이용하여 거래 상대방인 제3자에게 손해를 입히도록 묵인하거나 방치한 경우, 감사는 악의 또는 중대한 과실로 인하여 임무를 해태한 때에 해당하여 그로 말미암아 제3자가 입은 손해를 배상할 책임이 있다."라고 판시하고 있다.

그러나, 이와는 달리 업무를 수행하였으나, 감사를 다른 임직원들이 교묘하게 감사를 기망한 경우까지 책임질 수는 없다는 견해를 보이고 있다. 이와 관련해서 대법원은, "주식회사의 감사가 감사로서 결산과 관련한 업무 자체를 수행하기는 하였으나 재무제표 등이 허위로 기재되었다는 사실을 과실로 알지 못한 경우에는, 문제된 분식결산이 쉽게 발견 가능한 것이어서 조금만 주의를 기울였더라면 허위로 작성된 사실을 알아내 이사가 허위의 재무제표 등을 주주총회에서 승인받는 것을 저지할 수 있었다는 등 중대한 과실을 추단할 만한 사정이 인정되어야 비로소 제3자에 대한 손해배상의 책임을 인정할 수 있고, 분식결산이 회사의 다른 임직원들에 의하여 조직적으로 교묘하게 이루어진 것이어서 감사가 쉽게 발견할 수 없었던 때에는 분식결산을 발견하지 못하였다는 사정만으로 중대한 과실이 있다고 할 수는 없고, 따라서 감사에게 분식결산으로 인하여 제3자가 입은 손해에 대한 배상책임을 인정할 수 없다."라고 판시하고 있다.

88) 대법원 2008.2.14. 선고 2006다82601 판결

(3) 중대한 과실의 개념

우리가 검토한 바와 같이 중대한 과실은 '장부 또는 회계관련 서류상으로 분식결산임이 명백하여 조금만 주의를 기울였다면 이를 알 수 있었을 것임에도 그러한 주의를 현저히 게을리한 경우'를 의미한다고 하겠다. 그리고 이러한 중대한 과실이 있는지 여부를 판단하기 위해서는 '감사들의 개인적인 사정에 의해 가릴 것이 아니라 문제된 분식회계의 내용, 분식의 정도와 방법, 그 노출 정도와 발견 가능성, 감사업무의 실제 수행 여부 등을 심리하여 그에 의해 밝혀진 사정을 토대로 하여 판단'해야 할 것이다.

이러한 해석에 따라서 검토해 보면, 이사나 감사가 중대한 과실로 인해 책임을 지게 되는 경우가 국가의 구상권 행사보다 상대적으로 많다는 것을 알 수 있다. 이는 국가배상법상 구상권 행사의 요건인 공무원의 중대한 과실의 개념이 '공무원에게 통상 요구되는 정도의 상당한 주의를 하지 않더라도 약간의 주의를 한다면 손쉽게 위법, 유해한 결과를 예견할 수 있는 경우임에도 만연히 이를 간과함과 같은 거의 고의에 가까운 현저한 주의를 결여한 상태'를 의미하고, 그 해석이 엄격한 차이에서 기인한다고 하겠다.

반면 변상책임과 관련된 사례로 공공기관에 근무하는 민간인인 회계관계직원에 대해서는 변상뿐만이 아니라 손해배상 청구도 할 수 있다는 전원합의체 판결이 나왔다.[89] 즉, 대법원은 "구 회계직원책임법 제2조 소정의 공무원이 아닌 회계관계직원이 고의 또는 중대한 과실로 법령 기타 관계 규정 및 예산에 정하여진 바에 위반하여 소속 단체의 재산에 대하여 손해를 입혀 회계직원책임법 제4조 제1항에 따라 변상책임을 지는 경우에도, 그 직원의 소속단체에 대한 민법상의 불법행위책임이 배제되는 것은 아니다."라고 하면서, "종전에 이와 견해를 달리하여 공무원이 아닌 회계관계직원이 순전한 그 직무상의 행위로 소속 단체에 손해를 입혔을 때에는 회계직원책임법에 의하여 특별히 규정된 경우는 별도로 하고 민법상 불법행위에 기한 손해배상책임은 지지 않는다고 판시한 대법원 2002. 9. 24.

89) 대법원 2006.11.16. 선고 2002다74152 전원합의체 판결

선고 2001다56386 판결은 이 판결의 견해에 배치되는 범위 내에서 이를 변경하기로 한다."라고 한 것이다. 선택적 청구권을 인정하면, 손해배상책임과 변상책임을 동일한 위치에 놓고 해석할 수 있다는 것을 의미한다. 즉, 중대한 과실의 의미와 관련해서도 해석이 유사할 수 있다는 것을 의미하는 것으로 볼 수 있다.

결국, 이렇게 해석하면 중대한 과실의 개념이 보다 명확해진다. 즉, 국가배상법상 중대한 과실은 거의 고의와 같은 정도의 어감을 지니고 있는데 비해 공공기관의 감사 등의 손해배상책임 요건인 중대한 과실은 보다 완화된 변상책임에서의 중대한 과실의 개념에 가까운 것을 알 수 있다.

변상판정

CHAPTER 03

CHAPTER 03

변상판정

Ⅰ. 변상판정

1. 변상판정의 법적 성격

> **감사원법 제31조(변상책임의 판정 등)**
> ① 감사원은 감사 결과에 따라 따로 법률에서 정하는 바에 따라 회계관계직원 등에 대한 변상책임의 유무를 심리하고 판정한다.

감사원이 행하는 변상판정은 회계관계직원 등에 대하여 변상책임의 유무 및 그 내용을 판단하는 준법률행위적 행정행위이다. 행정행위라 함은 행정 주체가 구체적 사실에 관하여 법규를 집행하기 위하여 행하는 공권력 발동으로서의 공법행위를 말한다.

행정행위는 구성요소를 기준으로 하여 법률행위적 행정행위와 준법률행위적 행정행위로 나눌 수 있다. 법률행위적 행정행위라 함은 일정한 효과의사의 표시를 구성요소로 하고 그 효과의사의 내용에 따라 법률적 효과를 발생하는 행위(하명, 허가, 특허, 인가 등)이며, 준법률행위적 행정행위라 함은 효과의사를 구성요소로 하지 않고, 효과의사 이외의 정신작용(사실의 인식, 판단, 관념)의 표시를 구성요소로 하고 그 법률적 효과는 행위자의 의사 여하를 불문하고 직접 법률이 정하는 바에 따라 발생하는 행위(확인, 공증, 통지 및 수리)이다.

변상판정은 특정한 법률 사실의 존재에 대하여 행정관청인 감사원이 이것을 판단하여 선언하는 행위로서 확인행위에 해당한다. 즉, 변상판정은 회계관계직원 등에 대하여 변상책임의 유무를 판단하여 그 내용을 선언하는 행정행위이다. 따라서 감사원의 변상판정은 특정한 법률 사실의 존재를 판단하여 그것을 선언하는 데 불과한 행위로서 형성적 행위와 같이 효과의사의 표시로서 새로운 법률적 효과를 형성하는 행위가 아니며 판단의 표시로서 기존의 사실을 유권적으로 확정하는 행위를 말한다. 즉, 변상판정은 회계관계직원 등이 고의, 과실로 인하여 현금 또는 물품을 망실하거나 국가 또는 단체의 재산에 손해를 끼침으로써 이미 발생한 변상책임을 사후적으로 의문의 여지가 없도록 확정 선언하는 행위라고 정의할 수 있다.

회계관계직원 등에 대한 변상책임의 유무 판정은 감사원만이 행할 수 있다. 이는 감사원법 제31조의 규정과 회계직원책임법 제6조 제1항에 소속장관 또는 감독기관의 장은 회계관계직원에 대하여 변상책임이 있다고 인정할 때에는 감사원의 판정 전 일지라도 그 회계관계직원에 대하여 변상을 명할 수 있으나 "감사원이 회계관계직원에 대하여 변상의 책임이 없다고 판정하거나 변상금액을 감면한 경우에는 회계관계직원이 이미 낸 변상금의 전부 또는 차액을 지체없이 반환하여야 한다"고 규정하고 있는 데서 확인된다(회계직원책임법 제6조 제4항). 즉, 그것은 변상책임의 유무 및 그 내용에 관하여 행정행위로서의 최종적인 판단은 감사원만이 할 수 있도록 규정하고 있다. 그러나 감사원의 변상판정(재심의판정)에 대하여 불복하는 자는 행정소송을 제기할 수 있다. 이에 관하여는 Ⅳ. 변상판정에 대한 구제제도에서 설명하기로 한다.

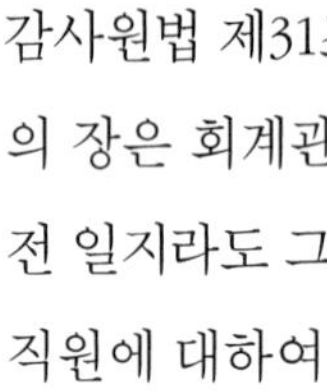

"변상판정은 특정한 법률 사실의 존재를 판단하여 그것을 선언하는 데 불과한 행위로서 형성적 행위와 같이 효과의사의 표시로서 새로운 법률적 효과를 형성하는 행위가 아니며 판단의 표시로서 기존의 사실을 **유권적으로 확정·선언하는 행위**이다."

2. 변상판정의 효력

변상판정이 유효하게 성립하였을 경우에는 다음과 같은 여러 가지 효력이 발생한다.

1) 구속력(拘束力)

변상판정에 의하여 변상책임의 유무 및 그 내용이 확인되면「감사원법」및「회계직원책임법」에 정하여진 바에 따라 변상책임의 이행 등 법적 효과가 발생하며 변상책임자 및 감사원뿐 아니라 변상판정의 집행에 관련된 기관 등을 구속한다.

2) 공정력(公定力)

일반적으로 행정행위의 공정력은 행정행위가 유효하게 성립하기 위한 요건을 완전히 갖추지 못하여 하자가 있다고 인정될 때에도 절대 무효인 경우를 제외하고는 권한 있는 기관(처분청, 감독청, 법원)에 의하여 쟁송 또는 직권으로 취소될 때까지 그 행위는 적법의 추정을 받고, 누구도 그 효력을 부인하지 못하게 하는 힘을 말한다.

감사원의 변상판정은 중대하고 명백한 하자로 인하여 처음부터 당연히 법적효과를 발생하지 아니하는 경우 또는 행정쟁송에 의하여 취소될 때까지는 누구도 그 효력을 부인하지 못한다. 판정이 위법 또는 부당하다고 인정되면 변상판정을 받은 자 또는 그 소속장관이나 감독기관의 장의 청구 또는 직권에 의하여 재심의를 할 수 있고, 감사원의 재심의 판정에 대하여는 행정소송을 제기할 수 있다고 규정한 감사원법이 이러한 효력의 실정법적 근거가 되고 있다.(감사원법 제36조, 제39조 및 제40조)

3) 확정력(確定力)

일반적으로 행정행위의 확정력에는 불가쟁력과 불가변력이 있다. 불가쟁력은 행정행위의 상대방 기타 관계인 측에서 더 이상 행정행위의 효력을 다툴 수 없게 하는 효력을 말한다. 쟁송수단이 인정되지 않는 행정행위에 있어서는 행위의 성립, 발효와 동시에 발생하는 것이 원칙이고, 쟁송수단이 인정된 행정행위에 있어서는 출소기간(出訴期間)을 경과한 때, 또는 심급(審級)이 종료한 때부터 발생한다. 감사원의 변상판정은 쟁송수단이 인정된 행정행위로서 재심의 청구기간 또는 행정소송 제소기간이 경과한 때에는 행정행위의 효력을 다툴 수 없게 된다.

불가변력은 행정행위가 일정한 경우에 행정관청 자신도 그를 취소, 변경할 수 없는 효력을 발생하는 효력을 말한다. 하자 있는 행정행위는 원칙적으로 처분청 자신의 직권 또는 감독관청의 감독권 발동으로 취소할 수 있지만, 그렇다고 해서 행정관청이 언제나 자유롭게 취소 변경할 수 있는 것은 아니다. 일정한 절차를 거친 결과로서 또는 성질상 당연히 행정관청도 자유롭게 취소할 수 없는 행정행위가 있다.

감사원의 변상판정은 확인행위의 성질상 당연히 판정을 한 날로부터 2년을 경과한 때에는 이를 직권으로 재심의하여 그 행위를 취소 변경할 수 없게 된다.(감사원법 제39조)

행정행위의 불가쟁력과 불가변력은 모두 법률생활의 안정을 목적으로 하나 전자는 상대방(변상판정을 받은 사람) 또는 기타 관계자가 통상의 쟁송수단으로 다툴 수 없게 된 상태이며, 쟁송제도가 인정되는 한, 모든 행정행위에 대하여 당연히 발생하고, 행위의 내용과는 관계없이 행위의 존재 자체에 기한 효력인데, 후자는 행정관청도 취소 변경할 수 없게 된 상태이며, 일정한 행정행위에 대해서만 발생하는 내용적 효과이다. 양자는 모두 절대적인 효력이 아니다. 따라서 관계자에게 불가쟁력이 발생한 행위도 불가변력의 발생이 없는 한, 행정관청에서 취소, 변경할 수 있고 행정관청에 불가변력이 발생한 행위도 관계자 측에서는 원칙적으로 쟁송수단으로 그 효력을 다툴 수 있다. 그리고 관계자도 다툴 수 없게 되고, 행정관청도 취소 변경할 수 없게 된 행위도 재심 사유가 존재하는 경우와 절대 무효의 경우에는 예외적으로 인정된다. 따라서 감사원의 변상판정에 대하여 불가쟁력과 불가변력이 발생한 경우에도 그 판정에 중대하고도 명백한 하자가 있다고 인정될 때에는 직권 재심의에 의하여 취소 변경할 수 있다고 해석함이 타당하다.

4) 집행력(執行力)

집행력이란 행정행위의 내용을 행정관청 자신의 강제력으로써 실현(행정상 강제집행)할 수 있는 효력을 말한다. 그런데, 감사원의 변상판정은 감사원 자신의 강제력에 의하여 직접 실현하지 않고 변상책임자의 소속장관 또는 감독기관의 장이 변상판정에 기하여 관계세무서장에게 위탁하여 집행하도록 규정하고 있다(감사원법 제31조 제5항). 이러한 집행력은 원칙적으로 행정쟁송이 개시된 경우에도 그 효력이 정지되지 않는다. 즉 변상판정은 재심의 청구로 인하여 집행 정지의 효력이 발생하지 않고(감사원법 제36조 제3항), 또 행정소송이 제기된 경우에도 그 효력을 정지하는 가처분 결정을 할 수 없다(감사원법 제40조 제2항).

3. 판정전의 변상명령

회계직원책임법 제6조 제1항

회계관계직원에게 변상책임이 있다고 인정할 때는 중앙관서의 장, 지방자치단체의 장, 감독기관의 장 또는 해당기관의 장은 감사원의 판정 전일지라도 그 회계관계직원에 대하여 변상을 명할 수 있다.

소속 관서의 장, 지방자치단체의 장, 감독기관의 장 또는 해당기관의 장으로부터 변상명령을 받은 해당 회계관계직원은 이의가 있을 때에는 그 취지 및 이유를 명백히 밝힌 판정청구서에 증거서류를 첨부하여(소속 중앙관서의 장을 경유) 감사원에 판정을 청구할 수 있다. 판정을 청구한 경우에도 변상명령의 효력이 정지되지 않고, 각 중앙관서의 장도 그 집행을 유예하지 않는다.

회계직원책임법 제6조 제4항

제1항 또는 제2항에 따라 변상명령을 한 자는 감사원이 해당 회계관계직원에 대하여 변상의 책임이 없다고 판정하거나 제5조에 따라 변상금액을 감면한 경우에는 회계관계직원이 이미 낸 변상금의 전부 또는 그 차액을 지체 없이 반환하여야 한다.

이와 같이 변상명령제도를 규정한 이유는 감사원의 판정을 기다리면 회계관계직원의 자산 상태의 변화와 시효의 완성 등으로 인해 변상책임의 집행이 곤란하게 되는 경우를 예상하여 국가채권을 확보하자는 데 있다.

변상명령은 효과의사를 구성요소로 하지 아니하는 행정행위라는 점에서 준법률행위적 행정행위이며, 특정한 사실에 관하여 공권력으로 그 존재를 판단 선언하는 행위란 점에서 변상판정과 같이 확인행위에 속한다. 그러나 변상명령의 효력에 관하여는 회계직원책임법 및 감사원법이 직접 제한하고 있다. 즉 회계관계직원에게 변상책임이 있느냐, 없느냐에 관하여는 감사원이 최종적으로 심리 판정하는 것이므로 감사원이 변상의 책임이 없다고 판정하였을 경우에는 변상책임자가 납부한 변상금을 지체 없이 반환하여야 하며, 변상의 책임이 있다고 판정하였을 경우에는 감사원법 등의 정한 바에 따라 변상책임의 이행 등 법적 효과가 발생하며 변상책임자 및 감사원뿐만 아니라 변상판정의 집행에 관련된 기관 등을 구속하게 되는 것이므로, 판정 전의 변상명령은 감사원의 판정이 유효하게 성립한 때에 그 효력을 상실한다.

이러한 의미에서 볼 때 판정 전의 변상명령은 일종의 가처분으로 이해할 수 있다.

감사원이 무책(無責)의 판정을 하였을 경우에는 변상명령을 한 자는 기왕에 발한 변상명령을 취소하여야 한다고 하는 설이 있으나 전술한 바와 같이 판정 전의 변상명령은 감사원의 판정에 의하여 회계관계직원에게 즉시 그 효력을 상실하는 것이므로 별도의 행위로써 이를 취소할 필요가 없다고 생각한다. 그리고 판정 전의 변상명령액이 판정금액과 동액인 경우에는 다시 변상명령을 발할 필요가 없으나 변상명령액이 판정금액과 차이가 있는 경우에는 그 차액에 대하여 변상명령을 다시 발(전자가 소액인 경우)하거나 취소(전자가 다액인 경우)해야 한다는 견해가 있을 수 있으나 소속 장관 또는 감독기관의 장은 감사원이 변상책임이 있다고 판정하였을 때에는 「변상판정집행절차에 관한 규칙」 제4조의 규정에 따라 별지1호 서식의 변상명령서(판정 전의 변상명령과 법적 성질이 다르다)를 발하여야 하므로 변상명령액이 판정금액과 동액이거나 차액이 있거나를 불문하고 변상명령을 발할 필요는 없으며 추가 발부 또는 일부 취소를 하는 등의 문제도 발생하지 않는다.

다만, 무책판정을 한 경우에는 판정문 등본이 당사자에게 송달되어 변상책임이 없음을 분명히 하는 대내외적인 행정절차가 필요하다고 본다. 이와 관련해서는 알아보기 10.에서 설명하기로 한다.

알아보기 7 변상판정의 시효제도 일반론

시효는 법률이 규정하는 사실 상태가 일정한 기간 계속한 경우에 진실의 권리관계와 합치하느냐 하지 않느냐를 불문하고 그 계속한 사실상태를 존중하여 그것에 상응한 법률 효과를 부여하는 제도를 말한다.

재산권의 경우 권리의 취득에 관한 취득시효와 권리의 소멸에 관해 소멸시효가 있다. 시효제도는 첫째로 일정한 기간 계속한 사실 상태를 신뢰하여 이루어진 여러 가지 법률관계의 안정을 기하고, 둘째로 영속한 법률관계가 과연 정당한 법률관계에 합치하느냐에 관하여 확실한 증거로써 보전하기 곤란하므로 이를 보호하는데 그 존재 이유가 있다.

국가재정법은 "① 금전의 급부를 목적으로 하는 국가의 권리로서 시효에 관하여 다른 법률에 규정이 없는 것은 5년간 행하지 아니할 때에는 시효로 인하여 소멸한다. ② 국가에 대한 권리로서 금전의 급부를 목적으로 하는 것도 또한 제1항과 같다."(제96조)고 규정하였다.

국가재정법의 시효규정이 적용되는 것은 국가의 또는 국가에 대하여 금전의 급부를 목적으로 하는 권리의 소멸시효뿐이고, 취득시효에 대하여는 적용되지 아니하며, 또 금전 이외의 재산관계의 시효에도 적용되지 않는다. 그리고 국가재정법 이외의 법률에 규정이 있는 경우에도 적용되지 않는다.

따라서 사법상 권리에 관여하는 민법, 상법에 상세한 규정을 두고 있고, 공법상의 권리에 관하여도 국채법 제14조(국채의 소멸시효), 관세법 제22조(관세징수권 등의 소멸시효),

공무원연금법 제81조(연금급여청구권의 시효) 등이 있으므로 국가재정법의 적용을 받는 것은 공법상의 권리의무 중 조세, 수수료, 면허료, 공무원 급여, 변상금 등에 한한다.

사법상의 채권소멸시효가 원칙적으로 10년임에 대하여 공법상의 금전채권 채무의 소멸시효를 원칙적으로 5년이라고 규정하여 사법상의 시효보다 짧게 한 것은 공법상의 권리의무를 조속히 결제 안정시키는 데 그 이유가 있다.

또 국가재정법은 "금전의 급부를 목적으로 하는 국가의 권리에 있어서는 소멸시효의 중단·정지 그 밖의 사항에 관하여 다른 법률의 규정이 없을 때에는 민법의 규정을 적용한다. 국가에 대한 권리로서 금전의 급부를 목적으로 하는 것도 또한 같다."(제96조제3항)고 규정하고 있다.

시효의 기산점에 대하여는 국가재정법 또는 타 법률에 규정한 바 없으므로 시효에 관한 일반법인 민법의 규정을 적용하여 권리를 행사할 수 있는 때로부터 진행한다.(민법 제166조 제1항) 따라서 회계직원책임법상의 변상책임에 있어서는 변상책임의 내용이 되는 손해가 발생한 때가 시효의 기산점이 된다.

시효의 중단은 시효의 기초가 되는 사실 상태를 그대로 둘 수 없는 사실이 발생하였을 때에는 진행된 시효기간의 효력이 모두 상실되는 것을 말한다.

시효의 정지는 법정의 원인에 의하여 일시 그 시효기간의 진행을 일시 정지시켜 시효가 완성되지 못하게 하는 것을 말한다. 이미 진행한 시효기간은 무효로 되지 않고 정지 사유가 종료된 후에 일정한 기간이 지나면 시효가 완성되는 점에서 처음부터 다시 시효가 진행되는 시효의 중단과 다르다. 이는 시효기간이 만료에 가까워졌을 때, 일시 시효의 완성을 징지시킴으로써 소멸시효의 완성으로 인하여 권리 또는 이익을 상실할 당사자를 보호하기 위한 제도이다.

알아보기 8 시효의 중단사유는 무엇이 있는가?

민법은 시효의 중단 사유로서 ① 청구, ② 압류 또는 가압류, 가처분 ③ 승인의 세 가지를 규정하고 있다(민법 제168조). 이러한 행위가 시효중단의 효력을 갖는 근본이유는 권리자에 의하여 권리가 행사되거나 의무자에 의하여 권리가 승인됨으로써 시효의 기초가 되는 사실 상태의 계속이 깨어지기 때문이다.

위에서 말한 시효중단 사유의 하나인 '청구'는 권리자가 시효로 인하여 이익을 얻는 자에 대하여 그의 권리 내용을 주장하는 재판상 또는 재판 외의 행위를 총칭한 것으로 재판상의 청구, 파산절차 참가, 지급명령, 화해를 위한 소환, 최고 등(민법 제170조 내지 제174조)이 이에 해당한다. 이러한 청구가 시효중단의 효력을 발생하려면 각각 일정한 요건이 필요하다.

최고는 채무자에 대하여 이행을 청구하는 채권자의 의사 통지이다. 위에서 말한 다섯 가지 종류의 청구는 어느 것이나 최고적 효력을 포함하고 있다. 민법은 다시 재판 외의 하등의 형식도 필요로 하지 아니하는 최고를 시효의 중단 사유로 하였다. 그러나 그 시효중단의 효력은 강하지 못해 최고 후 6월 내에 재판상의 청구, 파산절차 참가, 화해를 위한 소환, 임의 출석, 압류, 또는 가압류, 가처분을 하지 아니하면 시효중단의 효력을 인정하지 않으므로 주의를 요한다.

한 번 최고한 후 6개월 내에 다시 최고를 하는 등 최고를 계속한다 하여도 그 효력이 인정되지 않는다(통설), 따라서 이 최고는 시효기간 만료가 가까워졌을 때 강력한 시효중단 방법의 예비 행동으로서 실익이 있을 뿐이다.

어떠한 행위가 최고로 인정할 수 있느냐에 관하여는 이행을 청구하는 의사의 통지라고 인정할 수 있느냐 없느냐에 관한 해석 문제로서 최고가 후일 다시 확고한 중단 사유가 발생함을 요건으로 하는 것이므로 넓게 해석함이 타당할 것이다. 따라서 일부의 청구, 일부의 상계 등도 여기에 포함되며, 또 청구의 의사만 표시하면 상대방이 지체가 되지 않는 경우, 즉 상대방이 동시 이행의 항변권이 있는 경우에 자기의 채무를 제공하지 않고 하는 최고에도 시효중단의 효력이 있다고 해석된다.

중앙관서의 장 등이 판정 전에 발하는 변상명령의 법적 성격이 이미 발생한 변상책임의 이행을 청구하는 의사의 표시란 의미에서 보면, 민법상의 시효중단 사유인 최고와 다를 바 없다. 따라서 변상명령을 하였을 때에는 그 후 6월 이내에 재판상의 청구, 기타 확고한 청구 절차를 취하지 아니하거나 감사원의 변상판정에 기한 납입의 고지를 하지 아니하면 시효중단의 효력은 인정되지 않는 것이 이론적으로는 타당하다. 그러나, 이렇게 해석되어 온 결과 소멸시효의 만료가 가까워진 사건에 대하여는 우선 변상명령을 발하여 시효중단 조치를 취하고 중단 조치가 무효가 되지 않도록 6월 내에 변상판정에 기한 납입의 고지를 할 수 있도록 담당자의 세심한 관리가 필요했던 것이어서 이와 관련한 문제점이 발생할 소지가 많았다.

이 점을 고려하여 회계직원책임법 제6조 제5항은 감사원의 판정에 따른 변상명령서나 중앙관서의 장, 지방자치단체의 장, 감독기관(국가기관이나 지방자치단체의 기관이 아닌 경우만 해당한다. 이하 같다)의 장, 해당 기관(국가기관이나 지방자치단체의 기관이 아닌 경우로서 감독기관이 없거나 분명하지 아니한 경우만 해당한다. 이하 같다)의 장이 감사원의 판정 전에 발한 변상명령서가 해당 회계관계직원에게 송달된 때에는 시효중단의 효력이 있다고 규정하여 입법적으로 이런 문제점을 해결하였다. 그러므로 판정 전의 변상명령도 감사원의 변상판정에 따른 변상명령과 동일하게 시효중단의 효과가 있다.

판정 전의 변상명령을 받은 물품관리 공무원은 감사원의 판정을 기다리지 않고 그 책임을 면할 사유가 있을 때에는 그 이유를 명백히 한 서류에 이를 증명하는 서류를 첨부하여 소속 중앙관서의 장(군수품의 경우에는 국방부장관을 제외한 국방관서의 장 또는 각 군 참모총장을 거친 후)을 경유하여 감사원에 송부하고 그 판정을 청구할 수 있다.

이것은 감사원이 판정을 행함에 있어 물품관리 공무원이 이익이 될 수 있는 자료를 미리 제출케 하여 당해 공무원의 이익을 적극적으로 옹호할 기회를 주자는 데 그 취지가 있다. 그러나 판정의 청구가 있어도 이미 발한 변상명령의 효력이 정지 또는 중지되는 것은 아니므로 그 변상 조치가 유예되는 것은 아니다.

알아보기 9 형사상 포괄1죄의 공소시효와 비교되는 변상판정에서의 시효판단은?

(1) 형사상 포괄1죄는 개별적으로 각각 범죄가 될 수 있는 수 개의 행위가 포괄적으로 1개의 구성요건을 충족하여 단순1죄를 구성하는 것을 말한다. 사람을 체포하여 감금하거나 주거에 침입하여 절도하는 행위, 하룻밤 사이에 한 창고에서

수차례 물건을 절취하는 행위, 뇌물을 요구하고 수수한 행위, 외설문서를 수차례에 걸쳐 판매하는 행위 등 결합범, 접속범, 영업범, 연속범, 상습범 등이 있다.

위 범죄들은 포괄하여 1죄로 보기 때문에 최종적인 행위가 종료된 시점에 포괄 1죄 전체(행위)의 공소시효가 진행된다.

(2) 변상판정 시효의 경우 포괄1죄의 개념이 없기 때문에 하룻밤 사이에 수차례 횡령하거나 물품을 절취한 경우 각각의 행위가 일어난 일시를 각각 특정하여 개별적(행위)으로 시효가 진행되게 된다.

(3) 결국 형사상 포괄1죄는 포괄하여 1죄(상습범 등)로 보고 마지막에 행위가 종료된 시점에 공소시효가 진행되는 불리함이 있다. 이에 비하여 변상판정시효는 각각의 행위가 개별적으로 시효가 진행되므로 각각의 행위별로 판정시효가 판단되므로 당사자에게 유리한 결과가 나타난다.

알아보기 10 감사원 변상판정전 자체 변상명령을 한 후 감사원이 금액이 다른 변상판정을 하거나 무책판정을 한 경우 처리는?

(1) 감사원에서 자체 변상명령액과 변상액이 다른 변상판정을 한 경우에는 변상판정에 맞추어 변상명령을 다시 해야 한다는 설 등이 있으나, 감사원이 변상판정을 한 경우에는 그에 따른 변상명령서를 발하여야 하므로 자체 변상명령을 취소하거나 변경할 필요는 없다고 볼 수도 있다. 따라서 이미 발효된 자체 변상명령은 감사원의 변상판정과 배치되지 않는 선에서 유효하게 된다.

(2) 감사원에서 무책판정을 한 경우에는 어떻게 처리해야 하는가?

이 경우 기왕에 발한 감사원 판정전의 자체 변상명령을 취소해야 한다는 설, 감사원의 무책판정이 있는 경우 기왕의 판정전의 변상명령은 즉시 효력을 상실하고 관계자들을 모두 구속하게 되므로 변상명령을 취소할 필요가 없다는 설 등이 있다.

(3) 이와 관련, 회계직원책임법에서는 판정전 변상명령이 있는 사안에서 감사원이 변상의 책임이 없다고 판정하거나 변상금액을 감면한 경우에는 회계관계직원이 이미 낸 변상금의 전부 또는 그 차액을 지체없이 반환하여야 하는 것으로 규정하고 있을 뿐 아무런 규정이 없다. 입법적 미비라고 할 수 있다.

감사원 판정전 자체 변상명령을 준법률행위적 행정행위로 이해하게 되면 이미 납부한 변상금을 반환하는 것외에 변상명령이라는 조치 자체를 거두어들이는 공권적 조치가 필요하고, 또한 감사원의 무책판정이 최종적인 유권적 판단이므로 판정문 등본이 당사자에게 송달되어 변상책임이 없음을 분명히 인식할 수 있도록 하는 대내외적인 행정절차가 필요하다고 본다.

4. 변상판정의 절차

감사원이 회계관계직원에 대해 변상책임의 유무 판정을 하는 절차에 관하여는 감사원법과 회계직원책임법을 비롯한 회계관계법령에 규정하고 있다.

1) 심리의 개시

감사원이 회계직원책임법이 정하는 바에 의하여 회계관계직원 등에게 변상의 책임이 있는지의 여부에 관하여 심리를 시작하는 동기는 각 소속장관으로부터 감사원에 제출되는 손망실통보서에 의하여 수동적으로 개시되는 경우와 감사권의 발동으로 실시하는 서면감사와 실지감사의 결과에 의하여 적극적으로 개시되는 경우가 있다.

(1) 망실, 훼손 등의 통보

감사원의 감사를 받는 기관 등의 장은 현금, 물품, 유가증권, 기타의 재산을 망실, 훼손한 사실이 발견된 때에는 「감사원사무처리규칙」이 정하는 서식(별지 4호서식)에 의하여 지체 없이 소속 장관 또는 감독기관의 장을 경유하여 그 사실을 감사원에 통보하여야 한다(감사원법 제29조). 물품관리직원과 현금출납직원이 그의 출납 보관에 속하는 물품 또는 현금을 망실, 훼손 시 보고 절차는 물품관리법, 군수품관리법, 국고금관리법의 시행규칙에 규정하고 있다.

1 망실, 훼손시 보고 절차

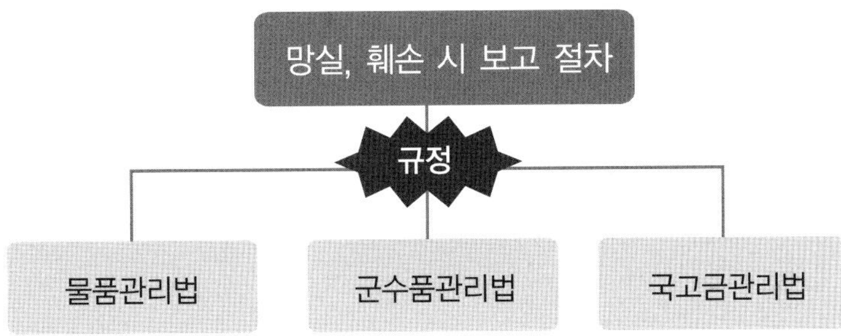

2 물품의 경우

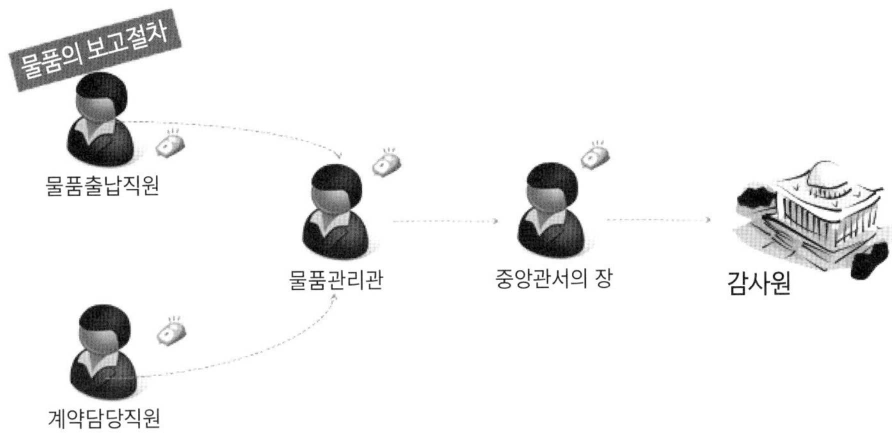

물품출납직원과 물품운용관은 그가 보관하고 있거나 국가 또는 단체의 사무 또는 사업의 목적과 용도에 따라 사용하게 하고 있는 물품이 망실 또는 훼손된 때에는 지체 없이 그 사실을 물품관리관에게 보고하여야 한다. 계약담당자는 그가 체결한 계약(계약 이외의 물품 처분의 원인이 되는 행위를 포함한다)에 의하여 처분한 물품을 장래에 반환받을 것을 내용으로 하거나 조건으로 한 경우에 그 물품이 망실 또는 훼손된 때에는 지체 없이 그 사실을 물품관리관에게 통지하여야 한다.

물품관리관은 보고 또는 통지에 의하여 그 관리하는 물품이 망실 또는 훼손된 사실이 확인된 때, 물품의 관리에 관한 사무에 종사하는 직원이 관련법의 규정에 위반하여 물품의 관리행위를 한 때 또는 법령 등의 규정에 따라 물품의 관리행위를 하지 아니함으로써 국가 등에 손실을 끼친 사실이 있다고 인정될 때에는 지체 없이 그 사실을 소속 중앙관서의 장에게 보고하여야 한다.

각 중앙관서의 장은 물품관리관으로부터 보고를 받은 때에는 「회계직원책임법」 제7조의 규정에 따라 지체 없이 그 사실을 기획재정부장관과 감사원에 통지하고, 「회계직원책임법 시행령」 제1조의 규정에 의한 기관별·직위별 위임한도액의 범위 안에서 동 시행령 제2조의 규정에 의한 변상기준에 의하여 변상명령을 할 수 있다.

각 중앙관서의 장이 보고를 받은 물품에 대하여 손망실 처리를 한 때에는 그 결과를 기획재정부장관·조달청장 및 감사원에 통지하여야 한다(물품관리법시행령 제47조).

각 중앙관서의 장이 망실 또는 훼손된 물품의 통지를 함에 있어서 동 물품이 취득단가 50만 원 이상의 물품에 해당하는 경우에는 그 통지서에 다음의 사항을 조사·확인한 서류를 첨부하여야 하며, 서류에는 그 사실을 조사·확인한 자의 소속·직위·성명 등을 명백히 하여야 한다.

1. 물품관리 관계공무원에 대한 판정의 개요와 변상명령의 연월일 및 금액
2. 당해 사고에 대한 손해배상청구소송을 제기한 경우에는 그 연월일 및 진행상황
3. 당해 사고에 관하여 공소가 제기된 경우에는 그 연월일 및 진행상황(물품관리법 시행규칙 제67조)

그리고 특히 군수품에 관하여는 따로 군수품관리법이 제정되어 이를 규제하고 있

다. 군수품이라 함은 국방관서 및 각 군에서 작전 수행을 위하여 직접 간접으로 사용 또는 사용하기 위한 물품을 말한다. 이에는 국가경비로 조달하는 물품뿐만 아니라 우리나라 정부와 미합중국 정부 간에 체결된 상호방위원조협정에 의하여 미합중국 또는 기타 외국으로부터 무상으로 공여(供與)받는 물품까지를 포함하고 있다.

물품출납공무원과 물품운용관은 그가 보관하고 있거나 국가의 사무 또는 사업의 목적과 용도에 따라 사용하게 하고 있는 군수품이 망실 또는 훼손된 때에는 지체 없이 그 사실을 물품관리관에게 보고하여야 한다. 계약담당공무원은 군수품관리법 또는 물품관리법의 규정에 의하여 군수품의 제조·수리 기타 시공계약에 의하여 군수품을 대여하였거나 관급한 경우에 그 군수품이 망실 또는 훼손된 때에는 지체 없이 그 사실을 물품관리관에게 통보하여야 한다(군수품관리법시행령 제42조).

물품관리관이 손망실에 대한 보고나 통보를 받은 때에는 그 내용을 확인한 후 관계 장부에 망실 또는 훼손의 사실을 기재하여 현재량·현재액을 수정하여야 한다. 물품관리관은 그 관리하거나 관리를 위임한 군수품이 망실 또는 훼손된 사실이 확인되었거나 물품관리공무원이 법령의 규정에 위반하여 군수품의 관리행위를 하였거나 또는 법령에 따라 해야 할 군수품의 관리행위를 하지 않아서 국가에 손해를 끼친 사실이 있다고 인정한 때에는 국방부령이 정하는 바에 의하여 이를 그 소속 국방관서의 장 또는 각군 참모총장에게 보고하여야 한다. 국방관서의 장(국방부장관을 제외한다) 또는 각 군참모총장은 제4항의 규정에 의한 보고를 받은 때에는 국방부령이 정하는 바에 의하여 그때마다 이를 국방부장관에게 보고하여야 한다.

회계직원책임법 제6조 제1항의 규정에 의하여 국방부장관 또는 기타의 국방관서의 장이나 각군 참모총장으로부터 변상의 명령을 받은 물품관리공무원은 그 책임을 면할 수 있는 이유가 있을 때에는 그 이유를 명백히 한 서류에 증명서류를 첨부하여 그 소속 국방관서의 장(국방부장관을 제외한다) 또는 각군 참모총장을 거쳐 국방부장관을 경유하여 감사원에 보내고 그 판정을 청구할 수 있다. 국방부장관 또는 기타 국방관서의 장이나 각군참모총장은 물품관리공무원이 제1항의 규정에 의하여 감사원에 판정을 청구한 경우에 있어서도 그 명령한 변상을 유예하지 아니한다.

국방부장관은 회계직원책임법 제4조에 해당하는 사실이 발생한 때에는 감사원법 제29조와 회계직원책임법 제7조의 규정에 의하여 지체 없이 이를 기획재정부장관과 감사원에 통보하여야 한다.

물품(군수품 포함)의 망실, 또는 훼손 등의 사실은 기획재정부장관과 감사원장에게 통지한다. 기획재정부장관에게 통지하는 이유는 기획재정부장관이 물품관리사무의 총괄 기관이기 때문에 그 감독과 조정에 필요한 자료를 제공하는 데 있고 감사원장에게 통지하는 이유는 감사원이 물품관리공무원 등의 변상책임의 유무를 확인하는 권한을 갖고 있기 때문이다.

그런데, 감사원에 대한 통지는 물품관리법시행령 제47조 및 동시행규칙 제67조의 규정에 의한 통지와 감사원법 제29조 제1항 제2호 및 감사원사무처리규칙 제16조의 규정에 의한 통지의 두 가지 경우가 있다.

이들은 다 같이 감사원에 통지하는 사유와 절차 및 범위를 규정하고 있으나 그 내용은 약간 상이하다. 즉, 통보 사유로서 물품관리법시행령 제47조 및 동시행규칙 제67조의 규정에 의한 통지의 경우는 회계직원책임법 제4조에 규정하고 있는 사유(물품의 망실 훼손뿐 아니라 고의 또는 중대한 과실로 인하여 그 의무에 위반한 물품관리행위를 함으로써 국가 또는 단체의 재산에 손해를 끼쳤을 경우)를 모두 포함시키고 있다.

감사원법 제29조 제1항 제2호 및 감사원사무처리규칙 제16조의 규정에 의한 통지의 경우는 물품의 망실 또는 훼손의 경우에 한하여 통보 사유로 하였고, 또 절차에 있어서도 물품관리법에 따른 통지는 통지의무자를 중앙관서의 장으로 규정하고 있는데 감사원법에 따른 통지는 감사를 받는 기관 등의 장으로 규정(단 소속 장관 또는 감독기관의 장을 경유)하고 있다. 그 범위에 있어서도 물품관리법에 따른 통지는 손망실물품 개개에 대한 중요성과 사고의 규모를 기준으로 두 가지로 나누어 그 통지서식과 범위를 달리하고 있음에 대하여 감사원법에 따른 통지는 이를 구분하지 않고 있다.

■ 감사원 사무처리규칙 [별지 제4호서식] 〈개정 2015.7.17.〉

망실훼손통지서

문서번호 : 처리과명-연도별 일련번호(시행일) (전화번호:)
경 유 :
수 신 : 감사원장 발 신 : (인)

1. 회계관계 직원	성 명		주민등록번호	
	소 속			
	회계직명		직위 및 직명	
	회계직 담당기간			
2. 망실훼손 사실	사건명			
	내 용			
	발생 또는 발견동기			
	평소의 관리상황			
3. 관계기관의 조치	자체변상명령일자, 금액 및 납입기호			
	소송제기일자 및 진행상황			
	징계(또는 문책)처분 일자 및 처분종류			
4. 손해의 보전	손해보전상황 및 장래의 전망			
5. 기타	참고자료			

210mm×297mm(백상지 80g/㎡)

작성요령(이 난은 서식에 포함하지 아니한다)

1. 2인 이상이 관련된 경우에는 개인별로 작성함을 원칙으로 한다. 다만, 회계관계직원이 2인 이상으로서 사건 내용이 복잡할 경우 별지를 사용하여 작성할 수 있다.
2. 변상책임이 있는 회계관계직원의 소속, 회계직명, 직위 및 직명, 담당 기간이 통보 시의 경우와 다를 때에는 각 해당 란의 후단에 괄호 표시를 하고 괄호 안에 망실훼손 시의 소속, 회계직명, 직위 및 직명, 담당 기간을 기재한다.
3. 6하 원칙에 의하여 망실훼손 내용을 작성하되 원인, 수단, 결과 및 금액, 수량 등을 상세히 기재하고 「회계관계직원 등의 책임에 관한 법률」 제4조의 책임을 물을 수 있는 고의 또는 중대한 과실, 선량한 관리자의 주의의무 태만 여부를 설시한다. 다만, 사건 내용이 복잡할 경우에는 별지를 사용하여 작성할 수 있다.
4. 망실훼손 사실과 회계관계직원의 주관적 책임요건 성립 여부를 입증할 수 있는 관계 증빙서류, 징계의결서 기타 참고자료를 첨부한다.

③ 현금출납직원의 보고

출납직원은 그 보관하는 현금 등을 망실하였을 때에는 다음 사항을 기재한 현금망실보고서를 지체 없이 소속관서의 장을 경유하여 소속 중앙관서의 장에게 제출하여야 한다.

① 소속 기관명
② 출납직원의 성명 및 직위
③ 망실한 일시 및 장소
④ 망실한 금액
⑤ 망실의 원인과 사유
⑥ 망실 사실의 발견동기
⑦ 망실 사실을 발견한 후의 조치
⑧ 그 밖에 참고사항 (국고금관리법 시행규칙 제115조(현금 등의 망실보고 등))

(2) 서면감사와 실지감사

감사원은 감사원법과 타 법률에 따라 회계를 상시 검사 감독하여 그 적정을 기하기 위하여 회계검사를 받는 자로 하여금 '계산증명규칙'이 정하는 바에 의하여 계산서, 증거서류, 조서, 기타의 서류를 감사원에 제출시켜 상시 서면감사를 하는 외에 필요한 때에는 직원을 현지에 파견하여 실지감사를 한다.

감사원은 이와 같이 서면감사 또는 실지감사를 통하여 회계관계직원이 법령, 기타 관계 규정에 준거하며 예산에 정한 바에 의하여 각각 그 직분에 응한 회계관계행위를 하였는지의 여부를 검사하고, 감사결과 적출된 사항에 대하여는 회계직원책임법에 정하는 바에 의하여 회계관계직원 등에게 변상책임이 있는지의 여부에 관하여 심리를 개시한다.

검사사항

- 회계관계직원이 법령, 기타 관계 규정에 준거하여 예산에 정한 바에 따라 그 직분에 맞는 회계 관계 행위를 했는지의 여부
- 감사의 결과 적출된 사항에 대하여는 「회계직원책임법」에 정하는 바에 의하여 회계 관계 직원 등에게 변상책임이 있는지의 여부

2) 판정절차

감사결과 적출된 위법·부당사항에 대하여 회계관계직원 등에게 변상의 책임이 있다고 인정되는 경우에는 판정안을 작성하고 내부 검토와 결재 절차를 거친 후 감사위원회의에 부의한다.

변상책임의 판정은 질문서 또는 문답서와 기타 관계 기관에서 제출한 서류를 근거로 하여 심의되나 감사위원회의는 심의상 필요하다고 인정한 때에는 관계인 또는 증인을 출석시켜 신문할 수 있으며 학식 경험이 있는 자에게 감정을 위촉할 수 있다. 감사위원회의에 출석한 증인 또는 감정을 위촉받은 감정인에 관하여는 형사소송법 제1편 제12장(증인신문) 및 제13장(감정)의 규정이 각각 준용된다. 다만, 제151조(불출석과 과태료 등 규정) 및 구인에 관한 규정은 준용하지 않는다.

변상책임의 유무를 심의·판정하는 감사위원회의를 구성하는 감사위원은 자기와 관계있는 사항, 친족의 관계가 있거나 또는 이러한 관계가 있었던 자와 관계있는 사항, 관계있는 자의 증인 또는 감정인으로 된 사항, 감사위원이 감사위원으로 임명되기 전에 조사 또는 검사에 관여한 사항에 대하여는 심의의 공정을 기하기 위하여 심의에 관여할 수 없다. 그리고 감사위원이 탄핵소추의 의결을 받았거나 형사재판에 계속되었을 때에는 그 탄핵의 결정 또는 재판의 확정이 있을 때까지 그 권한행사가 정지된다.

구체적인 내용은 '5. 증거와 입증책임'에서 설명하기로 한다.

5. 증거와 입증책임

1) 증거

회계관계직원에게 변상책임이 있는지 여부를 판정하기 위해서는 그 전제조건으로 사실인정이 필요하며, 사실인정은 사실을 증명할 자료 즉 증거에 의한다.

형벌권의 실현은 사실의 인정, 법령의 적용 및 형의 양정에 있어서 적정 공평하여야 하며, 공익의 유지와 개인의 기본적 인권의 보장이 중요한 것처럼 변상판정에서도 사실의 인정, 법령의 적용, 책임의 양정이 적정 공평해야 하고, 회계 질서의 유지와 회계관계직원의 기본적 인권의 보장이 중요하다. 형벌권의 행사나 변상판정은 모두 불이익 처분을 행하는 것이기 때문이다. 이 점에서 감사원법은 증거 방법 등에 관하여 형사소송법을 준용하도록 하고 있다. 다만, 증인이 출석하지 아니한 경우의 과태료 등과 구인에 관한 규정은 성질상 준용하지 않는다(감사원법 제14조).

(1) 증거의 의의

증거라 함은 사실의 존재를 전제로 하고 그 사실을 증명할 자료를 증거라고 한다. 증거라는 용어는 여러 가지 의미로 사용되는 바, 가장 통상적 용어로서는 증인, 서증(書證)과 같이 증거방법을 의미하며, 기타 증거자료의 의미로도 사용되는 경우가 있다. 증거자료라고 함은 증거방법에 의하여 공급된 사실인정의 자료가 되는 것을 말한다. 예를 들면 증인의 진술, 서증의 내용적 의미 등을 증거자료라 한다. 증거자료 중 특히 법관에게 어떤 확신을 생기게 하는 것을 증거원인(證據原因)이라고 한다. 예를 들면 신용할 수 없는 증인의 진술은 증거자료이지만 증거원인은 아니다. 한편, 증거는 증명의 의미로도 사용된다. 즉 어떤 사실에 대한 확신과 심증을 형성하게 하는 작용을 말하기도 한다.

증거 : 사실의 존재를 전제로 하고 그 사실을 증명할 자료

(2) 증거의 종류

1 직접증거, 간접증거

직접증거라 함은 요증사실(要證事實)을 직접으로 증명하는 증거를 말한다. 예를 들면, 통화위조죄에 있어서 위조통화를 직접증거라 한다. 간접증거라 함은 요증사실을 간접으로 증명하는 증거, 환언하면 요증사실을 증명할 자료인 사실을 증명하는 증거를 말한다. 예를 들면, 야간의 살인사건의 경우 ① 갑이 그날 밤, 살인의 장소를 배회한 사실 ② 갑이 피해자에 대하여 평소에 원한을 품고 있었던 사실 ③ 현장에서 발견된 흉기가 그날 밤, 그 부근의 노점에서 판매한 칼이라는 사실 ④ 그 칼을 매수한 자가 살인의 장소를 배회한 자와 비슷한 사실 등을 종합할 때에는 갑이 그 살인범임을 추인(追認)할 수 있다. 이상 ①에서 ④까지의 사실을 증명하는 증거를 간접증거라고 한다. 이러한 뜻에서 간접증거는 요증사실을 추측 인정하는 각종 정황에 관한 사실을 증명하는 것이므로 정황증거라고도 한다. 그런데 동일한 증거가 요증사실의 여하에 따라 직접증거도 되고 간접증거도 될 수 있는 것으로 예컨대 피고인이 혈흔이 부착한 칼을 소지하고 있었다는 취지를 진술하는 증인은 그 칼의 소지 자체에 대하여는 직접증거를 제공하는 것이며 칼의 용도에 대하여는 간접증거를 제공하는 것이다.

직접증거

- 주요 사실을 직접으로 증명하는 증거
- 예를 들면, 계약의 존부를 증명하는 계약서

간접증거

- 간접 사실이나 보조 사실을 증명하기 위한 증거
- 예를 들면, 과실을 추단케 하는 음주음전의 증언

② 인적증거, 물적증거

인적증거는 인증(人證)이라고 하며 사람의 언어에 의하여 진술하는 사상 내용을 증거로 하는 것이다. 이를 구두증거라고도 하며, 이에는 증언 감정, 통역, 번역 등이 있다. 증언은 다시 본래증거(本來證據)와 전문증거(傳聞證據)로 구분된다. 본래증거는 증인이 스스로 체험한 사실을 진술하는 경우의 증언을 말하며, 전문증거는 증인 자신이 체험한 것이 아니고 타인으로부터 전해들은 사실을 진술하는 경우의 증언을 말한다. 피고인의 진술도 증거가 되는 것이므로 그 한도에서 피고인도 인적증거라고 할 수 있다.

물적증거는 물증 또는 증거물이라고도 하며, 감각적 실험에 의하여 증거로 되는 물리적 존재를 말한다. 사람도 그 신체의 물리적 존재가 증거로 되는 한 물적증거이다. 서면의 내용이 증거가 되는 경우에도 그 서면의 물리적 존재가 동시에, 증거로 되는 때에는 역시 물적 증거의 일종이다. 사법경찰관 또는 검사에 의하여 작성된 피의자 신문조서 등은 이에 속한다.

증거서류는 당해 소송절차(기소의 전후를 불문하고)에 관하여 법원 또는 법관의 면전에서 법령에 의하여 작성된 소송서류로서 증거로 되는 것을 말한다. 다른 사건에 관한 것이라 하더라도 병합 심리 중의 법원 또는 법관의 면전에서 작성된 것인 한 증거서류이며 또 관할 위반의 법원에서 작성된 서류는 다시 관할권 있는 법원에 사건이 계속(繫屬)한 경우에도 역시 증거서류로 취급된다.

③ 본증, 반증, 보강증거

본증이라 함은 주장하려는 요증사실의 성립 또는 존재를 증명하는 증거를 말하며 이를 죄증(罪證)이라고도 한다. 반증이라 함은 본증에 의하여 증명하려고 하는 요증사실을 부정하는 사실, 즉 요증사실에 반대된 사실을 증명하는 증거를 말한다.

보강증거라 함은 본증의 증명력이 불충분한 경우에 그 증거를 강화하기 위한 증거를 말하며, 이는 요증사실의 존부를 독립하여 증명할 수 있음을 필요로 하지 않고 본증과 합일한 경우에 본증의 진실성을 확인할 수 있는 정도이면 족하다.

본증	주장하려는 요증사실의 성립 또는 존재를 증명하는 증거
반증	본증에 의하여 증명하려고 하는 요증사실을 부정하는 사실, 즉 요증사실에 반대된 사실을 증명하는 증거
보강증거	• 본증의 증명력이 불충분한 경우에 그 증거를 강화하기 위한 증거 • 요증사실의 존부를 독립하여 증명할 수 있음을 필요로 하지 않고 본증과 합일한 경우에 본증의 진실성을 확인할 수 있는 정도이면 족하다.

(3) 증명, 소명

소송법상 어떤 사실에 대하여는 혐의만으로써 충분한 경우가 있으나(형소법 제195조 참조) 거의 대부분의 경우에는 어떤 사실을 인정함에는 진실하다는 신용(확신)을 필요로 하며 이 확실한 신용을 생기게 하는 작용을 증명이라고 한다.

이에 대하여 일응 진실할 것이라는 신용을 소명(疎明)이라고 한다. 증명과 소명은 현행법상 다음과 같은 차이가 있다. 즉 ① 증명은 소송법이 명시 또는 묵시로 그 필요 없음을 인정하지 않는 한 소송법상, 실체법상의 모든 사실에 관하여 필요로 함에 반하여 소명은 항상 소송법상의 일정한 사실에 한하며, 이를 필요로 하는 경우에는 특히 소송법상 이를 규정하고 있으며 ② 증명은 원칙적으로 법원이 직권으로 행하는 것이나 소명의 책임은 언제나 특정한 청구를 한 당사자가 부담하며 법원은 소명이 충분하다고 인정할 때에는 그 청구를 인용(認容)한다. ③ 증명은 적법한 증거에 한함을 필요로 하나, 소명의 방법에는 제한이 없으며 법원으로 하여금 일단 진실할 것이라는 추측을 생기게 함으로써 족하다.

사실인정은 증거에 의하여야 하므로 판단의 기초가 되는 사실은 특히 소명으로써 족하다고 인정되는 것 이외에는 모두 증거에 의한 증명이 필요하다.

이처럼 증명이 필요한 사실을 요증사실이라 하고, 증명의 대상이 될 사실 그 자체의 성질에 의하여 어떠한 증명도 필요하지 않은 사실을 불요증사실이라고 한다.

불요증사실은 어떠한 증명도 필요로 하지 않고 그 사실을 인정할 수 있는 것으로서 공지의 사실, 법률상의 추정된 사실과 사실상 추정된 사실을 말한다. 공지의 사실이라 함은 일반인에게 알려진 사실, 즉 일상 사회생활에 있어서 보통의 지식경험을 가진 사람이면 의심하지 않는 사실을 말한다. 공지인가 아닌가는 구체적 사회생활에 있어서 당해 사실에 관하여 지득한 의식에 따라 결정될 것이므로 때와 장소에 따라 상대적으로 결정되어야 한다. 재판상 현저한 사실, 예건데 법원이 선고한 판결과 같은 것은 이를 증명함을 요하는가 요하지 않는가가 문제가 된다. 민사소송에 있어서는 재판상 현저한 사실은 이를 증명함을 요하지 않으나(민소법 제288조 참조) 형사소송에 있어서는 불요증사실로 인정하는 견해와 요증사실로 인정하는 견해가 있으나 통상의 지식과 경험을 가진 자가 모두 알고 있는 것이 아닌 한 증명을 요하는 것으로 이해된다.

법률상 추정된 사실이라 함은 법률이 특수한 목적으로 특정 사실을 추정하는 효과를 부여하고 있으면 그 추정을 받는 사실에 대하여는 증명을 필요로 하지 않는바 형사소송법에 있어서는 실체적 진실주의가 행하여지기 때문에 원칙적으로 사실에 관한 법률상의 추정이 인정되지 않고 있다.

사실상 추정된 사실이라 함은 어떤 사실의 입증에 의하여 타 사실의 존재에 대하여 직접 입증하지 아니하더라도 그 존재가 추정되는 사실을 말한다.

2) 증거의 판단

(1) 기본 원칙

재판은 먼저 사실을 인정하고 다음에 이에 법률을 적용함으로써 행하여 진다. 사실의 인정에 있어서 법관의 자의(恣意)에 의하는 것은 허용되지 않으며, 반드시 증거에 의하지 않으면 안 된다. 이를 '증거재판주의'라고 한다(형소법 제307조 참조).

그리고 또 법관이 재판을 함에 필요한 증거의 증명력에 대하여는 적극적 또는 소극적으로 법정하지 아니하고 이를 전혀 법관의 자유로운 판단에 일임하고 있다. 이를 '자유심증주의'라고 한다(형소법 제308조 참조). 자유판단에 의한다 함은 일률적으로 정하여진 형식적인 법률적 구속으로부터 자유임을 말한다. 그것은 실체적 진실의 발견을 목적으로 인정된 것이므로 자유라 하더라도 법관의 자의를 허용하거나 또는 순수한 자유재량을 인정하는 것도 아니다. 증거의 평가는 경험상의 법칙과 논리상의 법칙에 따라야 함은 물론 대법원의 판단에도 따라야 한다(법원조직법 제8조 참조).

자유심증은 법관에 대한 것으로 단독 판사에 의한 사실의 인정인 경우에는 문제되는 바가 없으나 합의부의 법원에 의한 사실의 인정인 경우에는 그 구성원인 각 법관의 자유심증의 결과에 기하여 합의에 의하여 행하여진다. 그러므로 어떤 법관의 심증과 다른 결론에 도달하더라도 그것은 물론 자유심증주의에 반하는 것은 아니다.

그런데, 자유심증주의에는 자백(自白)에 관하여 중요한 예외가 있다. 즉 피고인의 자백이 그 피고인에게 불이익한 유일의 증거인 때에는 이를 유죄의 증거로 하지 못한다(형소법 제310조 참조). 자백은 공판정에 있어서의 자백과 공판정 외에 있어서의 자백을 포함한다. 가령 법관이 증거능력 있는 자백에 의하여 범죄 사실의 존재에 관하여 충분한 심증을 얻었다 하더라도 이를 보강하는 다른 증거(보강증거, 방증)가 없는 한 유죄 사실을 인정할 수 없다.

(2) 증거능력

증거능력이라 함은 증거의 자료로서 사용될 수 있는 법률적 자격을 말한다. 증거의 증거능력은 증거의 증명력과 다르다. 증거의 증명력은 어떤 사실을 입증할 수 있는 증거의 실질적 가치를 말하는 것으로 이 문제는 전술한 바와 같이 법관의 자유로운 판단에 일임되어 있으나 이에 반하여 증거의 증거능력은 증거로써 이용될 수 있는 형식적 자격을 말하고, 증거의 증거능력 유무의 문제는 미리 법률로서 형식적으로 결정하여 원칙적으로 법관의 자유스러운 판단이 허용되지 않는다. 따라서 증거로써의 실질적 가치가 있는 증거라 하더라도 형식적으로 증거능력이 없으면 사실 인정의 자료로 이용할 수 없다.

이와 같이 증거능력의 유무는 형식적으로 결정되는 것이나 이는 증거능력의 유무가 개별 사안과 관계없이 추상적으로 결정되는 것을 의미하는 것이 아니고 그것은 역시 특정한 사안과 관련시켜 논의되어야 한다.

증거능력은 여러 가지 견지에서 제한을 받는다. 즉 피고인의 인신의 자유를 보장하며 또 그 진술의 진실을 담보하기 위하여 임의성이 없는 자백은 증거능력이 없으며(형소법 제309조), 피고인의 반대신문권을 보장하기 위하여 전문증거(傳聞證據)는 원칙적으로 증거능력이 부정된다(형소법 제316조). 증거능력의 제한에는 절대적인 것과 상대적인 것이 있다. 예컨대 임의성이 없는 자백의 증거능력의 제한은 절대적인 것이나 형사소송법 제312조 이하의 규정에 의하여 증거로 할 수 없는 서면 또는 진술은 검사와 피고인이 증거로 할 수 있음에 동의한 때에는 이를 증거로 할 수 있는 것으로 그 증거능력의 제한은 상대적이다.

1 자백의 증거능력

자백이라 함은 피고인 또는 피의자가 범죄 사실의 전부 또는 일부에 대하여 자기의 형사책임을 인정하는 진술을 말한다. 자백은 사법 절차에서 행하여진 것을 포함하는 것이며, 또 사법 절차에서 행한 자백은 피고인 또는 피의자로서 진술한 것에 한하는 것이 아니며 증인, 참고인 등의 형식으로 진술한 것이라도 자기의 형사책임을 인정하는 것이라면 역시 실질적으로 자백이라 할 수 있다. 또 자백은 구두에 의한 진술에 한한 것이 아니고 서면에 기재된 것도 포함한다. 또 자백은 재판상(공판)의 자백과 재판 외의 자백으로 구분할 수 있으나 보강증거를 필요로 하는점에 있어서는 양자 간에 차이가 없다.

자백의 증거능력에 대하여는 임의성이 중요한 요건이 된다. 자백의 임의성은 진술이 임의로 행하여진 것인가에 관한 것으로 진실성의 문제와는 다르다. 즉 임의성은 증거능력에 관한 문제이며 진실성은 증거가치(증명력)에 관한 문제이다.

자백에 있어서 임의성을 중요시하는 이유는 첫째 일정한 강요(유도) 행위에 의하여 행하여진 자백은 허위가 많으며, 진실성이 없다는 것이며(허위 배제), 둘째로 자기에게 불이익한 사실에 대하여 진술을 거부할 수 있는 사람의 기본권을 보장하며 자백 강요를 위한 폭행, 협박 등을 금지하려는 데 있다.(인권 옹호)

형사소송법은 피고인의 자백이 고문, 폭행, 협박 신체 구속의 부당한 장기화 또는 기만, 기타의 방법으로 임의로 진술한 것이 아니라고 의심할 만한 이유가 있는 때에는 이를 유죄의 증거로 하지 못한다(제309조)고 규정하였다. 여기에서 고문, 폭행 협박, 기만 등은 임의성이 없는 예시에 불과하다. 부당한 장기화라 함은 가치 개념으로서 피고인 또는 피의자의 신심(身心)의 상태, 도주 증거인멸의 우려의 강약, 사안의 경중, 심판의 난이(難易) 등 구체적인 모든 사정을 종합적으로 고려하여야 한다.

임의성의 요건은 자백에 한한 것이 아니며, 피고인 또는 피의자 아닌자 예컨대, 증인 참고인의 진술에 대하여 임의성이 증거능력의 요건인가 아닌가는 문제가 있으나 긍정설이 타당하다.

그런데 임의성이 없는 자백에 기하여 수집한 증거물, 기타의 사실에 증거능력이 있느냐에 관하여 문제가 있으나 자백이 고문 폭행 협박 또는 구속의 부당한 장기화로 행하여진 것인 경우에는 인권 옹호의 견지에서 그 자백에 기하여 수집한 사실도 증거능력이 없다고 하여야 할 것이다. 왜냐하면, 이 경우 증거능력이 있다고 한다면 자백을 강제하는 기회를 줄 염려가 있기 때문이다. 이것은 위법으로 수집한 증거물, 예컨대, 영장 없이 압수한 증거물이 증거로써 허용되지 않는 것과 이론적 공통성을 가진다. 자백의 임의성에 관한 입증책임은 검사 측에 있다고 사료된다. 즉 자백은 일단 불임의(不任意)로 행하여진 것으로 추정되어야 함으로 자백이 증거로써 제출된 때에 피고인이 이의를 진술한 때에는 검사가 자백의 임의성을 입증하여야 한다.

자백에 필요한 보강증거는 범죄 사실(범죄의 객관적 요건)의 전부 또는 그 중요부분에 대하여 존재함을 요한다. 자백 이외의 보강증거에 의하여 이미 범죄의 객관적 사실이 인정될 수 있는 경우에는 피고인이 그 범행자인 것 또는 고의 과실 기타 범죄의 주관적 요건은 자백만으로써 인정할 수 있다.

그리고 피고인이 작성한 고백서, 일기, 상업장부 등은 피고인의 자백의 보강증거로 될 수 있는가가 문제가 된다. 원래 피고인의 자백은 구두이거나 서면이거나 또 피의자나 피고인의 신분에서 진술한 것이거나 증인 또는 참고인으로 진술한 것이거나를 불문하고 자기의 형사책임을 인정하는 것은 일체 자백이므로 전기한 고백서, 일기나 상업장부 등은 역시 자백의 범주에 속하는 것이므로 피고인의 자백의 보강증거로 될 수 없다.

회계관계직원에게 변상책임이 있느냐를 판단함에 있어 회계관계직원의 자인(自認)의 증거능력 문제에 대하여는 감사원법 또는 기타 감사관계 법령에 증거능력에 관한 규정이 없으므로 논의의 대상이 될 수 있다.

생각건대, 감사원은 그 업무의 성질과 내용 및 기능면에서 볼 때 고문, 폭행 협박, 신체 구속의 장기화에 의한 자인(문답서에서 표현된 것이든지, 자인서 또는 확인서의 명칭으로 된 것이든지를 불문)은 있을 수 없으나 기만 기타의 방법(위계) 등에 의한 유도적 방법에 의한 자인은 있을 수 있다고 생각된다.

이는 특별 권력관계에 있는 상하관계, 또는 조사자와 피조사자의 관계 등으로 보아 자율적인 의사표시가 왜곡될 수도 있는 문제이기 때문이다.

그러나 한편 감사원의 변상판정은 각 소속 장관 또는 감독기관의 장으로부터 회계직원책임법 제4조에 해당하는 사실의 발생 통보를 접수하였거나 서면 또는 실지감사의 결과에 의하여 위법(회계직원책임법 제4조 등) 사실이 적출되었을 때에 문답서를 작성하거나 질문서를 발부하여 심리가 개시되는 것이므로 형사소송법에 있어서와 같이 자백이 우선하는 예는 거의 없을 것이나 형사소송법상 '자백이 그 피고인에게 불이익한 유일의 증거인 때에는 이를 유죄의 증거로 하지 못한다'는 규정의 법 이념을 준용하여 자인의 증거능력을 확실하게 보장하기 위하여는 보강증거를 수집하는 것이 필요하다. 보강증거의 성질은 자인의 증명력을 보강하는 증거이기 때문에 당해 본인 이외의 증거라야 하며, 자인 이외의 증거능력이 있는 것으로 신용이 있는 것이면 인증이건 물증이건 또는 서면증거이건 모두 자인의 보강증거로 할 수 있고, 직접증거, 간접증거를 불문한다. 또 보강증거는 요증사실의 존부를 독립하여 증명할 수 있음을 요하지 않고 자인과 합한 경우에 자인의 진실성을 확인할 수 있는 정도이면 족하다. 또한, 회계관계직원에게 변상책임을 인정함에 충분한 다른 증거가 있다 하더라도 문답을 통하여 책임을 인정하는데 필요한 자인이 있으면 상호 보완의 관계로 그 증거능력은 확실한 것이므로 증거능력이 인정된다.

2 전문증거의 증거능력

전문증거라 함은 공판기일 외에 있어서 피고인 아닌자의 진술을 공판기일에 진술 또는 서면의 방식에 의하여 현출(顯出)하여 이를 유죄의 증거로 함을 말한다. 예를 들면, 절도 현장을 목격한 갑이 을에게 그때의 상황을 말하고 을이 증인으로서 공판정에 출정하여 갑으로부터 듣고 안 절도의 상황을 진술한 경우에 을의 진술은 전문의 진술이며, 이를 유죄의 증거로 할 때의 을의 진술은 전문증거이다.

오늘날 각국의 형사소송법은 '전문은 증거로 되지 않는다'는 것을 원칙으로 하고 있는데 그 이유는 전문이 때때로 진실을 오전(誤傳)하는 경우가 많으므로 증거로써 적당치 않다는 것이고 전문증거는 그 진술의 전부가 선서에 의하여 신뢰성이 담보되어 있지 않은 점 등을 들 수 있으나, 주로 피고인의 반대심문을 경유하지 않은 증거를 배척하는 데 있다.

그러나 전문법칙을 너무 엄격하게 해석하여 일체의 전문증거를 사실 인정의 기반으로부터 제외한다면 오히려 죄를 범한 자를 처벌할 수 없는 경우가 있을 수 있는 불합리한 결과를 초래하게 되므로 엄격한 요건하에 그 예외를 규정하고 있다. 예외의 기조(基調)가 되는 것은 '신용성의 정황적 보장(精況的保障)'과 '필요성'의 두 가지 이유이다. '신용성의 정황적 보장'이라 함은 예컨대 공문서와 같이 어떤 진술이 - 구두에 의하거나 또는 서면에 의하거나를 불문하고 - 특히 신용할 수 있는 정황하에서 행하여진 것으로 부정확 내지 불신용의 위험이 없는 경우를 말하며, '필요성'이라 함은 예컨대, 진술자가 사망 소재 불명 또는 국외에 체류하는 등의 이유에 의하여 원진술자의 진술을 획득함이 불가능하거나 심히 곤란한 경우를 말한다. 즉 형사소송법에 의하면 법원 또는 법관의 조서(제311조), 원진술자의 진술에 의하여 확인된 검사 또는 사법경찰관의 조서(제312조), 진정함이 증명된 진술서(제313조), 진술을 요할 자가 사망, 질병 등 부득이한 사유로 진술할 수 없는 경우의 도서 (제314조), 당연히 증거능력이 있는 서류(제315조), 전문진술이 특히 신빙할 수 있는 상태에서 행하여진 때(제316조)에 한하여 증거능력을 인정하고 있다.

3) 입증방법

(1) 증인신문

증인이라 함은 감사위원회의 또는 소위원회에서 자기가 경험한 사실을 진술하는 제 3자이다.

첫째로 증인은 자기의 실험에 의하여 지득(知得)한 사실을 진술하는 점에서 법칙 또는 이에 기한 구체적 사실의 판단을 보고하는 자인 감정인과 구별된다.

과거에 있어서 지득한 사실은 설령 그것이 특별한 지식에 의하여 지득한 경우라 하더라도 이 사실에 관한 신문은 증인신문이다.

둘째로 증인은 제 3자이어야 하므로 현재 당해 사건에 관여하고 있는 감사관 등은 그 지위에 있는 한 당해 사건의 증인으로 될 수 없다.

감사원법 제15조

감사위원은 해당 안건과 관계있는 사람의 증인 또는 감정인으로 된 사항에 관한 심의에 관여할 수 없다.

감사원 사무처의 직원이 증인으로 될 수 있느냐에 관하여는 문제가 있으나 그 사건을 조사한 감사관은 그 사안에 관한 증인이 될 수 없다고 보아야 할 것이며, 그 사안과 관계없이 다른 원인에 의하여 체험한 직원은 증인이 될 수 있다.

그런데 재심의의 경우 원심 처리자는 현재 그 사안에 관여하지 않는다 하더라도 과거에 조사 또는 감사에 관여한 사항이므로 증인 자격을 인정할 수 없다. 그리고 피고(변상책임의 심리 대상이 된 회계관계직원)는 당사자이므로 증인으로 될 수 없고 당해 사건의 보조인 또는 대리인은 그 사건의 증인으로 될 수 없으나 그 지위로부터 물러난 후에는 증인이 될 수 있다.

(2) 증인신문 절차

감사위원회의는 심의상 필요하여 증인을 출석하게 하고자 할 때에는 증인 등의 출석요구서를 발부하여야 한다.(「감사원 사무처리규칙」 제13조) 증인이 일반 민간인이면 증인에게 직접 발부할 수 있으나 증인이 공무원일 때에는 소속 기관장을 경유하여 본인에게 송부한다.(동 규칙 제12조) 소속 기관장은 관계자에게 출석요구서를 전달한 일시를 감사원에 통지하는 동시에 기일 내에 관계자 등의 출석 또는 설명서 등을 제출시켜야 하며 출석 또는 설명서 등의 제출이 불가능할 때에는 소속기관장은 지체 없이 그 사유를 감사원에 통지하여야 한다.

형사소송법에 의하면 소환받은 증인이 정당한 사유 없이 출석하지 아니한 때에는 500만 원 이하의 과태료에 처하고 출석하지 아니함으로써 발생한 비용의 배상을 명할 수 있으며 또한 필요한 때에는 증인의 동행을 명할 수 있을 뿐 아니라 정당한 사유 없이 소환에 불응하거나 동행을 거부한 때에는 구인할 수 있도록 하여(형소법 제151조, 제152조, 제166조) 증인의 출석 의무를 규제하고 있다. 그러나 감사원의 증인신문은 형사소송법의 증인신문규정을 준용하면서도 증인에 관한 강제처분인 과태료에 처하는 규정과 구인에 관한 조항의 적용을 배제하고 있으므로 증인이 출석 요구에 불응하면 증인신문은 어렵다.

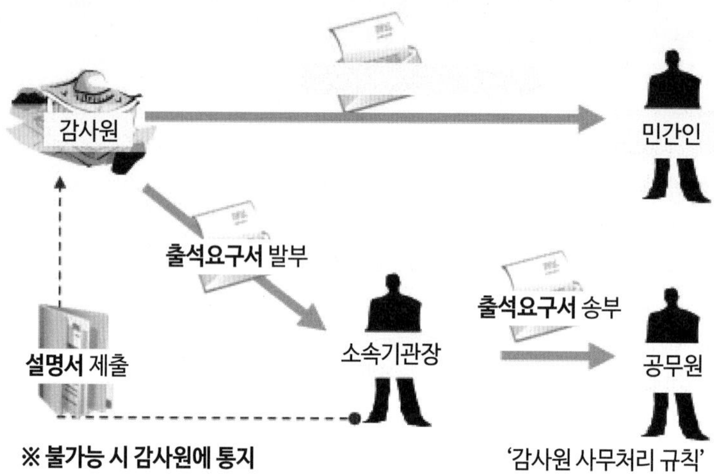

(3) 증인의 권리

증인은 비용 청구의 권리가 있다. 즉 소환받은 증인은 법률에 규정(형사소송법 제168조)한 바에 의하여 여비, 일당과 숙박료를 청구할 수 있다. 다만, 정당한 사유 없이 선서 또는 증언을 거부한 자는 예외이다.

(4) 감정(鑑定)

감정이라 함은 특별한 지식·경험을 가진 제 3자가 특별한 지식 경험에 속하는 일정한 법칙 또는 이에 기한 구체적 사실의 판단을 감사원에 대하여 보고하는 것을 말한다.

법원 또는 법관으로부터 감정의 명을 받은 자를 감정인이라 한다. 수사기관으로부터 감정을 위촉받은 자는 형사소송법상의 감정인은 아니다(형소법 제221조 참조). 특별한 지식에 의하여 알게 된 과거의 사실을 신문하는 경우(감정증인)에는 감정에 관한 규정에 의하지 아니하고 증인신문에 관한 규정에 의한다(형소법 제179조).

증인은 자기가 실험한 사실을 진술하는 자임에 반하여 감정인은 특별한 지식 경험에 속하는 일정한 법칙 또는 이에 기한 구체적 사실의 판단을 진술하는 자로서 증인은 본질적으로 비대체적 성질을 갖는 것이나 감정인은 대체성을 갖는다. 형사소송법은 이러한 성질상의 차이로 증인의 소환 불능에는 구인을 인정(형소법 제152조)함에 반하여 감정인에게는 구인을 인정하지 않는다(형소법 제177조).

1 감정의 절차

공사(설계 등 용역을 포함한다) 또는 물품 등에 관하여 기술적 타당성 검토가 필요한 경우 관계자료를 첨부하여 건설·환경 감사국 해당 과장에게 그 검토를 의뢰할 수 있으며, 해당 과장은 지체 없이 이를 검토하고 기술검토서를 작성하여 기술검토 의뢰 과장에게 송부하도록 되어 있다(감사사무처리규정 제11조).

감사위원회의에서는 부의안건의 심의상 필요하다고 인정한 때에는 학식 경험이 있는 자에게 감정을 위촉할 수 있으며 감정인에 관하여 형사소송법의 감정인 규정을 준용하도록 하였다(감사원법 제14조).

따라서 감사위원회의는 감정을 위촉한 때에는 감정 전에 감정인으로 하여금 선서하게 하여야 하며 선서는 선서서에 의하여야 한다(형소법 제 170조). 감사위원회의는 필요한 때에는 감정인으로 하여금 감사위원회의에서 감정하게 할 수 있고 이 경우에는 감정을 요하는 물건을 감정인에게 교부할 수 있다(형소법 제172조제 1항 및 제 2항). 그러나 감정 유치나 감정에 필요한 처분(형소법 제172조 제 3항 및 제 4항, 제173조) 등은 성질상 그 적용이 곤란할 것이다.

그리고 형사소송법상 감정인은 감정에 관하여 필요한 경우에는 재판장의 허가를 얻어 서류와 증거물을 열람 또는 등사하고 피고인 또는 증인의 신문에 참여할 수 있으며 피고인 또는 증인의 신문을 구하거나 재판장의 허가를 얻어 직접 발문할 수 있으나(형소법 제 174조) 감사위원회의에서 위촉한 감정인에게 그대로 준용한다는 것은 곤란하게 된다.

감정 결과는 감정인으로 하여금 서면으로 제출하게 하여야 하며, 감정인이 수인(數人)인 때에는 각각 또는 공동으로 제출하게 할 수 있으며, 감정의 결과에는 그 판단의 이유를 명시하여야 한다. 그리고 필요한 때에는 감정인에게 설명하게 할 수 있다(형소법 제171조).

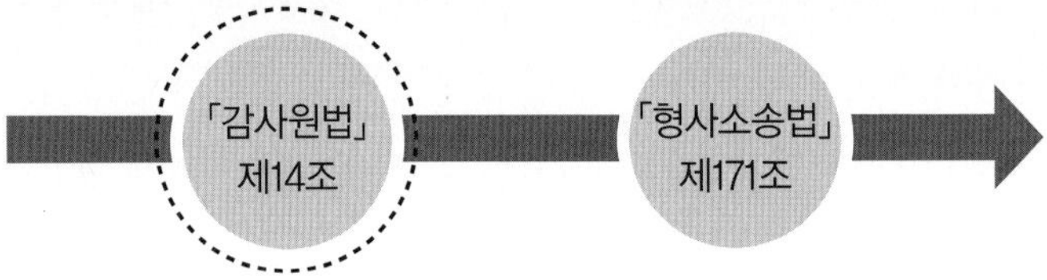

감사위원회의는 심의상 필요하다고 인정한 때에는 학식, 경험이 있는 자에게 감정을 위촉할 수 있으며, 감정인에 관하여 「형사소송법」의 감정인 규정을 준용하도록 함

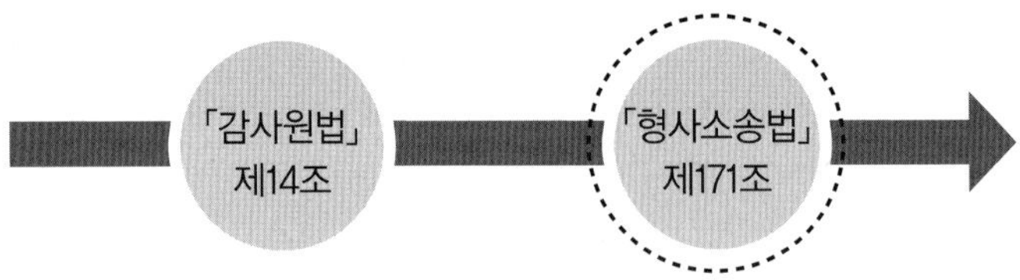

감정의 결과는 감정인으로 하여금 서면으로 제출하게 하여야 하며, 감정인이 수인인 때에는 각각 또는 공동으로 제출하게 할 수 있으며, 감정의 결과에는 그 판단의 이유를 명시하여야 함

※필요한 때에는 감정인에게 설명하게 할 수 있음

2 감정인의 비용 청구권

감정인은 법률(형사소송비용법)의 정하는 바에 의하여 여비, 일당, 숙박료 외에 감정료 등을 청구할 수 있다(형소법 제178조);

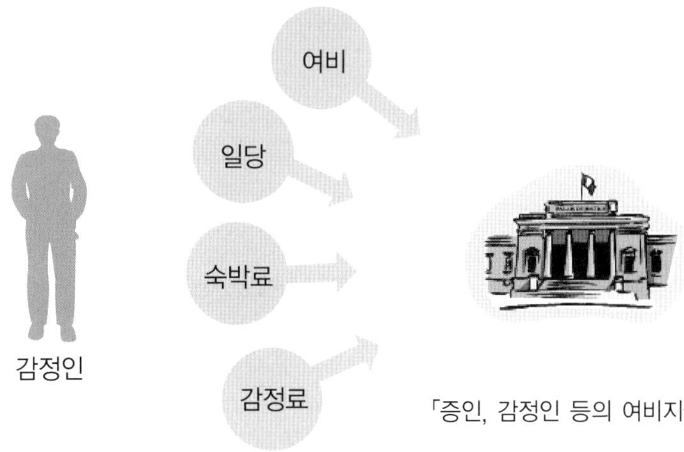

「증인, 감정인 등의 여비지급 규정」

4) 입증책임

(1) 입증책임의 분배

입증책임은 소송법상의 증거의무로서 의무자가 법원을 설득할 수 있는 증거를 제출하지 않는 경우에 입게 되는 소송상의 불이익을 말하며, 거증책임이라고도 한다. 입증책임을 어느 당사자에게 부담시킬 것인가를 정하는 일을 입증책임의 분배라 한다. 입증책임의 분배는 공평의 요구, 경험상의 개연성, 그 권리의 실질적 목적 등 여러 가지를 고려하여 정하여진다. 일반적으로 권리관계의 발생·변경·소멸 등의 법률 효과를 주장하는 사람은 이것을 직접 규정하는 법조의 요건사실의 입증책임을 진다.[90]

민법상, 채무불이행의 경우, 채무자는 원래, 채무의 내용에 적합한 이행을 할 채무를 지는 것이므로 이행을 하지 아니한 때에는 원칙적으로 채무불이행의 책임을 지며, 채무자에게 귀책사유가 없는 때에 한하여 면책된다(민법 제390조).[91] 따

90) 두산백과사전 EnCyber & EnCyber.com 참조

91) 제390조 (채무불이행과 손해배상) 채무자가 채무의 내용에 좇은 이행을 하지 아니한 때에는 채권자는 손해배상을 청구할 수 있다. 그러나 채무자의 고의나 과실 없이 이행할 수 없게 된 때에는 그러하지 아니하다.

라서 채무자(피고)가 자기에게 책임 없는 사유에 기인한 것이라는 증명을 할 책임이 있다. 한편, 불법행위의 경우에는 고의, 과실이 불법행위의 적극적 성립 요건이므로 그 입증책임은 불법행위의 성립을 주장하는 피해자(원고)에게 있다. 즉, 피해자가 불법행위를 사유로 하여 손해배상을 청구하기 위하여는 행위자에게 고의, 또는 중대한 과실이 있음을 증명하지 않으면 안 된다.

특수한 불법행위(사용자의 책임, 동물 점유자의 책임, 공작물의 하자로 인한 책임 등)에 있어서는 특히 가해자가 고의 또는 과실 없음을 입증하지 않는 한 책임을 면할 수 없는 경우가 있다.

공해소송에서 가해자에게 인과관계의 입증책임을 분배한 경우가 있다.[92] 대법원은 "일반적으로 불법행위로 인한 손해배상청구사건에 있어서 가해행위와 손해발생 간의 인과관계의 입증책임은 청구자인 피해자가 부담하나, 대기 오염이나 수질 오염에 의한 공해로 인한 손해배상을 청구하는 소송에 있어서는 기업이 배출한 원인 물질이 대기나 물을 매체로 하여 간접적으로 손해를 끼치는 수가 많고 공해문제에 관하여는 현재의 과학 수준으로도 해명할 수 없는 분야가 있기 때문에 가해행위와 손해의 발생 사이의 인과관계를 구성하는 하나하나의 고리를 자연과학적으로 증명한다는 것이 매우 곤란하거나 불가능한 경우가 많으므로, 이러한 공해소송에 있어서 피해자에게 사실적인 인과관계의 존재에 관하여 과학적으로 엄밀한 증명을 요구한다는 것은 공해로 인한 사법적 구제를 사실상 거부하는 결과가 될 우려가 있는 반면에, 가해 기업은 기술적·경제적으로 피해자보다 훨씬 원인 조사가 용이한 경우가 많을 뿐만 아니라, 그 원인을 은폐할 염려가 있기 때문에, 가해 기업이 어떠한 유해한 원인 물질을 배출하고 그것이 피해 물건에 도달하여 손해가 발생하였다면 가해자 측에서 그것이 무해하다는 것을 입증하지 못하는 한 책임을 면할 수 없다고 보는 것이 사회 형평의 관념에 적합하다."[93]는 견해를 고수하고 있다.

기존 판례의 취지에 따라서 녹사평역 부근의 토지오염사건에 대하여도 대법원은 가해자 측에서 입증책임을 지도록 하였다. 즉, 대법원은 "원심은 제1심판결 이유를 인용하여 그 판시와 같은 사실을 인정한 다음, ① 녹사평역 부근의 지하수 흐

92) 대법원 2009.10.29. 선고 2009다42666 판결

93) 대법원 2002. 10. 22. 선고 2000다65666, 65673 판결

름이 주한미군 영내에서 녹사평역 방향인 점, ② 주한미군 영내에서 검출된 등유와 녹사평역 부지에서 검출된 등유가 주한미군만이 사용하는 JP-8로 동일한 점, ③ 주한미군이 2001. 2.과 같은 해 8. 누수 시험을 통과하지 못하였다는 이유로 지하 저장탱크를 제거하였는데 이들 지하 저장탱크에는 JP-8이 보관되어 있었던 점, ④ 휘발유와 JP-8이 혼합되어 유출된 경우 휘발유가 JP-8에 비해 생물막에 의한 분해, 공기 중으로 휘발, 물에 용해되는 현상이 잘 일어나 하류로 갈수록 전체 유류에서 휘발유가 차지하는 비율이 점점 낮아지는 점, ⑤ 주한미군 영내에 있는 것을 제외한 녹사평역 인근에 있는 유류 저장시설에서는 유류 누출 현상이 발견되지 않은 점 등에 비추어, 주한미군이 관리하는 유류 저장시설에서 휘발유와 등유(JP-8)가 유출되어 원고 소유의 토지를 오염시켰다고 판단하였다. 앞서 본 법리와 기록에 비추어 살펴보면, 원심의 위와 같은 사실인정 및 판단은 정당한 것으로 수긍이 가고, 거기에 상고이유에서 주장하는 바와 같은 채증법칙 위반으로 인한 사실 오인, 심리 미진, 불법행위의 입증책임에 관한 법리 오해 등의 잘못이 없다."[94]고 판시하였다.

(2) 회계직원책임법상 입증책임의 분배

개정 전의 회계직원책임법 제4조 제1항은 현금 또는 물품을 출납·보관하는 자를 제외한 회계관계직원은 고의 또는 중대한 과실로 인하여 그 의무에 위반한 행위를 함으로써 국가 또는 단체에 손해를 끼친 때에는 변상의 책임이 있다고 규정하여 민법상의 일반적인 불법행위의 경우와 같이 변상책임의 성립을 주장하는 피해자(국가 또는 단체)에게 입증책임이 있다고 하였다.[95] 그리고 개정 전 회계직원책임법 제4조 제2항은 "현금 또는 물품을 출납, 보관하는 자가 그 보관에 속하는 현금 또는 물품을 망실, 훼손하였을 경우에 선량한 관리자의 주의를 태만히 하지 아니한 증명을 못 하였을 때에는 변상의 책임이 있다."고 규정하여 출납직인 경우

94) 대법원 2009.10.29. 선고 2009다42666 판결

95) 대법원도 "위 각 규정에 의하면, 회계관계직원에 대하여 변상책임을 부과하기 위해서는 회계관계직원이 국가 등의 재산에 대하여 손해를 끼친 사실이 인정되어야 하는데, 여기서 '손해'라 함은 현실적으로 발생한 손해를 의미하고, 그에 관한 증명책임은 회계관계직원에 대하여 변상책임을 부과하려는 행정청이 부담한다."고 하고 있다.(대법원 2013.09.13. 선고 2011두16995 판결)

에는 입증책임이 피고(회계관계직원)에게 입증책임을 부과하였다. 과거에 이와 같이 명령적 기능을 담당하는 회계관계직원과 출납적 기능을 담당하는 회계관계직원에 대하여 입증책임의 분배를 달리하고 있는 것은 전자가 세입세출의 집행, 물품의 수불을 명령하는데 불과한 기관 등임에 대하여 후자는 현실적으로 현금 또는 물품을 직접 출납하는 업무를 담당하고 있으므로 국가 또는 단체에 손해를 끼칠 경우가 많다는 점이 고려되어 특히 후자에 대하여는 고도의 주의의무뿐 아니라 입증책임까지 지우고 있었던 것이다.

고의, 과실이라고 하는 주관적 사정의 유무를 입증하기는 대단히 곤란하며 따라서 입증책임을 지는 자는 소송상 불리한 입장에 서게 되며, 사실상 가해자의 책임을 무겁게 하는 결과가 된다. 이와 같이 출납직 회계관계직원에게 고도의 주의의무뿐만 아니라 입증책임까지 지우는 것은 불법행위의 성립을 주장하는 피해자에게 입증책임을 지우는 민법상의 책임 원칙에 반할 뿐만 아니라 출납직 회계관계직원에게 너무 가혹하다는 비난을 면할 수 없었다. 이를 반영하여, 2001년 개정 시에 출납직 회계관계직원의 경우에도 명령직과 같이 피해자(국가, 단체)가 입증책임을 지는 것으로 개정하였는데, 이는 입증책임 분배와 관련하여 타당하다고 생각한다.

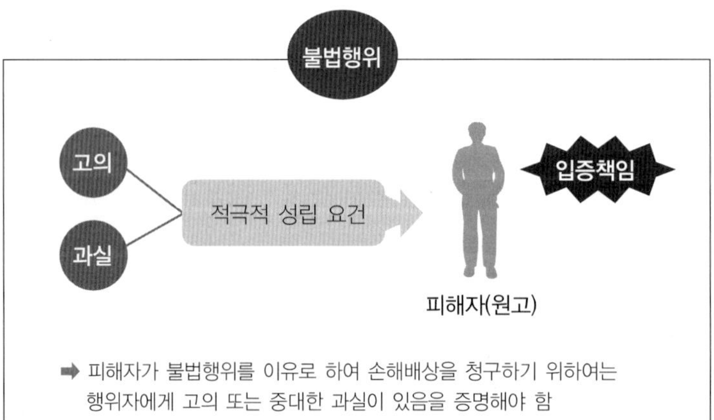

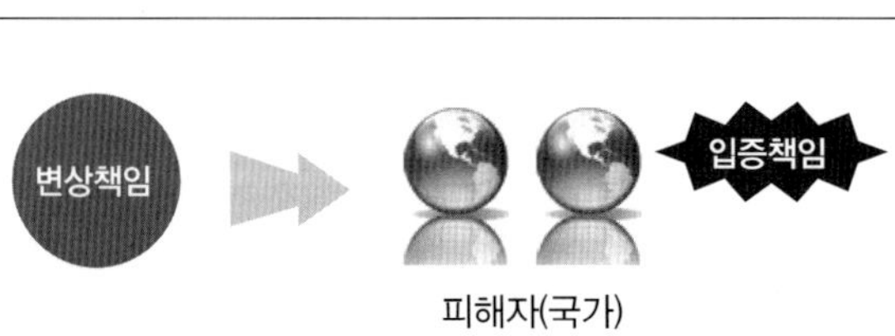

(3) 입증책임 분배와 관련된 입법론적 고찰

이상에서 검토한 바와 같이 회계직원책임법상 입증책임은 일반적인 손해배상책임과 같이 피해자인 국가가 입증책임을 지도록 되어 있으며 이는 시대적 추세에도 맞다. 일본의 구회계법은 입증책임을 출납공무원에게 지우고, 출납공무원이 무책임 증명을 하지 아니하면 회계검사원은 무책임의 판결을 할 수 없는 것이었으나 현행 회계법 제41조는 "출납공무원은 그 보관에 속하는 현금을 망실한 경우에, 선량한 관리자의 주의의무를 태만히 하였을 때에는 변상의 책임을 면할 수 없다."고 규정[96]하여 입증책임은 피해자인 국가에 있는 것으로 해석된다.

그런데, 지방자치단체의 경우 입증책임과 관련하여 명령직과 출납직 회계관계공무원을 구분하여 규정하고 있다. 즉, 지방재정법 제94조 제1항에 "회계관계공무원이 그 직무를 수행할 때 고의 또는 중대한 과실로 그 지방자치단체에 손해를 끼쳤을 때에는 변상책임을 진다."고 규정하고, 제94조 제2항에 "출납원과 그 출납사무를 대리하거나 나누어 맡은 사람이 그 보관에 속하는 현금을 잃어버리거나 훼손한 경우 선량한 관리자의 주의의무를 게을리하지 아니하였음을 증명하지 못하면 변상책임을 진다."고 규정하고 있다. 이는 회계직원책임법 개정 전의 규정과 유사하다고 하겠다. 결국, 법문을 그대로 해석하면, 명령직 회계관계공무원의 경우에는 피해자인 자치단체에게 입증책임이 있고, 출납직 회계관계공무원의 경우에는 가해자인 회계관계공무원에게 입증책임이 배분되는 것으로 밖에 해석할 수 없다.

이러한 불합리한 결과는 입증책임의 분배와 관련해서 관련규정이 개정되기 전의 회계직원책임법과 동일한 문제점이 있다. 현재 회계직원책임법상 회계관계직원에는 당연히 지방자치단체의 회계관계공무원이 포함되어 있으므로 문제가 있다. 출납직 회계관계직원이 국가나 단체 등에 소속되어 있으면 입증책임은 피해자인 국가 등이 지고, 해당 직원이 지방자치단체의 공무원이면 가해자인 해당 공무원이 입증책임을 지는 불합리가 발생한다. 해석론상으로 지방자치단체의 경우

96) 현행 우리의 규정과 유사하다. 회계직원책임법 제4조 제2항 현금 또는 물품을 출납·보관하는 회계관계직원은 선량한 관리자로서의 주의를 게을리하여 그가 보관하는 현금 또는 물품이 망실되거나 훼손된 경우에는 변상할 책임이 있다. 현행 일본법과 관련해서는 서민석, 앞의 논문, p.770. 참조.

지방재정법 제94조(회계관계공무원의 책임)에 변상책임에 관한 규정을 두고 있으나, 구체적인 집행 절차나 구제 방법 등을 규정하지 아니하여 실질적으로 지방자치단체의 경우에도 회계직원책임법이 적용된다고 해석할 수 있다. 그러나, 지방재정법 제94조(회계관계공무원의 책임) 제2항을 회계직원책임법의 취지에 따라 즉시 개정하는 것이 타당하다.[97)]

97) 예컨대, 지방재정법 제94조 제2항을 "출납원과 그 출납사무를 대리하거나 나누어 맡을 사람이 그 보관에 속하는 현금을 망실하거나 훼손한 경우 선량한 관리자의 주의의무를 게을리한 경우에 변상의 책임을 진다."로 개정을 고려할 수 있다.

II. 변상액의 결정

1. 손해액의 산정

1) 기준

(1) 상당 인과관계가 있는 손해

민법상 손해배상액의 산정은 채무불이행 또는 불법행위로 인하여 '통상 발생할 손해'와 당사자가 예견하였거나 예견할 수 있었던 '특별 사정에 의하여 발생한 손해'가 상당인과관계에 기하여 발생한 손해인 경우에 채권자는 그 손해에 대하여 배상을 청구할 수 있다.

회계직원책임법상의 손해액의 산정은 회계관계직원의 의무 위반과 상당인과관계에 기하여 발생한 손해의 총액, 즉 의무 위반이 있으면 '통상 발생할 손해'에 대하여 변상책임을 물을 수 있다. '통상 발생할 손해'라 함은 의무 위반이 있으면 일반적으로 발생할 것이라고 인정되는 손해를 말한다.

(2) 재산적 손해, 적극적 손해

민법상의 손해는 재산적 손해, 비재산적 손해, 적극적 손해, 소극적 손해를 불문하는데 대하여 회계직원책임법상의 손해는 재산적 손해, 적극적 손해만을 의미한다.

'재산적 손해'라 함은 재산에 대하여 물질적으로 가해진 손해 따라서 금전으로 평가할 수 있는 손해를 말하며, 그 외의 것 즉, 인격적 법익의 침해로서 피해자가 입은 상해 또는 정신상의 고통을 '비재산적 손해'라 말한다. 이 두 가지 손해는 동시에 발생하는 경우가 있다. 예를 들면, 갑이 특히 애용하는 귀중품을 파괴한 경우에는 주로 재산적 손해이나 이로 인하여 갑이 입은 정신적 타격은 비재산적 손해이다. 또 갑이 신체에 상해를 입은 경우에는 주로 비재산적 손해이나 갑이 치료

비로 지불한 비용은 재산적 손해에 속한다.

'적극적 손해'라 함은 존재한 재산이 감소한 경우의 손해를 말하며 '소극적 손해'라 함은 얻을 수 있는 새로운 재산을 취득하지 못한 경우의 손해를 말한다.

회계직원책임법상 손해액의 산정은 민법상의 손해배상책임과 달리 현실적으로 국가 등이 입은 직접적인 재산상의 손해에 한하며, 회계관계직원이 그로 인하여 받은 이익과 망실·훼손 사실이 없었다면 국가 등이 얻었을 것이라고 예상되는 이익 및 망실·훼손하였기 때문에 다시 발생하게 된 간접적인 손해 등은 포함되지 않는다. 그러므로 현금의 경우에는 '현실의 손해액' 중에 망실현금의 이자가 포함되지 아니한다.

(3) 물품의 경우

그런데, 물품의 경우에는 망실, 훼손된 물품의 '현실의 손해액'의 기준에 대하여 논의의 여지가 많다. 즉 망실, 훼손된 물품의 현실의 손해액에 대하여 그 물품의 취득가격이 타당하다는 설, 사고 당시의 시가가 타당하다는 설, 사고 당시의 재취득가격이 타당하다는 설 등이 있다. 어느 견해가 현실에 맞는가 하는 것은 주어진 경제 환경이 어떠한가에 달려 있다. 일반적으로 물가가 안정되고 화폐가치의 변동이 없는 경우에는 변상책임제도의 근본 목적이 손해를 보전하여 원상을 회복하는데 있으므로 그 물품의 취득가격이라는 설이 타당할 것이다. 그러나 물가가 안정되지 않고, 화폐가치의 변동이 있는 경우에는 취득가격만으로는 원상 회복을 기 할 수 없는 것이며, '사고 당시의 시가설' 또는 '사고 당시의 재취득 가격설'이 실제적으로는 가장 타당한 설이라고 하겠다. 이에 따라 감사원이 변상판정을 할 때에는 사고 당시의 시가를 기준으로 처리하고, 망실·훼손 발생 시가 불명한 때에는 손해 발생의 사실을 발견한 당시의 시가를 기준으로 처리하고 있다.

시가 산정에 있어서 특히 유의하여야 할 사항은 가급적 공신력 있는 물가 조사기관에 조회한 가격을 적용하여야 하며 가격 통제품에 대하여는 고시가격을 적용함이 타당하다. 내용연수가 상당히 경과한 사용 중의 물품에 대하여는 그 내용연수 또는 일정의 감가율로 환산한 가격을 신품가격에서 공제한 잔액을 시가기준 손해액으로 결정하여야 함은 당연하다고 하겠다.

(4) 우표의 경우

우표의 경우에는 각 기관에서 구입·보관하는 것은 액면가격만큼의 가치를 현실적으로 보유하는 것이므로 그 액면가격으로 한다. 우표류는 「우편법시행규칙」 제82조에 따라 우정사업본부장이 지정하는 물품출납공무원 또는 물품운용관이 이를 관리하고, 물품출납공무원 또는 물품운용관이 관리하는 우표류를 망실한 때에는 그 정가에 해당하는 금액을 변상하도록 규정하고 있다.

물품 훼손의 경우에는 그 물품의 수리가공비에 상당한 금액을, 수리가공으로 물품의 원상을 회복할 수 없는 성질의 것에 대하여는 훼손으로 인한 물품의 감가액 또는 조제에 소요된 실비액을 기준으로 해야 한다.

이와 관련하여 「우편법 시행규칙」 제82조는 더럽혀지거나 헐어 못쓰게 된 때에는 그 조제에 소요된 실비액을 변상하여야 한다고 규정하고 있다.

2) 손해액의 산정방법 예시

(1) 물품 등을 고가로 구입한 경우

구입가격과 정당가격의 차액을 손해액으로 보며 정당가격은 다음 구분에 의한다.

- 원가계산에 의하여 정당가격을 산정할 때에는 기획재정부 장관이 정하는 비목 및 비율(단체의 경우에는 단체의 장이 정하는 비목 및 비율)을 모두 인정하여 계산한다.
- 거래실례가격에 의하여 정당가격을 산정할 때에는 동종 또는 유사거래에 있어 가장 빈도가 많은 가격을 기준으로 하고 조달 품목은 조달청의 공급가격(조달수수료를 포함한다)을 기준으로 한다.

- 가격 통제품의 경우에는 통제가격 또는 고시가격을 기준으로 한다. 다만, 시중 실거래가격과 현저한 차(30% 이상 등)가 있어 통제가격 등에 의함이 심히 불공정하다고 인정되는 경우에는 시가를 기준으로 한다.
- 여러 종류의 물품을 일괄하여 총액으로 구입계약을 체결한 경우에는 구입 물품의 총액에 대한 정당가격을 기준으로 한다. 총액 단가계약 또는 단가계약인 경우에는 단가를 대비하여 손해액을 산정한다.

정당가격의 산출

1. 원가계산 : 기획재정부 장관이 정하는 비목 및 비율(단체의 경우에는 단체의 장이 정하는 비목 및 비율)을 모두 인정하여 계산
2. 거래실례가격 : 동종 또는 유사거래에 있어 가장 빈도가 많은 가격을 기준으로 하고 조달 품목은 조달청의 공급가격(조달 수수료를 포함)을 기준
3. 가격 통제품 : 통제가격 또는 고시가격을 기준(단, 시중 실거래가격과 30% 이상의 현저한 차가 있어 통제가격 등에 의함이 심히 불공정하다고 인정되는 경우에는 시가를 기준)
4. 총액구입계약 : 구입 물품의 총액에 대한 정당가격을 기준(단, 총액 단가계약 또는 단가 계약인 경우에는 단가를 대비하여 손해액을 산정)

(2) 물품 등을 망실한 경우

당해 물품의 가액을 손해액으로 보며 물품가액은 다음 구분에 의한다.

- 신품인 경우

전매품, 조달품목 : 구입가격을 기준으로 한다. 다만, 전매물품 관리기관의 회계직이 그 물품을 망실한 경우 판매인 등에게 판매하는 가격을 기준으로 한다.

가격 통제품 : 통제가격 또는 고시가격을 기준으로 한다. 다만, 시중 실거래가격과 현저한 차(30% 이상 등)가 있어 통제가격 등에 의함이 심히 불공정하다고 인정되는 경우에는 시가를 기준으로 한다.

기타 물품 : 시가를 기준으로 한다. 다만, 시가를 알 수 없을 때에는 정부 구매물자 조달가격에 의하고, 그 가격이 없을 때에는 동종 또는 유사품목의 가격을 기준으로 한다.

- 사용 중인 물품 또는 중고품인 경우

법령 등에 의하여 내용기간 등이 정하여져 있는 물품은 내용기간을 감안한 감가액을 공제한 가격을 기준으로 한다. 다만, 내용기간 등이 정하여져 있지 아니한 경우에는 신품의 가격 사용기간 물품의 성상 등을 감안하여 추산한 가격을 기준으로 한다.

물품 가액의 구분

• 신품의 경우

→ 가격통제품 : 통제가격 또는 고시가격을 기준
(단, 시중 실거래가격과 30% 이상의 현저한 차가 있어 통제가격 등에 의함이 심히 불공정하다고 인정되는 경우에는 시가를 기준)

→ 기타 물품 : 시가를 기준
(단, 시가를 알 수 없을 때에는 정부 구매물자 조달가격에 의하고 그 가격이 없을 때에는 동종 또는 유사품목의 가격을 기준)

• 사용 중인 물품 또는 중고품인 경우

→ 법령 등에 의하여 내용기간 등이 정하여져 있는 물품은 내용기간을 감안한 감가액을 공제한 가격을 기준

(3) 물품 등을 훼손한 경우

훼손 부분에 대한 수리가공비 상당액을 손해액으로 한다. 다만, 수리 또는 개조하여도 원상복구가 되지 아니한다고 인정할 때에는 훼손 사실이 발생 또는 발견된 당시의 신품 가격에서 내용기간을 감안한 감가액을 공제한 가격 등을 손해액으로 한다.

2. 변상책임의 유형

1) 단독책임

회계관계직원의 단독행위로 인하여 변상책임을 지는 경우에 대하여 회계직원책임법은 제4조 제1항 및 제2항과 제8조 제3항에서 규정하고 있으며 이 요건을 충족하면 그 결과에 대해 단독으로 변상책임을 진다. 주로 횡령사건에서 많이 발생한다.

(1) 회계관계직원의 단독책임

사례 1) 공탁금 등 횡령

갑은 B공사에서 등기소송 담당자로 근무하면서 B공사를 피공탁자로 공탁한 공탁금을 수령하여 위 공사 계좌에 납입하는 업무를 담당하였고, C조합은 2014. 9. 2. 공부상 소유자인 B공사를 상대로 소유권 이전등기 청구소송을 제기하면서 위 공사를 피공탁자로하여 350,650,000원을 변제공탁하였다.

갑은 2014. 9. 20.경 수원지방법원 지원으로부터 공탁통지서를 수령하여 위 공사를 피공탁자로 한 공탁금 350,650,000원이 있다는 사실을 알게 되자, 2015. 4. 1. 오전에 경남지역본부장 명의의 위임장[108]을 작성한 후 법인인감 보관 담당자인 C부 과장 을이 잠시 자리를 비운 사이 법인인감 도장을 무단[109]으로 날인하는 수법으로 허위의 공탁금 출급·회수 청구서와 위임장을 각각 작성하고,

98) "공탁금 출급·회수 및 공탁기록 열람·복사 등 일체의 업무수행을 갑에게 위임한다"는 내용임

99) 위임장에 경남지역본부장의 인감도장을 날인하기 위해서는 공탁금을 인출하겠다는 공문을 작성한 후 공탁금 출급·회수 등 일체의 업무수행을 갑에게 위임한다는 내용의 위임장을 첨부하여 소관 부서장인 C부장의 결재를 받아 C부 인감관리 담당자로부터 날인을 받아야 함

다음 날인 4. 2. 이와 같이 확보한 위임장 등 관련서류를 자신이 몰래 발급받아 보관하고 있던 인감증명서 1부와 함께 수원지방법원 성남지원에 제출하여 공탁금 350,650,000원과 그 이자 858,282원 계 351,508,282원 전액을 자신의 계좌로 수령하여 횡령하였다.

이에 대해 횡령액 중 135,000,000원을 2015. 10. 5. 위 공사에 반환하였고, 위 공사는 2015. 11. 27. D주식회사로부터 100,000,000원의 보험금을 수령한 금액을 제외한 116,508,282원을 갑이 변상하도록 판정하였다.

출처 : 2015 판정2.

사례 2) 생계주거비 횡령

갑은 B군에서 생계주거비 지출원의 보조자로서 기초생활보장 수급업무를 담당하면서, 2004년 3월부터 2009년 2월 사이에 수급자에게 지급해야 할 생계주거비, 부풀려 산출한 생계주거비 그리고 가공의 수급대상자에게 지급하는 것처럼 꾸민 생계주거비 계 11억 817만 원을 본인이 관리하고 있던 남편, 자녀 및 수급자 명의의 차명계좌(25개)에 입금시켰다가 인출하여 개인적인 용도로 사용하였다.

이에 대하여 재정시효가 지난 1억 4,826만 원을 제외한 9억 5,991만 원을 갑이 변상하도록 판정하였다.

출처 : 2009년 감판 제10호

사례 3) 경매배당금 및 채무상환금 횡령

갑은 C공사에서 구상채무자 소유의 부동산 등에 대한 경매배당금과 구상채무관계자가 자진 변제한 채무상환금을 공사계좌에 납입하는 업무를 담당하면서, 직접 법원에서 수령한 경매 배당금이나 구상 채무관계자가 자진 변제한 채무상환금을 공사계좌로 즉시 입금·이체하거나 서무출납 직원에게 납부하지 않고 1억 6,898만 원을 자신의 계좌로 입금하여 개인적인 용도로 사용하였다.

이에 대하여 위 1억 6,898만 원을 갑이 변상하도록 판정하였다.

출처 : 2009년 감판 제11호

(2) 위법한 회계관계행위를 지시 또는 요구한 상급자의 변상책임

회계직원책임법 제8조는 위법한 회계관계행위를 지시 또는 요구한 상급자의 책임에 관한 규정이다. 제1항에는 회계관계직원의 상급자가 회계관계직원에게 법령이나 그 밖의 관계 규정 및 예산에 정하여진 바를 위반하는 회계관계행위를 지시하거나 요구함으로써 그에 따른 회계관계행위로 인하여 변상의 책임이 있는 손해가 발생한 경우에는 그 상급자는 회계관계직원과 연대하여 변상의 책임을 진다고 규정하여 상급자의 책임이 연대책임이라고 규정하고 있다.

다만, 제2항에 회계관계직원은 상급자로부터 법령이나 그 밖의 관계 규정 및 예산에 정하여진 바를 위반하는 회계관계 행위를 하도록 지시 또는 요구받은 경우에는 서면이나 이에 상당하는 방법으로 이유를 명시하여 그 회계관계행위를 할 수 없다는 뜻을 소속 기관의 장에게 표시하여야 한다고 하여 위법명령 불복종의무를 명시하고, 제3항에서 회계관계직원이 회계관계행위를 할 수 없다는 뜻을 표시하였음에도 불구하고 상급자가 다시 그 회계관계직원에게 법령이나 그 밖의 관계 규정 및 예산에 정하여진 바를 위반하는 회계관계행위를 지시하거나 요구한 경우에는 그 회계관계행위로 인한 변상책임은 그 상급자가 진다고 특별히 규정하고 있다. 이 요건이 충족되면 상급자에게 변상책임이 전가되어 연대책임이 아니라 위법한 회계관계행위를 지시 또는 요구한 상급자가 단독변상책임을 부담하게 된다.

사례) 부당한 지시에 의해 수령한 초과수입보상금 변상판정 사례

책임운영기관인 D청에서는 2007년 세입예산 대비 431억 원의 초과수입 발생이 예상되자 2007년 12월 당시 청장을 포함한 소속직원 등 1,500명에게 계 23억여 원을 초과수입금 발생에 따른 보상적 경비로 지급하였다.

그 과정에서 청장 갑은 2007년 11월 '자신의 기여가 가장 크므로 5천만 원 이상의 보상금을 받아야겠다'고 하면서 과도한 초과수입보상금을 지급하도록 하는 등 이후 계속해서 지급업무 실무책임자인 을팀장에게 과도한 보상금을 지급하도록 지시하였다.

또한 갑청장은 위 을팀장이 2007년 11월말 초과수입보상금 지급한도(월 기본급의 100%)의 예외적용이 가능한지 여부를 행정안전부와 협의해 보겠다는 내용의 문서를 작성하여 보고하자 위 지침 해석에 대한 협의마저도 못하게 방해하였다.

이후 위 을팀장이 지침 위반에 대한 부담감으로 후속 조치를 지연하자 갑청장은 본인에 대한 보상금으로 3,734만 원(위 청 병차장이 2007년 성과급 등으로 수령한 금액의 2배 상당액)을 책정하여 지급하도록 구체적으로 지시하였다.

그 결과 위 갑에게 월 기본급(727만 원)의 513%나 되는 3,734만 원의 초과수입보상금이 지급되게 하였고, 같은 금액만큼 국가에 손해가 발생하였다.

〈결과〉

이에 대하여 감사원에서는 위 을팀장이 정무직인 청장 갑에게 월 기본급의 100%에 해당하는 금액인 727만 원까지는 지급 가능한 것으로 판단•보고하였기 때문에, 위 금액부분에 대해서는 회계관계직원의 상급자로서 관계 법령 등에 위반된 지시를 한 것으로 볼 수 없다고 보아, 3,734만 원에서 727만 원을 제외한 3,007만 원을 갑청장이 변상하도록 판정하였다.

출처 : 2008년 감판 제8호

2) 공동책임

회계직원책임법에서는 각자의 행위가 손해 발생에 미친 정도의 한계가 분명한 때에는 그 정도의 한계에 따라 각각 변상의 책임을 지며, 그 손해 발생에 미친 정도의 한계가 불분명한 때에는 그 정도가 동일한 것으로 보아 각각 변상의 책임을 진다고 규정하였다.

공동책임이 성립하기 위하여는 첫째로 각자의 행위가 각각 독립하여 변상책임의 성립 요건을 구비하여야 하며, 둘째로 각자의 행위가 객관적으로 공동관계에 있으면 족하며, 행위자 간에 반드시 공모 또는 공동의 인식이 있음을 요하지 아니한다.

사례 1) 관사 임대차계약업무 부당 처리

이 건 임대차계약을 체결할 때에는 국가기관이자 법인인 경찰서의 관사로서 임차할 수 있는 부동산인지 여부와 근저당권 설정 여부 등을 확인하여야 하고, 입주자격이 제한[100]되어 있거나 근저당권이 이미 설정되어 있어 전세권을 설정하더라도 임차보증금을 제대로 회수할 수 없을 경우 계약을 체결하지 않아야 한다.

갑은 위 아파트에 대하여 임대차계약을 체결하기로 J건설과 구두 계약을 맺은 후 같은 해 10. 6. 임차 관사 임대차계약서를 첨부하여 "관사 임대차계약" 결의서를 작성하였다. 국가기관인 A서가 임대주택인 위 아파트에 입주할 자격이 있는지에 대하여 검토하지 않았고, 등기부등본을 열람하지도 않았으며, 전세권 설정 등의 채권 보전 방안을 마련하지 않은 채[101] 위 아파트 분양사무소에서 제공하였던 양식의 "J 임대아파트 공급계약서(채권 보전에 관한 사항 없음)"를 그대로 첨부한 임대차계약 결의서를 작성한 후 B과장 을이 서장 병의 결재를 받아 임대차계약을 체결하였다. 그 결과 2010. 4. 23. 임의경매 배당 시 임차보증금 계 36,754,000원 중 32,976,838원을 회수하지 못하게 되어 같은 금액만큼 위 관서에 손해를 끼쳤다.

을은 갑이 기안한 "관사 임대차계약" 결의서를 검토하면서 평소 지출 관련 특별한 사항은 갑이 서장에게 직접 보고하였던 관행 등을 이유로 갑이 관련 사항을 전부 검토하여 처리할 것으로 믿고 임대주택의 입주자격 관련 규정을 확인하도록 지시하지 않았고, 근저당권 설정 여부를 확인하거나 전세권 설정, 지급보증서나 이행보증보험증권을 제출받는 등의 채권 보전 방안을 마련하도록 지시하지도 않고,

100) 2007. 4. 20. 시행된 「부도공공건설임대주택 임차인 보호를 위한 특별법」에 따라 구 대한주택공사에서 J아파트를 매입(경매에 참가하여 낙찰)하여 국민임대주택으로 공급함으로써 임차인들은 보호를 받았으나 법인은 위 법의 보호대상에 포함되지 않아 매입 대상에서 제외되었음

101) 문답서에 따르면 위 사람은 선순위 근저당권 설정 사실을 모르는 상태에서 임대차계약 체결을 중개한 공인중개업소(상호 모름, 현재 폐업)로부터 만약 이 건 임차 관사를 일반분양할 경우 시세가 4,000만 원 정도가 될 것이라는 말을 들었고, 이를 근거로 채권 보전에는 문제가 없을 것이라 생각하였다고 진술함

갑이 기안한 임대차계약서(채권 보전에 관한 사항 없음)를 그대로 결재하여 같은 해 10. 10. 임대차계약이 체결되도록 하였다. 그 결과 임의경매 배당 시 임차보증금 계 36,754,000원 중 32,976,838원을 회수하지 못하게 되어 같은 금액만큼 위 관서에 손해를 끼쳤다.

갑과 을은 회계관계직원으로서 중대한 과실로 임대차계약업무를 처리함으로써 A서에 32,976,838원만큼 손해를 끼쳤으나 각자의 행위가 손해 발생에 미친 정도의 한계가 분명하지 아니하므로 회계직원책임법 제4조 제1항 및 제4항의 규정에 따라 그 정도가 같은 것으로 보아 이를 이등분하여 각각 16,488,419원씩 변상할 책임이 있다.

손해 발생의 원인, 회계관계직원의 과실이 손해 발생에 미친 정도 등 제반 정황으로 미루어 보아 해당 직원에게 손해액 전부를 변상하게 하는 것이 적절하지 않다고 판단되므로 손해액 32,976,838원의 50%에 해당하는 금액을 감경하여 갑, 을은 각각 8,244,209원을 변상할 책임이 있다고 판단하였다.

출처 : 2015 판정1

사례 2) 채권압류된 공사대금 부당 지급

A군에서 2004년 7월 B회사와 도로공사 계약(계약금액 : 6억여 원)을 체결한 후 공사를 진행하면서, 지출업무를 맡고 있는 담당자가 2004년 8월 법원으로부터 공사대금 중 3천만여 원을 가압류한다는 채권가압류 결정문을 접수하고서도 다음 달인 9월 아무런 조치없이 선급금 3억 원을 지급하였다.

또한 다음 해인 2005년 3월 인사발령으로 지출업무를 담당하게 된 후임자들도 가압류 사실을 전임자로부터 인계받지 않거나 확인하지도 않고 2005년 9월과 2006년 1월에 공사 기성금과 준공금으로 총 3억여 원을 지급하였다.

그 결과 A군에서는 2008년 5월 법원으로부터 가압류를 본압류로 이전하는 채권압류 및 추심명령 결정문을 송달받았고, 같은 해 10월 법원의 화해권고결정에 따라 3,352만여 원을 손해금으로 지급하여 동액만큼 A군에 손해 발생하였다.

이에 대하여 감사원에서는 위 A군 회계관계직원(분임경리관, 지출원, 지출원의 보조자 등)에 대하여 위 손해액을 공동으로 변상하도록 판정하였다.

출처 : 2009년 감판 제7호

사례 3) 공사이행보증금 확보 태만

H메트로에서는 2006년 10월 주식회사 J와 '지하철 연결통로 및 출입구 개선공사'(계약금액 31억여 원)계약을 체결하였다

그런데 갑, 을, 병이 위 H메트로 A처에서 계약담당자의 보조자로서 위 공사에 대한 관리업무를 담당하거나 총괄하면서, 계약 체결 시까지 이행보증금을 납부받지 않은 채 공사를 진행하던 중 위 주식회사 J가 제반협약사항을 이행하지 못하여 H메트로의 비용으로 공사를 완공하게 됨으로써 위 H메트로에 9억 3,660만원의 손해를 초래하였다.

이에 대하여 감사원에서는 위 손해액을 갑, 을, 병이 공동으로 변상하도록 판정하였다.

출처 : 2009년 감판 제4호

3) 연대책임

회계직원책임법 제8조 제1항에 의하면 위법한 회계관계 행위를 지시·요구한 상급자는 회계관계직원과 연대하여 변상할 책임이 있다고 규정하고 있다.

(1) 회계관계직원의 상급자

회계관계직원의 상급자란 당해 직원의 직무에 관하여 지휘·감독권을 가진 모든 자를 의미한다. 그러므로 회계관계직원의 상급자는 회계관계직원의 직무에 대하여 지휘감독을 할 수 있는 직무권한을 가진 자를 말한다. 회계관계직원의 상급자는 회계관계직원의 직무에 대하여 지휘감독을 할 수 있는 자이면 해당된다. 굳이 표현한다면「회계 관계 직원 등의 책임에 관한 법률」의 이름에서 이 법의 적용대상자를 유추해보면 첫째 대상자는 회계직원이다. 이는 국가, 지방자치단체, 감사원 감사를 받는 단체에서 회계업무를 담당하는 사람을 의미한다. 신분이 공무원일 것을 요구하지는 않는다. 둘째 대상자는 관계직원이다. 관계직원은 회계업무의 일부를 수행하는 보조자를 의미한다. 회계직은 아니지만 물품을 검사하여 재무관의 지출원인행위를 보조하는 사람이 보조자이다. 셋째 대상자는 등에 해당하는 사람이다. 이는 회계관계직원의 상급자를 의미한다. 이 사람은 회계관계직원은 아니지만 하급자인 회계관계직원의 직무에 대하여 지휘감독을 할 수 있는 직무 권한을 가진 자이다.

회계관계직원의 상급자는 회계관계직원이 아닌 사람이라고 보아야 한다. 상급자가 회계관계직원일 경우에는 이 규정이 없어도 변상책임을 지우는데 문제가 없기 때문이다. 이 조문의 존재 의의는 결국, 회계관계직원이 아닌 상급자에게도 신분적 책임 외에 변상책임을 지게 하는데 있는 것으로 보인다. 회계직원책임법은 일종의 특별법으로서 그 적용 대상자를 회계관계직원으로 엄격하게 한정하고 있기 때문이다.

(2) 흠이 있는 상관의 명령과 복종의무

직무명령에 복종할 의무를 지는 것은 '유효한 직무명령'에 한하므로 외형상 직무명령의 형식을 갖추고 있다 하더라도 그것이 무효인 것이 명백할 때에는 그에 복종할 의무가 없다. 따라서 회계관계직원이 무효인 것이 명백한 명령에 따라 어떠한 행위를 하였거나 또는 행하지 않았을 때에는 스스로 그 작위 또는 부작위로부터 생기는 책임을 져야 하고, 상급자의 명령이 있었음을 이유로 하여 그 책임을 면할 수 없게 된다.

연대채무는 수인의 채무자가 동일 내용의 채무에 관하여 각자 독립으로 전부의 이행을 할 의무가 있고, 그중의 일인의 이행으로 다른 채무자도 채무를 면하게 되는 채무관계이다. 각 채무자의 채무가 독립의 것이고 주종의 차이가 없는 점에서 보증과 상이한 것이다. 채권자는 연대채무자 중의 일인 또는 수인 또는 전원에 대하여 전부나 또는 일부의 이행을 청구할 수 있다. 수인 또는 전원에 대하여 이행을 청구하는 때에는 동시에 청구하는 것은 물론 순차로 청구하는 것도 무방하다.

사례) 공사준공서류 등을 허위로 작성하여 공사비를 과다 지급

A부대 공병대대 공사과장 대위 갑과 대대장 소령 을은 2001년 11월부터 2003년 1월 사이에 재무관의 보조자와 그 상급자로서 B심정공사 등 4건의 공사의 시행 및 준공검사 등 업무를 처리하면서 시공업체로부터 금품을 받고 그 대가로 공사준공서류와 납품조서 등을 사실과 다르게 작성제출하거나 이를 지시함으로써 계 3,645만여 원의 공사비가 과다하게 지급되는 결과를 초래하였다.

이에 대하여 감사원에서는 위 손해액을 갑과 을이 연대하여 변상하도록 판정하였다.

출처 : 2005년 감판 제12호

3. 전임자와 후임자의 책임이 경합하는 경우

당초 전세계약을 체결할 때 채권확보 조치 의무를 위반하였으나 기간이 경과하여 계약을 갱신한 후 채권확보 미조치 등으로 전세금 일실 등의 손해가 발생하는 경우와 같이 의무 위반과 손해 발생 사이에 시간적 간격이 있어 전임자와 후임자의 책임이 경합하는 경우 누구에게 어느 정도의 책임을 물어야 하는지 책임 분배의 문제가 발생할 수 있다.

이로 인해, 변상책임을 채권확보 조치를 하지 않은 채 계약을 체결한 최초 계약자에게 변상책임을 물을 것인지 아니면 실효성 있는 채권확보 조치를 취하지 못한 최종 계약자에게 변상책임을 물어야 할지에 대하여 논란이 있을 수 있다. 전세권의 경우 전세금이 토지 부분에 대한 권리 없이 건물 부분에 대해서만 권리가 있어 전세금을 확보할 담보능력이 부족한 경우도 있다.

국가나 지방자치단체의 회계관계직원은 순환 보직으로 운용되고 있어 선임자·후임자 문제는 항상 발생할 여지가 있다. 또한, 실무자는 보직 변경이 있었으나 관리자는 계속 그 업무를 담당하였을 경우, 비록 실무자의 책임이 제일 크다 하여도 선임자·후임자가 책임을 나눠가지면 결과적으로 실무자 개개인의 책임이 관리자의 책임액보다 가벼워지는 결과가 발생할 수 있다.

이런 경우에는 원인행위 관련자 모두에 대해 책임비율에 따라 변상책임을 부여하도록 하는 것이 타당하며, 그 법적근거로 「회계직원책임법」 제4조 제1항, 제4항은 의무위반행위를 한 회계관계직원은 손해 발생에 미친 정도에 따라 각자 책임을 지는 것으로 규정하고 있다.

채권확보 조치가 약정되지 않은 전세계약 등이 그대로 갱신된 경우에는 원계약 체결 및 갱신계약 체결 관련자 모두가 책임 있는 회계관계직원에 해당하므로 손해 발생에 미친 정도에 따라 책임 범위를 다르게 판정할 필요가 있다.[102)]

감사원에서는 전·후임자 간의 과실 정도나 업무담당 기간 등을 기준으로 변상책임을 분담시키고 있으며 전임자의 행위를 후임자가 교정할 수 있는 여지가 없다면 불가피한 사후처리로 보아 후임자를 판정 대상에서 배제하기도 하여 형평을 맞추고 있다.

최근에는 일단 판정 대상자 간에 실무자와 관리자의 책임부담비율을 정하고 그 비율 범위에서 다시 실무자 간, 관리자 간 책임비율을 정하는 방법보다는 처음부

102) 채권확보 조치가 미흡한 당초 임대차계약을 당초대로 갱신하는 것으로 계약업무를 처리한 후임자에 대하여만 변상책임을 부과하는 것은 형평의 원칙에 반하여 부적정하다.(2007두 6489호)

터 행위자별로 책임 범위를 나누는 방식이 변상판정의 개별책임 원칙이나 실질에 부합하다는 견해도 제기되었는바, 어떤 방법을 거치든 손해 발생에 미친 인과관계에 부합하는 결과이어야 한다.[103)]

4. 변상판정에 따른 변상의무 미이행 시 이자(利子) 부과 가능 여부

변상판정 시 손해액 산정에서 이자를 고려하지 않는데 대하여는 이론이 없다. 그런데, 변상판정에 따른 변상의무를 이행하지 않은데 대해서도 이자를 부과할 수 없는지에 대하여는 명문의 규정이 없어 논란이 있다. 이것은 변상판정 이후 정해진 기일까지 변상금액을 납부하지 않는 경우 이자를 부과하는 것이 법리상 허용되는지 여부에 관한 문제이다. 민사상 손해배상제도의 경우 판결일 이후 손해배상금을 지급하지 않는 경우 지연이자를 부과하고 있는 점에 비추어 변상판정의 경우에도 정해진 기일까지 변상금액을 납부하지 않는 경우 이자를 부과함이 법리상 타당하다거나, 변상판정제도는 회계관계직원 보호에도 그 목적이 있으므로(예 : 주관적 요건으로 경과실이 아닌 중과실 요구) 손해액 원금 이외에 이자까지 부과함은 회계관계직원에게 지나치게 가혹하여 제도 도입이 곤란하다는 의견이 예상된다.

이에 대해서, 변상금액 감면 규정, 개별적 변상책임 규정 등 직원에게 유리한 규정이 있는데, 지연손해금에 관한 규정은 없는 점 등을 감안할 때, 명문의 규정이 없는 현 단계에서 이자를 부과하는 것은 적절하지 않다(박균성, 정부법무공단)는 견해와 민법 제397조 제1항은 금전채무불이행의 손해배상액은 법정이율에 의한다고 규정하고 있는데, 이 규정이 변상청구권의 경우에는 배제된다고 볼 근거가 없다. 다만, 이러한 채무는 채무이행의 기한이 없는 경우로 보아야 하므로 이행청구를 받은 때인 변상 요구를 받은 때부터 지연이자가 발생하고, 감사원법 제31조 제5항에 따라 체납처분의 예에 따라 집행하기 위하여는 변상판정에서 이 점을 명백

103) 이 부분은 안장근 외, 「변상판정제도 개선방안에 관한 연구」, 감사원, 2015. 11. 9., p71-p73에서 인용하였다.

히 할 필요가 있다고 생각된다(윤진수)는 견해가 있다. 그러나, 당초 '변상'은 손해 발생 당시의 적극적이고 직접적인 손해를 변상의 대상으로 하므로 변상판정 시에는 손해액 산정에 이자를 포함하지는 않는다. 다만, 변상판정을 시행한 후에는 이행강제를 위해서도 변상판정 이후 정해진 기일까지 변상금액을 납부하지 않는 경우 이자를 부과하는 것이 타당하다(강인옥).

5. 변상책임과 제3자의 책임과의 관계

감사원의 변상판정과 관련하여 「회계직원책임법」 제4조에서는 회계관계직원의 불법행위로 국가나 지자체, 공공단체 등에 재산상 손해가 발생한 때 변상할 책임이 있는 것으로 규정하고 있고, 같은 법 제9조에서는 회계관계직원 등이 변상책임을 이행하여 손해를 보전한 경우 그 범위에서 제3자에 대한 권리에 관하여 국가나 지자체, 공공단체 등을 대위하도록 규정하고 있다. 위 조항들의 해석과 관련하여 감사원이 변상판정을 할 수 있는 '손해가 발생한 때'가 최초 손해가 발생한 때인지, 아니면 회계관계직원과 더불어 손해 발생에 원인을 제공한 제3자에게 먼저 책임(불법행위 또는 채무불이행에 따른 손해배상, 부당이득반환 등)을 물은 이후 남은 손해가 최종적으로 확정된 때인지가 문제되고 있다.

예컨대, ① 회계관계직원이 「공익사업을 위한 토지 등의 취득 및 보상에 관한 법률」 등 관련 법령에 위배하여 보상대상이 아닌데도 보상금을 지급하거나 보상금을 과다 지급하여 회계관계직원의 변상책임과 보상금 수령자의 부당이득 반환책임이 경합하는 경우, ② 회계관계공무원이 채권회수 가능성을 제대로 검토하지 않은 채 건물 임대차(전세)계약을 체결하였다가 임차보증금(전세금)을 회수하지 못해 회계관계직원의 변상책임과 제3자의 채무불이행 책임이 경합하는 경우, ③ 회계관계직원이 제3자와 공모하여 물품을 무단 반출·매각하여 회계관계직원의 변상책임과 제3자의 불법행위에 따른 손해배상책임이 경합하는 경우를 생각할 수 있다.

먼저, 언제부터 변상판정이 가능지에 대해서, 손해 발생이 고의로 인한 경우와 과실로 인한 경우를 구분해서 판단할 필요가 있다. 과실로 인한 경우에 위법행위로 인한 부당이득 등이 제3자에게 귀속된 경우가 대부분일 것이다. 이 경우에는 회계관계직원에게 우선 청구하는 것은 보충성의 관점에서 맞지 않고, 우선 제3자에게 손해배상 등 청구를 하고 회수가 않되는 부분을 회계직원에게 청구하는 것이 옳다고 생각한다. 그러나 고의로 인한 경우에는 이러한 고려는 불필요하다고 본다.

우선 회계직원의 과실로 손해가 발생한 경우에는 보충성의 원칙을 고려해서 회계관계직원의 변상책임은 제3자로부터 회복한 손해를 제외한 금액을 대상으로 해야 하므로, 제3자 재산에 대한 강제집행이 종료된 이후에만 변상판정을 할 수 있다고 생각한다. 그러나 고의로 인해 손해가 야기된 경우에는, 변상의무자가 변상의무를 이행한 경우 제3자에 대한 국가 등의 권리를 대위할 수 있도록 한 점에 비춰볼 때 감사원은 최초 손해가 발생한 때 변상판정할 수 있고, 다만 감사종료일(변상판정일) 현재 제3자로부터 회복된 손해는 변상금액 산정 시 제외하면 된다고 보는 것이 타당하다(윤진수, 박균성, 정부법무공단, 강인옥).

변상책임과 제3자의 책임이 경합하는 경우 판정금액 산정과 관련해서도, 과실로 인한 경우는 회계관계직원의 변상책임은 제3자로부터 회복한 손해를 제외한 금액을 대상으로 해야 하므로, 제3자 재산에 대한 강제집행이 종료된 이후 남은 손해를 기준으로 변상판정을 해야 한다. 그러나, 고의로 인해 손해가 발생한 경우에는, 감사종료일까지 제3자로부터 회복된 손해는 제외하면 될 것이나 무한정 변상판정이 지체될 가능성이 있고, 「회계직원책임법」 제9조에 규정된 '대위권'이 의미가 없어지므로, 제3자 재산에 대한 강제집행이 종료될 때까지 기다릴 필요는 없다. 금액과 관련해서도 감사원은 손해액 전부를 기준으로 변상판정을 하고 담당자가 '대위권' 행사 등으로 시정하면 되며, 이와 별도로 제3자에 대해서는 손해액 전부에 대해 청구 가능하다는 취지로 회계관계직원과 제3자는 각자가 책임을 부담하므로(부진정연대책임), 회계관계직원에 대해서는 손해액 전부를 기준으로 변상판정하고, 제3자에 대해서도 손해액 전부에 대한 손해배상 또는 부당이득반환을 청구하는 소송을 제기할 수 있다. 다만, 감사종료일(변상판정일) 현재 제3자로부터 회복된 손해가 있을 경우 변상금액 산정 시 이를 차감하는 것이 옳다고 생각한다(윤진수, 정부법무공단, 강인옥). 다만, 회계관계직원과 제3자는 부진정연대책임을 지는 것이 아니고 회계관계직원의 책임과 제3자의 불법행위책임이나 부당이득반환의 의무는 각각 별개의 책임이며 회계관계직원과 제3자는 각각 별개로 책임을 진다고 하는 일부 이견이 있다(박균성).

6. 변상금액의 감면

1) 감면 사유

회계직원책임법이 2001년 4월 7일에 법률 제6461호로 개정됨으로써 감면 사유를 충족하는 경우에는 변상금액을 감면할 수 있도록 하여 변상책임의 형평을 기할 수 있게 되었다. 이는 손해의 공평부담 원칙에 따라 국가 등의 감독 잘못, 내부통제 시스템 미비 등으로 발생한 손해가 회계관계직원에게 모두 전가되는 것을 방지하고, 손해 확대 방지 노력, 평소 예산 절감 기여 등을 감안하도록 하여 회계관계직원의 성실 근무 동기를 유발하고 변상액 고액화로 인한 회계관계직원의 생존권 위협을 개선하려는 데 목적이 있다. 공무원의 변상책임은 「국가배상법」에 의한 공무원의 구상책임과는 그 성립의 기초를 달리하므로 그 제한에 관한 원리를 유추적용하여 변상금액을 감액할 수는 없고, 법 자체에 변상금을 감액하도록 하는 규정이 존재하지 않는 이상 변상금액 자체를 감액할 수는 없다[104]고 해석되어 왔기 때문에 입법화가 필요하였다.

「회계직원책임법」상 변상책임과 「국가배상법」상의 구상책임은 1차적인 피해자가 국가냐 국민이냐의 차이점은 있으나, 공무원의 행위로 인한 국고 손실의 보전이라는 점에서는 상통하는 부분이 있으므로 구상책임의 범위와 한계 등을 참조하여 변상책임의 감면 사유를 명시적으로 규정하였다.

감면제도의 이해를 돕기 위하여 「국가배상법」상 구상책임의 범위 및 한계와 관

104) 대법원 2002. 10. 11. 선고 2001두3297 판결

련된 판결례를 소개하기로 한다. 이 사례들을 보면 구상책임의 범위와 한계에 관한 사유가 변상금액의 감면 사유로 참조가 된 것을 알 수 있다.

등기공무원이 근저당권설정을 잘못 등재하여 발생한 손해에 대해 국가가 배상하고 구상청구한 사건에 관하여 당해 공무원의 직무내용, 당해 불법행위의 상황, 손해 발생에 대한 공무원의 기여 정도, 평소 근무태도, 불법행위의 예방이나 손실 분산에 관한 국가의 배려 정도 등 제반 사정을 참작하여 손해의 공평한 분담이라는 견지에서 신의칙상 상당하다고 인정되는 한도 내에서만 구상권 행사가 가능하다[105]고 판시하였다. 그리고 육군 수송관이 취중에 군용트럭을 운전하다 사고를 내자 국가가 1,300만 원을 배상하고 구상청구를 한 데 대하여 직업군인으로서의 국가에 대한 기여를 이유로 이익과 손해의 형평부담 원칙이나 신의성실의 원칙상 손해 전부를 개인에게 묻는 것은 부당하다거나, 구상금 때문에 피고의 생계에 중대한 영향을 미친다는 주장을 모두 배척하였다.[106]

변상금액의 감면은 변상판정에서만 가능하므로 중앙행정기관 등의 자체 변상명령에는 적용되지 않는다. 다만, 변상명령을 받은 대상자가 감사원에 변상판정을 청구한 경우 변상명령보다 감경하여 판정할 수 있을 뿐이다. 「회계직원책임법」 제5조에는 변상금액의 감면 사유를 3가지로 규정하고 있는데 ① 국가, 지방자치단체, 그 밖에 감사원의 감사를 받는 단체 등이 손해의 발생 및 확대를 방지하지 못한 데에 일부 책임이 있다고 인정되는 경우 ② 회계관계직원의 회계사무 집행 내용, 손해 발생의 원인, 회계관계직원의 과실이 손해 발생에 미친 정도, 손해의 확대를 방지하기 위하여 한 노력 등 모든 정황으로 미루어 보아 해당 회계관계직원에게 손해액 전부를 변상하게 하는 것이 적절하지 아니하다고 인정되는 경우 ③ 회계관계직원이 평소 예산의 절약이나 회계 질서의 확립에 기여한 사실이 있는 경우 중 하나에 해당하여도 감면할 수 있다.

첫 번째 사유는 민사상 과실상계의 취지와 일부 상통한다고 판단된다. 피해자인 국가 등이 손해 발생에 어느 정도 기여하였다면 공평의 견지에서 손해도 분담하게 하였다. 업무 관련 교육이 부족하였거나 장기간 사고 발생이 있는데도 손해

105) 대법원 1991. 5.10. 선고 91다6764 판결

106) 대법원 1991. 9. 10. 선고 91다20302 판결

발생 방지 시스템 구축 미흡 등이 이에 해당한다. 국가의 관리나 손해 방지 노력이 현저히 부족하다면 즉, 일부가 아니라 대부분의 책임이 국가에 있다면 회계관계직원의 중대한 과실을 인정하기는 어렵다.

두 번째 사유는 사무집행 내용이나 과실 정도, 법령 위반 이후 회계관계직원의 손해보전 노력 등을 종합적으로 고려하여 감면하게 할 수 있도록 한 것인데, 재량의 여지가 가장 많은 사유이고 실제 판정에서도 이 사유로 감면되는 사례가 가장 많다.

세 번째 사유는 판정 사안과 무관하게 해당 직원의 공적 등을 감안하여 변상책임을 감면할 수 있게 한 것인데, 예산 절감이나 회계 질서 확립으로 평소 국가 등에 기여하였다면 그 대가로 과오에 대한 책임도 감경할 수 있게 하였다. 획기적인 업무처리 개선으로 예산을 절감하게 하였거나 그 외 국가 등의 재정에 기여한 것이 있다면 변상책임의 감면 사유로 인정되어야 한다. 예컨대, 계약업무 담당자로서 그동안 수의계약으로 행해져 왔던 사항들을 전자입찰제도에 편입시켜 제도화한 공적으로 상을 받은 경우가 이에 해당된다.

감면 사유

1. 국가, 지방자치단체, 그 밖에 감사원의 감사를 받는 단체 등이 손해의 발생 및 확대를 방지하지 못한 데에 일부 책임이 있다고 인정되는 경우
2. 회계관계직원의 회계사무의 집행 내용, 손해 발생의 원인, 회계관계직원의 과실이 손해 발생에 미친 정도, 손해의 확대를 방지하기 위하여 한 노력 등 모든 정황으로 미루어 보아 해당 회계관계직원에게 손해액 전부를 변상하게 하는 것이 적절하지 아니하다고 인정되는 경우
3. 회계관계직원이 평소 예산의 절약이나 회계 질서의 확립에 기여한 사실이 있는 경우

2) 변상금액의 감면 기준

기존 판정례에 대한 검토를 통해서 변상금액 감면 사유를 분석해 보면, 선급금 지급 및 관리와 관련하여 공사기간 연장에도 불구하고 추가보증서를 제출받지 않아 손해가 발생한 사안에서 회계직원이 관리하는 공사계약이 다수인 경우를 감안한 사례도 있고, 사업 진행의 시급성으로 인한 사정을 고려한 경우도 있다. 감경이 안 되는 경우를 제외하고 감경되는 경우를 보면 감경비율은 낮게는 30%, 드물게 90%를 감경하는 경우도 있으나 50%가량 감경하는 경우가 많다.

감사원은 국가나 지자체뿐 아니라 국가로부터 재정지원을 받는 단체까지 감사할 수 있으므로 변상판정의 양태도 광범위하고 다양할 수밖에 없다. 또한, 감경사유도 모든 정황을 고려하도록 규정하고 있어 감면 사유의 인정이나 감경 정도는 구체적 사건별로 다양할 수밖에 없는 실정이다. 그러나 감사원 판정의 공정성과 행정기관 및 국민의 신뢰 확보, 판정처리의 일관성을 유지하기 위하여 어느 정도의 감경기준은 요구된다.

변상금액과 관련하여 보험 미가입자에 대한 형평성, 감면으로 인한 보험금 반환(수령액 감소) 등도 논란이 되고 있다. 대위권(구상) 제한 특별 약관에 가입된 경우 상·하급자 간, 부서 간 보험가입 여부와 가입금액이 달라 각 판정 대상자가 실제로 부담하게 되는 금액의 차이로 인하여 형평성 문제가 생기고, 동시에 감사원이 변상책임액을 감면해주어 기수령한 보험금을 돌려주거나 받을 보험금액이 감소하여 오히려 기관 손해보전에 장애가 된다는 우려가 있을 수 있다.

보험에 가입하지 않아 실질적인 부담금액이 더 큰 직원에 대해서는 형평성을 고려하여 더 감경할 필요가 있다거나, 손실보전을 위해 보험금을 다 받을 정도로만 감면해야 한다는 의견이 있다. 반면에 변상책임액은 책임 정도와 감면 사유에 맞게 산정하여야 하는데 감면 사유가 동일한데도 감경비율이 다르면 일관성과 신뢰성이 훼손될 수 있으며 보험가입 여부는 예산정책적인 문제일 뿐만 아니라 재정보증보험의 성격(변상책임을 담보하는 보증성)과 연혁(기관이 보험료를 대신 부담하는데 불과) 등을 감안하면 보험금을 변상책임만큼 받는 것이 타당하다는 견해가 있다.

'동일 사유, 동일 감면' 기준 아래 개별 특수성을 고려하고, 향후 분야별·사유별로 결정례를 축적·발전시켜 합리적인 기준을 정립해 나갈 필요가 있다. 감경기준은 감경률을 정하는 방법과 감경한도를 정하는 방법이 있을 수 있는데 상황별·사유별 구체적 감경기준을 마련하기 이전 단계라면 우선 감경한도를 정하여 운영하는 방법이 유용할 수 있다.

「회계직원책임법」에서 감경 사유별로 규정한 취지를 감안하여 사유별로 감경 정도를 정하고 2개 이상 사유가 경합하면 1개 사유일 때보다 감경 정도를 더 고려할 수 있다. 「회계직원책임법」상 감면은 손해의 공평 부담, 동기유발, 생계권 위협 등을 고려한 정책적 배려인 점, 기존 선례 분석 결과 등을 종합적으로 고려하여 사유별로 일정 한도 내에서 감경하도록 함이 바람직하다.

각 호의 사유가 경합하면 감경비율을 높일 수 있도록 하고 감경한도 내에서 건별·인별 특수성을 고려하여 감경비율을 정하게 하는 것이다. 감경한도는 절대적인 기준이 아니므로 사안에 따라서는 한도를 초과하여 감경할 수도 있을 것이나 납득할 수 있는 근거와 증명이 있어야 한다.

사례가 축적되면 감경한도가 아닌 감경비율을 구체적·세부적으로 설정하는 방안도 고려해야 한다.

보험은 원칙적으로 감면 시 고려하지 않고, 생계 위협 등 인별 특수성을 고려하여 해당되는 경우 감면하는 방안을 강구하여야 할 것이다. 즉, 변상책임액만큼만 보험금을 청구하고, 손해보전을 많이 하기 위해 감경 사유가 있는데도 보험금 때문에 감경을 배제하는 일이 없어야 한다.

보험 미가입자의 경우는 보험가입이 회계직원의 권리라기보다는 국고금관리법 등 법규에서 규정하고 있는 회계직에 대한 의무적 보험가입에 따른 일종의 반사적 이익에 불과하고, 보험가입의 취지가 국가재정의 손해보전에 있으므로 상대적인 형평성보다는 제도 도입 취지를 감안하여 인별 특수성에 따라 생계권이 현저히 위협받는지 등을 고려하여 감면 변상함이 타당하다.

감면 여부나 감면비율은 감사원의 재량이나 실제로는 변상판정 대상자가 적극적으로 주장하는 경우가 많을 수밖에 없다. 감사원은 판정 요건뿐 아니라 감면 사유 및 입증자료도 철저히 구비하고 검토하여야 한다.

변상판정 대상자가 주장하는 감경 사유에 대해서는 대상자가 소속된 자체 감사기구의 1차 검증을 거치는 방법도 객관성을 높이는 방법이 될 수 있다. 변상책임의 감경 사유는 회계사무의 집행내용을 비롯한 대상 기관 전체의 상황을 감안할 필요가 있으나 이를 외부에서 단기간에 파악하기는 곤란하기 때문이다. 자체 감사기구의 검토 내용이 타당하면 판정 처리에 반영하고, 신뢰성이 없거나 판정 대상자의 주장과 괴리가 있으면 감사원에서 재검증하는 등 최종 판단과 책임은 감사원에서 부담하게 된다. 이와 같이 변상판정 대상자가 감면 사유를 주장하거나 증거서류를 제출한다고 하여도 감면 판단의 요청에 불과한 것이지 감면 사유의 확인이나 입증은 감사원의 권한이자 책임이기 때문이다.

지금까지 변상책임의 감면 사유와 정도를 검토하였으나 주의할 것은 감면은 어디까지나 예외적인 것이라는 점이다. 회계관계직원의 책임으로 손해가 발생하였다면 직원은 그에 대한 책임 전부를 부담하는 것이 원칙이다.

3) 감면 사례

사례 1) 채권 압류된 공사대금 부당 지급

갑은 지출원의 보조자로서, 을은 지출원으로서, 위 공사와 관련하여 기성금, 준공금 등을 지출하는 업무를 보조 또는 담당한 사람들로서 회계직원책임법 제2조 제2호 및 제4호에 따른 회계관계직원에 해당하고, 위 관서에서 2009. 7. 24. 창원지방법원으로부터 수령한 '채권압류 및 전부명령서'에 따르면 C가 A에 대하여 가지는 공사대금 채권 중 174,154,120원을 압류하여 C의 채권자인 D에 그 권리를 이전하는 것으로 되어 있으므로, 이후 지급의무가 발생하는 공사대금 중 압류채권에 해당하는 부분의 정당한 채권자는 D가 되므로 그 공사대금을 C에 지급하여서는 아니 되고 D에 지급하여야 한다.

그런데도 갑은 C로부터 기성금청구서를 받은 후 채권압류 여부에 대한 검토를 소홀히 하여 채권 압류자인 D에 지급하였어야 할 공사대금 112,374,350원을 2009. 8. 7. C 및 하도급업체에 지급하는 것으로 지출결의서를 작성하여 지출원 경리담당 을의 결재를 받아 그대로 지급되도록 하였고, 을은 갑이 C로부터 기성금청구서를 받은 후 2009. 8. 7. C 및 하도급업체에 공사대금 112,374,350원을 지급하는 것으로 지출결의서를 작성하여 결재 올리자 정당한 채권자인 D에 지급하도록 시정 지시하는 등의 조치를 하지 않고 이를 적정한 것으로 그대로 결재하여 공사대금이 지급되도록 하였다.

그 결과 D로부터 압류채권을 양도받은 E가 2014. 1. 28. 소송을 제기하였고, 같은 해 9. 2. 창원지방법원에서 압류채권 중 명령서 송달일 이후 C에 지급한 금액(하도급업체에 직접 지급한 금액 34,155,000원 제외)에 해당하는 78,219,350원을 원고 측에 지급하라고 화해권고결정을 하였으며, 같은 해 10. 27. 위 관서에서 이를 수용한 후 위 금액을 E에게 추가 지급함에 따라 같은 금액만큼의 손해를 끼쳤다고 해석하고, 갑과 을의 행위가 각각 손해 발생에 미친 정도가 분명하지 아니하므로 회계직원책임법 제4조 제4항의 규정에 따라 그 정도가 같은 것으로 보아 각각 39,109,675원[78,219,350원×(1/2)]씩을 변상할 책임이 있는데, 위 사람들은 공사대금채권 '채권압류 및 전부명령' 관련 업무를 위해 2008년 지방재정 정보시스템(e호조)이 도입되었으나 시행 착오 및 미완성으로 인해 채권압류 관련 서류를 다시 수작업으로 관리하는 등 채권압류 서류 관리에 혼란이 발생하여 검토가 다소 어려웠다는 점, 행위 당시 지방재정 조기 집행이 국정과제로 독려되는 상황으로 지출 업무가 과다하였다는 점, ㄴ 홍보전시관 공사를 원활하게 진행하여 농가 소득 증대에 기여하기 위해 공사대금을 신속히 집행하는 과정에서 대금 지급에 오류가 발생한 점 등이 인정되므로 회계직원책임법 제5조의 규정에 따라 변상액에서 각각 100분의 80을 감경하여 갑과 을은 각각 7,821,935원씩을 변상할 책임이 있다고 판단하였다.

출처 : 2014 판정 2

사례 2) 공사 선금급 채권확보 업무 태만

갑은 2012. 12. 12. "군도·농어촌도로 정비사업 도로현장 공사 중지 및 관급자재 납품 중지 품의"를 열람하고도 C과로 하여금 공사중지기간을 특정하도록 보완요청하지 아니하였을 뿐만 아니라 B종합건설로부터 공사기간 연장기간만큼 선금급 연장보증서를 제출받지 않는 등 선금급 채권을 확보하기 위한 적정한 조치를 하지 않았다. 게다가 위 사람은 2013. 3. 5. 인사발령으로 후임자 을에게 업무 인계를 하면서 선금급 및 계약금 보증기간의 확인에 유의하라는 일상적인 사실만 알려 주었을 뿐 보증기간 만료가 임박한 사업 내역을 구체적으로 알려 주지 아니하여 후임자가 제때 선금급 보증서 보증기간의 종료에 따른 연장보증서를 제출받지 못하게 되었을 뿐 아니라 그 이후에도 채권확보를 하지 못하게 되었다. 그 결과 B종합건설이 폐업함에 따라 201,645,000원의 선금급 미정산액이 발생하였으며, 연대보증사인 E건설로부터 임의로 반환받은 50,000,000원을 제외한 151,645,000원을 회수하지 못하게 되어 위 관서에 같은 금액만큼의 손해를 끼쳤다.

을은 분임경리관의 보조자로서 2013. 3. 5.부터 위 공사계약 업무를 담당하면서 선금급 보증서의 보증기간이 만료될 때까지 아무런 조치를 하지 않았을 뿐만 아니라 보증기간이 만료된 이후에도 연장보증서를 제출받는 등의 채권확보 조치를 하지 아니하였다. 그 결과 위 관서에 151,645,000원의 손해를 끼쳤다.

병은 "군도, 농어촌도로 정비사업 도로현장 공사 중지 및 관급자재 납품 중지 품의" 문서에 협조 결재하면서 공사중지기간을 특정하도록 보완 요청하여 연장보증서를 제출받는 등의 조치를 하지 않았을 뿐 아니라 보증기간이 만료된 이후에도 B종합건설로부터 연장보증서를 제출받는 등의 채권확보 조치를 하지 않았다. 그 결과 위 관서에 151,645,000원의 손해를 끼쳤다.

정은 위 문서에 결재하면서 공사중지기간을 특정하도록 요구하게 하여 그에 따른 연장보증서를 제출받도록 보조자인 갑과 병에게 지시하지 않은 채 그대로 결재하였다. 또한 후임자인 무에게 공사를 중지한 사실과 그에 따른 연장보증서를 제출받지 않은 사실 등을 인계하지 않아 후임자가 보증기간의 만기가 임박하였다는 것을 제때 알지 못하여 연장보증서를 제출받는 등의 채권 확보 조치를 못하게 되었다. 그 결과 위 관서에 151,645,000원의 손해를 끼쳤다.

무는 '지방재정관리시스템(e-호조)' 등을 통해 공사 중지일, 보증기간 등을 확인하지 아니하고 보조자인 을과 병으로 하여금 계약기간 만료일로부터 60일 이상의 연장보증서를 제출받도록 하는 등의 아무런 지시를 하지 아니하여 채권확보 조치를 제대로 못하게 되었다. 그 결과 위 관서에 151,645,000원의 손해를 끼쳤다.

따라서 위 사람들은 중대한 과실로 위 관서에 151,645,000원만큼의 손해를 끼쳤으나 전임자들과 후임자들의 행위가 손해 발생에 미친 정도가 분명하지 아니하므로 회계직원책임법 제4조 제4항의 규정에 따라 그 정도가 같은 것으로 보아 전임자들과 후임자들 간의 책임비율을 5 : 5로 정한다. 그리고 선금급 보증서의 보증기간을 확인하고 연장보증서를 받는 것은 비교적 단순한 업무에 해당하는 것으로서 이는 통상 계약담당자와 경리담당의 책임하에 수행되는 점을 감안할 때 이 건과 관련하여 발생된 손해에 대하여는 계약담당자와 경리담당의 책임이 더 크다고 할 수 있으므로 계약담당자, 경리담당, 과장의 책임 한계는 각각 4 : 4 : 2 정도인 것으로 본다.

그런데 위 사람들은정부 시책인 재정조기집행 추진계획에 따라 선금급 지급비율(30~50% → 69.9%)을 높여 집행한 점, 위 관서의 사정으로 공사중지기간이 보증기간 이후까지도 계속되어 손해 발생·확대를 방지하지 못한 점, 관행적으로 공사중지기간을 불명확하게 운영하여 온 점, 행위 당시 공사 신규 계약건수가 2011년 611건, 2012년 710건이나 되는 등 업무량이 많아 보증서를 충분히 검토하기 어려웠던 점, 평소 회계 질서 확립에 기여한 점 등이 인정되고, 계약업무 담당 경험이 부족하였던 점 등이 인정되며, 연대보증업체로부터 손해액의 일부인 50,000,000원을 회수한 점, 평소 회계 질서 확립에 기여하여 표창을 받은 점 등이 인정되므로 회계직원책임법 제5조의 규정에 따라 변상할 책임 금액에서 각각 100분의 70을 감면하여 담당자 갑과 을은 각각 9,098,700원씩을, 병은 18,197,400원을 정과 무는 각각 4,549,350원씩을 변상할 책임이 있다고 판단하였다.

출처 : 2015년 감판 제6호

7. 변상금액 산정관련 쟁점사항

변상금액을 산정하기 위한 기초가 되는 손해에 관하여 몇 가지 검토를 할 필요가 있다. 우선 판정 대상자가 판정 전에 자진 변제한 경우 그 사전 변제금액을 공제한 나머지 만 판정 대상인 손해로 볼 것인지 여부, 같은 논리로 회계직원에 대한 보증보험에서 사전 변제받은 금액을 손해액에서 공제할 것인지, 공제한다면 어느 단계에서 공제할 것인지 등이다. 보는 관점에 따라서 변상대상자의 책임금액에 영향이 있기 때문이다.[107)]

107) 이 부분은 안장근 외, 「변상판정제도 개선방안에 관한 연구」, 감사원, 2015. 11. 9., p40-p51에서 인용하였다.

1) 회계관계직원이 판정 전에 자진 변제한 경우

회계관계직원이 판정 전에 자기 책임 부분의 전부 또는 일부를 자진 변제하는 경우가 있다. 예컨대, 변상 책임자가 갑, 을, 병인 3인 공동 변상의 경우 6천만 원의 손해에 대해 감경 사유가 없고 3인이 동일한 비율의 책임이 있다고 가정하면, 갑, 을, 병은 각 2천만 원씩 부담하는 것이 형평과 공평의 원칙에 맞다고 할 것이다. 그런데 그중 갑이 2천만 원을 판정 전에 자진 변제하였다면, 그 2천만 원을 어떻게 처리할 것인가에 따라서 관련자의 변상금액이 달라지는 문제가 있다. 우선 소속기관의 손해액이 갑의 자진 변제로 인해 6천만 원에서 4천만 원으로 줄었다고 판단한다면, 갑, 을, 병은 각자 4천만 원의 3분의 1에 대하여 변상책임이 분배되어 결과적으로 자진 변제한 갑은 4천만 원의 3분의 1 이외에 선납한 2천만 원을 더 부담하고 을과 병은 정당한 자기 책임분인 2천만 원보다 적은 금액을 부담하게 되는 문제가 발생한다. 소속기관의 손해액을 6천만 원으로 두고, 각자 책임액을 산출하면 갑, 을, 병은 각 2천만 원씩 책임액이 산출되고 자진 변제한 갑은 선납한 2천만 원을 자기책임액 부분에서 공제한다면 추가로 낼 부담이 없어 결국 갑, 을, 병은 각 2천만 원씩 부담하게 된다.

「회계직원책임법」 제4조는 국가 등의 재산에 대하여 손해가 발생한 경우 귀책사유가 있는 회계관계직원에게 그 손해에 대하여 변상책임을 지도록 하고 있으므로 판정을 하는 경우 손해액 산정, 책임의 범위 결정(단독책임, 분할책임, 연대책임 등), 책임자별 귀속 변상책임금액의 산정, 그리고 책임자별 감면 사유에 따른 감면의 순서에 따라 판정할 변상금액을 결정한다.

감사원은 「변상판정 처리기준」 제7조 제1항에 의하여 감사 종료시점을 기준으로 손해의 유무를 판단하고 변상판정을 하도록 하여 감사 종료 시점에 이미 손해가 보전된 경우에는 변상판정할 사항이 아니라고 보는 것 같다. 이것은 감사 당시에 손해가 보전되었다면 별도로 변상판정할 실익이 없기 때문인데 판정을 하지 않는 사안은 책임있는 자가 손해액을 완전히 전보한 경우에 한정하는 것이지, 변상책임 없는 직원에게 손해를 전보하게 하였다거나 손해액을 적게 산정한 경우와 같이 정당하지 않은 경우에도 판정하지 않는다는 의미는 아니다.

아무런 책임이 없는 직원에게 변상책임이 전가될 수 있고, 실제 변상책임을 져야할 직원이 면책되는 결과가 발생하여 형평성에도 어긋나므로 자진 변제 등으로 손실이 보전된 경우에도 보전의 주체 및 변상의 정당성 등을 검토하여 책임원리에 따라 공평하게 분담되도록 해야 한다.

회계관계직원 등과 계약을 체결한 상대방 또는 제3자의 계약불이행이나 불법행위, 부당이득이 경합되어 국가에 손해가 발생하였다면 원인 제공자인 상대방이나 제3자가 변제하는 경우도 있을 수 있다. 이런 경우는 손해액에서 계약상대방이나 제3자의 변제액을 공제하고 나머지 손해에 대하여만 변상판정하면 된다.

회계관계직원 등이 변상판정 전에 자진하여 변제하는 경우는 대부분 횡령, 절도, 사기 등의 고의가 있는 경우에 이루어지고 있으며, 중과실에 의한 경우는 책임 여부나 비율이 확정되지 않아 귀책 사유가 있는 직원의 자진 변상 가능성은 거의 없다. 감사원은 자진 변상이 있는 경우 통상적으로 '해당 판정대상 회계관계직원의 변상책임액'에서 공제한 후 변상액을 산정하고 있는데 이는 변상책임이 분할책임이라는 것을 감안한 것으로 보인다.

2011년 7월 판정한 카지노칩스 판매대금 절도 사건의 경우 딜러 갑, 을, 병 3명이 고객으로부터 받은 수표를 입금하지 않고 각각 625백만 원, 220백만 원, 70백만 원을 절취하였다가, 판정 전에 갑은 280백만 원, 을은 105백만 원, 병은 35백만 원을 각각 자진 변상한 데 대하여 감사원은 각자가 끼친 손해액에서 각자의 자진 변상액을 차감하여 산정한 금액을 변상하도록 판정하였다. 또한, 2011년 7월과 2012년 9월 무허가건물 보상업무 처리 태만에 대한 판정 사안에서 판정 대상자 3명(실무자, 관리자 2명) 중 실무자가 자진 변제한 3,812만 원은 관리자의 변상책임액에서 공제할 수 없고 실무자의 변상책임액에서 공제함이 타당하다는 입장을 밝힌 바 있다.

자진 변상은 그동안 운영해오던 대로 대상자별 분담비율과 감면비율이 정해진 이후 '각자의 책임액'에서 공제하고 판정하는 것이 공평에 맞는 처리라고 할 수 있다. 변상책임은 손해발생 시에 추상적으로 성립하고 변상판정에 의하여 구체적으로 변상채권이 확정되므로, 책임 있는 회계관계직원이 변상판정 전에 자진 변상한 금액은 채무승인에 의한 변제액으로 인정하여 공제 후 변상액을 산정하는 것이 타당하다.

특히, 일선 기관에서는 자진 변상액을 기타 경상이전수입(중앙부처), 세외수입 중 변상금·위약금(지자체) 항목 등으로 세입처리하고 있기 때문에, 이를 공제하지 않고 변상판정하는 경우 앞에서 집행단계에서 혼란을 야기할 우려가 있다. 그리고 자진 변상한 사실에 대해서는 판정문에도 기재하여 최종 변상액이 산정된 이유를 설시해야 한다.

한편, 계약 상대방 등의 불법행위나 채무불이행 또는 부당이득반환 등에 기인한 채무를 변제한 경우, 계약 상대방 등으로부터 변제가 있으면 전체 손해액이 줄어드는 것이므로 변상책임에서 공제할 사항은 아니다. 예컨대 업체에 화물위탁 운송료 6천만 원을 이중으로 지급하여 손해가 발생한 경우 업체로부터 2천만 원을 부당이득으로 회수하게 되었다면 나머지 4천만 원 상당의 손해가 잔존하는 것이므로 4천만 원을 변상하도록 판정하여야 한다. 또한, 임차보증금 5천만 원을 지급하면서 전세권 설정등기를 잘못하여 임차 대상 건물이 경락되고 경매대금에서 2천만 원만을 배당받아 나머지 3천만 원을 회수하지 못하여 손해가 발생한 경우라면 회수하지 못한 금액이 손해액이므로 동 금액을 변상하도록 판정해야 함은 당연한 일이다.

2) 재정보증 보험금을 판정 전에 수령한 경우

손해 발생과 관련하여 보험금을 변상판정 이전에 수령한 경우 수령한 보험금을 변상액 산정에 어떻게 반영할 것인가 하는 문제가 발생한다. 이 문제는 재정보증보험의 법적성격에 따라 처리방법이 달라진다. 즉, 이 보험의 법적성격이 보증성이라고 보면 담보되는 손해가 회계직원의 변상책임액이므로 변상책임액에서 공제하게 되고, 보험성이라고 보면 담보되는 손해가 보험가입기관의 손해 전부이므로 기관의 손해액에서 공제하게 된다. 따라서 이 문제의 해결을 위해서는 재정보증보험의 성격과 운영 실태를 검토할 필요가 있다.

「국고금관리법」 제45조 및 같은 법 시행령 제109조 등에 따라 회계관계공무원은 재정보증이 없으면 그 직무를 담당할 수 없도록 되어 있고, 이에 따라 각 기관의 장은 회계관계공무원 임명 시 국가 또는 지자체 등의 부담으로 재정보증보험에 가입한 후 재산상 손해 발생 시 자체 변상명령 또는 감사원 변상판정에 근거하여 재정보증보험금을 수령하고 있으며, 공공기관의 경우에도 대부분 회계관계직원에 대한 재정보증보험에 가입하고 있다.

감사원의 변상판정 이전에 국가나 지자체 등이 자체 변상명령에 근거, 재정보증보험금을 수령한 경우 이를 변상판정 금액에서 공제하고 나머지 손해액에 대해서만 변상판정할 것인지가 문제이다. 이 문제를 판정대상자가 1인인 경우와 2인 이상인 경우로 구분하여 검토해 보자.

예컨대 지자체 회계관계공무원 갑이 지자체로부터 1,500만 원을 변상하라는 명령을 받았고, 이에 근거하여 지자체가 재정보증보험금 1,000만 원을 수령한 이후 감사원에 변상판정을 청구하는 경우를 가정하면, 수령한 보험액만큼 손해액이 감소하므로 이를 판정금액에서 공제하고 나머지에 대해서만 변상판정함이 타당하다는 견해(위 사례의 경우 500만 원만 변상판정)[108]와 재정보증보험 약관에는 보험금 지급요건을 '변상책임이 확정된 때'로 규정하고 있고, 변상금액은 감사 대상기관의 자체 변상명령이 아닌 감사원의 변상판정에 의해 확정되므로 손해액 전부에 대해 변상판정하고(위 사례의 경우 1,500만 원 변상판정), 보험금 수령액 1,000만 원은 집행 단계에서 변상판정 금액이 납부된 것으로 처리하여야 한다는 견해[109]가 있다.

또한, 지자체 회계관계공무원 갑, 을, 병이 지자체로부터 각각 1,500만 원씩을 변상하라는 명령을 받았고, 이에 근거하여 지자체가 갑, 을, 병에 대한 재정보증보험금으로 각각 500만 원, 1,000만 원, 1,500만 원을 수령한 이후 감사원에 변상판정을 청구하는 경우를 가정하면, 재정보증보험은 회계직별로 가입하고 있고, 그 효과는 개인별로 귀속되어야 하므로 수령한 보험금 500만 원, 1,000만 원, 1,500만 원을 각자의 변상금액에서 공제함이 타당하다는 견해[110][위 사례의 경우 갑은 1,000만 원, 을은 500만 원, 병

108) 당사자가 아닌 보험회사에서 손해를 보전하였더라도 중요한 것은 변상판정 시점 당시 기관에 남아있는 손해가 얼마인지 여부이다. 수령한 보험액만큼 기관의 손해액은 감소하였으므로 나머지만 변상판정함이 타당하다(정부법무공단, 강인옥)

109) 변상책임은 발생한 손해 전체에 대하여 성립하므로 변상판정에는 이 점을 밝혀야 하고, 다만 변상판정에서 보험금 수령 사실을 밝힐 필요가 있다(윤진수). 변상금액은 감사대상기관의 자체 변상명령이 아닌 감사원의 변상판정에 의해 확정되므로 손해액 전부에 대해 변상판정하고, 보험금 수령액 1,000만 원은 집행단계에서 변상판정 금액이 납부된 것으로 처리하여야 한다(박균성).

110) 보증보험의 피보증인은 개인으로 되어 있고, 약관에 의하여 보험자대위가 허용되지 않는 경우에는 피보증인이 보험금만큼 변상액이 감소되는 이익을 누리게 하는 것이 타당하다. 다만 이렇게 될 경우 변상책임액이 보험금보다 적으면 어떻게 할 것인가 하는 문제가 생기게 된다. 이론적으로는 보험회사가 변상책임액만을 지급하면 된다고 보아야 할 것이지만, 이 문제는 실무상으로 변상책임액을 정함에 있어 고려하면 될 것이다(윤진수). 재정보증보험은 회계직의 업무 난이도, 직급 등을 고려하여 보험금을 달리 책정하고 있는데. 이는 직원별로 보호하려는 취지로 보아야 한다. 따라서, 재정보증보험의 효과는 개인별로 귀속되어야 한다고 보아야 한다(정부법무공단, 강인옥)

은 무책(無責)으로 판정]와 재정보증보험료는 회계관계직원이 아닌 지자체에서 납부하였고, 그 효과를 개인별로 귀속시키는 것은 불합리하므로 갑, 을, 병에 대한 재정보증보험금 총 수령액 3,000만 원을 전체 손해액에서 공제한 후 남은 손해액 1,500만 원을 변상판정함이 타당하다는 견해(위 사례의 경우 특별한 사정이 없는 한 갑, 을, 병에게 500만 원씩 변상판정)가 있을 수 있다. 이와 관련해서 보험금의 지급은 변상판정으로 변상책임이 확정된 후 행해져야 하므로 각각 1,500만 원씩을 변상판정하고 재정보증보험은 회계직별로 가입하고 있고, 그 효과는 개인별로 귀속되어야 하므로 갑, 을, 병에게 수령한 보험금 500만 원, 1,000만 원, 1,500만 원은 집행 단계에서(변상판정 후의 변상명령에서) 납부된 것으로 처리하는 것이 타당하다(박균성)는 견해도 있다.

2011년 이후 보험금 수령 시의 감사원 판정 사례를 보면, 손해액에서 보험금 수령액을 공제하는 사례가 여러 건 있고, 한편으로는 변상판정 시 보험가입 여부에 영향을 받아서는 안 된다는 경향도 있어 보인다.

물론 비공제한 경우라도 실제 판정 집행에서 고려되고 있으나 변상책임자가 다수인 경우 전체 손해액에서 공제할 것인지, 각자의 책임액에서 고려할 것인지의 문제는 여전히 남아 있는 것이다. 또한, 기수령한 보험금을 고려하여 판정하는 경우에도 변상책임액의 감면 이전에 공제하느냐, 감면 이후에 감안하느냐에 따라 판정 대상자가 실제로 부담하는 금액(보험금 이외에 자비로 부담하는 금액)이 달라지므로 공제 단계 역시 중요하다.

감사원은 지출관의 보조직원이 2,300만 원을 횡령한 사안에서, 판정 전에 150만 원을 자진 변상하고 보험금 2,000만 원을 수령하게 됨에 따라 보험금 등 2,150만 원을 손해액에서 공제한 후 변상액 150만 원을 변상하도록 판정하였다. 또한, 지출원 등 2명이 무효인 보증서를 근거로 선금급을 지급함으로써 8억 원 상당의 손해가 발생하자 각 4억 원을 변상하도록 변상명령을 한 후 각 보험금 5천만 원을 수령한 데 대하여, 보험금 1억 원 등 2.4억 원을 손해액에서 공제한 5.5억 원을 분담하여 변상하라고 판정하였다.

보험금 수령 여부가 불확실한 상황에서는 보험가입 사실을 고려하지 않는 것은 당연한 일이지만, 판정 이전에 이미 재정보증보험의 보험금을 수령하였다면 수령 보험금액의 공제 여부는 전반적으로 재정보증보험제도의 법적 성격, 운영 실태 등과 연관되어 있다고 할 것이므로 재정보증보험의 연혁과 목적, 법적 성격 등을 검토하고 국가·지자체·공공기관이 가입해 있는 재정보험의 보험자인 서울보증보험주식회사의 의견을 참조하여 그 성격을 규명해 보기로 한다.

재정보증제도는 예전의 신원(재정)보증에서 현재 신원(재정)보증보험으로 정착하게 되었고, 「신원보증법」상 신원보증은 피용자(직원)의 주채무를 전제로 한 보증이다. 2002년 1월 「신원보증법」이 전부 개정되어 신원보증을 피용자가 업무 수행 과정에서 '책임 있는 사유(고의·중과실 등)로 사용자에게 입힌 손해'를 배상하는 것으로 정의(제2조)하여 부종성[111] 있는 보증계약으로 규정하였다. 신원보증보험은 보증보험으로 손해보험성과 보증성 양면을 보유하고 있다.

신원보증보험의 법적 성격에 대해서는 손해보험성과 보증성이 함께 있다는 데 이견이 없으나[112] 보증성의 인정 범위에 대한 논란이 있고, 근본적으로 계약 당사자 의사와 약관 해석이 필요하다. 그러나 어느 성격을 강조하든지 간에 서울보증보험주식회사로부터 받은 보험금은 변상판정 시 공제 또는 고려하여야 하고, 공제 순서에 영향이 있을 뿐이라고 보아야 할 것이다.

손해보험으로 보면, 보험금은 주채무와 관계가 없는 개별적인 보험계약에 기한 것이지만, 손해의 전보를 그 본래의 목적으로 하고 있으므로 피보험자가 보험금을 수령하는 경우 손해배상청구권은 법률상 당연히 보험자에게 이전하게 된다(「상법」 제682조 보험대위). 한편, 보증으로 보면, 보험회사는 보험금 지급으로 주채무자의 채무를 변제하는 것이므로 구상권이 생기고(「민법」 제441조) 채권자의 채권 등을 이전받아 행사하게 되는 것이다(「민법」 제441조 등, 변제자 대위).

손해보험성을 강조하면, 보험금은 보험사고로 발생한 손해를 보전받기 위해 보

---

111) 부종성 : 보증채무는 독립된 채무이긴 하나, 주채무와 그 성립과 소멸을 함께하고 주채무 범위 안에서만 책임이 있다.

112) 보증보험에 대해, 학계에서는 보험우위설(다수설), 보증우위설 등이 있고, 판례는 '형식상 손해보험이나 실질은 보증'이라는 입장이며, 2014년 3월 「상법」(손해보험)에 보증보험규정을 신설하여 손해보험임을 전제로 손해보험 통칙 등 일부 배제되는 규정을 명확히 하고(제726조의6) 그 성질에 반하지 않는 한 보증채무에 관한 민법규정을 준용토록 규정(제726조의7)되었으나, 해석 문제는 여전히 남아 있으며, 위 보증보험은 보증보험자의 책임을 정하면서 피용인이 보험계약자인 '타인을 위한 보험계약'만을 정의(제726조의5)하여 '자기를 위한 보험계약'인 신원보증보험이 포함되는지 여부도 논란이 있으나, 입법 미비 등으로 보아 배제할 이유는 없다고 본다.

험료를 지급하고 받은 대가로 피용자의 주채무와는 무관하므로 손해액에서 공제(고려)하여야 하고, 보증성을 강조하면 보험금은 주채무자인 피용자의 변상책임을 사용자에게 담보하는 것이고 보험자는 피용자에게 구상권을 행사하는 것이므로 변상책임액에서 공제하는 것이 논리적이다.

또한, 기수령한 보험금을 변상 판정 시 공제하지 않으면, 해당 보험금에 대해 공공기관에서는 변상채권이, 서울보증보험주식회사에서는 구상권(대위권)이 동시에 존재하게 되어 불합리하고 실무상으로도 보험금을 이미 세입처리하고 있어 현실과도 맞지 않는다. 이 경우 주채무가 판정에 의해 무책으로 되는 등 사후에 소멸하게 되면 비채변제가 되어 보험사와 사용자(채권자) 사이에 부당이득 반환의 문제가 있을 뿐이다.

신원보증보험의 연혁과 배경, 약관상 보험사고의 내용, 계약 당사자인 서울보증보험주식회사의 의견 등을 종합적으로 보면, 신원보증보험은 국고 손실을 신속하게 보전받기 위하여 보험사가 피용자의 변상책임을 담보하는 보증보험으로 이해하는 것이 합리적일 것이다.

제도 연혁상 신원보증보험은 기존의 인적·물적 담보를 대체하여 공신력 있는 기관을 보증인으로 둔 것이고 당초에는 개인이 보험료를 부담하던 것을 기관 부담으로 전환한 것은 회계관계직원 책임을 완화하는 차원에서 시행되었다. 또한, 약관상 보험사고는 피용인의 불법행위, 중과실 등으로 피보험자에게 손해를 입힌 경우에 그 실손해액을 보상하는 것이고, 피보험자의 책임 있는 사유로 생긴 손해는 보상하지 않으며 보험자는 보험금 지급 시 구상권을 보유하여 최종 책임이 피용자에게 귀속하게 된다. 그리고 계약 당사자인 서울보증보험주식회사도 보험가입자인 공공기관에 대하여 피용자의 변상책임인 주채무를 담보하여 기관이 입은 손해를 보전하고 그 보험금에 대해 피용자에게 구상·대위권을 행사하는 보증으로 이해하고 있는 등 거래 실례도 보증계약으로 운영되고 있다.

이와 같이 신원보증보험은 국고 손해 보전을 위해 주채무인 변상책임을 담보하는 것이므로 기수령한 보험금은 그 보험에 가입된 변상책임자의 책임액에서 개별 공제하는 것이 옳다. 자진 변제에서와 마찬가지로 분담비율과 감면비율이 정해진 이후 각자의 책임액에서 공제한 나머지에 대해서만 판정하고, 보험금 수령 사실은 판정문에 기재하여 최종 변상액이 산정된 이유를 밝히면 된다.

판정 대상자의 자진변 제금액이나 보험금 수령액을 판정에서 언제 어떻게 감안하는지는 다음 표와 같다.

자진 변제, 계약 상대방 등 변제, 보험금 수령 시 공제시기 비교

판정서 기술 순서	자진 변제	계약상대방 등 변제	보험금 수령
① 손해발생 시 기준, 손해액 산정			
⇩		공제	
② 각각 변상할 금액(책임액) 산정 후 대상자별 감면비율 · 금액 산정 변상판정 처리기준 제8조②			
⇩	공제		공제
③ 판정시점 기준, 변상금액			

III. 변상판정에 대한 구제제도

행정구제(行政救濟)는 행정기관의 행위로 인하여 침해된 국민의 권익을 구제해 주는 것을 말하며 이에 관한 제도가 행정구제제도이다.

행정구제제도는 국민의 기본권 보장과 법치행정을 담보하는 수단이다.[113] 행정행위가 위법 또는 부당하게 행하여진 때에는 먼저 행정기관 자신이 직권으로 이를 시정하는 것이 이상적이며, 행정감독수단이 그 예가 될 수 있다. 그러나 그것만으로는 완전한 구제를 기대할 수 없으므로 위법 또는 부당한 행정처분으로 인하여 개인의 권리 또는 이익이 침해된 경우에는 그 개인이 직접 당해 처분의 효력을 다툴 수 있게 할 필요가 있으며, 또 위법, 적법을 막론하고 널리 행정행위로 인하여 개인에게 특별한 손해가 발생한 경우에는 개인이 그 손해의 보전을 청구할 수 있게 할 필요가 있다. 이와 같은 수단을 통하여 한편으로는 행정의 적법성을 보장하고 다른 한편으로는 행정권에 대한 개인의 권리, 이익을 보호하고 구제할 수 있다.

우리나라 행정구제제도는 절차적 구제 제도로서 위법 또는 부당한 행정처분의 취소, 변경을 청구하는 쟁송(爭訟)을 중심으로 하는 행정상 쟁송의 제도와 실체적 구제 제도로서 재산상의 손해를 보전하기 위한 행정상의 손해배상과 손실 보상제도가 있다. 감사원의 변상판정에 대한 행정구제는 행정상쟁송에 의한 구제제도의 하나이다.

1. 재심의에 의한 구제

감사원은 회계검사와 직무감찰을 행하고 그 결과에 따라 변상판정과 징계, 시정, 주의 등의 처분 요구를 행하지만 변상판정 등이 법률에 위배되거나 사실판단에 오류를 범하게 되는 경우에는 개인의 재산상 또는 신분상의 권익을 침해하게

113) 박균성, 《행정법강의》, 박영사, 2016. p.487

된다. 감사원법은 이와 같은 경우에 대비하여 관계기관 또는 관계인의 청구에 의한 재심의와 함께 감사원 스스로 직권에 의하여 시정할 수 있는 직권재심의제도를 운영하고 있다.

양자는 모두 감사원의 처분 요구 등의 적법성과 타당성을 확보하기 위한 자기통제수단이며, 감사원의 자기반성과 추완(追完)을 의미한다는 점에서 같다 할 것이나, 청구재심의제도는 행정심판적인 성격을 갖는 데 반하여 직권재심의제도는 단순히 취소권 내지 변경권을 행사하는 제도이므로 그 법적 성격이 근본적으로 다르다. 따라서 청구재심의의 경우에는 감사원에 재심의의 의무가 있는 반면에 그 청구기간에 제한이 있고, 직권재심의의 경우에는 감사원 스스로가 이를 행할 수 있는 반면에 불가변력이 발생한 것에 대하여는 그것이 원칙적으로 허용되지 않는 등의 차이가 있다.

감사원으로부터 변상판정을 받은 자가 그 판정이 위법 또는 부당하다고 인정한 때에는 본인 또는 그 소속 장관이나 감독기관의 장은 변상판정서가 도달한 날로부터 3월 이내에 재심의를 청구할 수 있다(감사원법 제36조 제1항).

행정구제제도로서 행정심판적 성격을 갖는 청구재심의제도를 중점적으로 검토하기로 한다.

1) 청구재심의의 법적 성격

「감사원법」 제36조 제1항의 규정에 의한 청구재심의제도는 행정심판의 일종이다. 행정심판이라 함은 행정처분이 있은 뒤에 그 행정처분이 위법 또는 부당하다고 불복하는 자로부터의 취소, 변경의 청구에 의하여 행정기관이 재심사하는 절차를 말한다.

행정소송이 정식쟁송(正式爭訟)인데 대하여, 행정심판은 약식쟁송(略式爭訟)이다. 정식쟁송이라 함은 분쟁의 공정한 해결을 위하여 첫째로 독립의 지위를 가지는 제3자가 판단 기관이 되며, 둘째로 당사자에게 구두변론의 권리가 보장된 경우를 말하며, 약식쟁송이라 함은 위에서 말한 두 가지의 어느 하나라도 결여한 경우

를 말한다.[114)]

행정심판법 제5조(행정심판의 종류)에 행정심판의 종류를 규정하고 있는데, 취소심판(행정청의 위법 또는 부당한 처분을 취소하거나 변경하는 행정심판), 무효등확인심판(행정청의 처분의 효력 유무 또는 존재 여부를 확인하는 행정심판), 의무이행심판(당사자의 신청에 대한 행정청의 위법 또는 부당한 거부 처분이나 부작위에 대하여 일정한 처분을 하도록 하는 행정심판)이 있다.

행정심판은 정식 쟁송인 행정소송에 비하여 절차가 불완전한 것으로 특히 위법 또는 부당한 행정처분의 효력을 다투는 항고쟁송(청구재심의)[115)]에 있어서는 행정기관이 심판하므로 심판받아야 할 지위에 있는 자가 심판자의 지위에 서게 된다.

이와 같은 불합리성을 내포하고 있는 행정심판제도가 우리나라의 실정제도로서 존재하는 이유는 두 가지이다. 첫째, 행정권이 사법권의 간섭을 받지 아니하고 과오를 자기반성에 의하여 자율적으로 시정하자는 것이다. 환언하면 실질적 행정심판제도는 한편으로는 행정권 자신의 손으로 행정에 대한 국민의 권리, 이익을 구제하는 제도로서의 의의를 가지는 동시에 다른 한편으로는 행정의 적법성, 타당성을 행정권 자신이 보장하려고 하는 행정의 자기통제 내지 행정감독의 제도로서의 의의를 가지고 있다. 둘째, 사법의 보완이다. 즉 법원의 전문성을 보완하고 분쟁 해결에 있어서 시간 및 비용을 절약하고 법원의 부담을 경감함으로써 사법기능을 보완하기 위함이다.[116)]

	청구재심의	직권재심의
법적 성격	• 행정심판적 성격	• 취소권과 변경권 행사
특 징	• 감사원에 재심의의 의무 부과 • 반면 그 청구기간이 제한	• 감사원 스스로가 행할 수 있음 • 반면 불가변력이 발생한 것에 대해서는 원칙적으로 허용되지 않음

114) 김동희, 《행정법 I》, 박영사, 2016, p.651.

115) 여기서 항고쟁송이라 함은 행정처분이 있은 뒤에 그 행정처분이 있은 뒤에 그 행정처분이 위법 또는 부당하다고 불복하는 자로부터의 취소, 변경의 청구에 의하여 행정기관이 재심사하는 절차를 말한다.

116) 박균성, 앞의 책, p.632 참조, 김동희, 앞의 책, p.655-p.656 참조, 김향기, 《행정법개론》, 탑북스, 2016, p.516 참조

공통점	• 감사원의 처분 요구 등의 적법성과 타당성을 확보하기 위한 자기통제적 수단 • 감사원의 자기반성과 추가적 보완제도

그런데, 청구재심의제도는 행정심판이란 점에서 「감사원법」 제39조의 규정에 의한 직권재심의와 그 법적 성질이 다르다. 「감사원법」 제39조는 "감사원은 판정을 한 날로부터 2년 이내에 계산서 및 증거서류의 오류, 누락 등으로 그 판정이 위법 또는 부당함을 발견하였을 때에는 이를 직권으로 재심의 할 수 있다."고 규정하고 있다.

직권에 의한 재심의와 청구에 의한 재심의는 모두 행정처분의 적법성과 타당성을 확보하기 위한 행정의 자기통제수단이며 행정처분에 대한 행정권의 자기반성과 추완(追完)을 의미한다는 점에서 동일하다. 청구재심의는 재심의 청구 요건을 충족하여야 하는데 직권재심의는 감사원의 발의(發議)에 의하여 임의로 재심의 할 수 있고 불가변력이 발생한 때에는 허용되지 않는 것이 원칙이다.

2) 재심의 청구의 요건

감사원에 재심의를 청구하려면 다음 몇 가지 요건을 갖추어야 한다.

청구권자	감사원으로부터 변상판정을 받은 자 본인 또는 그 소속 장관이나 감독기관의 장이 재심의 청구 가능 (감사원법 제36조 제1항)
청구대상	감사원의 위법 또는 부당한 변상판정으로 인하여 권리 또는 이익이 침해되었을 때

청구 형식	재심의 청구는 재심의 청구서로서 하여야 하며, 그 청구서에는 청구의 내용과 그 이유를 명백히 하고 계산서 및 증거서류 등을 첨부하여 감사원에 제출하여야 함(감사원법 제37조)
재심의 청구기간	변상판정에 대한 재심의 청구기간은 변상판정서가 본인 또는 소속 장관이나 감독기관의 장에게 도달한 날로부터 3개월 이내만 가능

(1) 청구권자

감사원법에 의하면 감사원으로부터 변상판정을 받은 본인 또는 그 소속 장관이나 감독기관의 장이 재심의 청구를 할 수 있다고 규정하고 있다.(제36조 제1항) 이와 같이 판정을 받은 본인 또는 소속 장관이나 감독기관의 장에게 이중적으로 재심의 청구권을 부여하고 있는 이유는 변상판정을 받은 자가 재심의 청구의 의사표시가 없다 하더라도 소속 장관 또는 감독기관의 장으로서 소속 회계관계직원의 권익을 옹호하기 위하여 재심의를 청구할 수 있는 길을 터놓기 위한 것이다. 그런데 변상판정을 받은 자 본인과 소속 장관이나 감독기관의 장은 각각 별개의 재심의 청구를 할 수 있는가에 관하여 문제가 제기될 수 있다.

청구에 의하여 재심의한 사건에 대하여는 또 다시 재심의를 청구할 수 없다고 규정한 감사원법 제40조 제1항은 동일한 사건에 대하여서는 두 번의 재심의 청구를 할 수 없음을 명시한 규정이므로 재심의 청구는 본인이 하거나 그렇지 않으면 소속 장관 또는 감독기관의 장이 하여야 하되 동일 사건에 대하여는 단 1회에 한하여 재심의 청구를 할 수 있다고 해석된다. 따라서 변상판정을 받은 자 본인이 재심의청구를 할 의사의 표시가 있을 때에는 본인이 재심의 청구서를 제출함이 타당할 것이며, 만약 본인이 재심의 청구를 할 의사표시를 하지 않았거나 할 수 없는 경우라 하더라도 소속 장관 또는 감독기관의 장이 감사원의 변상판정이 위법 또는 부당하다고 인정한 때에는 소속 회계직원의 권익을 옹호하기 위하여 재심의 청구서를 제출할 수 있다고 해석함이 타당할 것이다. 다만, 감사원이 직권으로 재심의한 것에 대하여는 재심의를 청구할 수 있다.

다음으로 행정심판에 관한 일반법인 행정심판법 제14조 제1항의 규정에 의하면 심판청구인은 변호사를 대리인으로 선임할 수 있다고 하였으나 감사원법은 변상판정에 대한 재심의 청구에 대하여 변호사를 대리인으로 선임할 수 있는 명문의 규정을 두지 아니하였으나 변상책임이 있느냐 없느냐에 관한 공격 방어에 있어 변상판정을 받은 자의 지위를 강화한다는 의미에서 행정심판법 제14조 제1항을 준용하여 변호사를 대리인으로 선임할 수 있다.

(2) 청구 대상

감사원의 위법 또는 부당한 변상판정으로 인하여 권리 또는 이익이 침해되었음을 이유로 그의 취소, 또는 변경을 청구하는 것이어야 한다. 일반적으로 행정청의 위법 또는 부당한 처분으로 인하여 권리 또는 이익을 침해당한 자는 행정심판법에 의하여 심판을 청구하여 그 취소 또는 변경을 청구할 수 있으나 감사원의 위법 또는 부당한 변상판정으로 인하여 권리 또는 이익을 침해당한 자는 감사원법의 규정에 의하여 재심의를 청구하여 변상판정의 취소 또는 변경을 청구할 수 있다.

(3) 청구 형식

일정한 재심의 청구서를 제출하여야 한다. 재심의 청구는 요식행위로서 문서로 제출하여야 하며, 그 문서에는 일정한 사항을 기재하고, 관계 증거서류 등을 첨부하여야 한다. 즉 감사원법은 재심의를 청구할 때에는 재심의 청구서로서 하여야 하며, 그 청구서에는 청구의 내용과 그 이유를 명백히 하고 계산서 및 증거서류 등을 첨부하여 감사원에 제출하여야 한다고 규정하고 있다(감사원법 제37조).

(4) 재심의 청구기간

행정심판법상의 소원기간은 행정처분이 있은 것을 안 날로부터 90일 이내, 행정처분이 있은 날로부터 180일 이내이고, 이는 불변 기간으로 되어 있다.(행정심

판법 제27조 제1항, 제3항, 제4항)

변상판정에 대한 재심의 기간은 변상판정서가 본인 또는 소속 장관이나 감독기관의 장에게 도달한 날로부터 3개월 이내이다. 즉 변상판정이 있은 것을 안 날 또는 변상판정이 있은 날에 관계없이 변상판정서가 도달된 날을 재심의 청구기간의 기산점으로 하고 있다(변상판정집행절차에 관한 규칙 제6조 참조). 그리고 재심의 청구서는 법정기간 내에 직접 감사원에 도달하여야 한다. 여기에서 '도달'이라 함은 상대방의 세력 범위 내에 들어가는 것, 즉 사회 관념상 일반적으로 도착을 인지할 수 있는 객관적 상태가 생겼다고 인정되는 것을 말하는 것이다.

기간계산에 있어서 '기산일'은 초일(初日)은 산입하지 않으므로 도달된 날 또는 받은 날의 익일(翌日)부터이고 '만료일'은 역(曆)에 의한 계산방법을 적용하는 것이므로 재심의 청구기간의 말일은 기산일에 해당하는 날의 전일이 된다. 예를 들면 변상판정서 도달일이 3월 5일일 때 그 청구기간 3월의 만료일은 6월 5일이 된다.

3) 재심의 청구의 효과

감사원이 재심의 청구서를 수리하였을 때에는 특별한 사유가 없는 한 수리한 날로부터 2월 이내에 이를 처리하여야 한다(감사원법 제38조 제3항).

변상판정에 대한 재심의 청구는 집행정지의 효력이 없다(제36조 제3항). 이는 감사원의 변상판정에 대하여 일종의 공정력을 부여한 것이다. 공정력(Selbstbezeugungskraft)이라 함은 행정행위가 행하여지면 그 실체법(實體法)상의 적법·위법 또는 당·부당을 가릴 것 없이, 다시 말하면 비록 법정요건(실체법상의 요건)을 갖추지 못하여 흠(위법·부당)이 있더라도 그 흠이 중대하고 명백하여 절대 무효로 인정되는 경우를 제외하고는, 당해 행정기관의 판단을 우선시켜 권한 있는 기관에 의하여 취소되기까지는 상대방·제3자(특히 다른 행정청·법원)에 대하여 일단 구속력이 있는 것으로 통용되는 힘을 말한다. 따라서 감사원의 변상판정이 있으면 그것에 흠이 있음을 이유로 재심의를 청구하였더라도 권한 있는 기관에 의하여 취소가 있기 전까지는 피판정자(被判定者)는 지정기간 내에 변상의 책임을 이행할 의무를 지며, 이행하지 아니하면 체납 처분을 받게 된다.

감사원법 제38조 제3항

감사원이 재심의 청구서를 수리하였을 때에는 특별한 사유가 없는 한 수리한 날로부터 **2월 이내에 이를 처리**하여야 한다.

감사원법 제36조 제3항

변상판정에 대한 재심의 청구는 **집행정지**(執行停止)의 효력이 없다.

4) 재심의 청구의 심리

재심의 청구에 대한 심리는 요건심리와 본안심리로 나누어진다.

(1) 요건심리

재심의 청구서가 제출되었을 때에는 그 필요한 요건을 구비하고 있는가에 관한 형식적 심사(청구기간의 경과 등)를 하여야 한다. 만약 그 필요한 요건을 갖추지 못하였을 때에는 이를 각하한다(감사원법 제38조 제1항).

(2) 본안심리

재심의 청구서에 대하여 요건심사를 하여 재심의 청구가 적법하다고 인정하여 수리하였을 때에는 재심의 청구의 실체적 내용에 관한 심사를 한다. 이를 본안심리(실체심리)라 한다.

심리는 서면심리주의에 의하는 것이 원칙이나 필요에 따라서는 질문서의 발부 또는 문답서의 작성을 통하여 그 사실을 규명할 수 있으며 감사위원회의는 심의상 필요하다고 인정한 때에는 관계인 또는 증인을 출석시켜 신문할 수 있으며 학식·경험이 있는 자에게 감정을 위촉하는 등 재심의 청구 사건에 대한 진실 발견을 위하여 원심 처리 때와 같은 모든 필요한 조치를 취할 수 있다.

요건심리

- 재심의 청구서가 제출되었을 때 그 필요한 요건을 구비하고 있는가에 관한 **형식적 심사**(청구기간의 경과 등)
- 그 필요한 요건을 갖추지 못하였을 때에는 이를 각하(감사원법 제38조 제1항)

본인심리

- 재심의 청구서에 대하여 요건심리를 하여 재심의 청구가 적법하다고 인정하여 수리하였을 때에는 **재심의 청구의 실체적 내용에 관한 심사**에 들어감(=실체심리)
- 심리는 서면심리주의에 의하는 것이 원칙
- 필요에 따라서는 질문서의 발부 또는 문답서의 작성을 통하여 그 사실을 규명
- 감사위원회의는 심의상 필요하다고 인정한 때에는 관계인 또는 증인을 출석시켜 신문 가능
- 학식·경험이 있는 자에게 감정을 위촉하는 등 재심의 청구사건에 대한 진실 발견을 위하여 원심 처리 때와 같은 모든 필요한 조치를 취할 수 있음

5) 재심의 판정

감사원은 재심의 청구내용을 심리한 후 재심의 판정을 하여야 한다. 감사원은 내부규정에 의하여 재심의 청구에 대한 처리는 원심 주관과에서 행하지 아니하고 별개의 내부 기구인 재심의 담당관실에서 담당하게 하고, 원심 주관과는 재심의 청구에 관한 의견을 제출할 수 있다. 재심의 판정안에 대한 감사위원의 심의(주심)

에 있어서도 원심 판정안을 심의(주심)하지 아니한 감사위원으로 하여금 심의(주심)케 함으로써 재심의 청구에 대한 처리에 공정과 신중을 기하도록 하고 있다.

(1) 재심의 처리의 종류

각하	• 본안심리를 거절하는 것으로서 재심의 청구의 요건이 결여된 경우에 행하는 처리 • 감사원법 제38조 제1항은 재심의 청구가 그 필요한 요건을 갖추지 못하였을 때에는 이를 각하한다고 규정
기각판정	• 재심의 청구를 이유 없다고 하여 원심판정을 시인하는 판정 • 원심판정을 시인하는데 그치는 것이므로 감사원은 그 후에도 정당한 이유가 있을 때에는 직권재심의에 의하여 원심판정을 취소, 변경 • 감사원법 제38조 제2항 전단에 의하면 '감사원은 재심의의 청구가 이유 없다고 인정한 때에는 이를 기각'한다고 규정
용인판정	• 재심의 청구를 이유있다고 인정하고 원심판정이 위법 또는 부당함을 긍정하는 판정 • 이에는 원심판정을 취소함에 그치는 경우와 취소와 동시에 새로운 판정을 하는 경우가 있음 • 감사원법 제38조 제2항 후단에 의하며 '재심의의 청구가 이유 있다고 인정한 때에는 원처분의 요구를 취소하거나 그 내용을 변경한다'고 규정

① 각하

본안심리를 거절하는 것으로서 재심의 청구의 요건이 결여된 경우에 행하는 처리이다. 즉 감사원법 제38조 제1항은 재심의 청구가 그 필요한 요건을 갖추지 못하였을 때에는 이를 각하한다고 규정하였다.

「감사원 재심의 규칙」 제6조는 재심의 청구 요건이 결여된 경우로서 ① 법 제36조의 규정에 의한 재심의 청구 대상이 아니거나 청구할 수 있는 자가 아닌 경우 ② 청구기간이 경과한 경우 ③ 재심의 청구 대상이 되는 변상판정 처분요구가 이 규칙에서 정한 재심의(직권재심의는 제외), 재판 등에 의하여 확정된 사안인 경우 ④ 기타법 또는 이 규칙이 정한 요건 및 절차를 갖추지 못한 경우를 들고 있다.

② 기각판정

재심의 청구를 이유 없다고 하여 원심판정을 시인하는 판정이다. 원심판정을 시인하는데 그치는 것이므로 감사원은 그 후에도 정당한 이유가 있을 때에는 직권재심의에 의하여 원심판정을 취소, 변경할 수 있다. 감사원법 제38조 제2항 전단에 의하면 "감사원은 재심의의 청구가 이유 없다고 인정한 때에는 이를 기각한다."고 규정하고 있다.

③ 용인판정

재심의 청구를 이유 있다고 인정하고 원심판정이 위법 또는 부당함을 긍정하는 판정이다. 이에는 원심판정을 취소함에 그치는 경우와 취소와 동시에 새로운 판정을 하는 경우가 있으며 또 원심판정의 내용을 변경하는 경우가 있다.

감사원법 제38조 제2항 후단에 의하면 "재심의의 청구가 이유 있다고 인정한 때에는 원처분의 요구를 취소하거나 그 내용을 변경한다."고 규정하고 있다.

여기서 변경이라 함은 원처분 요구의 내용을 적극적으로 변경하여 새로운 처분요구를 하는 재결이다.

재심의에 관한 사항은 소위원회의 사전 심사사항(「분과위원회 및 소위원회의 구성 및 운영에 관한 규칙」 제6조 ①)이고 감사위원회의의 의결사항이다(감사원법 제12조 ①).

(2) 재심의 판정의 효력

[1] 불가쟁력

청구에 의하여 재심의한 사건에 대하여는 또다시 재심의를 청구할 수 없으나 감사원의 재심의 판정에 대하여 감사원을 당사자로 하여 행정소송을 제기할 수 있다. 다만, 제소기간(행정소송법 제20조)을 도과(徒過)하면 재심의 판정은 형식적으로 확정되고 행정소송으로 이를 다툴 수 없게 된다.

[2] 불가변력

재심의 판정은 당사자의 참여하에 일정한 쟁송 절차를 거쳐 행하여지는 판단행위이므로 성질상 보통의 행정처분과 달라서 감사원 자신도 원칙적으로 이를 취소, 변경할 수 없는 기속을 받으며, 동일 사항에 관한 재심의 청구는 기결 사항으로서 각하하여야 한다.

[3] 구속력

재심의 판정의 내용은 재심의 청구자 및 기타 관계자를 구속한다.

(3) 재심의 판정에 대한 불복

직권 재심의 사건에 대하여는 또다시 재심의를 청구할 수 있으나, 청구에 의하여 재심의한 사건에 대하여는 또다시 재심의를 청구할 수 없다. 다만, 재심의 판정에 대하여는 감사원을 당사자로 하여 행정소송을 제기할 수 있다.

2. 행정소송에 의한 구제

현행 행정소송법은 행정심판과의 관계와 관련하여 취소소송은 당해 처분에 대한 행정심판을 제기할 수 있는 경우에도 이를 거치지 아니하고 제기할 수 있으나, 다른 법률에 당해 처분에 대한 행정심판의 재결을 거치지 아니하면 취소소송을 제기할 수 없다는 규정이 있는 때에는 그러하지 아니하다고 규정하고 있다. 이 규정은 행정심판 전치주의를 폐지하고 행정심판을 원칙상 임의절차화한 것이다. 그러면 감사원의 청구 재심의의 법적 성격이 일종의 행정심판인 것과 관련하여 의문이 발생한다. 즉 감사원의 변상판정에 대하여 불복이 있는 경우 재심의 판정을 거치지 않고 직접 행정소송을 제기할 수 있는가의 문제이다.

이와 관련하여 대법원은 개별 법령에서 행정심판 제기에 관한 근거규정이 있는 경우에도 달리 그 행정심판의 재결을 거치지 아니하면 취소소송을 제기할 수 없다는 규정을 두고 있지 아니한 경우에는 당해 행정심판은 개정 행정소송법 제18조 제1항에 의해 임의적인 절차가 된 것으로 보아야 한다는 취지로 해석하고 있다.[117)]

이와 같은 취지에서 감사원의 재심의의 효력과 관련된 규정을 해석해 보면, 청구에 따라 재심의한 사건에 대하여는 또다시 재심의를 청구할 수 없으나, 감사원이 직권으로 재심의한 것에 대하여는 재심의를 청구할 수 있으며, 감사원의 재심의 판정에 대하여는 감사원을 당사자로 하여 행정소송을 제기할 수 있으나, 그 효력을 정지하는 가처분 결정은 할 수 없다는 취지로 규정하고 있다(감사원법 제40조).

결국, 행정소송법 제18조의 다른 법률에 행정심판을 거쳐야 행정소송을 제기할 수 있다고 규정한 경우는 예외적으로 필요적 전치절차로 행정심판을 거쳐야 하는데 감사원의 재심의 결정은 일종의 필요적 전치절차에 해당하므로 행정소송을 제기하려면 반드시 재심의 절차를 거쳐야 한다.

또한, 「행정소송법」 제23조는 취소소송이 제기된 경우에 처분 등이나 그 집행 또는 절차의 속행으로 인하여 생길 회복하기 어려운 손해를 예방하기 위하여 법원이 처분 등의 효력을 정지하는 결정을 할 수 있도록 하였으나 재심의 판정에 대하여는 명문으로 이를 배제하는 조항을 두고 있다(감사원법 제40조 ②).

117) 대판 1999.12.20, 99무42 결정

1) 행정소송의 제기

(1) 소송 제기의 요건

감사원의 위법한 재심의 판정의 취소 또는 변경을 청구하는 소송을 제기하기 위하여는 다음과 같은 요건을 구비하여야 한다.

1 감사원의 재심의 판정이 있어야 한다.

「감사원법」 제40조 제2항은 "감사원의 재심의 판정에 대하여는 감사원을 당사자로 하여 행정소송을 제기할 수 있다. 다만, 그 효력을 정지하는 가처분결정은 할 수 없다."고 규정하여 감사원의 재심의 판정에 불복이 있는 경우에 행정소송을 제기할 수 있게 하였다.

2 재심의 판정의 위법

재심의는 변상판정이 위법한 경우뿐만 아니라 부당한 경우까지도 포함하여 청구할 수 있음에 반하여 행정소송은 재심의 판정의 위법에 대하여 소(訴)의 제기를 인정하고 있다.

이에 관하여는 감사원법의 규정에 명시한 바 없으나 행정소송법 제1조에 이 법은 행정소송 절차를 통하여 행정청의 위법한 처분 그 밖에 공권력의 행사·불행사 등으로 인한 국민의 권리 또는 이익의 침해를 구제하고, 공법상의 권리관계 또는 법 적용에 관한 다툼을 적정하게 해결함을 목적으로 한다고 규정하여 이를 명백히 하였다.

3 원고는 소권(訴權)을 가진 자라야 한다.

소권을 가진 자라 함은 위법한 재심의 판정으로 인하여 자기의 권리, 이익이 침해(엄격한 의미에 있어서의 권리 침해뿐 아니라 법에 의하여 보호되고 있는 이익 침해 포함)된 자를 말한다. 취소소송은 처분 등의 취소를 구할 법률상 이익이 있는 자가 제기할 수 있다. 처분 등의 효과가 기간의 경과, 처분 등의 집행 그 밖의 사유로 인하여 소멸된 뒤에도 그 처분 등의 취소로 인하여 회복되는 법률상 이익이 있는 자의 경우에는 또한 같다(행정소송법 제12조).

④ 재심의 판정의 등본을 송달받은 날로부터 90일 이내에 제기하여야 한다.

취소소송은 처분 등이 있음을 안 날부터 90일 이내에 제기하여야 한다. 다만, 다른 법률에 당해 처분에 대한 행정심판의 재결을 거치지 아니하면 취소소송을 제기할 수 없다는 규정이 있는 때와 그 밖에 행정심판 청구를 할 수 있는 경우 또는 행정청이 행정심판 청구를 할 수 있다고 잘못 알린 경우의 기간은 재결서의 정본을 송달받은 날부터 기산한다(행정소송법 제20조). 그러므로 재심의 판정의 등본을 송달받은 날로부터 90일이 제소기간이 된다.

이와 같은 제소 기간의 제한은 행정 작용과 그로 인한 권리 관계를 조속히 안정시키는 데 목적이 있는 것으로 위의 기간은 불변 기간이다.

(2) 관련 청구의 병합

일반적으로 항고소송(재심의 판정에 대한 행정소송)에는 그 청구와 관련되는 원상회복, 손해배상, 기타(부당이득 반환 등)의 청구의 소송을 병합할 수 있다(행정소송법 제10조). 이는 행정처분에 관련되는 분쟁을 일거에 해결하여 심리의 중복과 재판의 저촉을 피하는 동시에 병합할 수 있는 청구의 범위를 명시하여 행정사건 해결의 지연을 방지하려는 것이다.

심리의 중복과 재판의 저촉을 피함

관련 청구를 병합하여 행정사건 해결의 지연을 방지

(3) 소송 제기의 효과

소송의 제기에 의한 사건은 법원이 이를 심리한다. 그런데 항고소송(재심의 판정에 대한 행정소송)의 제기가 다툼이되는 행정처분에 어떠한 영향을 미치는가에 대하여는 원칙적으로 행정처분의 집행을 정지하지 않는다. 그것은 행정처분에는 공정력이 인정되고 있으므로 소송 제기가 있어도 취소 판결이 있기 전에는 집행력이 있기 때문인 것이다.

이 원칙에 대하여는 행정소송법상 예외가 인정되고 있다. 즉 동법 제23조 제2항에 의하면 취소소송이 제기된 경우에 처분 등이나 그 집행 또는 절차의 속행으로 인하여 생길 회복하기 어려운 손해를 예방하기 위하여 긴급한 필요가 있다고 인정할 때에는 본안이 심리되고 있는 법원은 당사자의 신청 또는 직권에 의하여 처분 등의 효력이나 그 집행 또는 절차의 속행의 전부 또는 일부의 정지(이하 '집행정지'라 한다)를 결정할 수 있다고 규정하였다. 이것은 원고의 부당한 손해를 방지하고 권리를 보전시키기 위한 것이나 한편 동조 제3항은 집행정지가 공공의 복리에 중대한 영향을 미치게 할 우려가 있는 때에는 허용되지 않는다고 규정하였다.

그런데 감사원법은 행정소송법의 규정과는 달리 재심의 판정에 대하여는 그 효력을 정지하는 가처분결정을 할 수 없다고 명문의 규정을 두어 예외를 인정받고 있다(제40조 제2항 단서).

일반적으로 행정처분의 효력으로는 집행력 구속력, 공정력, 확정력 등이 인정되고 있으므로 위에서 말한 '효력정지'의 개념은 집행력의 정지를 의미하는 '집행정지'보다는 넓은 개념이라고 할 수 있겠으나, 가처분에 의하여 행정처분의 효력을 정지시킬 실효가 있는 것은 집행력밖에 없을 것이므로 '효력정지'와 '집행정지'와는 같은 개념으로 해석할 수 있을 것이다.

2) 행정소송의 심리

행정소송법에 특별한 규정이 없는 사항에 대하여는 법원조직법과 민사소송법 및 민사집행법의 규정을 준용하므로(행소법 제8조) 행정소송의 심리는 불고불리의 원칙과 당사자주의가 심리의 기본의 되어 있다. 다만, 행정소송의 특수성으로 공공복리에 필요한 한도 내에서 특례를 인정하고 있는 경우에는 처분이 행정권의 작용이라는 것과 법원의 심리 대상이 법률적 쟁송이라는 것에 기하여 민사소송과 다른 특색을 가진다.

(1) 심리권의 범위

법원은 소송 제기가 없을 때와 당사자 쌍방의 청구의 범위를 넘어서 심리 재판하지 못함을 원칙으로 하나 필요할 때에는 직권으로 증거조사를 할 수 있고, 당사자가 주장하지 않는 사실에 관하여도 판단할 수 있다(행정소송법 제26조). 소송이 제기되었을 때에는 법원은 소송 제기 요건의 구비 여부를 심리(요건심리)하여, 그것을 구비하지 않았다고 인정한 때에는 원칙적으로 이를 각하한다.

소송 제기 요건을 구비하였을 때에는 본안에 관하여 심리한다.

(2) 증거조사

행정소송의 공익성에 비추어 사건의 심리에 있어서 법원은 필요한 경우에는 직권으로서 증거조사를 할 수 있고, 또 당사자가 주장하지 않은 사실에 관한 증거도 조사할 수 있다(행정소송법 제26조).

입증책임에 있어서는 행정처분의 위법을 주장하는 원고 측에 입증책임이 있다는 것이 통설이다.

민사소송의 원칙에 의하면 유효한 법률 효과의 발생을 주장하는 측에 입증책임이 있다 하겠으나 행정처분의 경우에는 공정력(적법성 추정)이 인정되는 결과로 원고 측에 입증책임이 있다고 해석되기 때문이다.

3) 판결의 종류와 효력

(1) 판결의 종류

[1] 청구각하의 판결

소송 요건을 결여하였으므로 인하여 부적법한 소라하여 본안심리를 거절하는 판결이다. 이로 인하여 소송 목적이 된 처분이 적법한 것으로 확정되는 것이 아니기 때문에 동일 처분에 대하여 다시 요건을 구비하여 소송이 제기된 경우에는 법원은 이를 심리하지 않으면 안 된다.

[2] 청구 기각의 판결

본안심리를 한 결과 원고의 청구가 이유 없다 하여 그 주장을 배척하는 판결이다. 다음과 같은 경우에 청구 기각의 판결을 한다.

① 계쟁처분(係爭處分)이 적법임을 인정하는 경우로서 이 판결이 확정되면 계쟁의 처분 또는 재결의 효력에 대하여 누구도 다루지 못하게 된다.

② 소송 계속 중에 소의 목적이 소멸한 경우로서 피고인 행정청이 소의 목적인 처분(재심의 판정)을 취소한 경우가 이에 해당한다.

③ 청구에 이유 있으나 청구를 기각하는 경우로서 계쟁처분이 위법임이 인정되더라도 처분을 취소하거나 변경함이 현저히 공공복리에 적합하지 아니하다고 인정하는 때에는 법원은 청구를 기각할 수 있다(행소법 제28조 제1항). 이 경우 법원은 그 판결의 주문에서 그 처분 등이 위법함을 명시하여야 한다. 이와 같이 사정판결을 함에 있어서는 미리 원고가 그로 인하여 입게 될 손해의 정도와 배상방법, 그 밖의 사정을 조사하여야 한다.

[3] 청구 인용의 판결

원고의 청구에 이유 있다 하여 그 전부 또는 일부를 인용하는 판결이다. 이 판결에는 청구내용에 따라 확인판결, 형성판결, 이행판결의 세 가지가 있다. 형성판결은 법률관계를 형성, 변경, 소멸시키는 판결로서 재심의 판정의 취소 또는 변경의 판결이 이에 해당한다.

(2) 판결의 효력

판결은 그 내용에 따라서 당사자와 관계인을 구속하는 효력(구속력)을 가지며 형식적 확정력과 실질적 확정력이 발생한다.

그러므로 일단 판결이 확정되면 동일 사건에 관하여는 다시 소송을 제기하지 못하며, 제기하더라도 상대방은 기판력의 항변을 할 수 있고 법원은 일사부재리의 원칙에 의하여 이를 각하한다.

4) 소송비용

소송비용에 관하여는 민사소송법의 일반 원칙에 따라야 하는 바 원칙적으로는 패소자의 부담으로 하고, 원고의 청구의 일부가 인용되었을 때에는 원고와 피고가 분담한다. 행정청이 패소한 때에는 그 행정청의 부담이 된다.

취소 청구가 제28조의 규정(사정판결)에 의하여 기각되거나 행정청이 처분 등을 취소 또는 변경함으로 인하여 청구가 각하 또는 기각된 경우에는 소송비용은 원고의 패소에도 불구하고 피고의 부담으로 한다(「행정소송법」 제32조).

민사소송법의 일반원칙

"패소자의 부담으로 함"

원고의 청구의 일부가 인용되었을 때

원고와 피고가 분담

행정청이 패소한 때

행정청의 부담

취소 청구가 사정판결에 의해 기각될 때

피고 행정청 부담
(행정소송법 제32조)

Ⅳ. 변상판정의 집행 및 사후관리

감사원은 회계관계직원 등에게 변상책임이 있다고 판정하였을 때에는 변상책임자, 변상액 및 변상의 이유를 명백히 한 변상판정서를 소속 장관 또는 감독기관의 장에게 송부하여야 하며 변상판정서의 송부를 받은 소속 장관 또는 감독기관의 장은 자기의 책임하에 변상 책임자로 하여금 감사원이 정한 기한 내에 변상하게 하여야 한다.

변상책임자가 감사원이 정한 기한 내에 변상의 책임을 이행하지 아니하였을 때에는 소속 장관 또는 감독기관의 장은 관계 세무서장에게 위탁하여 국세징수법 중 체납처분의 규정을 준용하여 이를 집행한다(감사원법 제31조 참조).

변상판정의 집행 절차에 관하여는 감사원법, 국세징수법 및 변상판정의 집행 절차에 관한 규칙에 상세한 규정을 두고 있다.

1. 변상판정의 집행 절차

1) 판정문 등본의 송부

감사원이 변상 책임이 있다고 판정하였을 때에는 판정문등본 2통을 변상책임자의 소속 장관(국가기관의 경우), 감독기관 장(국가기관 이외의 경우), 또는 해당 기관의 장(소속 장관 또는 감독기관의 장이 없거나 분명하지 아니한 경우)에게 송부한다. 감사원이 판정문 등본을 송부함에 있어서는 변상기한을 정하여 통지한다. 이 변상기한의 시기(기산일)는 판정문 등본이 본인에게 도달한 날이다(「변상판정 집행 절차에 관한 규칙」 제6조).

2) 변상명령서 등의 송달

변상책임자의 소속 장관 등이 감사원으로부터 판정문 등본의 송부를 받았을 때에는 송부를 받은 날로부터 20일 이내에 그중 1통을 별표서식에 의한 '변상명령서'와 함께 변상 책임자에게 직접 송달하거나 또는 변상책임 사유 발생 당시에 소속하였던 관서 또는 단체의 장(이하 소속 관서 또는 단체의 장이라 한다)에게 송부하여 변상 책임자에게 송달하게 한다(「변상판정 집행절차에 관한 규칙」 제4조).

민법은 의사표시의 효력 발생 시기에 대하여 도달주의를 채택하고, 제111조에 "상대방 있는 의사표시는 그 통지가 상대방에 도달한 때로부터 그 효력이 생긴다."고 규정하였다.

통지가 언제 도달하였느냐에 관하여 분쟁이 있을 때에는 그 통지를 한 자가 이를 증명하여야 하므로 사전에 주의할 필요가 있다. 도달이란 상대방의 세력 범위내에 들어가는 것, 즉 사회 통념상 일반적으로 의사표시를 알 수 있는 객관적 상태에 두는 것을 말하며, 반드시 상대방이 알 것을 필요로 하지 않는다. 따라서 상대방이 부재중이라도 상대방의 주소에서 가족 혹은 고용인에게 교부되면 도달이 된 것으로 본다.

변상명령서에는 국고금관리법 제10조의 규정에 의한 납입고지서를 첨부하여 변상책임자에게 송달하여야 한다. 변상명령서 등의 송달방법에는 ① 배달증명우편 ② 송달서 ③ 공시송달 등 세가지 방법이 있다.

■ 변상판정 집행 절차에 관한 규칙 [별지 제1호서식] 〈개정 2015.7.17.〉

변 상 명 령 서

일금 원

귀하에 대한 별지 20 년 월 일자 감판 제 호 감사원 판정에 의하여 이 변상명령서를 송달 받은 날로부터 3개월 이내에 위 금액을 ○○관서(또는 단체) (변상책임사유 발생당시 변상책임자가 소속하였던 관서 또는 단체명)에 변상함을 명함.

위 기한까지 위의 변상금을 납입하지 아니할 때에는 「감사원법」 제31조제5항에 따라 「국세징수법」 중 체납처분의 규정을 준용하여 징수함.

20 년 월 일

소속 장관 · 감독기관의 장 또는 해당 기관의 장

○○○ 귀하

210mm×297mm(백상지 80g/㎡)

(1) 배달증명우편

배달증명우편이라 함은 통상 우편물을 특수 취급하는 우편으로서 등기, 통화등기 및 물품등기의 우편물을 배달하거나 교부하였을 때에 발송인에게 그 배달하였다는 사실을 우체국이 증명하는 것을 내용으로 한다.

발송인이 문서를 배달증명 우편물로서 발송하고자 할 때에는 우편물 표면, 보이기 쉬운 곳에 '배달증명'이라 기재하여 우체국에 제출하여야 한다. 배달증명 우편물을 배달한 때에는 발송인에게 배달증명서를 우편으로 송부한다. 다만, 발송인이 원하는 경우에는 정보통신망을 통한 전자적 방법으로 송부할 수 있다. 등기우편물의 발송인 또는 수취인은 우편물을 발송한 다음 날부터 1년까지는 우체국에 당해 특수우편물수령증·주민등록증 등의 관계자료를 내보여 동 우편물의 발송인 또는 수취인임을 입증하고 그 배달증명을 청구할 수 있다. 다만, 내용증명우편물에 대한 배달증명의 청구기간은 우편물을 발송한 다음 날부터 3년까지로 한다(우편법시행규칙 제57조 내지 제59조).

변상 책임자에게 변상명령서 등을 우편물로서 송달하는 경우, 반드시 배달증명 우편물로 발송하도록 규정한 이유는 변상명령서 등을 송달하였다는 사실을 명백히 하고 후일에 도달 여부에 관하여 문제가 발생하지 않도록 하기 위한 것이므로 소속 장관 또는 감독기관의 장과 소속 관서 또는 단체의 장은 변상명령서 등의 송달에 관하여 각별히 유의하여야 한다.

(2) 송달서

송달서에 의한 전달방법은 「변상판정 집행 절차에 관한 규칙」 별표 제2호 서식에 의한 송달서로서 변상명령서 등을 변상 책임자에게 직접 전달하는 방법이다.

■ 변상판정 집행절차에 관한 규칙 [별지 제2호서식] 〈개정 2015.7.17.〉

송 달 서

감사원 판정문등본 문서번호 및 통수	
변상명령서 문서번호 및 통수	
변상책임자의 성명 주소 또는 거소	
수취인 기명날인	
송달일자	
송달 불능한 경우 그 사유	
관서 또는 단체명 직명　　성명	

210mm×297mm(백상지 80g/㎡)

비고(이 난은 서식에 포함하지 아니한다)

- 연대변상 책임자가 있을 경우에는 변상 책임자의 성명·주소 또는 거소를 연기(連記)하고 수취인의 기명날인은 그중 1인만 하여도 무방함

(3) 공시송달

변상 책임자가 ① 변상명령서 등의 수령을 거부하였을 때 ② 변상 책임자의 주소 또는 거소가 분명하지 아니하거나 변상 책임자가 국내에 있지 아니한 때의 한 가지 경우에 해당하는 때에는 소속 장관, 감독기관의 장 또는 소속 관서 단체의 장으로 하여금 해당 관서 또는 단체의 게시판이나 기타 적당한 장소에 변상판정문과 변상명령서의 내용을 10일간 게시하게 한다. 그리고 소속 장관 또는 감독기관의 장이 필요하다고 인정하는 경우에는 변상판정문과 변상명령서의 내용을 관보 또는 신문지상에 공고할 수 있다. 변상판정문과 변상명령서의 내용을 공고하였을 때에는 공고한 날로부터 10일이 지나면 변상판정문 등이 변상 책임자에게 송달된 것으로 간주된다.

민법은 표의자(表意字)가 과실 없이 상대방을 알지 못하거나 상대방의 소재를 알지 못하는 경우에는 의사 표시는 민사소송법의 공시송달의 규정에 의하여 송달할 수 있다(민법 제113조). 민사소송법은 원칙적으로 법원 게시판에 게시한 날로부터 2주간이 지나면 송달로서의 효력이 발생한다고 규정하였다(민사소송법 제196조). 다만, 외국에서 할 송달에 대한 공시송달의 경우에는 2개월이 지나야 한다.

변상명령서 등의 공시송달의 효력 발생 시기를 민사상의 공시송달의 경우보다 짧게 규정한 것은 행정처분인 변상판정의 성질에 비추어 그 효력을 조속히 발생케 하자는 데 그 목적이 있다.

3) 송달결과 및 집행전망 등의 보고

변상 책임자의 소속 장관 또는 감독기관의 장은 판정문 등본과 변상명령서 등을 송달하였을 때에는 그 결과를 감사원에 통보하여야 한다. 만약 소속 관서 또는 단체의 장이 송달하였을 때에는 소속 장관 또는 감독기관의 장을 경유하여 감사원에 통보하여야 한다(「변상판정집행절차에 관한 규칙」 제8조).

이 통보에는 단순히 송달 완료의 뜻만을 기재할 것이 아니고 그 송달의 방법을 명시하여야 한다.

소속 관서 또는 단체의 장은 변상 책임자가 변상금을 납부하였을 때에는 소속 장관 등에게 보고하여야 하며, 소속 관서 또는 단체의 장은 제3조 제2항의 기한 내에 전부 또는 일부가 변상에 이르지 못하였을 때에는 그 전말 및 변상 책임자의 재산 상황과 그 재산 소재를 철저히 조사하여 소속 장관 등에게 보고하여야 한다(「변상판정집행절차에 관한 규칙」 제9조).

2. 변상판정의 강제집행

1) 행정상 강제 징수

행정상 강제 징수라 함은 국민이 국가 또는 공공단체에 대하여 부담하고 있는 공법상의 금전급부 의무를 이행하지 않은 경우에 행정청이 강제적으로 의무가 이행된 것과 동일한 상태를 실현하는 작용을 말한다.

행정상 강제 징수는 국세징수법이 일반법으로 되어 있으나 실제로는 각 법률이 공법상의 금전급부의무의 강제에 관하여 국세징수법의 예에 의하도록 규정하는 것이 통례로 되어 있다(예, 지방세법 제82조).

감사원법 제31조 제5항은 "변상 책임자가 감사원이 정한 기한 내에 변상의 책임을 이행하지 아니하였을 때에는 소속 장관 또는 감독기관의 장은 관계 세무서장에게 위탁하여 국세징수법 중 체납처분의 규정을 준용하여 이를 집행한다."고 규정하여 변상책임 불이행의 경우에도 행정상 강제 징수를 할 수 있는 근거를 두고있다.

2) 체납처분

체납처분이라 함은 행정상 강제 징수로서 국세를 지정된 기한까지 완납하지 않을 때에 체납처분기관인 세무서가 체납자의 재산을 압류하고 공매하여 그 결과,

매각대금으로써 체납국세에 충당하는 행정처분인 강제환가절차(强制換價節次)를 말한다.

강제환가절차로서의 체납처분은 1개의 독립된 행정처분이 아니고 강제 징수라는 하나의 목적에 결합된 수 개의 독립된 행정처분, 즉 재산의 압류, 환가 및 배당 등으로 구성된 일련의 행정절차이다. 각 처분은 독립하여 법률상의 효과가 인정되며 쟁송의 대상이 된다. 이와 같이 체납처분은 하나의 목적에 결합된 일련의 처분이므로 선행 처분의 위법성은 후행 처분에 승계된다. 따라서 재산 압류처분의 위법성은 그 후의 환가 또는 배당 처분에 승계된다.

체납처분은 사법상 채권의 실현 절차인 민사 소송법상의 강제집행과 비슷하나 다음과 같은 차이점이 있다.

첫째, 민사상의 강제집행은 제3자인 국가기관의 집행관에 의하여 행하는데 체납처분은 채권자인 국가기관의 세무공무원 스스로가 이를 집행한다. 둘째, 민사상의 강제집행은 채무 명의에 집행력 있음을 증명하는 집행문을 필요로 하나 체납분은 이를 필요로 하지 않고 원칙적으로 독촉장의 발부 후 상당 기간이 경과하였을 때에 즉시 이를 집행할 수 있다.

3) 체납처분의 위탁

변상 책임자의 소속 장관 또는 감독기관의 장은 감사원이 정한 기간 내에 변상할 금액의 전부 또는 일부가 변상에 이르지 못하였다는 보고를 받았을 때에는 관계 세무서장에게 변상판정의 강제집행을 위탁하여야 한다. 이 경우에는 변상명령서의 등본을 청부한 체납처분 위탁서로서 위탁하여야 한다(「변상판정 집행절차에 관한 규칙」 제10조).

여기에서 '관계 세무서장'이라 함은 변상 책임자의 주소지를 관할하는 세무서장을 의미한다.

소속 장관 또는 감독기관의 장이 없거나 분명하지 아니한 경우에는 감사원장이 관계 세무서장에게 위탁하여 국세징수법 중 체납처분의 규정을 준용하여 이를 집행하며, 관계 세무서장에 대한 감독을 한다(감사원법 제31조 제7항).

관계 세무서장은 변상 책임자의 주소나 거소가 불분명하거나 압류할 만한 재산이 없을 경우(압류할 수 있는 재산의 가액이 처분비를 충당하고 잔여를 생길 여지가 없을 경우 포함)에는 체납처분의 수탁을 거절할 수 있다.

■ 변상판정 집행절차에 관한 규칙 [별지 제3호서식] 〈개정 2015.7.17.〉

체 납 처 분 위 탁 서

변상책임자 성명

주소 또는 거소

체납금 원

위 변상책임자에 대하여 20 년 월 일자 감사원 판정 제 호에 의하여 별지와 같이 변상명령하였으나 이를 변상하지 아니하므로 「감사원법」 제31조제5항에 따라 체납처분을 위탁합니다.

위 체납처분 완료 후 징수한 변상금은 ○○관서(또는 단체) (변상책임사유 발생 당시 변상책임자가 소속하였던 관서 또는 단체명)에 송금하시기 바랍니다.

20 년 월 일

소속 장관 · 감독기관의 장 또는 해당 기관의 장

○○ 세무서장 귀하

210mm×297mm(백상지 80g/㎡)

비고(이 난은 서식에 포함하지 아니한다)

• 변상책임자의 재산 상황을 참고로 첨부할 것

3. 변상책임의 소멸

1) 변상금의 변제

변제라 함은 채무의 내용을 실현하는 채무자의 행위이다. 변제가 있으면 채권은 그 목적을 달하여 소멸한다. 변상책임은 금전의 급부를 목적으로 하는 채무이므로 변상책임자가 금전을 국가 등의 수납기관(출납공무원, 한국은행, 체신관서)에 납부함으로써 소멸한다.

알아보기 11 변상금의 대물변제

대물변제는 채무자가 채권자의 승낙을 얻어 본래의 채무이행에 갈음하여 다른 급여를 함으로써 채권을 소멸시키는 것을 말한다. 예컨대 300만 원의 채무에 갈음하여 소형 자동차 1대를 급부함으로써 채무를 면하는 것이 대물변제이다.

일반적으로 채권이라 함은 특정의 작위 또는 부작위를 청구하는 권리를 말하나 여기에서 '국가의 채권'이라 함은 재산으로서의 국가채권 즉, 조세, 대부금, 기타 금전의 급부를 목적으로 하는 채권을 말한다.

국가채권의 효력 변경에 관한 실정법으로서는 현재, 「국세징수법」·「국가채권 관리법」·「증권에 의한 세입 납부에 관한 법률」 등이 있다.

회계관계직원의 변상책임은 금전의 급부를 목적으로 하는 것이므로 변상책임자는 「증권에 의한 세입납부에 관한 법률」 제1조의 규정에 의하여 특정의 증권으로 납부할 경우를 제외하고는 금전으로써 변상하여야 하는 것이다. 따라서 변상금은 원칙적으로 대물변제할 수 없는 것으로 해석된다.

기존 채무를 위하여 어음을 교부하는 경우, 기존 채무가 소멸하느냐에 관하여는 당사자의 의사에 따라 결정하여야 할 것이나, 일반적으로 기존 채무는 소멸하지 않는다고 해석하는 것이 타당하다. 왜냐하면, 채무자는 일응 기존 채무의 이행수단으로 즉 변제를 위하여 어음을 교부하였을 뿐이고, 아직 채무는 종국적으로 결제되지 않는 것으로 생각하는 것이 보통이기 때문이다. 따라서 채권자는 먼저 어음에 의하여 지급을 청구할 의무를 지고 실제로 지급을 받으면 그 범위만큼 기존 채무도 목적을 달하여 소멸하지만 어음에 의하여 지급되지 않는 때에는 따로 기존채 무를 청구할 수 있게 된다.

그러나 당사자가 이행에 갈음하여 어음에 의하여 결제하려는 의사를 명백히 한 때(대물변제)에는 어음의 교부만으로 기존 채무는 소멸하고, 채권자는 어음상의 권리만을 주장할 수 있는 것이므로 어음이 지급되지 않은 때에도 어음법상의 권리에 의하여 채무자에게 추급할 수 있을 뿐이다.

그런데, 위에서 기술한 바와 같이 증권에 의한 세입 납부는 일종의 대물변제로서 해석되고 있으나 금전채무에 갈음하여 증권을 수령하였다 하더라도 만약에 그 증권이 부도(不渡)된 경우에는 처음부터 납부하지 아니한 것으로 간주가 된다(증권에 의한 세입납부에 관한 법률 제2조). 이것은 대물변제의 일반적인 효과에 대한 특례 규정으로서 증권이 부도된 경우 복잡한 법률문제의 발생으로 인한 국고의 불이익을 미연에 배제하기 위한 것이다.

변상금의 납부에 사용할 수 있는 증권은 ① 국가기관 또는 지방자치단체가 발행하는 수표 ② 금융기관이 발행하는 자기앞수표 ③ 세입을 수납하여야 할 수입금출납공무원, 한국은행 (본점지점 또는 대리점을 포함), 서울특별시, 시 또는 군을 수취인으로 지정하였거나 수취인으로 위임한 우편통상환증서, 우편대체저금불출증서, 우편소액환증서, 또는 우편전신환증서 등이다.

2) 소멸시효 완성

국가재정법 제96조 제1항에 의하면 "금전의 급부를 목적으로 하는 국가의 권리로서 시효에 관하여 타 법률에 규정이 없는 것은 5년간 행하지 아니할 때에는 시효로 인하여 소멸한다."고 규정하였다. 따라서 변상금의 급부를 목적으로 하는 국가의 회계관계직원의 책임은 5년간 행사하지 않으면 소멸한다.

공공기관 등의 경우에는 재정시효를 적용받지 않고 일반적인 손해배상시효를 적용 받으므로 손해 발생을 안 날로부터 3년, 있은 날로부터 10년을 경과하였을 때(시효중단 사유가 있을 때에는 그때부터 기산)에는 변상판정을 할 수 없다.

사법상의 채권소멸시효가 원칙적으로 10년인데 공법상의 금전채권채무의 소멸시효를 원칙적으로 5년이라고 규정하여 사법상의 시효보다 짧게 한 것은 공법상의 권리의무를 조속히 결제 안정시키는 데에 그 목적이 있다.

시효의 기산점에 대하여는 국가재정법 또는 타 법률에 규정한 바 없으므로 민법 제166조 제1항의 규정을 준용하여 '권리를 행사할 수 있는 때'로부터 진행한다고 해석한다.

여기에서 '권리를 행사할 수 있는 때'라 함은 손망실 또는 손해가 발생한 날을 말한다. 변상책임의 시효기간의 계산에 있어서는 기간의 초일 즉 손망실 또는 손해가 발생한 날은 산입하지 않는다.

감사원의 변상판정은 기존의 법률관계를 확정 선언하는 확인적 행정행위에 불과한 것이므로 변상판정일을 기준하여 시효기간을 계산할 수 없다. 다만, 감사원의 변상판정에 기하여 변상명령서와 납입고지서를 발행하여 변상책임자에게 송달한 때에는 소멸시효의 중단 효과가 발생한다(국가재정법 제96조 제4항).

시효의 중단이라 함은 진행한 시효기간이 효력을 상실하는 것을 말하며, 중단사유가 소멸한 때로부터 다시 시효가 진행된다.

3) 사망

감사원에서는 변상 책임자가 변상판정 전에 사망한 경우에만 그 책임을 묻지 아니하고 유책의 판정을 받은 이후에 회계관계직원이 사망한 경우에는 그 책임을 상속재산에 대하여 집행할 수 있다.

변상책임이 비록 공법상의 특별한 책임이기는 하나 재산적 책임의 성질에는 변함이 없으므로 사법상의 손해배상책임과 같이 상속인에게 이전한다고 본다.

변상판정이 유효하게 성립한 후 변상명령서를 송달하였으나 도달하기 전에 변상 책임자가 사망한 경우는 행정행위의 성립과 효력 발생 요건의 법리에 비추어 보면, 변상판정의 성립 요건은 충족하였으나 효력 발생 요건인 표시된 행정행위가 상대방에 도달이 되지 않은 경우에 해당되므로 행정행위의 상대방 즉, 변상 책임자에 대하여 변상의 효력이 발생하지 않는다.

4) 체납처분의 종결과 중지

체납처분을 위탁받은 세무서장은 체납처분이 완료되었을 때에는 징수한 변상금을 위탁한 소속 장관 또는 감독기관의 장이 지정한 소속 관서 또는 단체의 장에게 지체 없이 송금하고 그 전말을 위탁한 소속 장관 또는 감독기관의 장에게 보고하여야 한다. 소속 관서 또는 단체의 장은 세무서장으로부터 변상금을 송부받았을 때에는 그 전말을 소속 장관 또는 감독기관의 장에게 보고하여야 한다. 소속 장관 또는 감독기관의 장은 소속 관서 또는 단체의 장으로부터 변상 전말을 보고받았을 때에는 지체 없이 그 전말을 감사원에 보고하여야 한다(「변상판정 집행절차에 관한 규칙」 제12조).

체납처분이 종결되고 체납액에 충당된 배분금액이 체납액에 부족될 때와 체납처분의 목적물인 총재산의 추산가액이 체납처분비에 충당하고 잔여가 생길 여지가 없는 때에는 체납처분을 중지하여야 한다. 체납처분이 종결되었거나 중지하였을 때에는 변상금을 징수 결정한 세입징수관은 미수납된 변상금을 결손처분을 한다(국세징수법 제86조).

알아보기 12 변상책임을 부담할 회계관계직원 등이 사망한 경우의 처리는?

(1) 변상책임을 부담하여야 할 회계관계직원 등이 감사원 변상판정전 사망한 경우에는 변상판정을 하지 아니할 사항에 해당하므로 판정절차를 진행하지 아니한다.

이 경우 사망자 말고 다른 관련자가 있는 경우에는 잔여 변상책임자의 몫에 해당하는 부분에 대하여 변상책임의 유무를 판정하여야 한다.

(2) 감사원의 변상판정이 있은 후 그에 따른 변상명령서가 송달되기전 변상책임을 부담하여야 할 회계관계직원 등이 사망한 경우에는 어찌 처리하여야 하는가?

감사원의 변상판정은 당사자에게 송달되어야 효력이 발생하는 것이므로 감사원의 변상판정에 따른 변상명령서가 송달되지 않은 경우에는 변상판정이 성립되었을뿐 효력이 있다고 할 수 없으므로 당연히 변상판정을 집행할 수 없고 당사자의 사망에 따라 직권으로 판정취소 등의 조치를 하여야 한다.

4. 감사원의 변상판정 집행전말 관리

감사원은 소속 장관 또는 감독기관의 장으로부터 변상판정 금액을 환수한 사실을 통보받은 때에는 집행이 완결된 것으로 처리한다. 그러나 감사원은 변상판정 사항에 대하여 그 집행기한(3월) 내 판정금액이 환수되지 않았을 때에는 감사원법 제31조 제5항에 따라 소속 장관 등으로 하여금 관계 세무서장에게 위탁하여 국세징수법의 체납처분의 규정을 준용하여 이를 집행하도록 요구한다(「집행전말 처리기준」감사원예규 제177호).

감사원은 감사 중 또는 감사결과를 처리하는 도중 횡령사실 발견 등 변상판정에 해당된다고 판단되는 사항이 확인되었을 경우 채무자의 재산처분, 시효소멸 등으로 인하여 채권 회수가 불가능해질 우려가 있으므로 변상판정 전이라도 감사대상기관으로 하여금 채권보전 등 필요한 조치를 하도록 요구할 수 있다.

변상판정 사항이 지정기한까지 집행되지 아니한 것이 있을 때에는 집행독촉서를 발부하거나 실지감사를 실시하여 그 사유를 규명한 후 정당한 이유 없이 집행하지 아니하였거나 집행을 지연하고 있는 것에 대하여는 그 책임을 묻게 된다.

또한, 소속 장관 등은 다음과 같은 사유로 그 집행에 장기간의 시일을 요할 때에는 감사원장에게 특수관리 지정을 신청하여야 한다.

「감사원법」 제 31조 제5항의 규정에 의하여 강제집행을 위탁한 것으로서 그 집행이 불가능하였을 때

변상책임자의 봉급 등에서 분할 변상하고 있을 때

변상책임자의 주소나 거소가 불분명하여 그 집행이 불가능하다고 판단될 때

특수관리 지정을 신청할 때는 다음 서류를 구비하고, 신청서에 당해 사항의 집행 책임자의 서약서를 첨부하여야 한다.

1. 강제집행 불능자에 대하여는 수탁 세무서장의 집행전말 보고
2. 분할 변상자에 대하여는 분할변상통지서, 집행계획서, 재직증명 등
3. 행방불명자 등에 대하여는 행정기관에서 발급받은 행발불명 등을 증명할 수 있는 서류

감사원은 특수관리를 할 필요가 있다고 인정되는 경우에는 이를 특수관리 사항으로 지정하여 당해 중앙관서의 장에게 통보한다.

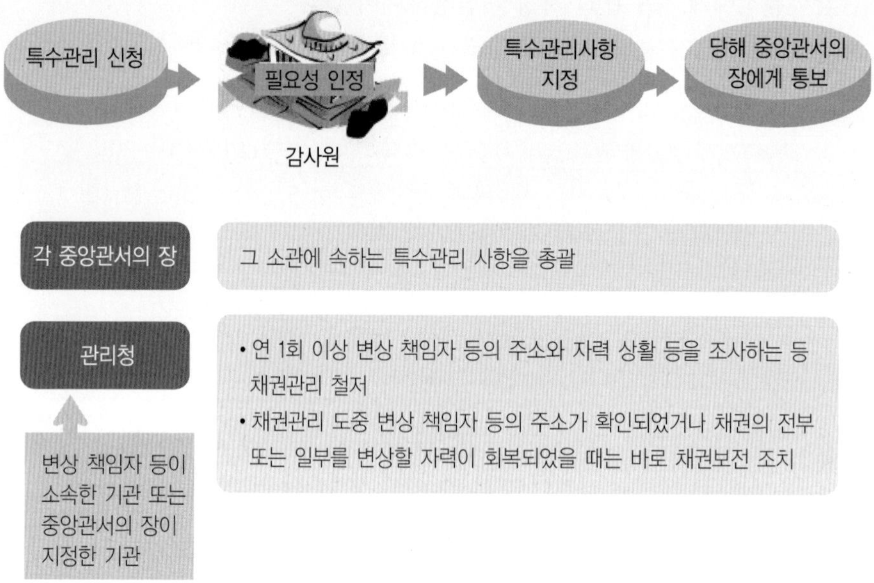

각 중앙관서의 장 및 관리청은 특수관리부를 비치하고 그 관리 상황을 기재하여야 하며 특수관리사항 중 그 전부 또는 일부가 집행되었을 때에는 지체 없이 그 전말을 각 중앙관서의 장을 경유하여 감사원장에게 보고하여야 한다.

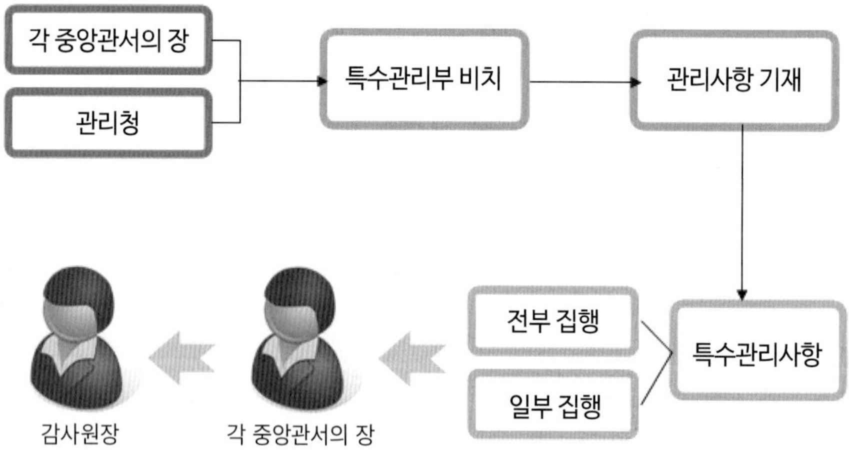

각 중앙관서의 장은 특수관리사항 중 변상책임자의 사망, 소멸시효의 완성 또는 특수관리 지정일로부터 5년이 경과되어 사실상 채권을 보전할 수 없다고 인정되는 경우에는 「개인정보보호법 시행령」 제19조에 따른 주민등록번호 등을 기재한 별지 제6호 서식에 따른 특수관리 전말보고를 첨부하여 감사원장에게 특수관리 지정의 해제를 신청하여야 하고, 감사원장은 이 신청사항으로서 더 이상 특수관리를 할 필요가 없다고 인정되는 경우에는 특수관리를 해제하고 이를 당해 중앙관서의 장에게 통보한다. 감사원은 수시로 특수관리사항에 대하여 확인감사를 실시한다.

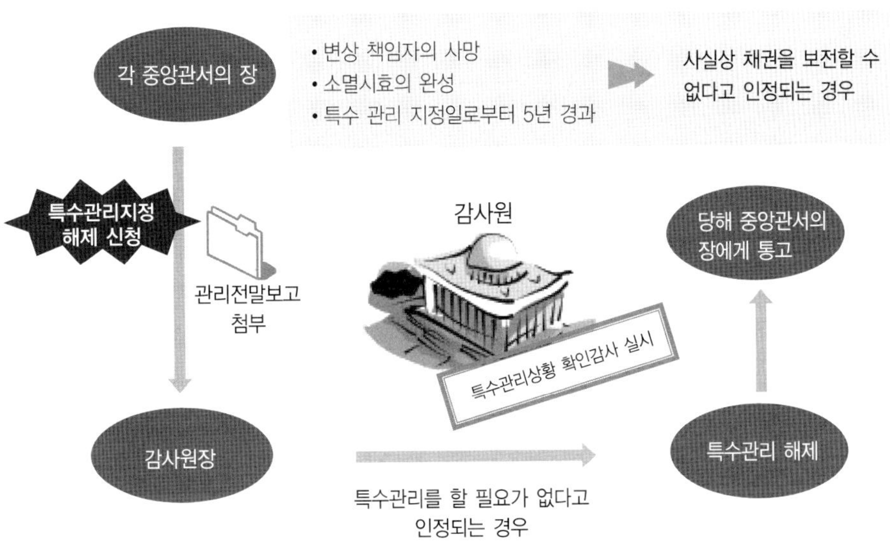

변상판정 사례 연구

CHAPTER 04

CHAPTER 04

CHAPTER 04

변상판정 사례 연구

이곳에서는 실제 변상판정 사례를 검토하기로 한다. 변상판정 사례의 연구는 우리가 앞에서 연구한 변상책임의 성립 요건과 변상금액 결정 등을 이들 사례에 직접 적용해 보고 확인함으로써 변상판정에 대한 지식을 총정리하고 견고한 변상에 대한 지식을 확보하는데 그 목적이 있다. 이를 위해서는 우선 그간의 주요 변상판정사례를 회계행위별 유형에 따른 처리 내용을 검토하고 최근 변상판정 사례에 대한 연구가 필요하다.

I. 회계행위 유형별 분류

변상사건은 회계행위가 다양한 만큼 종류가 많으나 실제 변상판정으로 귀결되는 분야는 대체로 계약 관련 분야, 손실보상 관련 분야, 채권 관련 분야, 물품 및 재산 관련 분야 등으로 분류할 수 있다. 변상이 발생하는 분야가 회계업무상 취약분야라고 할 수 있으므로 자주 발생하는 회계사무에 따른 유형 분류가 필요하다. 이곳에서는 변상판정 사례를 회계업무별로 재분류하고 판정례별로 요지, 변상금액 감면 여부 및 사유 등을 소개한다.[118)]

118) 이 부분의 사례 분류는 감사원에서 발간한 변상판정사례집을 인용하였다. 감사원, 《변상판정사례집》, 2013. 3.참조.

1. 계약 관련 변상판정 사례

1) 계약체결 및 이행보증 업무

1 제주A캡 제조기 고가 구매('03. 7. 24.)

요지 : 외자 구매를 위한 예정가격을 작성하면서 환율을 2개월 전의 것을 잘못 적용하여 물품을 고가 구매, 책임비율 산정 : 관련자 3명에게 균분, 변상금액 감면 여부 및 사유 : 50% 감경(① 수익 증대에 기여 ② 적극적 업무수행 결과 손해 발생)

2 복지복권 판매 미수금 담보용 이행보증보험증권 부당 반환('03. 12. 10.)

요지 : 계약기간이 종료하지 않았는데도 이행보증보험증권을 반환, 책임비율 산정 : 실무자/부장/국장/이사에게 1:3:3:3으로 배분(상급자의 위법한 지시를 사유로 실무자의 책임을 감경한 사례), 변상금액 감면 여부 및 사유 : 감경 없음

3 냉동 돈육 매입 및 보관업무 부당 처리('05. 1. 12.)

요지 : 계약 업체가 실제 돈육을 보관하고 있지 않은데도 이를 확인하지 않은 채 계약 업체가 돈육 보관을 대행하는 조건으로 매입, 계약 업체로부터 현금과 현물(돈육) 모두를 미회수, 책임비율 산정 : 관련자 3명에게 균분, 변상금액 감면 여부 및 사유 : 감경 없음

4 공사 이행 보증금 확보 태만('09. 5. 22.)

요지 : 이행 보증금을 납부받지 않은 채 계약을 체결하였다가, 채무불이행을 사유로 계약을 해지한 후 예산을 다시 들여 공사를 완공, 책임비율 산정 : 실무자/차장/팀장에게 7:1:2로 배분(실무자가 금품을 받고 고의적으로 이행 보증금을 받지 않아 책임비율을 가중), 변상금액 감면 여부 및 사유 : 상급자 2명은 50%씩, 실무자는 30% 감경(① 이행보증서류의 중요성을 간과 ② 공사를 완공하여 노후시설 개선이라는 당초 사업 목적 달성에 기여)

☞ (재심의 일부 인용) '11. 2. 11. 2011감재판 제1호 : 관련자 3명에 대한 감경비율을 확대, 변상판정 금액을 일부씩 감액

2) 선금 지급 및 관리

[1] 선금급 채권확보업무 부당 처리('03. 5. 27.)

요지 : 계약기간을 연장하면서 선급금보증보험 기간은 미연장, 책임비율 산정 : 관련자 4명에게 균분, 변상금액 감면 여부 및 사유 : 감경 없음

☞ (재심의 일부 인용) 2006. 7. 28. 2006감재판 제1호 : 관련자 중 과장과 국장은 '04. 1. 7.(2004감재판 제3·6호) 변상판정이 취소되었으나, 실무자와 계장은 '04. 1. 7. 재심의 청구를 기각하였다가 관련자의 행위와 인과관계가 없는 손해까지 변상판정하였다는 대법원 판결('05. 11. 14.)에 따라 직권 재심의를 통해 변상판정 금액을 일부 감액

[2] 선금 정산확인원 부당 발급('04. 3. 26.)

요지 : 건설공사 공동 수급체 중 1개 업체에 대해 도급비율을 적용하지 않은 채 총 정산금액으로 확인원을 발급하여 이미 선금과 기성금 정산이 완료되었다는 사유로 보증보험사에서 보험금 지급을 거절, 책임비율 산정 : 실무자 단독 판정, 변상금액 감면 여부 및 사유 : 50% 감경(선금 정산확인원 발급 절차 등을 정하지 않은 채 실무자 단독으로 처리토록 방치)

[3] 시설공사 변경계약업무 부당 처리('04. 5. 27.)

요지 : 공사기간을 연장하면서 선급금보증보험 기간은 미연장, 책임비율 산정 : 관련자 3명에게 균분, 변상금액 감면 여부 및 사유 : 50% 감경(① 교육훈련 미실시 ② 다른 예산 절감에 기여)

[4] 선금급 채권확보업무 등 계약관리업무 부당 처리('04. 12. 28.)

요지 : 공사기간을 연장하면서 선급금보증보험 기간은 미연장, 책임비율 산정 : 관련자 3명에게 균분, 변상금액 감면 여부 및 사유 : 80% 감경(① 계약업무가 생소 ② 보증채무 존재 여부에 대한 법률적 판단이 곤란 ③ 손해 확대 방지에 기여)

5 시립도서관 신축공사 선금 지급업무 부당 처리('05. 2. 2.)

요지 : 장기계속공사에서 당해 연도 계약금액이 아닌 총공사금액을 기준으로 선금을 과다 지급하였다가 업체 부도로 일부를 미회수, 책임비율 산정 : 관련자 4명에게 균분, 변상금액 감면 여부 및 사유 : 감경 없음

☞ (재심의 일부 인용) '07. 5. 1. 2007감재판 제3호 : 변상판정 전 수령한 재정보증보험금 수령액(1인당 300만 원)을 개인별 변상판정 금액에서 감액

6 선금급 채권확보업무 태만('07. 5. 14.)

요지 : 실시설계 용역 수행 중지 이후 선급금보증보험 기간을 미연장, 책임비율 산정 : 관련자 3명에게 균분, 변상금액 감면 여부 및 사유 : 감경 없음

7 공사 선급금 채권확보 미조치('11. 6. 8.)

요지 : 계약기간을 연장하면서 선급금보증보험 기간은 미연장, 책임비율 산정 : 실무자/계장/과장에게 4:4:2로 배분, 변상금액 감면 여부 및 사유 : 70% 감경(① 공기연장이 불가피 ② 손해 확대 방지 노력)

8 공사 선급금 채권확보 미조치('11. 11. 23.)

요지 : 계약기간을 연장하면서 선급금보증보험 기간은 미연장, 책임비율 산정 : 관련자 3명에게 균분, 변상금액 감면 여부 및 사유 : 80% 감경(① 기관의 필요에 의한 공기 연장 ② 손해 확대 방지 노력)

9 선급금 채권확보업무 부당 처리('12. 6. 19.)

요지 : 공사 중지를 명한 이후 선급금지급보증보험 기간은 미연장, 책임비율 산정 : 실무자/계장/과장에게 4:4:2로 배분, 변상금액 감면 여부 및 사유 : 80% 감경(① 계약업무 과다 ② 내부적인 업무 인수・인계가 미흡)

10 공사 선급금 정산업무 부당 처리('12. 7. 26.)

요지 : 공동 수급체 중 1개 업체의 도산에 따른 선급금 정산 시 선금과 공사비

미지급액을 상계처리하지 않은 채 공탁을 통해 미지급액 전부를 도산업체의 채권자에게 지급, 책임비율 산정 : 실무자/계장(2명)/과장에게 7:1:1:1로 배분, 변상금액 감면 여부 및 사유 : 감경 없음

3) 검수조서 작성

[1] 병원선 건조공사 허위 기성검사 및 기성금 부당 지급 결정('04. 5. 25.)

요지 : 기성금을 과다하게 지급한 후 계약업체 도산으로 미회수, 책임비율 산정 : 실무자와 과장에게 2:1로 배분한 후 실무자 사망을 사유로 과장에게만 1/3을 변상판정, 변상금액 감면 여부 및 사유 : 감경 없음

[2] 공사준공보고서 등 허위 작성('05. 9. 22.)

요지 : 실제 기성분보다 과다하게 공사 준공보고서를 작성하는 등 검수 관련 서류를 허위로 작성, 계약대금이 과다 지급, 책임비율 산정 : 관련자 2명에게 균분, 변상금액 감면 여부 및 사유 : 감경 없음(고의적인 행위)

[3] 전산장비 구매 요청 및 검사업무 태만으로 손해 초래('08. 11. 25.)

요지 : PC당 CPU 1개씩을 추가 설치하는 것으로 계약한 후 CPU 추가 설치 없이 납품되었는데도 정상 납품된 것으로 검사조서 발급, 책임비율 산정 : 관련자 2명에게 균분, 변상금액 감면 여부 및 사유 : 감경 없음

[4] 도로명 표지시설 구매 설치비 부당 지급('11. 5. 6.)

요지 : 계약과 달리 부족 시공되었음에도 계약 내용대로 이행된 것처럼 허위의 검수조서를 발급(변상판정과 별도로 해임 요구한 사례), 변상금액 감면 여부 및 사유 : 감경 없음(고의적인 행위), 책임비율 산정 : 실무자/계장/과장에게 5:4:1로 배분(검수조서를 허위로 작성한 실무자와 계장에 대해 책임비율을 가중한 사례)

4) 계약이행 등 기타

1 재활용품 판매계약 및 판매대금 수납업무 부당 처리('05. 4. 18.)

요지 : 재활용품 수거업체의 대금 미납으로 계약보증금이 잠식되었는데도 추가적인 담보 없이 재활용품 외상 판매를 지속, 책임비율 산정 : 관련자 3명에게 균분, 변상금액 감면 여부 및 사유 : 75% 감경(① 재활용 쓰레기 처리의 불가피성 ② 업체에서 구두로 대금납부를 약속하고 재활용품만 수거)

2 황금 기념메달 부당 지급('08. 2. 25.)

요지 : 공연 기념 황금메달 판매 홍보계약에 따르면 홍보업체가 300개 이상을 판매한 경우 그 대가로 10개를 무상 지급토록 되어 있음에도 판매량이 31개에 불과한 시점에서 10개를 무상 지급하였다가 미회수, 책임비율 산정 : 관련자 2명에게 균분, 변상금액 감면 여부 및 사유 : 감경 없음

3 A 관사용 아파트 매입대금 부당 지급 의뢰('08. 2. 27.)

요지 : 매도인의 대금청구권 양도를 승인하고도 매도인에게 매매대금 전액을 지급하였다가 채권 양수인에게 매매대금을 중복 지급, 책임비율 산정 : 실무자/B차장/C부장에게 90:5:5로 배분(실무자의 고의적인 행위라는 사유로 책임비율을 가중한 사례), 변상금액 감면 여부 및 사유 : 상급자 2명에 대해서만 50% 감경(채권회수 노력)

4 비상등(콤비라이트) 출급업무 등 부당 처리('08. 3. 20.)

요지 : ① 계약조건과 달리 수요기관에 비상등을 공급할 때까지 계약대금 일부 지급을 유보하지 않은 채 전부를 지급하였다가 국가기술규격 개정으로 보관 중인 비상등의 가치가 소멸 ② 납품업체가 수요 기관과 공모, 실제 납품되지도 않은 비상등이 납품된 것처럼 인수증 등을 위조, 조달청에 대금지급을 요청하였는데도 이를 그대로 지급, 책임비율 산정 : 손해 발생 원인인 행위별로 변상판정 금액을 안분한 후, 동일 행위 유형 내에서는 관련자 간 균분한 사례, 변상금액 감면 여부 및 사유 : 2/3 감경(① 국가기술규격 개정이라는 예측하기 어려운 사유로 보관 중인 비

상등 가치가 소멸 ② 납품업체 등의 사기에 따른 것으로 회계관계직원의 불법 이득이 없는 점)(재심의 일부 인용) '09. 8. 10. 2009감재판 제3호

☞ 재심의 청구인 중 2명의 변상판정 금액을 일부 감액(1명은 판정 취소)하였으나, '10. 5. 28. 서울행정법원(2009구합45723)에서 '중대한 과실'이 없다는 사유로 1명에 대한 재심의 결정을 추가로 취소되었고, 나머지 1명도 대법원 판결('11. 7. 14. 2011두7502)에 따라 일부 감액

5 수리계약 납품대금 지급 의뢰 및 지출업무 부당 처리('08. 4. 28.)

요지 : 제3채권자가 A품 수리계약 대금청구권을 가압류하였음에도 계약대금 전액을 수리업체에 지급한 후 제3채권자에게 또다시 지급, 책임비율 산정 : 관련자 2명에게 균분, 변상금액 감면 여부 및 사유 : 75% 감경(① 연도 말 회계업무 과중 ② 타 업무 겸직으로 지출업무 수행이 곤란 ③ 평소 예산 절감 등에 기여)

6 우표책 제작 납품업무 부당 처리('08. 8. 29.)

요지 : 계약조건과 달리 선금과 잔금을 지급받지 않은 상태에서 우표와 우표책자 등을 공급하였다가 대금을 미회수, 책임비율 산정 : 실무자와 팀장에게 1:3으로 배분(팀장이 부당한 계약 집행을 지시하였다는 사유로 책임비율을 가중한 사례), 변상금액 감면 여부 및 사유 : 감경 없음

7 판매대금 잘못 지급에 따른 유책 및 무책 판정('08. 11. 20.)

요지 : A 복지판매시설 입점 업체에 대한 판매수수료 지급방식이 후지급(後支給, 판매액 전액을 받은 후 수수료 지급)에서 선공제(수수료를 뺀 판매액을 A에 납부) 방식으로 변경되었음에도 수수료를 또다시 지급, 책임비율 산정 : 단독 판정(변상명령 대상자 중 변상판정을 청구하지 않은 자에 대해서도 일괄적으로 변상책임 유·무를 판단한 사례, 변상금액 감면 여부 및 사유 : 97.5% 감경(① 소멸시효 완성으로 변상책임이 면제된 타인과의 형평성 고려 ② 타부서 책임과 경합)(재심의 전부 인용)

☞ '09. 11. 11. 2009감재판 제4호 : 재심의 청구사유를 인정, 관련자 1명에 대한 변상판정을 취소

⑧ **채권압류된 공사대금 부당 지급**('09. 6. 12.)

요지 : 제3채권자에 의해 공사대금 채권이 가압류되었는데도 공사대금 전액을 계약업체에 지급하였다가 제3채권자에게 손해를 배상, 책임비율 산정 : 손해발생 원인인 행위별로 변상판정 금액을 안분한 후, 동일 행위 유형 내에서는 관련자 간 균분한 사례, 변상금액 감면 여부 및 사유 : 감경 없음

⑨ **폐업어선 기관·장비 매각업무 부당 처리**('09. 6. 12.)

요지 : 계약조건과 달리 계약대금을 납부받기 이전에 물건을 인도, 계약상대방이 이를 다시 제3자에게 재판매한 후 잠적, 책임비율 산정 : 실무자와 계장에게 6:4로 배분, 변상금액 감면 여부 및 사유 : 30% 감경(① 업무처리 경험 부재 ② 업무과다 ③ 예산절감 기여)

⑩ **철도화물 운송료 이중 지급**('11. 9. 19.)

요지 : 철도화물 운송료를 지급하고도 이를 중복 지급, 책임비율 산정 : 실무자/대리/팀장에게 5:3:2로 배분, 변상금액 감면 여부 및 사유 : 50% 감경(① 고의 아닌 과실에 따른 행위 ② 손해액 일부를 회수)

2. 손실보상 관련 변상판정 사례

1) 보상금 과다 지급

① **도로개설공사 편입용지 보상금 부당 지급**('03. 1. 30.)

요지 : 무자격자가 토지 소유자의 주민등록초본 등을 위조하여 보상금을 대리신청하였는데도 이를 그대로 지급, 책임비율 산정 : 실무자 2명에게 8:2로 배분, 변상금액 감면 여부 및 사유 : 감경 없음

2 **육상 전복양식장 어업손실(폐업)보상금 부당 지급**('05. 8. 2.)

요지 : 보상 실무자가 양식장 업주와 공모, 마치 공공사업 부지 내에 전복양식장이 포함되는 것처럼 허위의 자료를 작성하여 보상금을 지급, 책임비율 산정 : 실무자 단독 판정(상급자는 실무자에게 속아 결재했다는 사유로 변상판정 대상에서 제외한 사례), 변상금액 감면 여부 및 사유 : 감경 없음(고의적인 행위)

3 **육상 전복양식장 폐업에 따른 어업손실보상금 부당 지급**('05. 8. 2.)

요지 : 보상금 지급 대상자가 보상금 증액을 요구하자 재평가 사유가 없는데도 감정평가를 다시 실시, 보상금을 과다하게 지급, 책임비율 산정 : 실무자/계장/과장/부군수에게 3:3:3:1로 배분, 변상금액 감면 여부 및 사유 : 감경 없음(고의적인 행위)

4 **불법 건축물에 대한 보상금 부당 지급**('07. 3. 15.)

요지 : 보상기간 중 임시건물을 주택으로 불법 증·개축하였음에도 임시건물이 아닌 주택 가격을 기준으로 보상금을 과다 지급, 책임비율 산정 : 단독 판정, 변상금액 감면 여부 및 사유 : 30% 감경(주민을 설득하여 공공사업 추진에 기여)

5 **토지 보상업무 부당 처리**('09. 4. 22.)

요지 : 손실보상 대상인 토지의 지목을 잘못 적용, 보상금을 과다 지급, 책임비율 산정 : 보조원/실무자/팀장에게 6:2:2로 배분, 변상금액 감면 여부 및 사유 : 감경 없음,

6 **도시계획도로 부지 내 가설건축물 보상업무 부당 처리**('10. 7. 2.)

요지 : 민간업체로부터 위탁을 받아 손실보상 업무를 처리하면서 보상 대상이 아닌 가설건축물에서의 영업행위에 대해 보상금을 지급, 책임비율 산정 : 관련자 3명에게 균분, 변상금액 감면 여부 및 사유 : 감경 없음

☞ (재심의 전부 인용) '11. 7. 27. 2011감재판 제3호 : 서울고등법원에서 항소심 진행 중 손실보상 업무를 위탁한 건설업체에서 채권포기 각서를 제출, 법원

에서 조정을 권고(직권 재심의 및 소 취하)함에 따라 직권 재심의를 통해 관련자 3명 모두 무책 판정

⑦ 기존 무허가건물 보상업무 처리 태만('11. 7. 15.)

요지 : 이미 철거된 무허가건물에 대해 보상금을 부당 지급, 책임비율 산정 : 실무자/계장/과장에게 7:2:1로 배분(실무자와 건물 소유자가 공모하여 고의적으로 보상금을 지급, 책임비율을 가중한 사례), 변상금액 감면 여부 및 사유 : 감경 없음(실무자의 고의적 행위)

2) 사권(私權)이 설정된 재산 취득

① 도로 편입 지장물 보상금 이중 지급('03. 10. 31.)

요지 : 사권(근저당권)이 소멸되지 않은 건축물 등에 보상금을 지급하였다가 근저당권자에 의한 경매 낙찰자에게 보상금을 또다시 지급, 책임비율 산정 : 실무자/계장/과장에게 2:4:4로 배분(실무자는 보상업무 경험이 없는 청원경찰으로 책임을 감경), 변상금액 감면 여부 및 사유 : 50% 감경(① 교육도 없이 청원경찰에게 보상업무 처리를 지시 ② 손해액 회수를 위해 노력)

② 도로개설공사 지장물 보상금 부당 지급('09. 6. 5.)

요지 : ① 사권(근저당권)이 말소되지 않은 상태에서 보상금을 지급하였다가 근저당권에 실행에 따른 신소유자에게 보상금을 또다시 지급 ② 보상금 지급 사실을 관련 장부에 기재하지 않아, 토지 소유자의 채권자에게 보상금을 중복 지급, 책임비율 산정 : 손해 발생 원인인 행위별로 변상판정 금액을 안분한 후, 동일 행위 유형 내에서 관련자 간 책임비율을 정한 사례, 변상금액 감면 여부 및 사유 : 75% 감경(① 교육 미실 시 ② 손해 회수 노력 ③ 보상업무 과중)

3 사권이 설정된 진도 우회도로 편입토지 취득업무 부당 처리('11. 7. 28.)

요지 : 사권(근저당권)이 소멸되지 않은 토지에 보상금을 지급하였다가 근저당권자에 의한 경매에서 배당금 잔액이 없어 손해 발생, 책임비율 산정 : 실무자 단독 판정, 변상금액 감면 여부 및 사유 : 50% 감경(① 명예퇴직 예정자임에도 성실히 업무 수행 ② 보상업무 과중)

☞ (재심의 일부 인용) '12. 10. 16. 2012감재판 제7호 : 감경비율을 50%에서 80%로 확대하고, 변상판정 금액도 일부 감액(3,858만여 원 → 771만여 원)

3) 기타 사항

1 도로 편입부지 보상금 지급 및 소유권 이전업무 부당 처리('04. 12. 30.)

요지 : 토지에 보상금을 지급하고 소유권 이전등기를 미이행, 보상금 지급 이후 당초 토지 소유자의 채권자가 토지를 가압류하였고 이후 경매 절차에서 도로부지 소유권 재취득을 위해 또다시 대금을 지급, 책임비율 산정 : 관련자 3명에게 균분, 변상금액 감면 여부 및 사유 : 감경 없음

2 학교시설부지 수용보상금의 공탁업무 부당 처리('07. 4. 10.)

요지 : 제3채권자가 토지소유자의 보상금청구권을 압류하였음에도 토지 소유자에게 보상금 전액을 지급, 제3채권자에게 손해를 배상, 책임비율 산정 : 단독 판정, 변상금액 감면 여부 및 사유 : 80% 감경(① 신속한 재판 수행으로 손해 보전 ② 예산 절감에 기여 ③ 타 기관 대비 업무 과중)

3 용지매매계약 체결 및 용지보상채권 지급업무 부당 처리('09. 9. 23.)

요지 : 보상금 일부를 제3 채권자에게 직접 지급하기로 약정하고도 보상금 전액을 토지소유자에게 지급하였다가 제3 채권자에게 또다시 지급, 책임비율 산정 : 실무자와 팀장에게 7:3으로 배분, 변상금액 감면 여부 및 사유 : 70% 감경(손해 일부 회수 및 업무 과다)

④ **손실보상금 공탁업무 부당 처리**('11. 11. 25.)

요지 : 토지 등 소유자가 중앙토지수용위원회 수용재결에 따른 보상금 수령을 거부하는 경우 이를 공탁해야 재결 효력이 유지되는데도 공탁을 미실시, 수용재결이 실효되고 지가가 상승된 상태에서 보상금을 과다 지급, 책임비율 산정 : 실무자/계장/과장에게 4:3:3으로 배분, 변상금액 감면 여부 및 사유 : 50% 감경(예산 절감에 기여)

3. 채권(임차보증금 등) 관련 변상판정 사례

1) 임차보증금 미회수

① **A부녀경로당 건물 임차보증금 채권보전조치 태만**('03. 8. 12.)

요지 : 임차보증금 회수 여부가 불투명한데도 부지를 제외한 건물에만 전세권을 설정, 책임비율 산정 : 관련자 3명에게 균분, 변상금액 감면 여부 및 사유 : 50% 감경(관행에 따른 업무처리 등)

② **B동사무소 청사 임차보증금 회수업무 부당 처리**('03. 10. 31.)

요지 : 임차보증금 회수 여부가 불투명한데도 부지를 제외한 건물에만 전세권을 설정, 책임비율 산정 : 관련자 6명에게 균분, 변상금액 감면 여부 및 사유 : 50% 감경(① 전임자들을 신뢰 ② 채권회수 노력을 통한 임차보증금 일부 회수)

☞ (재심의 일부 인용) '08. 2. 22. 2008감재판 제1호: '05. 10. 6.(2005감재판 제2호)에서 재심의 청구를 기각하였다가, 손해액 산정 시 청구인의 행위와 인과관계가 없는 금액까지 포함, 손해액이 잘못 산정되었다는 대법원 판결('07. 4. 13. 2006두20389)에 따라 직권 재심의를 통해 변상판정 금액을 일부 감액

3 C복지회 사무실 임대차계약업무 부당 처리('03. 10. 31.)

요지 : 임차보증금 회수 여부가 불투명한데도 기존 선순위 전세권을 후순위로 변경하고, 추가적인 담보는 미설정, 책임비율 산정 : 관련자 3명에게 균분, 변상금액 감면 여부 및 사유 : 75% 감경(① 반복 유찰로 손해 확대 ② C 단체에 대한 임대 기피로 다른 건물 임차가 곤란)

4 D어린이집 임대차계약업무 부당 처리('03. 10. 31.)

요지 : 선순위 근저당권이 설정되어 있는데도 건물 가치를 제대로 평가하지 않은 채 후순위 권리만 설정하고 계약을 체결, 책임비율 산정 : 관련자 3명에게 균분, 변상금액 감면 여부 및 사유 : 50% 감경(① 계약 실무경력 부족 ② 시급한 임차 필요성)

☞ (재심의 일부 인용) '08. 3. 17. 2008감재판 제2호: '05. 10. 27. 재심의를 기각(2005년감재판 제4호)하였으나, 채권회수를 위해 노력한 점, IMF 등 당시 경제 상황 등을 감안할 때 '중대한 과실'이 없다는 대법원 판결('07. 5. 10. 2007두2975)에 따라 변상판정 금액 전액 면제

5 청사 임대차계약업무 부당 처리('03. 10. 31.)

요지 : 임차보증금 회수 여부가 불투명한데도 부지를 제외한 건물에만 전세권을 설정, 책임비율 산정 : 관련자 4명에게 균분, 변상금액 감면 여부 및 사유 : 50% 감경(① 건물 임차로 경영성과 확보에 기여 ② 시급한 임차 필요성)

☞ (재심의 일부 인용) '08. 4. 22. 2008감재판 제5호: '05. 12. 8.(2005감재판 제6·7호) 재심의 청구를 기각하였다가, 최초 계약담당자 등 전임자를 제외한 청구인들에게만 변상책임을 묻는 것은 위법·부당하다는 대법원 판결('07. 5. 31. 2007두6489 및 '07. 8. 23. 2007두9426)에 따라 직권 재심의를 통해 변상판정 금액 일부 감액

6 직원용 관사 전세계약업무 부당 처리('04. 8. 13.)

요지 : 보존등기가 완료되지 않은 신축 건물을 임차하면서 보증인 요구 등 채권 확보 조치를 미이행, 책임비율 산정 : 관련자 4명에게 균분, 변상금액 감면 여부 및 사유 : 50% 감경(IMF로 인한 부동산 가격 하락 등)

⑦ 농특산물판매장 전세계약업무 부당 처리('04. 12. 30.)

요지 : 임차보증금 회수 여부가 불투명한데도 기존 선순위 전세권을 후순위로 변경하고, 추가적인 담보는 미설정, 책임비율 산정 : 관련자 4명에게 균분, 변상금액 감면 여부 및 사유 : 감경 없음

⑧ 시정연구단 등 사무실 임대차계약업무 부당 처리('06. 3. 22.)

요지 : 임차보증금 회수 여부가 불명확한데도 충분한 담보를 미설정, 책임비율 산정 : 2명은 1/16씩, 2명은 3/16씩, 2명은 4/16씩 배분, 변상금액 감면 여부 및 사유 : 50% 감경(① 회계교육 미실시 ② 임차보증금 회수를 위해 노력)

⑨ 공영개발사업단 사무실 임대차계약업무 부당 처리('06. 3. 22.)

요지 : 임차보증금 회수 여부가 불명확한데도 충분한 담보를 미설정, 책임비율 산정 : 관련자 4명에게 균분, 변상금액 감면 여부 및 사유 : 50% 감경(① 회계교육 미실시 ② 임차보증금 회수를 위해 노력)

⑩ 도립전문대학설립개교준비단 사무실 임대차계약업무 부당 처리('06. 3. 22.)

요지 : 임차보증금 회수 여부가 불명확한데도 충분한 담보를 미설정, 책임비율 산정 : 단독 판정, 변상금액 감면 여부 및 사유 : 50% 감경(① 회계교육 미실시 ② 임차보증금 회수를 위해 노력)

⑪ 건물 임차보증금 채권보전업무 부당 처리('06. 3. 7.)

요지 : 임차보증금 회수 여부가 불명확한데도 충분한 담보를 미설정, 책임비율 산정 : 관련자 3명에게 균분, 변상금액 감면 여부 및 사유 : 75% 감경(① 계약 선례 부재 ② 건물주의 상환 능력을 신뢰할만한 사유 존재 ③ 채권회수 노력 등)

⑫ 공중보건의 숙소 임대차 계약업무 부당 처리('08. 7. 28.)

요지 : 미등기 건물을 임차하였다가 보존등기와 동시에 선순위 근저당권이 설정되고, 이후 경매에서 임차보증금을 미회수, 책임비율 산정 : 실무자/계장/과장

에게 2:5:3으로 배분(계장이 계약체결을 주도하였다는 사유로 책임비율을 가중한 사례), 변상금액 감면 여부 및 사유 : 75% 감경(손해 확대 방지 노력)

⑬ 관사 임대차계약 및 전세권설정 해지업무 부당 처리('09. 9. 11.)

요지 : 대체 담보도 받지 않은 채 기존 전세권을 말소, 책임비율 산정 : 손해발생 원인인 행위 유형별로 변상판정 금액을 안분하고, 동일한 행위 유형 내에서 관련자별로 책임비율을 산정한 사례, 변상금액 감면 여부 및 사유 : 감경 없음

⑭ 관사 임차보증금 채권보전조치 태만('10. 1. 29.)

요지 : 임차보증금 회수 여부가 불명확한데도 충분한 담보를 미설정, 책임비율 산정 : 관련자 4명에게 균분, 변상금액 감면 여부 및 사유 : 50% 감경(① 임차의 시급성 ② '08년 경제 위기로 인한 부동산 가격 하락)

⑮ 실직여성가장 자영업지원 점포 임대차계약업무 부당 처리('10. 4. 6.)

요지 : 부동산 소유자인 중개인이 고가로 작성한 시세평가 결과만 믿고 가격조사를 제대로 하지 않은 채 임대차계약을 체결, 책임비율 산정 : 관련자 3명에게 손해액을 균분, 감경율은 차등 적용, 변상금액 감면 여부 및 사유 : 50% 내지 75%씩 감경(① 중개인의 고의적인 범죄 행위로 손해 발생 ② 지사장의 경우 업무 과중을 사유로 개인별 책임액에서 25%를 추가 감경)

☞ (재심의 일부 인용) '11. 4. 28. 2011감재판 제2호 : 관련자 3명에 대해 당초 변상판정 금액을 50%씩 추가로 감경

⑯ 전대차 보증금 채권보전업무 부당 처리('12. 7. 26.)

요지 : 건물을 전대차(轉貸借)하면서 전대차보증금 회수를 위한 충분한 담보를 미설정, 책임비율 산정 : 관련자 3명에게 균분, 변상금액 감면 여부 및 사유 : 80% 감경(① 반복 유찰로 낙찰가액 감소 ② 교육 미실시 ③ 재정수입 증대에 기여)

⑰ **직원 숙소 임대차계약업무 부당 처리**('12. 12. 10.)

요지 : 임차보증금 회수가 불명확한데도 충분한 담보를 미설정, 책임비율 산정 : 실무자 단독 판정(위법한 회계행위를 지시한 상급자에 대해 회계관계직원과 연대하여 손해액 전부를 변상판정한 사례), 변상금액 감면 여부 및 사유 : 80% 감경(① 고의 아닌 과실 ② 손해 확대 방지 노력 ③ 상급자 지시를 따른 점 등을 감안)

2) 기타 채권관리 관련 사항

① **채권회수업무 부당 처리**('09. 9. 23.)

요지 : 보증보험금 지급에 따라 구상채권 확보를 위해 피보증인 등의 재산을 가압류하면서 채권액을 실제보다 적게 신고, 배당금이 감소, 책임비율 산정 : 관련자 3명에게 균분, 변상금액 감면 여부 및 사유 : 70% 감경(① 교육 미실시 ② 업무 담당 기간이 짧았던 점 등을 감안)

② **법원 경매배당금 신청 등 채권회수업무 부당 처리**('10. 12. 22.)

요지 : 보증보험금 지급에 따라 구상채권 확보를 위해 피보증인 재산을 가압류하고도 경매절차에서 채권액을 신고하지 않아 배당액 감소, 책임비율 산정 : 관련자 2명에게 균분, 변상금액 감면 여부 및 사유 : 50% 감경(업무 과중)

③ **장애인 표준사업장 지원에 따른 이행담보 제공 확인업무 부당 처리**('11. 5. 30.)

요지 : 지원금 회수 사유 발생에 대비 이행보증보험증서를 징구하면서 지원금의 50% 대한 증서만 징구, 지원금 일부를 미회수, 책임비율 산정 : 단독 판정, 변상금액 감면 여부 및 사유 : 50% 감경(① 적극적 업무 수행에 따른 손해 발생 ② 손해 확대 방지 노력)

☞ (재심의 일부 인용) '12. 6. 8. 2012감재판 제4호 : 감경비율을 50%으로 유지하되, 손해액을 재산정하여 변상판정 금액 일부를 감액(58,055,770원 → 51,132,170원)

4 불법 어업손실보상금 회수채권 관리 부적정('11. 7. 15.)

요지 : 보상금 부당 수급자가 재산을 보유하고 있음을 확인하고도 민원 발생을 우려해 가압류 등 소멸시효 중단 조치를 취하지 않아 시효가 완성, 책임비율 산정 : 관련자를 3개 그룹(담당자/계장/과장)으로 구분 손해액을 1:1:8로 배분한 후 각 그룹 내에서는 근무기간에 따라 재배분(과장이 재산압류 조치를 유보토록 지시, 책임 비율을 가중한 사례), 변상금액 감면 여부 및 사유 : 90% 감경(① 기관의 관리·감독 소홀 ② 보상업무 과중 ③ 보상금 지급 잔액의 이자수익 증대 노력)

5 구상금 결정업무 태만('12. 9. 24.)

요지 : 교통사고 피해자 치료비를 A보험에서 부담하고도 가해자 보험사인 버스 공제조합에 구상권을 행사하지 않은 채 소멸시효가 완성, 책임비율 산정 : 관련자를 3가지 그룹(실무자/차장/부장)으로 구분한 후 그룹별로 손해액을 안분하고, 각 그룹 내에서는 균분한 사례, 변상금액 감면 여부 및 사유 : 50% 감경(업무과중)

4. 물품·재산 등 기타 변상판정 사례

1) 물품 및 재산관리

1 공원조성사업 예정부지 고가 매입('03. 6. 5.)

요지 : 근린공원 조성 용지를 매입하면서 감정평가를 거치지 않고 토지 소유자의 요구 가격대로 고가로 매입, 책임비율 산정 : 관련자 4명에게 균분, 변상금액 감면 여부 및 사유 : 75% 감경(별도 교육 미실시 등)

2 화재사고로 인한 B품 망실('04. 3. 16.)

요지 : 비인가 전기온풍기를 사용하다가 과열로 화재가 발생, 책임비율 산정 : 단독 판정, 변상금액 감면 여부 및 사유 : 50% 감경(① 변상명령 시 중고품을 신품

가격으로 산정 ② 이미 벌금 300만 원을 납부)

③ 잡종재산 매각에 따른 소유권이전 부당 처리('05. 2. 2.)

요지 : 제3 채권자가 매수인의 소유권 이전청구권 등을 가압류하였음에도 소유권을 매수인에게 이전, 가압류 채권자에게 손해를 배상, 책임비율 산정 : 계장과 과장에게 2:1로 배분, 변상금액 감면 여부 및 사유 : 감경 없음

④ 국고환수대상 토지 등기부취득시효 중단조치 불이행('06. 6. 7.)

요지 : 국고환수대상인 토지의 등기부상 소유자에 대해 취득시효 중단조치를 미이행, 국가가 소유권을 상실, 책임비율 산정 : 직상급자 단독 판정(실무자가 취득시효 중단조치를 건의했음에도 묵살하였다는 사유로 직상급자에 대해서만 판정한 사례, 변상금액 감면 여부 및 사유 : 감경 없음

☞ (재심의 일부 인용) '08. 3. 17. 2008감재판 제2호 : 손해액을 다시 산정하여 변상판정 금액 일부를 감액

⑤ 불법취득 국유지 부당 특례 매각('06. 6. 7.)

요지 : 불법취득 국유지 특례 매각 대상자(선의로 취득하고 자진 또는 재판상 화해 등을 사유로 국가에 반환한 자)가 아닌데도 저가에 특례 매각, 책임비율 산정 : 계장과 과장에게 6:4로 배분(계장이 주도적으로 업무를 처리하였다는 사유로 책임을 가중한 사례), 변상금액 감면 여부 및 사유 : 감경 없음

⑥ 불법취득 국유지에 대한 환수보상금 부당 지급('06. 6. 7.)

요지 : 불법취득 국유지의 환수보상 대상자가 아닌데도 보상금을 지급, 책임비율 산정 : 실무자/계장/과장에게 2:6:2로 배분(계장이 주도적으로 업무를 처리하였다는 사유로 책임을 가중한 사례), 변상금액 감면 여부 및 사유 : 감경 없음

⑦ 불법취득 국유지에 대한 환수보상금 부당 지급('06. 6. 7.)

요지 : 불법취득 국유지에 대해 '처분금지 가등기'를 설정, 환수보상금을 지급

할 수 없는데도 이를 부당 지급, 책임비율 산정 : 관련자 3명에게 균분, 변상금액 감면 여부 및 사유 : 감경 없음

8 **유류 출납 및 유류 저장시설 관리업무 태만**('12. 12. 27.)

요지 : A 보일러실 유류탱크의 유수분리기 밸브가 개방되어 탱크에 보관 중이던 기름이 유출, 책임비율 산정 : 단독 판정, 변상금액 감면 여부 및 사유 : 80% 감경(① A의 유류저장시설 관리대책이 부실 ② 철조망 등 유류저장시설 경계대책 허술 ③ 훈련 참가로 인한 업무처리 곤란 등)

2) 예산집행 등 기타 사항

1 **학교회계 세입금 등 망실**('03. 3. 27.)

요지 : 횡령을 방지하지 못한 지도·감독자에 대한 변상판정 사례이나, 이후 선결례가 변경되어 지도·감독자는 변상판정 대상에서 제외, 책임비율 산정 : 단독 판정, 변상금액 감면 여부 및 사유 : 감경 없음

2 **국유화사업자금 부당 집행**('05. 3. 29.)

요지 : 재외공관 신축자금을 전임자 외상 술값 변제에 사용, 책임비율 산정 : 단독 판정, 변상금액 감면 여부 및 사유 : 감경 없음

3 **A공사 지장물(가스관) 이설비 부당 지급**('06. 12. 22.)

요지 : 직원이 실제 가스관 이설이 없는데도 마치 이설공사를 수행하는 것처럼 허위문서를 작성하여 대금지급을 청구하였는데도 이를 지급(사기행위자인 공사담당 직원이 아닌 계약담당 직원에게 변상판정한 사례), 책임비율 산정 : 관련자 4명에게 3:3:3:1로 배분, 변상금액 감면 여부 및 사유 : 50% 감경(구체적 사유는 미설시)

☞ (재심의 일부 인용) '10. 12. 2. 2010감재판 제2호: '08. 4. 3. 재심의 결정(2008감재판 제3·4호)에서 감경비율을 75%로 확대하였고, 이 건 관련자간 책임비

율이 3배나 차이가 나는 것은 원인제공자 간 손해의 공평한 부담과 비례의 원칙에 위반된다는 대법원 판결('10. 2. 25. 2009두23020)에 따라 직권 재심의를 통해 하위직 3명에 대한 변상판정 금액을 추가 감액

④ **명예퇴직수당 지급 및 환수업무 부당 처리**('07. 7. 11.)

요지 : 수뢰 공무원에 대해 명예퇴직 신청기간 만료 전에 명예퇴직수당을 지급하고, 이후 형이 확정되었음에도 수당 환수를 위해 채무자 소유 재산을 가압류하지 않아 소유권이 타인에게 이전, 수당을 미회수, 책임비율 산정 : 관련자 3명에게 1:2:1로 배분, 변상금액 감면 여부 및 사유 : 감경 없음

⑤ **초과수입보상금 부당 지급 요구 및 수령**('08. 10. 13.)

요지 : B청장은 초과수입보상금 지급대상이 아닌데도 자신에게 보상금을 지급하도록 지시한 후 이를 수령, 책임비율 산정 : 특허청장 단독 판정, 변상금액 감면 여부 및 사유 : 감경 없음

⑥ **유치권 처리비용 이중 지출**('10. 1. 7.)

요지 : 분양토지를 환매한 후 토지에 설정된 유치권 말소를 위해 유치권자의 채권 상당액을 공탁, 유치권자가 공탁금을 수령하였음에도 이를 제대로 확인하지 않고 채권 상당액을 또다시 지급, 책임비율 산정 : 관련자 3명에게 균분, 변상금액 감면 여부 및 사유 : 감경 없음

⑦ **급여원부상 주민등록번호 미변경으로 인한 반환일시금 이중 지급**('12. 12. 18.)

요지 : 반환일시금 수령자의 고유식별번호가 주민번호에서 국내거소번호로 변경되었음에도 급여원부에 이를 수정하지 않아 반환일시금을 중복 지급한 후 소멸시효 완성에 따라 회수가 불가능, 책임비율 산정 : 관련자별 손해액에 따라 판정, 변상금액 감면 여부 및 사유 : 90% 감경(① 수급자 자격 변동 사항을 자동 관리할 수 있는 전산시스템이 늦게 구축 ② 교육 미실시 등)

5. 무책판정 사례

1) 계약 관련 무책판정

1 청사 보수, 보강 공사대금 지급에 대한 무책판정('03. 2. 24.)

요지 : 「민법」 제449조에 따르면 채권은 당사자가 반대의사를 표시한 경우 양도하지 못하나 그 의사표시로서 선의의 제3자에게 대항하지 못하나, 계약업체의 공사대금청구권 양도 통지를 받고 이를 승인하지 않겠다는 의사를 계약업체에만 통지하고 채권양수인에게는 통지하지 않은 채 공사대금을 타인에게 지급하였다가 당초 채권양수인에게 손해배상금을 지급한 사안에서 공무원이 위 「민법」 규정을 알지 못한 것은 고의나 중대한 과실로 보기 어렵다고 판단한 사례

2 가압류 공사대금 부당 지급에 대한 무책판정('03. 10. 31.)

요지 : 공사대금청구권에 대한 법원의 가압류 결정문이 송달된 이후에 공사업체에 대금을 지급하였다가 가압류권자에게 배상금을 지급한 사안에서, 관련자들이 법원의 가압류 결정문 송달 사실을 알 수 없었던 데 정당한 사유가 있어 고의나 중대한 과실은 없다고 본 사례

2) 손실보상 관련 무책판정

1 지장물 근저당권자에 대한 보상업무 처리에 대한 무책판정('06. 3. 22.)

요지 : 지장물에 대한 보상계획을 근저당권자에게 통지하지 않았다가 손해배상금을 지급한 사안에서 관련 법령의 규정이 모호하여 통지의무를 알지 못한 데 고의나 중대한 과실을 인정하기 어렵다고 본 사례

2 토지보상금 지연 지급에 따른 가산금 지급업무 처리 무책판정('10. 9. 10.)

요지 : 지자체는 토지보상금을 지급하고 토지소유자는 소유권을 이전하라는 법

원의 결정에도 불구하고 장기간 보상금을 지급하지 않아 가산금을 부담한 사안에서, 해당 토지에 근저당권이 설정되어 있어 먼저 보상금을 지급할 경우 상대방이 근저당권 해지 등을 이행하지 않을 우려가 있어 보상금 지급을 지연한 전임자, 전임자로부터 법원 결정 내용을 인수받지 못한 후임자 모두 중대한 과실이 없다고 본 사례

3) 채권 관련 무책판정

1 임차보증금 망실 관련 변상책임에 대한 무책판정('12. 6. 15.)

요지 : 임차보증금 일부를 회수하지 못하였으나, 계약체결 당시 임차건물의 시가 등을 감안할 때 고의나 중대한 과실이 없다고 본 사례

4) 물품 · 재산 등 기타 사항 관련 무책판정

1 제설용 덤프트럭 망실에 대한 무책판정('03. 10. 31.)

요지 : 제설용 덤프트럭을 관공서 청사 내 주차장이 아닌 외부에 장기간 주차하였다가 망실한 사안에서, 쇠사슬로 출입구를 막아 출입 통제 조치를 한 점 등을 고려할 때 고의나 중대한 과실은 없다고 본 사례

2 특별부가세 신고 누락으로 인한 가산세 납부에 대한 무책판정('06. 3. 7.)

요지 : 비영리법인인 공단에 대해 국가에서 특별부가세를 부과 · 징수한 선례가 없고, 관련 법령에 대해 교육도 받지 못해 특별부가세를 신고 · 납부하지 않은 것은 고의나 중대한 과실이 없다고 본 사례

3 계산서 미교부 등에 따른 법인세(가산세) 납부에 대한 무책판정('06. 9. 15.)

요지 : 새로 설립된 지방공사 직원들이 별도의 교육을 받지 못한 채 다른 업무

에 전념하면서 과거에 이루어지던 업무 절차에 따라 업무를 처리한 경우 고의나 중대한 과실을 인정하지 않은 사례

④ 학교설립 관련 설계용역비 등 예산 집행에 대한 대한 무책판정('07. 4. 10.)

요지 : 학교 설립을 위해 실시설계를 완료한 이후 부지에서 암반이 발견되어 학교부지를 변경, 당초 실시설계를 활용하지 못한 사안에서 학교 설립의 시급성 등을 감안하여 실시설계와 부지 매입 등을 병행하여 추진할 수 밖에 없었으므로 중대한 과실을 인정하지 않은 사례

⑤ 부가가치세 가산세 납부 관련 변상책임에 대한 무책판정('11. 10. 11.)

요지 : 관련부서로부터 부가가치세 신고자료를 제출하라는 요구에 따라 자료를 제출해 오다가, 부가가치세 신고자료 제출 요구가 없어 이를 제출하지 않은 것은 고의나 중대한 과실이 없다고 본 사례

II. 최근 변상판정 사례 연구

1. 변상판정 사례 연구의 방법

이곳에서는 2016년과 2015년에 결정된 감사원의 변상판정 사례를 검토하기로 한다. 변상판정 사례에 대한 연구방법은 우리가 앞에서 연구한 변상책임이 성립하기 위한 주요 요건들을 이들 사례에 스스로 적용해보고 확인하는 것이다. 변상요건을 세부적으로 맞추어 보는 것이 좋겠으나 변상책임의 기본적인 요건인 ① 회계관계직원인지 여부, ② 의무위반행위의 형태, ③ 고의 또는 중과실에 해당하는지 여부, ④ 손해산정과 감액을 통한 변상액 결정 등을 중심으로 검토하기로 한다.

제일먼저 소개되는 '채권 압류된 공사대금 부당 지급'을 이와 같은 방법으로 검토하면 다음과 같이 해석된다.

① 관련자들은 지출원과 그 보조자로서 회계관계직원에 해당하고,

② 이들의 행위는 「민사집행법」 제227조의 규정에 따른 '채권압류 및 전부명령'을 받았으므로 그 송달일 이후부터 지급의무가 발생하는 공사대금 중 압류채권에 해당하는 금액은 '채권압류 및 전부명령'에 따른 정당한 권리자에게 우선 변제해야 할 법적 의무가 있는데도 이를 위반한 위법행위이며,

③ 이들은 '채권압류 및 전부명령'이 있을 경우 공사대금 지급 시 압류채권 등의 우선순위를 면밀히 검토하여 정당한 채권자에게 압류금액만큼의 대금을 우선 지급하여야 한다는 사실을 알고 있었으므로, 기성금청구서를 받았을 때 기존에 확정된 채권압류 등이 있었는지 확인하여 채권의 우선순위를 검토한 후 선순위 채권자에게 공사대금을 지급하여야 했다. 그런데도 기성금청구서를 받은 후 채권압류 여부에 대한 검토를 소홀히 하여 정당한 채권자에게 지급하였어야 할 공사대금을 C 및 하도급업체에 지급하는 것으로 지출결의서를 작성하고 결재하여 잘못 지급되도록 하였는데, 이는 중대한 과실에 해당한다.

④ 정당한 채권자의 청구에 따라, 창원지방법원에서 압류채권 중 명령서 송달일 이후 C에 지급한 금액에 해당하는 78,219,350원을 원고 측에 지급하라고 화해권고결정을 하였으며, 위 관서에서 위 금액을 추가 지급함에 따라 같은 금액만큼의 손해를 끼쳤다. '채권압류 및 전부명령서'를 확인·결재하고 기성금을 지급하는 과정에서 지출원 및 지출보조원으로 업무를 함께 처리한 점을 볼 때 각자의 행위가 손해 발생에 미친 정도가 분명하지 아니하므로 회계직원책임법 제4조 제4항의 규정에 따라 그 정도가 같은 것으로 보아 갑, 을은 각각 39,109,675원[78,219,350원×(1/2)]씩을 변상할 책임이 있게 된다.

그런데 이들은 공사대금채권 '채권압류 및 전부명령' 관련 업무를 위해 2008년 지방재정정보시스템(e호조)이 도입되었으나 시행착오 및 미완성으로 인해 채권압류 관련 서류를 다시 수작업으로 관리하는 등 채권압류 서류 관리에 혼란이 발생하여 검토가 다소 어려웠다는 점, 행위 당시 지방재정 조기 집행이 국정과제로 독려되는 상황으로 지출 업무가 과다하였다는 점, ㄴ 홍보전시관 공사를 원활하게 진행하여 농가 소득 증대에 기여하기 위해 공사대금을 신속히 집행하는 과정에서 대금 지급에 오류가 발생한 점 등이 인정되므로 회계직원책임법 제5조의 규정에 따라 변상액에서 각각 100분의 80을 감경하여 각각 7,821,935원씩을 변상할 책임이 있다고 판정하였다.

이와 같이 각 사례들을 주요 요건을 중심으로 재구성하는 것을 연습하면 어떤 경우에 구체적으로 변상책임이 성립하며, 관련자들에게 어느 정도의 변상책임이 있는지에 관한 감사원의 취지를 확인할 수 있어서 변상책임에 관한 명확한 지식을 갖게 된다. 이런 점에서 이곳에서 소개하는 변상판정 사례가 그동안 학습한 사항들을 확인하고 관련 지식을 발전시키는데 도움이 되길 바란다.

2. 2016년 감사원의 변상판정 사례

1) 채권 압류된 공사대금 부당 지급[119)]

(1) 사건 개요

이 사건을 요약해보면, A군(B과)에서 2008. 12. 31. 및 2009. 3. 10. 두 차례에 걸쳐 C주식회사(이하 "C"이라 한다)와 "ㄴ 홍보전시관 건립공사 계약"(계약금액 3,704,428,350원, 공사기간 : 2008. 12. 31.~2009. 10. 1., 이하 "공사"라 한다)을 체결하고 공사를 시행하였고, 2009. 7. 24. 창원지방법원으로부터 C의 공사대금 채권 중 174,154,120원을 압류하여 C의 채권자인 주식회사 D(이하 "D"이라 한다)에 그 권리를 이전한다는 '채권압류 및 전부명령서'[120)]를 송달받았다.

이후 B과에서 2009. 8. 7. C에 78,219,350원을 지급하는 등 3차례에 걸쳐 C의 하도급업체에 직접 지급한 공사대금 841,352,650원을 포함하여 총 919,572,000원[121)]을 지급하였고, D는 위 관서 및 C로부터 압류채권을 상환 받지 못한 채 제3자인 E에게 압류채권을 양도[122)]하였으며, 2014. 1. 28. E는 위 관서에서 채권압류 등 선행하는 채권자의 권리를 고려하지 아니한 채 C 및 그 하도급업체에 공사대금을 지급함으로써 채권을 상환받지 못하고 있다는 사유로 창원지방법원(진주지원)에 양수금 청구소송(청구채권액 174,154,120원)을 제기하였다.

위 법원에서는 2014. 9. 2. 압류채권 중 명령서 송달일 이후 위 관서에서 C에

119) 2014 판정2 ; 2016년도부터 감사원의 변상판정 번호체계가 결정연도를 기준으로 부여하던 것을 접수연도를 기준으로 부여하는 것으로 변경되었다.

120) D는 2008년 12월 C로부터 "ㄱ 농공단지 조성공사 중 보강토옹벽 공사 계약"(계약금액: 830,300,000원, 공사기간: 2008년 12월~2009년 2월)을 수주하여 2009년 2월 공사를 완료하였는데도 공사대금 중 174,000,000원을 지급받지 못하고 있던 중 C가 위 관서로부터 "ㄴ 홍보전시관 건립공사 계약"을 체결하여 공사를 진행하고 있는 사실을 알고 C가 위 관서에 대해 가지는 공사대금 채권에 대하여 압류 조치

121) 2009. 8. 7. 112,374,350원(C 78,219,350원, 하도급업체 직불 34,155,000원), 2009. 10. 1. 329,988,650원(하도급업체 직불), 2009. 12. 16. 477,209,000원(하도급업체 직불) 지급

122) 양도 전 '주식회사 D'가 양도 후 '주식회사 E'로 상호를 변경. 채권 양도·양수 계약일은 확인되지 아니하나 위 회사는 2011. 12. 27. 채권 양도·양수 사실을 C에 통보

지급한 금액(하도급업체에 직접 지급한 금액 제외[123])에 해당하는 78,219,350원을 원고 측에 지급하라고 화해권고결정[124]을 하였으며, 위 관서에서는 법률 자문 결과 위 금액에 대해서는 다툼의 여지가 없다고 판단하여 화해권고결정을 수용[125]하고, 2014. 10. 27. 압류채권 양수자인 E에게 78,219,350원을 추가로 지급하여 같은 금액만큼의 손해가 확정[126]되었으며 같은 해 11. 24. 감사원에 손·망실 발생을 통보하였다.

(2) 감사원의 판정

이에 대해 감사원은 갑은 지출원의 보조자로서, 을은 지출원으로서, 위 공사와 관련하여 기성금, 준공금 등을 지출하는 업무를 보조 또는 담당한 사람들로서 회계직원책임법 제2조 제2호 및 제4호에 따른 회계관계직원에 해당하고, 위 관서에서 2009. 7. 24. 창원지방법원으로부터 수령한 '채권압류 및 전부명령서'에 따르면 C가 A군에 대하여 가지는 공사대금 채권 중 174,154,120원을 압류하여 C의 채권자인 D에 그 권리를 이전하는 것으로 되어 있으므로, 이후 지급의무가 발생하는 공사대금 중 압류채권에 해당하는 부분의 정당한 채권자는 D가 되므로 그 공사대금을 C에 지급하여서는 아니 되고 D에 지급하여야 한다.

그런데도 갑은 C로부터 기성금청구서를 받은 후 채권압류 여부에 대한 검토를 소홀히 하여 채권 압류자인 D에 지급하였어야 할 공사대금 112,374,350원을 2009. 8. 7. C 및 하도급업체에 지급하는 것으로 지출결의서를 작성하여 지출원 경리담당 을의 결재를 받아 그대로 지급되도록 하였고, 을은 갑이 C로부터 기성금청구서를 받은 후 2009. 8. 7. C 및 하도급업체에 공사대금 112,374,350원을 지

123) 하도급업체에 직접 지급한 공사대금은 하도급업체와의 대금 직불 약정 시점과 채권압류 시점의 선후관계에 따라 권리의 우선순위가 변동될 수 있어서 제외

124) 창원지방법원 진주지원 2014가합218 양수금

125) 화해권고결정금액 78,219,350원은 채권압류명령을 위반하여 C에 지급한 대금으로 다툼의 여지가 없을 뿐 아니라 청구채권액 174,154,120원 중 이를 제외한 95,934,770원에 대해서도 화해권고를 수용하지 않을 경우 하도급업체에 대한 직불 합의 시점을 증명하기 어려워 승소 가능성이 매우 낮다고 판단

126) C는 2010. 12. 31. 폐업하여 구상권 행사 등 불가

급하는 것으로 지출결의서를 작성하여 결재 올리자 정당한 채권자인 D에 지급하도록 시정 지시하는 등의 조치를 하지 않고 이를 적정한 것으로 그대로 결재하여 공사대금이 지급되도록 하였다.

그 결과 D로부터 압류채권을 양도받은 E가 2014. 1. 28. 소송을 제기하였고, 같은 해 9. 2. 창원지방법원에서 압류채권 중 명령서 송달일 이후 C에 지급한 금액(하도급업체에 직접 지급한 금액 34,155,000원 제외)에 해당하는 78,219,350원을 원고 측에 지급하라고 화해권고결정을 하였으며, 같은 해 10. 27. 위 관서에서 이를 수용한 후 위 금액을 E에게 추가 지급함에 따라 같은 금액만큼의 손해를 끼쳤다고 해석하고, 갑과 을의 행위가 각각 손해 발생에 미친 정도가 분명하지 아니하므로 회계직원책임법 제4조 제4항의 규정에 따라 그 정도가 같은 것으로 보아 각각 39,109,675원[78,219,350원×(1/2)]씩을 변상할 책임이 있는데, 위 사람들은 공사대금채권 '채권압류 및 전부명령' 관련 업무를 위해 2008년 지방재정정보시스템(e호조)이 도입되었으나 시행착오 및 미완성으로 인해 채권압류 관련 서류를 다시 수작업으로 관리[127]하는 등 채권압류 서류 관리에 혼란이 발생하여 검토가 다소 어려웠다는 점, 행위 당시 지방재정 조기 집행이 국정과제로 독려되는 상황으로 지출 업무가 과다하였다는 점, ㄴ 홍보전시관 공사를 원활하게 진행하여 농가 소득 증대에 기여하기 위해 공사대금을 신속히 집행하는 과정에서 대금 지급에 오류가 발생한 점 등이 인정되므로 회계직원책임법 제5조의 규정에 따라 변상액에서 각각 100분의 80을 감경하여 갑과 을은 각각 7,821,935원씩을 변상할 책임이 있다고 판단하였다. (2016. 4. 7.)

127) 지방재정정보시스템상 채권압류는 2008년 도입되었으나 시스템 오류 등으로 인해 여러 번 시행착오를 거쳐 2012년 최종 완성되었음

2) 관사 임대차계약업무 부당 처리[128)]

(1) 사건 개요

이 사건을 간략하게 살펴보면, A서 B과에서 2000. 10. 10. 과장급 관사로 사용하기 위하여 주식회사 J종합건설과 J아파트 103동 301호 및 같은 동 1202호(전용면적 각 39.5㎡, 이하 '임차 관사'라 한다)를 임차보증금 18,377,000원씩 계 36,754,000원에 5년간(계약기간: 2000. 6. 30.~2005. 6. 30.) 임차하는 내용의 'J임대아파트 공급 계약'을 체결[129)]하였는데, 이 아파트는 「임대주택법」 제2조의 규정에 따라 임대를 목적으로 주식회사 한국주택은행(2001. 11. 1. 국민은행에 합병, 이하 '국민은행'이라 한다)의 주택도시기금을 지원받아 2000. 7. 8. 준공된 '공공건설임대주택'이고, 「임대주택법 시행령」 제11조, 「주택건설촉진법」 제32조, 「주택공급에 관한 규칙」 제3조와 제29조 등의 규정에 따라 입주자의 자격이 자연인인 '무주택 세대주 및 세대원'으로 한정되어 있다.

한편 위 아파트는 '2)항'의 주택도시기금을 지원받은 것으로 인하여 임대차계약을 체결할 당시 [표 1]과 같이 아파트 전체에 대하여 국민은행의 근저당권(채권최고액 계 10,530,000,000원)이 설정되어 있었다.[130)]

[표 1] 임차 관사 근저당권 설정 현황

구분	설정일	근저당권자		채권 최고액	비고
103동 301호	2000. 7. 22.	1순위	㈜한국주택은행	10,530,000,000원	J아파트 405세대 공동근저당 (대출원금: 89억여 원)
103동 1202호	2000. 7. 22.	1순위	㈜한국주택은행	10,530,000,000원	

자료 : 부동산 등기부등본

128) 2015 판정1

129) 임대차계약 체결의 최종결재권자는 당시 A서장(병)으로 되어 있으나, 「A 소관 회계직 공무원 관직 지정 및 회계사무 취급에 관한 규칙」의 규정에 따르면 A서장은 회계관계직원이 아님

130) 세대별로 소유권자가 존재하는 일반분양아파트와 달리, 위 아파트는 조흥건설이 소유권자이고 국민은행은 근저당권자, 405세대의 입주자들은 임차보증금 채권자로서 임의경매 등이 개시될 경우 서로의 권리관계에 영향을 미치는 위험한 물권이었음

이 건 임대차계약서에 따르면 세대당 분양 가격은 37,377,000원[131)]이나, 근저당권 채권 최고액(10,530,000,000원)을 405세대로 나누면 세대당 근저당권 금액은 26,000,000원으로 추산되므로 임의경매 등이 개시될 경우 임차보증금을 제대로 회수하기 어려운 실정이었고[132)], 더욱이 위와 같은 공공건설임대주택은 「주택임대차보호법」 제8조의 제1항에 따라 최우선변제권이 있는 소액임차인과 등기부등본으로 확인되지 않는 확정일자 임차인 등이 있을 수 있으므로 임의경매 등이 개시될 경우 배당금이 추가로 감소할 우려가 있는 실정이었다. 그런데도 위 관서에서는 국가기관이자 법인인 A서가 임대주택인 위 아파트에 입주할 자격이 있는지 등에 대하여 검토하지 않았고, J건설에 이 건 임차 관사에 대한 전세권 설정, 지급보증서나 이행보증보험증권을 제출받은 등[133)]의 채권 보전 조치를 하지 않은 채 2000. 10. 10. 임대차계약을 체결하고 세대당 계약금 5,000,000원 계 10,000,000원을 지출하였으며, 같은 해 11. 10. 세대당 잔금 13,377,000원 계 26,754,000원을 지출하였다.

이후 위 관서에서는 임차계약 체결 후 2년여가 지난 2002년 12월경(정확한 날짜 모름) C도 D청으로부터 임차 관사의 선순위 근저당권 설정 여부 등을 확인하고 필요시 전세권을 설정하라는 지시를 받아 2002. 12. 21. 전세권(존속기간: 2000. 6. 30.~2005. 6. 30.)을 설정하였다. 그러나 2003. 9. 22. J건설이 부도 후 같은 해 12. 31. 폐업 처리되어 2008. 4. 28. 근저당권자인 국민은행이 위 아파트 404세대[134)]에 대하여 임의경매를 신청하였고, 같은 해 5. 15. 대전지방법원 논산지원에서 임

131) 임대차계약서 제17조: 임대의무기간 5년 후 분양전환 시 가격 산정의 기초가 되는 최초 임대공고일 기준 분양가격

132) 임차보증금을 제대로 회수하기 위해서는 부동산 가액에서 근저당권 금액을 공제하더라도 임차보증금보다 많은 금액(임의경매 낙찰가율을 고려하여 통상 임차보증금의 120% 정도가 안전하다고 판단)이 남아있어야 하는데, 이 건 세대당 분양가격(37,377,000원)에서 세대당 근저당권 금액(26,000,000원)을 공제하면 11,377,000원만 남아 세대당 임차보증금(18,377,000원)에 700만 원 부족하고, 세대당 근저당권 금액 대신 세대당 대출원금(21,975,308원, 총대출원금 89억 원÷405세대)을 적용하더라도 임차보증금에 300만여 원 부족함

133) 채권관리관은 채권의 보전을 위하여 법령 또는 계약이 정하는 바에 따라 채무자에게 담보의 제공이나 보증인을 세울 것을 요구하여야 하며, 필요한 때에는 담보의 보충이나 보증인의 변경 기타 담보의 변경을 요구하여야 함(「국가채권 관리법」 제18조 제1항)

134) 101동 611호는 국민은행의 근저당권 설정일(2000. 7. 22.)보다 앞서 전입신고를 마치고 확정일자(2000. 6. 27.)를 받아두었던 해당 세대 임차인에 의하여 2004. 9. 2. 강제경매로 매각

의경매를 결정하여 2010. 2. 8.까지 매각[135]이 완료됨에 따라 2010. 4. 23. 위 아파트 404세대에 대하여 총 13,635,544,494원이 배당되었으며, 위 관서는 5순위자(231명, 계 592,115,987원)에 포함되어 3,777,162원(103동 301호는 1,733,072원, 같은 동 1202호는 2,044,090원)을 배당[136]받았다. 그 결과 위 관서에서는 임차보증금 계 36,754,000원 중 배당받은 금액 3,777,162원을 제외한 32,976,838원을 되돌려 받지 못하여 같은 금액만큼 손해를 입었다.

이에 따라 D청에서 갑과 을이 1순위 근저당권이 설정된 위 아파트에 대하여 임대차계약을 체결함으로써 임의경매 배당 시 위 관서가 후순위 채권자로서 임차보증금 회수가 불가능하게 되어 국가에 같은 금액만큼 손해를 끼친 것으로 보아 2014. 12. 3. 회계직원책임법 제4조 및 제6조 제1항의 규정에 따라 위 사람들에게 변상할 것을 명령[137]하였고, 위 사람들은 이 건 위 관서의 첫 임차 관사로서 관련 지식과 경험이 부족한 상태에서 임대차계약 업무를 처리하면서 채권 보전 조치를 하지 못한 것으로 고의는 없었다는 이유 등을 들어 2015. 2. 16. 회계직원책임법 제6조 제3항의 규정에 따라 감사원에 변상명령액의 감액 여부 등에 대한 판정을 청구하였다.

(2) 감사원의 판정

이에 대해 감사원은, 갑은 A서[138] B과 경리계장의 직위에서 분임지출관이자 분임채권관리관·분임재산관리관의 보조자로서, 을은 같은 관서 B과장의 직위에서 분임채권관리관·분임재산관리관으로서 위 아파트를 임차하기로 하고 부동산 임대차계약서를 작성하는 등의 업무를 담당하거나 검토한 사람들로서 회계직원책임법 제2조와 「A 소관 회계직공무원 관직 지정 및 회계사무 취급에 관한 규칙」의

135) 「부도공공건설임대주택 임차인 보호를 위한 특별법」에 따라 위 아파트 404세대 중 368세대는 구 대한주택공사에서 낙찰받았고, 이 건 임차 관사 2세대(103동 301호는 2009. 12. 28. 정에게 26,200,000원에, 103동 1202호는 2009. 11. 23. 무에게 30,780,000원에 매각)를 포함한 36세대는 일반인에게 매각

136) 이와 별도로 공탁원금 1,733,072원에 대한 이자 220원 및 2,044,090원에 대한 이자 138원이 함께 세입 조치되었으나 이는 임차보증금 원금과 무관

137) D청에서는 위 사람들에게 각각 18,377,000원을 변상하도록 명령(배당금 미감안)

138) 1996. 6. 29. E서에서 A서로 조직명칭 변경

별표 등에 따른 회계관계직원에 해당한다.

「국가채권관리법」(1998. 1. 1. 법률 제5454호) 제11조 및 제18조 제1항의 규정에 따르면 채권관리사무는 법령과 채권의 발생 원인 및 내용에 따라 재정상 국가의 이익에 적합하도록 처리하여야 하고, 채권관리관은 채권의 보전을 위하여 법령 또는 계약이 정하는 바에 따라 채무자에게 담보의 제공이나 보증인을 세울 것을 요구하여야 하며, 필요한 때에는 담보의 보충이나 보증인의 변경 기타 담보의 변경을 요구하도록 되어 있다. 그리고 「임대주택법 시행령」 제11조(건설임대주택의 임차인의 자격과 선정방법) 및 「주택건설촉진법」 제32조(주택의 공급), 「주택공급에 관한 규칙」 제3조(적용대상)와 제29조(임대주택의 입주자 관리) 등의 규정에 따르면 20세대 이상의 공공건설임대주택의 경우 입주자의 자격을 자연인인 '무주택세대주 및 세대원'으로 한정하고 있다.

따라서 이 건 임대차계약을 체결할 때에는 국가기관이자 법인인 A서의 관사로서 임차할 수 있는 부동산인지 여부와 근저당권 설정 여부 등을 확인하여야 하고, 입주자격이 제한[139]되어 있거나 근저당권이 이미 설정되어 있어 전세권을 설정하더라도 임차보증금을 제대로 회수할 수 없을 경우 계약을 체결하지 않아야 한다.

갑은 2000년 6월경(정확한 날짜 모름) C도 D청으로부터 관사 임차 예산이 책정될 예정이므로 임차 대상물을 파악하여 보고하라는 구두지시를 받고 같은 해 6. 30. 위 아파트에 대하여 임대차계약을 체결하기로 J건설과 구두 계약을 맺은 후 같은 해 10. 6. 임차 관사 임대차계약서를 첨부하여 '관사 임대차계약' 결의서를 작성하였다. 위 결의서를 작성하면서 임대차계약서상에 위 아파트가 「임대주택법」 제2조의 규정에 의한 공공건설임대주택이라고 명시되어 있었으므로, 임대주택의 입주자격 관련 규정을 검토하였다면 A서의 관사를 위 아파트에 임차하는 것은 제한되어 있다는 사실을 쉽게 알 수 있었다.[140] 또한 임대차계약서상의 세대당 분양가격 37,377,000원과 세대당 임차보증금 18,377,000원에 대하여 알고 있

139) 2007. 4. 20. 시행된 「부도공공건설임대주택 임차인 보호를 위한 특별법」에 따라 구 대한주택공사에서 J아파트를 매입(경매에 참가하여 낙찰)하여 국민임대주택으로 공급함으로써 임차인들은 보호를 받았으나 법인은 위 법의 보호대상에 포함되지 않아 매입대상에서 제외되었음

140) 임의경매 시 법원 임대차관계조사서에 따르면 위 아파트 405세대의 임차인이 존재

었으므로 등기부등본상의 선순위 근저당권 금액(세대당 26,000,000원 추산)을 확인하였다면 임차보증금을 제대로 회수할 수 없다는 사실도 쉽게 알 수 있었다. 국가기관인 A서가 임대주택인 위 아파트에 입주할 자격이 있는지에 대하여 검토하지 않았고, 등기부등본을 열람하지도 않았으며, 전세권 설정 등의 채권 보전 방안을 마련하지 않은 채[141] 위 아파트 분양사무소에서 제공하였던 양식의 'J 임대아파트 공급계약서(채권 보전에 관한 사항 없음)'를 그대로 첨부한 임대차계약 결의서를 작성한 후 B과장 을이 서장 병의 결재를 받아 임대차계약을 체결하였다. 이후 위 사람은 임대차계약 체결 후 2년여가 지난 2002년 12월경(정확한 날짜 모름) C도 D청으로부터 임차 관사의 선순위 근저당권 설정 여부 등을 확인하여 필요시 전세권을 설정하라는 지시를 받고 등기부등본을 열람하여 위 아파트에 근저당권이 설정되어 있다는 사실을 알게 되었으나 위 지시에 따라 전세권만 설정[142]하고 지급보증서나 이행보증증권을 제출받는 등의 채권 보전 방안을 별도로 마련하지 않았다. 이에 따라 위 사람은 2002. 12. 13. '전세권 설정 등기 수수료 지출' 결의서[143]에 결재하였고, 같은 달 21. 임차 관사에 대하여 공동전세권(존속기간: 2000. 6. 30.~2005. 6. 30.)이 설정되었다. 그 결과 2010. 4. 23. 임의경매 배당 시 임차보증금 계 36,754,000원 중 32,976,838원을 회수하지 못하게 되어 같은 금액만큼 위 관서에 손해를 끼쳤다.

을은 2000. 10. 6. 갑이 기안한 '관사 임대차계약' 결의서를 검토하면서 임대차계약서상에 위 아파트가 「임대주택법」 제2조의 규정에 의한 공공건설임대주택이라고 명시되어 있었으므로, 갑에게 임대주택의 입주자격 관련 규정을 확인하도록 지시하였다면 위 아파트를 A서 관사용도로 임차하는 것은 제한되어 있다는 사실을 쉽게 알 수 있었다. 그리고 세대당 분양가격은 37,377,000원이고 세대당 임차보

141) 문답서에 따르면 위 사람은 선순위 근저당권 설정 사실을 모르는 상태에서 임대차계약 체결을 중개한 공인중개업소(상호 모름, 현재 폐업)로부터 만약 이 건 임차 관사를 일반분양할 경우 시세가 4,000만 원 정도가 될 것이라는 말을 들었고, 이를 근거로 채권 보전에는 문제가 없을 것이라 생각하였다고 진술함

142) 문답서에 따르면 위 사람은 이 시점에서도 임대차계약 체결을 중개하였던 공인중개사의 발언(시세 4,000만 원)을 근거로 채권 보전에 큰 문제는 없을 것으로 생각하였다고 진술함

143) 임대차계약 체결 후 2001. 1. 30. B과장 을은 다른 부서로 전보되었고, 2002. 12. 13. 위 문서를 경무과 지출업무 보조자가 기안, 경리계장 갑과 후임 B과장 을이 결재, A서장 병이 최종 결재함

증금은 18,377,000원이라는 것을 알고 있었으므로, 갑에게 등기부등본을 열람하여 세대당 근저당권 설정 여부를 확인하도록 지시하였다면 임차보증금을 제대로 회수할 수 없다는 사실도 쉽게 알 수 있었다. 그런데도 평소 지출 관련 특별한 사항은 갑이 서장에게 직접 보고하였던 관행 등을 이유로 갑이 관련 사항을 전부 검토하여 처리할 것으로 믿고 임대주택의 입주자격 관련 규정을 확인하도록 지시하지 않았고, 근저당권 설정 여부를 확인하거나 전세권 설정, 지급보증서나 이행보증보험 증권을 제출받는 등의 채권 보전 방안을 마련하도록 지시하지도 않았다. 이에 따라 2000. 10. 6. 갑이 기안한 임대차계약서(채권 보전에 관한 사항 없음)를 그대로 결재하여 같은 해 10. 10. 임대차계약이 체결되도록 하였다. 그 결과 2010. 4. 23. 임의경매 배당 시 임차보증금 계 36,754,000원 중 32,976,838원을 회수하지 못하게 되어 같은 금액만큼 위 관서에 손해를 끼쳤다.

그러므로 임대주택을 대상으로 임대차계약 업무를 처리하면서 관련 규정 및 사실관계를 검토하지 않은 채 입주자격이 제한되어 있고 채권 확보도 불확실한 부동산에 대하여 계약을 체결한 갑과 을의 행위는 회계직원책임법 제4조 제1항의 중대한 과실에 해당하며, 관련 규정과 사실관계를 제대로 검토하지 아니함으로써 계약을 체결한 결과 임차보증금 32,976,838원을 회수하지 못하게 되었으므로 위 사람들의 행위와 손해 발생 간에는 상당한 인과관계가 있다.

갑과 을은 회계관계직원으로서 중대한 과실로 임대차계약 업무를 처리함으로써 A서에 32,976,838원만큼 손해를 끼쳤으나 각자의 행위가 손해 발생에 미친 정도의 한계가 분명하지 아니하므로 회계직원책임법 제4조 제1항 및 제4항의 규정에 따라 그 정도가 같은 것으로 보아 이를 이등분하여 각각 16,488,419원씩 변상할 책임이 있다. 그런데 통상 세대별로 진행되는 아파트 임의경매와 달리 이 건 위 아파트는 404세대를 대상으로 경락이 이루어진 결과 근저당권자인 국민은행 외에도 배당 순위가 앞선 임차인의 존재가 후순위 임차인의 배당금액에 영향을 끼칠 수 있는 상황이었고, 실제로 이 건 경매 진행 과정에서 국민은행의 근저당권 설정일(2000. 7. 22.)보다 앞서 확정일자를 받아두었던 임차인들(3순위자)이 있어 위 관서를 비롯한 5순위자의 배당금액에 영향을 끼쳤다.[144)]

따라서 회계직원책임법 제5조 제2호의 규정에 따라 손해 발생의 원인, 회계관계직원의 과실이 손해 발생에 미친 정도 등 제반 정황으로 미루어 보아 해당 직원에게 손해액 전부를 변상하게 하는 것이 적절하지 않다고 판단되므로 손해액 32,976,838원의 50%에 해당하는 금액을 감경하여 갑, 을은 각각 8,244,209원을 변상할 책임이 있다고 판단하였다(2016. 2. 4.).

3) 공사 선금채권 확보 미조치[145)]

(1) 사건 개요

이 사건을 간략하게 살펴보면, A시에서 2012. 1. 12. 'ㄱ 진입도로 개설공사(2공구)를 위한 2차 공사계약'[146)](계약금액 4,000,000,000원, 공사기간 2012. 1. 12.~2013. 1. 5.)을 B[대표이사 신, 2012. 12. 3. C주식회사(대표이사 기)로 회사명과 대표이사가 변경됨]와 체결한 후 2012. 1. 13. 위 업체로부터 선금 1,500,000,000원의 지급을 요청받았고, 2012. 1. 18. 위 업체에 [표 2]와 같이 '선금지급조건'을 문서로 제시하고 같은 날 위 업체로부터 D(보증액 선금 600,000,000원, 보증기간 2012. 1. 16.~2013. 3. 6.)와 E주식회사(보증액 선금 900,000,000원, 보증기간 2012. 1. 16.~2013. 3. 6., 이하 'E'이라 한다) 명의로 발급된 보증보험증권(이하 '선금보증서'라 한다)을 받은 뒤 위 업체에 선금 1,500,000,000원을 지급하였다.

144) 3순위자(57명이 15억여 원 수령)는 이 건 아파트의 등기부등본 생성일이자 국민은행의 근저당권 설정일(2000. 7. 22.) 이전에 전입신고를 마치고 확정일자를 받아놓은 임차인들로서, 만약 3순위자가 존재하지 않았다면 3순위자와 5순위자의 배당 순위가 동일하게 되어 5순위자의 1인당 배당금액이 상승하게 됨

145) 2014 판정1

146) 'ㄱ 진입도로 개설공사'는 장기계속공사계약으로서 2011. 5. 2.부터 2013. 11. 12. 사이 총 3차례에 걸쳐 추진되었고, 총계약금액은 7,992,060,000원임

[표 2] A시에서 B에 제시한 선금지급조건

○ 선금을 지급한 후 선금반환 사유가 발생할 때에는 선금잔액에 해당하는 금액을 현금으로 반납할 것을 보장하기 위하여 그 지급을 확약하는 내용의 증권 또는 보증서를 제출하여야 한다. ○ 보증서의 보증금액은 선금액에 대한 보증보험 또는 보험기간에 해당하는 약정이자 상당액을 가산한 금액 이상이어야 하며, 보증 또는 보험기간의 개시일은 선금 지급일 이전이어야 하고, 종료일은 계약이행기간의 종료일로부터 60일 이상으로 하여야 한다. ○ 선금지급조건에 명시되지 않은 사항은 「지방자치단체 입찰 및 계약집행기준」(2010. 12. 30., 행정안전부 예규 제344호)을 적용한다.

주 : 「지방자치단체 입찰 및 계약집행 기준」(2010. 12. 30., 구 행정안전부 예규 제344호) 제4장(선금 및 대가 지급요령)의 규정에 따르면 계약담당자가 선금을 지급할 때에는 채권확보 조치, 선금 정산 및 반환 청구 등을 선금지급조건으로 명시하도록 되어 있음
자료 : A시 선금지급조건 재구성

그리고 선금은 「지방자치단체 입찰 및 계약집행 기준」(2010. 12. 30., 구 행정안전부 예규 제344호, 이하 '계약집행기준'이라 한다) 제4장 제2절 '5. 선금의 사용 및 정산'의 규정에 따라 기성대가를 지급할 때마다 정산하도록 되어 있는 바, 아래와 같은 산식(이하 '선금 정산식'이라 한다)을 적용하도록 되어 있다.

$$\text{선금정산액} = \text{선금액} \times \frac{\text{기성(또는 기납) 부분의 대가 상당액}}{\text{계약금액}}$$

위 관서에서는 2012. 6. 14. 위 업체에 기성대가로 지급해야 할 금액 1,184,000,000원에서 선금 정산식에 따라 계산한 선금 444,000,000원(이하 '1차 정산액'이라 한다)을 차감하고 나머지 740,000,000원(=1,184,000,000원-444,000,000원)을 기성대가로 지급하였고, 2012. 8. 9. 위 업체와 사업물량 증가 등의 사유로 위 공사 계약금액을 당초 4,000,000,000원에서 4,740,530,000원으로 변경하고 또 공사기간 만료일도 당초 2013. 1. 5.에서 2013. 6. 4.로 5개월 늦추는 변경 계약을 체결하고, 위 업체에 당초 선금보증서의 보증기간을 위 계약 변경 날짜에 맞춰 보증기간을 5개월 연장하고 선금지급 보증금액을 1,056,000,000원(=선금 1,500,000,000원-1차 정산액

444,000,000원)으로 하는 새로운 선금보증서를 제출하도록 요청하였다. 이에 따라 위 업체에서는 당초 선금보증서를 발급해 준 위 2개 보증보험기관 중 D로부터는 2012. 8. 13. 보증기간이 5개월 연장되고 선금지급 보증금액이 422,400,000원인 새로운 선금보증서를 발급받아 위 관서에 제출하였다. 나머지 선금지급 보증금액 633,600,000원(=1,056,000,000원-422,400,000원)의 경우 위 업체의 경영 상태 악화와 신용도 불량을 이유로 E가 새로운 선금보증서 발급을 거부함에 따라 위 업체에서는 위 관서에 새로운 선금보증서를 제출하지 못하였다.

한편 위 관서에서 위 업체에 제시한 선금지급조건에 따르면 [표 2]와 같이 선금지급조건에 명시되지 않은 사항은 계약집행기준을 적용한다고 되어 있다. 그리고 계약집행기준 제4장(선금 및 대가 지급요령)의 규정에 따르면 보증서 수령 후 공사기간을 연장하고자 하는 경우 계약담당자는 당초 보증(보험)기간에 그 연장하고자 하는 기간을 가산한 기간을 보증(보험)기간으로 하는 증권 또는 보증서(이하 '갱신된 선금보증서'라 한다)를 제출받고, 선금지급 후 계약상대자가 선금지급조건을 위배한 경우에는 지체 없이 선금잔액의 반환을 청구하며, 선금반환 청구 시 기성부분에 대한 미지급액이 있는 경우에는 그 미지급액을 선금에 우선적으로 충당하도록 되어 있다. 또한 E 선금보증서의 보통약관 제6조의 규정에 따르면 회사(E)는 채무자인 계약자가 증권에 기재된 계약에서 정한 채무를 이행하지 아니함으로써 채권자인 피보험자가 반환받아야 할 선금을 증권에 기재된 내용과 약관에 따라 보상한다고 되어 있지만 위 업체에서는 갱신된 선금보증서를 제출하지 못하여 위 관서에서 제시한 선금지급조건을 위배함에 따라 보험증권에 기재된 계약에서 정한 채무를 이행하지 못하게 되었다.

따라서 위 관서에서는 위 업체에서 선금지급조건을 위배하였으므로 위 업체에 지체 없이 미정산 선금의 반환을 청구하고 이후 지급할 기성부분은 미정산 선금에 우선 충당하는 한편, 그러고 나서도 미정산 선금이 있는 경우에는 E에 미정산 선금에 해당하는 금액만큼 보험금의 지급을 요청하여야 했다. 그런데도 위 관서에서는 2012. 9. 28.과 2013. 3. 15. 두 차례에 걸쳐 위 업체에 E으로부터 선금보증서를 갱신·발급받아 제출하도록 독촉하기만 하고, 위 업체와 변경 계약을 체결한 시점(2012. 8. 9.) 기준 미회수 선금채권 1,056,000,000원을 지체 없이 반환하도록 요청하지 않았다.

더욱이 위 관서에서는 E가 2012. 8. 9.경(날짜 모름) 위 업체의 경영 상태 악화 등을 사유로 선금보증서의 갱신·발급을 거부하였으므로 위 선금잔액 채권 1,056,000,000원을 회수할 수 없는 경우에 대비하여 차후 기성대가 지급 시마다 선금에서 차감·정산하는 등 실질적인 미회수 선금채권 확보 방안을 마련해야 했는데도 아무런 조치를 하지 않았다.

이런 상황에서 위 업체에서는 위 공사를 계속한 뒤 [표 3]과 같이 위 관서에 2012. 8. 29.부터 2013. 4. 30. 사이에 총 5차례에 걸쳐 기성금 계 1,828,950,000원을 지급해주도록 요청하였다.

이에 대하여 위 관서에서는 기성금 1,828,950,000원에서 2012. 8. 13. 기준 미회수 선금채권 잔액 계 1,056,000,000원 전액을 차감하지 아니한 채 선금 정산식에 따라 산정된 선금 계 857,270,000원만 차감하고 나머지 계 971,680,000원(=1,828,950,000원-857,270,000원)을 기성대가로 지급하였다.

[표 3] 기성대가 지급과 선금 정산처리 현황

(단위: 원)

연번	기성대가 지급 일자	선금 정산이 가능한 기성대가(A)	선금에 우선 충당해야 할 기성대가	실제 정산한 선금(B)	실제 지급한 기성대가(A-B)	선금 정산 후 잔액
	2012. 8. 13. 현재 기준 미정산 선금 잔액: 1,056,000,000					
1	2012. 8. 29.	950,930,000	950,930,000	231,540,000	719,390,000	824,460,000
2	2012. 9. 27.	120,000,000	105,070,000	38,060,000	81,940,000	786,400,000
3	2012. 12. 14.	113,770,000	-	112,300,000	1,470,000	674,100,000
4	2012. 12. 28.	365,050,000	-	209,670,000	155,380,000	464,430,000
5	2013. 4. 30.	279,200,000	-	265,700,000	13,500,000	198,730,000
계		1,828,950,000	1,056,000,000	857,270,000	971,680,000	

주 1. 선금 1,500,000,000원 지급 후 2012. 6. 14. 기성대가 지급 시 선금 444,000,000원을 정산하였음
2. '선금 정산이 가능한 기성대가(A)'의 경우 「지방자치단체 입찰 및 계약집행 기준」(2010. 12. 30., 구 행정안전부 예규 제344호) 제4장(선금 및 대가 지급요령)에 따라 기성비율에 따른 기성대가에서 하도급업체 공사대금을 차감하여 산정함

자료 : A시 제출자료 재구성

또한 위 관서에서는 위 업체가 E에 선금보증서 갱신·발급을 요구하였다가 거부된 2012. 8. 13. 이후부터 당초 선금보증서의 보증기한인 2013. 3. 6. 사이에 위 업체의 선금지급조건 위배를 사유로 선금보증서의 약관에 따라 E에 보험금 278,658,000원(2012. 12. 28. 기성대가 지급 후 선금잔액 464,430,000원의 15분의 9에 해당하는 금액)의 지급을 청구하였어야 하는데도 이를 청구하지 않았다.[147] 그러고 나서 위 관서에서는 2013. 8. 30. 위 업체가 경영 부실로 폐업하자 같은 해 9. 5. 위 공사계약을 해지한 후인 같은 해 11. 14. D와 E에 각각 보험금 지급을 청구하였다.

이에 따라 위 관서에서 2014. 10. 8. D로부터는 갱신된 선금보증서의 약관대로 약정이자를 포함하여 보험금 69,247,550원을 지급받은 반면, E로부터는 '보험기간 종료일은 2013. 3. 6.이고 이 건 보험사고 발생일은 2013. 6. 4.경으로 이 건 보험기간 밖의 보험사고이므로 보험금을 지급할 수 없다'는 사유로 보험금을 지급받지 못하게 되었다.

그 결과 위 관서에서는 위 업체에 6차례에 걸쳐 기성대가를 지급하여 총 1,308,836,900원의 선금을 정산함으로써 지급한 선금 1,500,000,000원 중 잔액이 191,163,100원[148] 남았으나 E에서 보험금 지급을 거절함에 따라 E의 보증비율(선금의 15분의 9)에 해당하는 114,697,860원만큼의 손해를 입게 되었다.

(2) 감사원의 판정

이에 대해 감사원은, 위 사람들 중 갑은 2010. 7. 30.부터 2014. 1. 23.까지, 을은 2012. 1. 25.부터 2015. 7. 30.까지, 병은 2011. 1. 26.부터 2013. 12. 31.까지 A시 F국 G과에서 위 공사 관련 계약업무와 선금 지급·관리 업무를 담당하거나 총괄하였으므로 각각 회계직원책임법 제2조, A시 「재무회계규칙」 제3조의 규정에 따른 회계관계직원에 해당한다.

---

147) 2015. 9. 1. E에서 감사원에 제출한 의견서에 따르면 "B가 선금지급조건을 위배하면 먼저 A시에서 B에 선금지급조건을 이행하도록 촉구하고 보증보험 만료일인 2013. 3. 6. 전에 선금 반환청구에 따른 B의 이행 거절의사를 확인하여 보증이행을 청구하면 보험금을 지급할 수 있다"고 되어 있으며, 해당 내용과 유사한 대법원 판례[2011. 9. 29. 선고(2010다82134 판결)]도 있음

148) 2013. 4. 30. 기성대가 지급 후 2013. 11. 7. 타절준공하고 기성대가를 지급하면서 선금 7,566,900원을 추가 정산함에 따라 2013. 4. 30. 기준 선금잔액 198,730,000원에서 7,566,900원을 차감한 금액임

위 업체에서는 위 변경 계약을 체결한 뒤 경영 상태 악화 등의 사유로 위 관서에 E의 갱신된 선금보증서를 위 관서에 제출하지 못하여 선금지급조건을 위배하였다. 따라서 계약담당자는 계약집행기준에 따라 위 업체에 지체 없이 선금잔액의 반환을 요청하고, 이후 위 업체에 지급해야 할 기성대가는 선금잔액에 우선적으로 충당하여야 했다. 또한 계약담당자는 위 업체가 선금지급조건을 위배하는 경우 선금보증서의 약관에 따라 보증보험 만료일이 지나기 전에 선금보증서를 발급한 보증보험기관에 보험금 지급을 청구하여 미회수 선금채권을 확보하여야 했다.

갑은 위 공사의 계약업무와 선금 지급·관리 업무 담당자 겸 분임경리관의 보조자로서 2012. 1. 13. 위 업체가 제출한 선금신청서를 검토한 후 같은 날 선금지급조건을 첨부한 선금지급 공문을 직접 기안하여 상급자인 계약구매 담당 정과 G과장 병에게 결재 올렸기 때문에 [표 3]과 같이 선금지급조건에 따라 이 조건에 명시되지 않은 사항은 계약집행기준을 적용한다는 사실을 잘 알고 있었다. 또한 위 사람은 계약업무 담당자로서 계약집행기준 제4장에 따라 선금을 지급할 때 계약상대자로부터 선금보증서를 받아야 하고, 선금지급 후 공사기간을 연장하고자 하는 경우에는 갱신된 선금보증서를 제출받아야 하며, 계약상대방의 부도 등이 발생하여 선금을 받지 못할 경우에 대비해 보증보험기관으로부터 선금채권의 지급보증을 받지 않으면 위 관서에 손해가 발생할 수 있다는 사실도 잘 알고 있었다. 그리고 변경 계약 체결 후인 같은 해 8. 13. 무렵 위 업체에서 E의 갱신된 선금보증서를 제출하지 못해 선금지급조건을 위반한 사실을 알고 있었다. 따라서 위 업체에서 선금지급조건을 위배하였으므로 계약집행기준 제4장 등에 명시된 선금 관련 규정과 보증보험기관이 발급한 선금보증서의 약관 등을 철저히 확인·검토하여 위 업체에 지체 없이 선금잔액의 반환을 청구하고, 기성부분의 미지급액이 있는 경우 그 미지급액을 선금에 우선적으로 충당하며, 보증기한 내에 보증보험기관에 미회수 선금 채권의 지급을 청구하는 등 미회수 선금채권 잔액을 회수하여야 했다. 그런데 변경 계약을 체결한 이후 위 업체가 E의 갱신된 선금보증서를 제출하지 못하고 있는데도 계약집행기준 제4장 등에 명시된 선금 관련 규정내용을 제대로 확인·검토하지 않았고 그로 인해 위 업체에 같은 해 8. 13. 현재 기준 미회수 선금채권 잔액 1,056,000,000원에 대한 반환 요청을 하지 못하게 되었다. 또한 E가 선금보증서 갱신·발급을 거부하였으므로 위 업체의 부도 발생으로 위 선금채권 잔액 1,056,000,000원을 회수할 수 없는 경우에 대비하여야 하는데도 차후 기성대가 지급 시 이를 계속 차감·정산하는 등의 채권확보 방안을 마련하지 않았다.

이로 인해 변경 계약을 체결한 뒤 위 업체에 2012. 8. 29.부터 2013. 4. 30. 사이에 총 5차례에 걸쳐 기성금 계 1,828,950,000원을 지급하면서 E가 지급보증을 거부한 선금 계 633,600,000원이 포함된 미회수 선금채권 잔액 계 1,056,000,000원 전액을 차감하지 않은 채 선금 정산식에 따라 산정된 선금 계 857,270,000원만 차감하고 나머지 계 971,680,000원(=1,828,950,000원−857,270,000원)을 기성대가로 지급하는 내용으로 관련 공문을 기안하여 상급자(계약구매담당 을, G과장 병, F국장 무)의 결재를 받아 971,680,000원을 위 업체에 지급[149)]하였다. 또한 갑은 변경 계약에 따라 위 업체에 선금보증서 갱신을 요구한 2012. 8. 13. 이후부터 당초 E의 선금보증서 보증기한인 2013. 3. 6.까지 위 업체의 선금지급조건 위배를 사유로 E에 보험금 지급을 청구할 수 있는지 보험약관을 확인·검토하거나 E에 직접 문의하지 않았다. 이로 인해 위 관서에서는 2013. 8. 30. 위 업체가 폐업하자 같은 해 9. 5. 위 공사계약을 해지하고 E가 기존에 발급한 선금보증서의 약관에 따라 같은 해 11. 14. E에 보험금 지급을 청구하였으나 보험기간 밖의 보험사고라는 사유로 E로부터 지급받을 수 있었던 보험금 278,658,000원(2012. 12. 28. 기성대가 지급 후 선금잔액 464,430,000원의 15분의 9에 해당하는 금액)을 지급받을 수 없게 되었고, 그 결과 갑은 미정산 선금채권 191,163,100원 중 E의 보증비율(선금의 15분의 9)에 해당하는 114,697,860원만큼 위 관서에 손해를 끼쳤다.

을은 위 공사의 계약과 선금 지급·관리 업무를 지도·감독하는 계약구매담당 겸 분임경리관의 보조자로서 2012. 8. 9. 위 업체와 변경 계약을 체결하면서 실무자 갑이 위 공사계약의 내용(공사기간, 계약금액, 선금지급액, 정산금액 등)을 설명해주어 위 공사계약의 내용을 잘 알고 있었다. 또한 을은 계약집행기준 제4장에 따라 선금을 지급할 때에는 계약상대자로부터 선금보증서를 받아야 하고, 선금지급 후 공사

149) 이 과정에서 위 사람은 단지 2012. 8. 13. 이후 위 업체에 전화로 수차례 갱신된 선금보증서 제출을 요구하고, 2012. 9. 28.과 2013. 3. 15. 두 차례에 걸쳐 갱신된 선금보증서 제출을 촉구하는 내용의 공문을 기안·결재를 받아 위 업체에 시행하였을 뿐임

기간을 연장하고자 하는 경우에는 갱신된 선금보증서를 제출받아야 하며, 계약상대방의 부도 등이 발생하여 선금을 받지 못할 경우에 대비해 보증보험기관으로부터 선금채권의 지급보증을 받지 않으면 A시에 손해가 발생할 수 있다는 사실도 잘 알고 있었고 2012. 8. 13. '시설공사 변경(증·감) 계약서'를 결재하면서 실무자 갑으로부터 E가 갱신된 선금보증서 발급을 거부했다는 사실을 보고받아 위 업체가 선금지급조건을 위배한 사실을 알고 있었다. 따라서 위 업체에서 선금지급조건을 위배하였으므로 실무자 갑을 시키거나 자신이 직접 나서 미회수 선금채권 잔액을 회수하여야 했다. 그런데도 위 사람은 실무자 갑으로부터 위 업체에서 E의 갱신된 선금보증서를 제출하지 못하였다는 얘기를 듣고도 실무자 갑에게 E의 갱신된 선금보증서를 서둘러 받으라고 지시만 하였을 뿐 미회수 선금채권 잔액을 회수할 수 있는 방안을 마련하여 실행하지 않았다. 그러면서 변경 계약을 체결한 뒤 위 업체에 2012. 8. 29.부터 2013. 4. 30. 사이에 총 5차례에 걸쳐 기성금 계 1,828,950,000원을 지급하면서 E가 지급보증을 거부한 선금 633,600,000원이 포함된 미회수 선금채권 잔액 계 1,056,000,000원 전액을 차감하지 않은 채 선금 정산식에 따라 산정된 선금 계 857,270,000원만 차감하는 내용으로 갑이 관련 공문을 기안하여 올리자 이를 제대로 검토하지 않고 중간 결재를 한 뒤 상급자인 G과장 병, F국장 무의 결재를 받아 이를 시행하도록 하였다. 그 결과 을은 위 관서에 114,697,860원만큼 손해를 끼쳤다.

병은 위 공사의 계약과 선금 지급·관리 업무를 총괄하는 G과장 겸 분임경리관으로서 2012. 1. 13. 실무자 갑이 기안한 선금지급조건이 첨부된 선금지급 공문을 결재하였고, 2012. 8. 9. 위 업체와 변경 계약을 체결하면서 실무자 갑이 위 공사계약의 내용(공사기간, 계약금액, 선금지급액, 정산금액 등)을 설명해주어 위 공사계약의 내용을 잘 알고 있었다. 또한 계약집행기준 제4장에 따라 선금을 지급할 때에는 계약상대자로부터 선금보증서를 받아야 하고, 선금지급 후 공사기간을 연장하고자 하는 경우에는 갱신된 선금보증서를 제출받아야 하며, 계약상대방의 부도 등이 발생하여 선금을 받지 못할 경우에 대비해 보증보험기관으로부터 선금채권의 지급보증을 받지 않으면 위 관서에 손해가 발생할 수 있고, 기성부분의 미지급액이 있는 경우 그 미지급액을 미회수된 선금에 우선적으로 충당해야 한다는 규정을 잘 알고 있었다. 한편 병은 2012. 9. 20.경(날짜 모름)에서야 실무자 갑으로부터 E가 갱신된 선금보증서 발급을 거부함에 따라 위 업체가 위 관서에 갱신된 선금보증서를 제출하지 못해 선금지급조건을 위배한 사실을 알게 되었다. 따라서 위 업체의 선금지급조건 위배 사실을 알게 된 시점인 2012. 9. 20.경부터는 실무자 갑이나 계약구매담당 을로 하여금 미회수 선금채권 잔액을 확보할 수 있는 회수방안을 마련하여 실행하도록 철저히 지도·감독하여야 했다. 그런데도 실무자 갑과 계약구매담당 을에게 서둘러 E의 갱신된 선금보증서를 받으라고 지시만 하였을 뿐 미회수 선금채권 잔액을 회수할 수 있는 방안을 마련하여 실행하도록 지도·감독하지 않았다. 이로 인해 병은 위 업체에 2012. 9. 27.부터 2013. 6. 4. 사이에 총 4차례에 걸쳐 기성금 계 878,020,000원을 지급하면서 E가 지급보증을 거부한 선금 633,600,000원이 포함된 미회수 선금채권 잔액 계 824,460,000원 전액을 차감하지 않은 채 선금 정산식에 따라 산정된 선금 계 625,730,000원만 차감하는 내용으로 갑이 관련 공문을 기안하여 을의 검토를 거쳐 결재 올리자 이를 제대로 검토하지 않고 중간 결재를 한 뒤 상급자인 F국장 무의 결재를 받아 이를 시행하도록 하였다. 그 결과 병은 위 관서에 114,697,860원만큼 손해를 끼쳤다.

위 사람들은 회계관계직원으로서 위 업체와 변경 계약을 체결할 때 위 업체로부터 E가 갱신·발급한 선금보증서를 제출받지 못하였다면 계약집행기준 제4장에 따라 위 업체에 지체 없이 미회수 선금잔액의 반환을 청구하여야 하고, 그래도 선금잔액 전액을 반환받지 못하는 경우 기성대가를 우선적으로 선금잔액에 충당하여야 하며, E에 기존의 선금보증서 약관을 근거로 보험금 지급을 청구하는 등 선금회수 업무를 하여야 하는데도 중과실로 이를 제대로 회수하지 못해 위 관서에 114,697,860원의 손해를 끼쳤다. 선금채권 확보와 회수 업무는 계약집행기준 등에 따라 처리하는 실무적인 단순 업무에 해당하므로 위 사람들 중 실무자 갑과 계약구매담당 을의 책임의 정도가 더 크다. 더욱이 위 두 사람은 G과장 병에게 위 업체가 갱신된 선금보증서를 제출하지 않은 사실을 위 업체에 기성대가로 계 719,390,000원(2012. 8. 29. 이후 실제 지급한 기성대가 971,680,000원의 74% 상당)을 지급한 이후에야 보고하는 잘못을 저질러 책임의 정도가 병보다 크다고 할 수 있다. 그러나 G과장 병의 경우 관련 규정을 명확하게 이해하고 있는데도 미회수 선금채권 잔액을 회수하기 위한 노력을 하지 않은 점을 고려할 때 손해 발생에 미친 책임의 정도가 크게 낮다고 할 수 없다. 따라서 회계직원책임법 제4조 제1항과 제4항의 규정에 따라 갑, 을, 병의 책임의 한계는 각각 3.5:3.5:3 정도가 있는 것으로 보아 갑은 40,144,251원, 을은 40,144,251원, 병은 34,409,358원을 각각 변상할 책임이 있다.

그러나 갑의 경우 연간 검토할 공사계약 건수가 530건에 이르고 B을과 병은 기존 회계부서 업무 이외에 A불산사고(2012년 9월) 피해보상업무를 지원 또는 총괄하는 등 업무량이 많아 관련 업무를 충분히 챙기기 어려웠던 점, 공사 진행률 91%로 공사 진행에 문제가 없어 업체의 부도 발생으로 손해 발생을 예견하기 어려운 등 업무처리상 고의가 없었던 점, 채권 회수를 위해 위 업체에 수차례 전화나 공문으로 갱신된 선금보증서 제출을 촉구하고 재산조사 등으로 채권회수를 위해 노력한 점, 회계업무편람을 제작하고 관계공무원(75명)에 대한 교육을 실시하였으며 2013년도에 70여 건의 계약원가를 심사하여 996백만 원의 예산을 절감한 점 등을 종합적으로 고려하여 회계직원책임법 제5조의 규정에 따라 위 변상금액 중 100분의 70을 감면하여 갑은 12,043,275원, 을은 12,043,275원, 병은 10,322,807원을 각각 변상할 책임이 있다고 판단하였다. (2016. 3. 24.)

3. 2015년 감사원의 변상판정 사례

1) 토지보상금 공탁업무 부당 처리[150]

(1) 사건 개요

이 사건을 간략하게 살펴보면, A공사에서 '영산강 하천기본계획변경 고시'에 따라 C 건설사업을 추진하면서 2010. 2. 25. 사업부지에 편입되는 토지[151] 등에

150) 2015년 감판 제5호

151) 전라남도 담양군 소재

대한 보상계획을 공고하는 등 보상업무를 수행하였다. 보상업무 수행 과정에서 2010. 3. 31. 및 같은 해 4. 9. 등 2차례에 걸쳐 토지소유자 및 토지보상금에 대한 채권이 있는 국민건강보험공단 등 보상관련자 287명에게 보상 협의를 요청하였고, 이에 따라 국민건강보험공단(C지사)으로부터 2010. 4. 12. 보상대상자 중 병의 보상금[152]에 대해 건강보험 등 체납(체납보험료 5,327,280원)을 사유로 위 공사를 채무자로 하는 채권압류통지서를 접수하였다. 또한, 같은 해 5. 11. 광주지방법원으로부터 서울보증보험주식회사를 채권자로, 병을 채무자로, 위 공사를 제3채무자로 하여 병에게 지급할 보상금을 압류하는 채권압류(75,311,580원) 및 추심명령 결정서를 접수하였다.

위 공사에서는 보상 협의가 성립되지 아니한 병의 토지에 대해 2010. 9. 29. 중앙토지수용위원회에 수용재결을 신청하여 같은 해 12. 8. 수용재결 결과를 통보받았고 이 결과에 따라 2010. 12. 24. 광주지방법원에 병의 토지 보상금 9,074,870원을 공탁하면서 공탁서의 공탁원인사실란에 국민건강보험공단 및 서울보증보험주식회사의 채권압류 사실을 기재하지 아니한 채 「공익사업을 위한 토지 등의 취득 및 보상에 관한 법률」(이하 '토지보상법'이라 한다) 제40조 제2항 제1호에 따라 토지소유자와 보상 협의가 성립되지 아니하여 토지보상금을 공탁하는 것으로만 기재하였다. 위 토지보상금 공탁 이후 병은 2010. 12. 28. 광주지방법원으로부터 토지보상금 9,074,870원을 수령하였다.

이에 대해 서울보증보험주식회사에서는 2011. 9. 14. 위 공사를 상대로 추심금 청구소송을 제기하였고, 위 공사에서는 같은 해 11. 9. 광주지방법원의 화해권고결정에 따라 같은 달 25. 추심금 3,747,590원을 서울보증보험주식회사에 지급하였다. 또한, 위 공사에서는 2012. 6. 27. 국민건강보험공단으로부터 채권(토지수용보상금) 5,327,280원에 대한 추심 요청을 받고는 같은 해 8. 13. 이를 지급하였다. 한편 위 공사에서 광주지방법원으로부터 병을 채무자로 한 지급명령(2012. 1. 4. 확정) 및 재산명시결정(2012. 4. 10.)을 받아 병의 재산을 확인하였으나 사실상 집행 가능한 재산이 없어 9,074,870원을 최종적으로 회수할 수 없게 되었다.

152) 전라남도 담양군 소재 토지에 대한 보상금 9,074,870원

(2) 감사원의 판정

이에 대해 감사원은, 위 사람들 중 갑은 2010. 7. 19.부터 2012. 1. 26.까지, 을은 2010. 7. 19.부터 2012. 1. 15.까지 각각 A공사 B본부 C건설단 D팀 보상업무 담당자로서 위 공사「공기업·준정부기관 회계기준 시행세칙」제4조에 따른 지출원인행위 담당인 C건설단장의 회계 사무인 'CC건설사업' 관련 토지보상업무를 보조하였으므로 회책법 제2조에 규정된 회계관계직원이다.

토지보상법 제40조에 따르면 사업시행자는 수용 개시일까지 관할 토지수용위원회가 재결한 보상금을 지급하여야 하고, 압류 또는 가압류에 의하여 보상금의 지급이 금지된 때에는 수용하는 토지 등의 소재지 관할 공탁소에 보상금을 공탁할 수 있도록 규정되어 있다. 또한「공탁규칙」(대법원규칙) 제20조의 규정에 따르면 공탁을 하려는 사람은 공탁원인사실 및 공탁을 하게 된 관계법령의 조항 등을 기재한 공탁서 2통을 공탁관에게 제출하도록 되어 있다. 따라서 채권압류된 병의 소유지분에 해당하는 토지보상금 9,074,870원을 공탁할 때에는「공탁규칙」제20조의 규정에 따라 공탁서의 공탁원인사실란과 공탁을 하게 된 관계법령의 조항란에 '토지보상법 제40조 제2항 제4호의 규정(압류 또는 가압류에 의하여 보상금의 지급이 금지된 때)'을 기재하고 광주지방법원의 채권압류 및 추심명령 결정서 등을 첨부하여 공탁하여야 했다.

갑은 2010. 7. 19. 위 건설단에 발령받은 후 전 보상업무담당자로부터 병 소유지분 토지에 대한 보상금에 설정되어 있는 국민건강보험공단 및 서울보증보험주식회사의 채권압류 관계철을 차장 을과 함께 인계받았다. 또한 2010. 12. 8. 중앙토지수용위원회로부터 송부받은 수용재결서를 열람하면서 병 소유지분 토지에 국민건강보험공단 및 서울보증보험주식회사 등의 가압류가 설정되어 있는 사실을 확인한 후, 같은 날 및 12. 16. 등 2차례에 걸쳐 차장 을과 전 단장 정의 결재를 받아 국민건강보험공단 및 서울보증보험주식회사에 수용재결 결과를 통보하기까지 하였다. 그런데도 위 사람은 전 보상업무담당자로부터 인계받은 채권압류 관계철을 제대로 검토하지 아니한 채 차장 을과 사전에 상의한 대로 2010. 12. 24. 병의 보상금을 광주지방법원에 공탁하는 공탁서의 공탁원인사실란 및 관계법령 조항란에 채권압류 사실을 기재하지 않고 토지소유자와 협의가 성립되지 아니하여 중앙토지수용위원회의 수용재결서를 받아 토지보상법 제40조 제2항 제1호(보상금을 받을 자가 그 수령을 거부하거나 보상금을 수령할 수 없을 때)에 따라 보상금을 공탁하는 것으로 기재하여 작성한 후 차장 을 및 단장 무의 결재를 받아 공탁하였다. 이에 따라 병은 2010. 12. 28. 공탁금 9,074,870원을 수령하였고, 위 공사에서는 2011. 9. 14. 서울보증보험주식회사로부터 추심금 청구소송을 받은 후 같은 해 11. 9. 광주지방법원의 화해권고결정에 따라 추심금 3,747,590원을 서울보증보험주식회사에 지급하였으며, 2012. 6. 27. 국민건강보험공단으로부터 채권추심 요청을 받고는 같은 해 8. 13. 추심금 5,327,280원을 지급하였다. 그 결과 이 건 토지보상금 9,074,870원을 이중으로 지급하게 되었고 위 공사에 같은 금액만큼 손해를 끼쳤다.

을은 압류 등이 설정되어 있는 토지보상금을 공탁할 때에는 공탁서의 공탁원인사실란에 압류 내용에 대해 기록하고 채권압류 및 추심명령서를 첨부하여야 한다는 사실을 알고 있었다. 그리고 2010. 7. 19. 위 건설단에 발령받은 후 전 보상업무담당자로부터 병 소유지분 토지에 해당하는 보상금에 대한 국민건강보험공단 및 서울보증보험주식회사의 채권압류 관계철을 갑과 함께 인계받았다. 또한 2010. 12. 8. 중앙토지수용위원회로부터 송부받은 수용재결서를 열람 하면서 병 소유지분 토지에 국민건강보험공단 및 서울보증보험주식회사의 가압류가 설정되어 있는 사실을 확인하였고, 같은 날 및 12. 16. 등 2차에 걸쳐 갑이 기안한 국민건강보험공단 및 서울보증보험주식회사의 수용재결 결과를 통보하는 문서에 결재까지 하였다. 따라서 위 사람은 갑에게 보상금 공탁서류를 작성하도록 할 때에는 공탁서의 공탁원인사실란에 국민건강보험공단 및 서울보증보험주식회사의 압류사실을 기재하고 채권압류 및 추심명령서를 첨부하도록 하여야 했다. 그런데도 위 사람은 전 보상업무담당자로부터 인계받은 채권압류 관계철을 제대로 검토하지 않아 갑으로 하여금 채권압류 사실을 기재하도록 하지 않은 채 갑이 2010. 12. 24. 기안한 공탁서의 공탁원인사실란 및 관계법령 조항란에 토지소유자와 협의가 성립되지 아니하여 중앙토지수용위원회의 수용재결서를 받아 토지보상법 제40조 제2항 제1호(보상금을 받을 자가 그 수령을 거부하거나 보상금을 수령할 수 없을 때)에 따라 보상금을 공탁하는 것으로 기재되어 있는데도 이를 그대로 결재한 후 단장무에게 결재를 올리도록 하였다. 그 결과 이 건 토지보상금 9,074,870원을 이중으로 지급하게 되었고 위 공사에 같은 금액만큼 손해를 끼쳤다.

갑은 토지보상금 공탁서를 작성하면서 공탁원인사실 등을 사실과 다르게 기재한 잘못은 있으나 상급자인 을과 상의하여 위 문서를 기안하였고, 위 공사에 입사한 지 5개월(근무기간: 2010. 7. 19.~12. 24.)밖에 되지 않은 신입직원으로 토지보상업무를 담당한 경험이 없는 상태에서 관련 직무교육을 받은 적도 없어 회계관계직원으로서 갖추어야 할 지식과 능력에 비추어 볼 때 손해 발생에 미친 책임의 정도가 을보다 작다고 인정된다. 그러므로 회책법 제4조 제1항과 제4항의 규정에 따라 갑과 을의 책임의 한계는 각각 2:8 정도 있는 것으로 보아 갑은 1,814,974원, 을은 7,259,896원을 변상할 책임이 있다고 판단하였다(2015. 6. 4).

2) 공사 선금급 채권확보업무 태만[153)]

(1) 사건 개요

이 사건을 간략하게 정리하면, A군(C과)에서 2012. 3. 23. 주식회사 B종합건설(대표이사 기, 이하 'B종합건설'이라 한다)과 '청일리도201호(유동~애고지) 3차 도로 확·포장공사 계약'[154)](계약금액 : 416,751,000원[155)], 공사기간 : 2012. 3. 23.~2013. 1. 16.)을 체결하고 공사를 시행하였고, 2012. 3. 30. B종합건설로부터 선금급 보증서(보증기관 : 건설공제조합, 보증금액 : 308,701,000원, 보증기간 : 2012. 3. 29.~2013. 3. 17.) 등이 첨부된 선금급 신청서를 접수하고 같은 날 선금급 291,725,000원을 지급하였다. 이후 D과에서 2012. 12. 12. C과(경리담당 및 C과장

153) 2015년 감판 제6호

154) 장기계속공사

155) 2012. 7. 17. 설계변경(물가 변동)을 통해 18,003,000원을 증액하였고, 같은 해 8. 9. 설계변경(물가 변동)을 통해 15,433,000원을 증액하여 위 공사 3차분의 계약금액은 450,187,000원임

결재)의 협조를 받아 위 공사에 대해 공사 구간 내 편입 토지 보상 협의 지연 및 동절기 기온 강하로 인한 레미콘 타설 공종 진행 불가 등으로 전체적인 공사 추진이 어렵다고 판단하여 같은 날 B종합건설에 공사 중지를 통보하고, 관련 서류를 C과로 이송하였다. 그 후 D과에서 2013. 5. 29. 공사 재개를 준비하도록 B종합건설에 통보하였으나 B종합건설에서 같은 해 6. 19. 위 공사에 대한 공사포기서를 제출하고 같은 해 6. 30. 폐업함에 따라 같은 해 7. 5. 타절 준공 검사를 거쳐 준공물량(전체 물량의 20.01%)에 따른 기성대가 90,080,000원을 공제한 선금급 미정산액 201,645,000원이 발생하였다. 이후 A군(C과)에서 2013. 7. 19. 선금급 보증기관인 건설공제조합에 미정산 선금급 239,070,000원(이자 37,425,000원 포함)을 청구하였으나 같은 해 8. 9. 위 조합에서 선금급 반환 사유가 보증기간 이후 발생하였다는 사유로 선금급 지급을 거절하였고, 이에 따라 2013. 12. 5. 춘천지방법원 원주지원에 건설공제조합을 상대로 선금급 반환 소송을 제기하였으나 2014. 7. 10. 패소한 후 항소를 하지 않아 손해가 확정되었다. 2013. 10. 11. 위 공사의 연대보증사인 E건설주식회사(이하 'E건설'이라 한다) 대표이사 경과 선금급 미정산액 201,645,000원을 3차례[156]에 걸쳐 분할 납부하는 조건으로 위 공사 잔여분을 시공하는 것으로 구두[157]로 약속한 후 같은 해 11. 6. 잔여 공사 계약을 체결(금액: 330,000,000원)하고 공사를 진행하였으며 같은 해 11. 25.에는 1차분 50,000,000원을 E건설로부터 반환받았다. 한편, E건설은 위 공사를 2014. 12. 22. 완료하였으나 선금급 미정산액 납부는 연대보증인의 법적 의무가 아니라는[158] 사유를 들어 2차분과 3차분을 위 관서에 납부하지 않아 B종합건설로부터 반환받지 못한 선금급은 계 151,645,000원이다.

156) 1차분 50,000,000원은 4차 공사 계약한 후, 2차분 50,000,000원은 5차 공사 계약한 후, 3차분 101,645,000원은 5차 공사 준공금을 지급할 때 납부하기로 함

157) A군청에서 선금급 보증사고 처리를 논의하기 위해 C과장, 경리담당, 토목담당, E건설 대표이사 경이 모인 자리에서 경이 구두로 약속하였고, 확약문서는 작성하지 아니함

158) 관청 공사도급계약에서 연대보증인의 보증책임은 특별한 약정이 없는 한 시공보증에 한정하고 선금급에 대한 책임은 없음

(2) 감사원의 판정

이 사건에 대해 감사원은, 갑은 2010. 1. 1.부터 2013. 3. 4.까지, 을은 2013. 3. 5.부터 같은 해 7. 21.까지, 병은 2012. 7. 23.부터 2014. 7. 20.까지 위 관서 위 직에서 분임경리관의 보조자로서, 정은 2010. 7. 27.부터 2013. 3. 4.까지, 무는 2013. 3. 5.부터 2014. 7. 20.까지 위 관서 위 직위에서 분임경리관으로서 위 공사와 관련하여 계약 및 선금급 관련 업무를 각각 담당하거나 주관 또는 총괄한 사람으로서 회계직원책임법 제2조와 「A군 재무회계규칙」 제3조에 따른 회계관계직원에 해당한다.

「지방재정법」 제73조 및 같은 법 시행령 제96조 제1항 제13호와 「지방자치단체 입찰 및 계약집행기준」(행정자치부 예규 제16호) 제4장 '선금 및 대가 지급요령' Ⅲ-4.의 규정에 따르면 계약담당자가 선금급을 지급할 때에는 계약상대자로부터 보증서를 제출받도록 되어 있고, 선금급에 대한 보증기간은 계약이행기간의 종료일로부터 60일 이상이 되도록 하여야 하며 계약담당자가 그 이행기간을 연장하고자 할 경우에는 계약상대자로부터 연장된 이행기간만큼 가산한 기간을 보증기간으로 하는 보증서(이하 '연장보증서'라 한다)를 제출받도록 되어 있다.

갑은 위 관서 C과에서 분임경리관의 보조자로서 2012. 3. 23. 위 공사 계약을 체결하고 같은 달 30. B종합건설로부터 선금급 신청을 받으면서 보증기간 만료일이 2013. 3. 17.까지로 되어 있는 선금급 보증서를 제출받아 이를 확인한 후 같은 날 '청일리도201호 유동-애고지 간 도로 확·포장공사(3차) 선금지급품의'를 작성하였고, 2012. 3. 30. B종합건설에 선금급 계 291,725,000원을 지급하도록 지출결의서를 작성하여 자신의 상사인 경리담당 신과 C과장 정의 결재를 받았으므로 공사 계약기간 및 보증기간 만료일을 잘 알고 있었다. 또한 D과에서 2012. 12. 12. C과의 협조를 받은 '군도·농어촌도로 정비사업 도로현장 공사 중지 및 관급자재 납품 중지 품의'를 열람하여 위 공사를 기간 없이 무기한 중지한다는 사실을 확인하였다. 따라서 공사계약 만료일이 36일밖에 남지 않은 상태에서 공사를 무기한 중지하면 기존 계약기간 만료일이 도과되고 계약의 이행기간을 특정할 수 없어 「지방자치단체 입찰 및 계약집행기준」 제4장 '선금 및 대가 지급요령' Ⅲ-4.에 따른 이행기간 종료일로부터 60일 이상을 보증하도록 하는 연장보증서를 제출받을 수 없으므로 D과로 하여금 공사중지기간을 특정하도록 요구하여야 했다. 그런 후에 B종합건설에 공사중지기간만큼을 가산한 연장보증서를 제출하도록 요구하여야 하고 특히 보증서 기간만료 60일 전인 2013. 1. 17.경에는 「지방자치단체 입찰 및 계약집행기준」 제4장 '선금 및 대가 지급요령' Ⅲ-4.의 규정에 따라 연장보증서를 추가로 확보하거나 이에 따르지 아니하면 계약 해지[159]등을 통해 선금급을 반환받는 등 채권 확보 조치를 하여야 했다. 한편 위 공사의 무기한 중지에 따른 연장보증서를 제출받지 않았기 때문에 후임자에게는 선금급 보증서의 보증기간이 종료되어 채권 확보를 하지 못하는 일이 없도록 위 공사를 무기한 중지한 사실과 그에 따른 연장보증서를 제출받지 않은 사실 등을 구체적으로 인계하여야 했다. 그런데도 위 사람은 2012. 12. 12. '군도·농어촌도로 정비사업 도로현장 공사 중지 및 관급자재 납품 중지 품의'를 열람하고도 D과로 하여금 공사중지기간을 특정하도록 보완 요청하지 아니하였을 뿐만 아니라 B종합건설로부터 공사기간 연장기간만큼 선금급 연장보증서를 제출받지 않는 등 선금급 채권을 확보하기 위한 적정한 조치를 하지 않았다. 게다가 위 사람은 2013. 3. 5. 인사발령으로 후임자 을에게 업무 인계를 하면서 선금급 및 계약금 보증기간의 확인에 유의하라는 일상적인 사실만 알려 주었을 뿐 보증기간 만료가 임박한 사업 내역을 구체적으로 알려 주지 아니하여 후임자가 제때 선금급 보증서 보증기간의 종료에 따른 연장보증서를 제출받지 못하게 되었을 뿐 아니라 그 이후에도 채권 확보를 하지 못하게 되었다. 그 결과 B종합건설이 폐업함에 따라 201,645,000원의 선금급 미정산액이 발생하였으며, 연대보증사인 E건설로부터 임의로 반환받은 50,000,000원을 제외한 151,645,000원을 회수하지 못하게 되어 위 관서에 같은 금액만큼의 손해를 끼쳤다.

을은 위 관서 C과에서 분임경리관의 보조자로서 2013. 3. 5.부터 위 공사계약 업무를 담당하면서 전임자 갑으로부터 선금급 및 계약금 보증기간의 확인에 유의하라는 등의 관련 업무에 대한 인수를 받았으므로 '지방재정관리시스템(e-호

159) 「지방자치단체를 당사자로 하는 계약에 관한 법률」 제30조의2 제1항의 규정에 따르면 계약상대자가 정당한 이유 없이 계약담당자의 이행 촉구에 따르지 아니한 경우에는 계약을 해지할 수 있도록 되어 있음

조)'[160] 등 계약 관련 시스템을 통해 공사중지일, 선금급 보증서의 보증기간 등 선금급 관련 업무를 우선적으로 파악하여 선금급 보증서의 보증기간이 만료되기 전에 연장보증서를 제출받는 등 채권 확보 업무를 철저히 하여야 했다. 그런데도 선금급 보증서의 보증기간이 만료될 때까지 아무런 조치를 하지 않았을 뿐만 아니라 보증기간이 만료된 이후에도 연장보증서를 제출받는 등의 채권 확보 조치를 하지 아니하였다. 그 결과 위 관서에 151,645,000원의 손해를 끼쳤다.

병은 2012. 7. 23.부터 위 관서 C과에서 분임경리관의 보조자로서 위 공사 계약에 관한 업무를 주관하면서 같은 해 12. 12. D과에서 협조 요청한 '군도, 농어촌도로 정비사업 도로현장 공사 중지 및 관급자재 납품 중지 품의' 문서에 결재하여 위 공사가 무기한 중지된 사실과 계약기간이 36일밖에 남지 않았다는 사실을 알 수 있었다. 한편 공사를 무기한 중지하면 공사 계약기간이 도과할 뿐 아니라 계약의 이행기간을 특정할 수 없어 「지방자치단체 입찰 및 계약집행기준」 제4장 '선금 및 대가 지급요령' Ⅲ-4.에 따른 이행기간 종료일로부터 60일 이상을 보증하도록 하는 연장보증서를 제출받을 수 없으므로 D과로 하여금 공사중지기간을 특정하도록 요구한 후에 위 문서에 결재하여야 했다. 그런데도 병은 위 문서에 협조 결재하면서 공사중지기간을 특정하도록 보완 요청하여 연장보증서를 제출받는 등의 조치를 하지 않았을 뿐 아니라 보증기간이 만료된 이후에도 B종합건설로부터 연장보증서를 제출받는 등의 채권 확보 조치를 하지 않았다. 그 결과 위 관서에 151,645,000원의 손해를 끼쳤다.

정은 위 관서 C과장의 직위에서 분임경리관으로서 2012. 3. 23. 위 공사 계약을 체결하고 같은 해 3. 30. B종합건설로부터 건설공제조합에서 발행한 선금급 보증서가 포함된 선금급 신청서를 열람한 후 같은 날 B종합건설에 선금급 계 291,725,000원을 지급하도록 지출결의서에 결재를 하였으므로 계약기간 및 선금급 보증서 보증기간 만료일을 알 수 있었다. 또한 2012. 12. 12. D과에서 협조 요청한 '군도, 농어촌도로 정비사업 도로현장 공사 중지 및 관급자재 납품 중지 품의' 문서

160) 2007. 12. 31.부터 계약관리, 지출관리 등 예산편성부터 결산에 이르는 재정업무를 자동화한 지방재정관리시스템(e-호조)을 재무부서에서 운영, 구 「지방재정법 시행령」(2014. 11. 28. 대통령령 제25781호로 개정되기 전의 것) 제89조의2의 규정에 따라 지출원은 계약 등 지출원인행위 등의 업무를 위 정보처리장치로 수행하도록 되어 있음

에 결재하였으므로 위 공사가 중지된 사실과 계약기간이 36일밖에 남지 않았다는 사실을 알 수 있었다. 그런데도 위 문서에 결재하면서 공사중지기간을 특정하도록 요구하게 하여 그에 따른 연장보증서를 제출받도록 보조자인 갑과 병에게 지시하지 않은 채 그대로 결재하였다. 또한 후임자인 무에게 공사를 중지한 사실과 그에 따른 연장보증서를 제출받지 않은 사실 등을 인계하지 않아 후임자가 보증기간의 만기가 임박하였다는 것을 제때 알지 못하여 연장보증서를 제출받는 등의 채권 확보 조치를 못하게 되었다. 그 결과 위 관서에 151,645,000원의 손해를 끼쳤다.

무는 2013. 3. 5.부터 위 관서 C과장의 직위에서 분임경리관으로서 위 공사계약 업무를 총괄하면서 전임 과장 정으로부터 전체적인 업무 인수를 받았으므로 현안 업무를 우선적으로 파악하여 필요한 조치를 하여야 했고 '지방재정관리시스템(e-호조)'을 통해 공사중지일, 보증기간 등을 확인하였더라면 보증기간 만료일을 쉽게 알 수 있었다. 그런데도 '지방재정관리시스템(e-호조)' 등을 통해 공사 중지일, 보증기간 등을 확인하지 아니하고 보조자인 을과 병으로 하여금 계약기간 만료일로부터 60일 이상의 연장보증서를 제출받도록 하는 등의 아무런 지시를 하지 아니하여 채권 확보 조치를 제대로 못하게 되었다. 그 결과 위 관서에 151,645,000원의 손해를 끼쳤다.

따라서 위 사람들은 중대한 과실로 위 관서에 151,645,000원만큼의 손해를 끼쳤으나 공사중지기간을 명확히 하지 않았고 공사 계약기간 만료에 따른 60일 이상의 보증기간이 확보되도록 연장보증서를 제출받지 않은 전임자들과 보증기간이 만료되기 전·후에 연장보증서를 제출받거나 채권 확보 조치를 제대로 하지 않은 후임자들의 행위가 손해 발생에 미친 정도가 분명하지 아니하므로 회계직원책임법 제4조 제4항의 규정에 따라 그 정도가 같은 것으로 보아 전임자들과 후임자들 간의 책임비율을 5:5로 정한다. 그리고 선금급 보증서의 보증기간을 확인하고 연장보증서를 받는 것은 비교적 단순한 업무에 해당하는 것으로서 이는 통상 계약담당자와 경리담당의 책임하에 수행되는 점을 감안할 때 이 건과 관련하여 발생된 손해에 대하여는 계약담당자와 경리담당의 책임이 더 크다고 할 수 있으므로 계약담당자, 경리담당, 과장의 책임 한계는 각각 4:4:2 정도인 것으로 본다.

따라서 갑, 을은 각각 30,329,000원[151,645,000원×(2/10)]씩을, 병은

60,658,000원[151,645,000원×(4/10)]을, 정, 무는 각각 15,164,500원[151,645,000원×(1/10)]씩을 변상할 책임이 있다.

그런데 위 사람들 중 전임 담당자 갑은 정부 시책인 재정 조기 집행 추진계획에 따라 선금급 지급비율(30~50% → 69.9%)을 높여 집행한 점, 위 관서의 사정으로 공사중지기간이 보증기간 이후까지도 계속되어 손해 발생·확대를 방지하지 못한 점, 관행적으로 공사중지기간을 불명확하게 운영하여 온 점, 행위 당시 공사 신규 계약건수가 2011년 611건, 2012년 710건이나 되는 등 업무량이 많아 보증서를 충분히 검토하기 어려웠던 점, 평소 회계 질서 확립에 기여한 점 등이 인정되고, 후임 담당자 을은 재정 조기 집행에 따라 손실이 확대된 점, 공사중지기간이 보증기간 이후에도 계속된 점, 업무량이 많아 충분한 검토가 어려웠던 점, 계약업무 담당 경험이 부족하였던 점 등이 인정되며, 담당 병은 재정 조기 집행에 따라 손실이 확대된 점, 공사중지기간이 보증기간 이후에도 계속된 점, 관행적으로 공사중지기간을 불명확하게 운영하여 온 점, 업무량이 많아 충분한 검토가 어려웠던 점, 연대보증업체로부터 손해액의 일부인 50,000,000원을 회수한 점, 평소 회계질서 확립에 기여하여 표창을 받은 점 등이 인정되고, 전임 과장 정은 재정 조기 집행에 따라 손실이 확대된 점, 공사중지기간이 보증기간 이후에도 계속된 점, 관행적으로 공사중지기간을 불명확하게 운영하여 온 점, 업무량이 많아 충분한 검토가 어려웠던 점 등이 인정되며, 후임 과장 무는 재정 조기 집행에 따라 손실이 확대된 점, 공사중지기간이 보증기간 이후에도 계속된 점, 업무량이 많아 충분한 검토가 어려웠던 점, 손해액의 일부를 회수한 점 등이 인정되므로 회계직원책임법 제5조의 규정에 따라 변상할 책임 금액에서 각각 100분의 70을 감면하여 담당자 갑과 을은 각각 9,098,700원씩을, 병은 18,197,400원을, 정과 무는 각각 4,549,350원씩을 변상할 책임이 있다고 판단하였다(2015. 8. 27.).

징계책임

CHAPTER 05

CHAPTER 05

징계책임

공직에 대한 국민의 기대와 바람이 사회적 현상으로 이어져 마침내 징계제도 전반의 변화를 가져왔다. 2016년에 새롭게 시행되고 있는 징계제도에 대한 연구가 필요한 시점에 있다. 이를 위해 징계제도와 절차, 징계 관련 법령 개정사항, 징계 사례 등을 차례로 살펴보기로 한다.

Ⅰ. 징계의 의의와 효력

1. 징계의 의의

1) 징계의 개념

공무원의 의무 위반에 대하여 공무원관계의 목적을 달성하기 위하여 국가 또는 지방자치단체가 그 사용자의 지위에서 과하는 행정상 제재를 말한다.

2) 징계벌과 형사벌

징계벌과 형사벌은 그 권력의 기초(공무원 근무관계에서 사용자로서의 권한 vs 국가통치권), 목적(공무원관계의 질서 유지 vs 일반법익 보호), 내용(주로 신분적 이익의 박탈 vs 주로 신체적 자유 및 재산적 이익의 제한[161]), 대상(공무원법상의 의무 위반 vs 형사법상 반사회적 법익 위반) 등을 각기 달리하기 때문에 동일비위에 대하여 징계벌과 형사벌을 병과 하더라도 일사부재리 원칙에 저촉되지 않는다.

다만, 형사재판의 결과 금고 이상의 형이 확정(집행유예 등 포함) 등으로 당연퇴직 사유가 발생하면(국가공무원법 제69조) 공무원 신분관계가 소멸되므로 공무원 신분관계를 전제로 한 징계벌은 과할 수 없다.

또한, 징계 요구된 사건이 형사 입건되어 재판이 계속 중인 때와 수사기관에 의하여 수사가 진행 중인 경우 유죄 여부 또는 기소 여부가 판명될 때까지 기다려야 하는 형사소추선행의 원칙을 인정하지 아니하고, 예외적으로 징계 절차를 중지할 수 있도록 임의적 조항을 두고 있다(국가공무원법 제83조제2항, 지방공무원법 제73조 제2항).

이 규정에 충실한 해석을 하면, 공무원에게 징계 사유가 인정되는 이상 관계된 형사사건의 진행 여부와 상관없이 징계처분을 하는 것이 원칙이지만, 사실관계의 확인을 위해서 검찰·경찰, 그 밖의 수사기관에서 수사 중인 사건에 대해서는 수사개시 통보를 받은 날로부터 징계 의결의 요구나 그 밖의 징계 절차를 진행하지 않을 수 있다고 해석이 된다. 형사소추선행의 원칙을 인정하지 않고 징계 절차를 진행하는 이유는 범죄의 수사 또는 재판에는 상당한 시일이 필요하며 그 기간을 기다린다는 것은 공무수행에 막대한 지장을 초래할 우려가 있다고 보기 때문이다.

3) 징계와 변상

신분상 책임인 징계는 재산적 책임인 변상과도 구분이 된다. 변상은 재산적 책임이기

161) 형벌 : 생명형인 사형, 자유형인 징역·금고·구류, 재산형인 벌금·과료·몰수, 명예형인 자격상실·자격정지의 9가지를 인정(형법 제41조)

때문에 징계와 변상은 병과되어도 이중 처벌의 문제가 발생하지 않는다. 다만, 변상책임을 이행한 경우에 징계와 함께 부과되는 징계부가금에 대해서는 중복 여부에 대한 논란이 있었으나, 징계위원회는 징계부가금 부과 의결을 하기 전에 징계부가금 부과 대상자가 다른 법률에 따라 형사처벌을 받거나 변상책임 등을 이행한 경우(몰수나 추징을 당한 경우를 포함한다) 또는 다른 법령에 따른 환수나 가산징수 절차에 따라 환수금이나 가산징수금을 납부한 경우에는 대통령령으로 정하는 바에 따라 조정된 범위에서 징계부가금 부과를 의결하여야 한다고 국가공무원법을 개정하여 입법적으로 해결한 바 있다.[162)]

2. 징계의 대상

모든 공무원이 징계의 대상이 되는 것은 아니고 경력직 공무원과(일반직, 특정직) 및 특수경력직 중 별정직 공무원이 그 대상이 된다.

① 일반직 공무원 : 국가공무원법의 징계절차에 의한다. 감사원 소속 직원의 징계는 감사원법의 징계절차에 의하고 지방의 일반직 공무원은 지방공무원법 소정의 징계 절차에 의한다.

② 특정직 공무원 : 검사징계법, 경찰공무원법, 소방공무원법, 외무공무원법, 교육공무원법, 군인사법 및 군무원인사법, 국가정보원직원법, 대통령 등의 경호에 관한 법률 등 각 개별법에서 정하는 절차에 의한다. 경무관 이상의 경찰공무원, 소방준감 이상의 국가소방공무원, 공사급 이상 외무공무원에 대한 징계는 국무총리 소속으로 설치된 징계위원회(공무원 징계령 상의 중앙징계위원회)의 관할로 규정하고 있다.

③ 별정직 공무원 : 징계 사유가 발생하면 직권면직조치 외에 경력직 공무원 징계 절차에 의하여 징계처분할 수 있다(별정직 공무원 인사규정 제9조).

④ 정무직 공무원 : 징계 절차가 없다.

162) 국가공무원법 제78조의2 제3항 신설(2015.5.18.)

3. 징계의 사유

1) 징계 사유의 의의

징계 사유란 공무원이 징계처분을 받지 않으면 안될 의무위반행위를 말하는데(국가공무원법 제78조, 지방공무원법 제69조), 국가공무원법과 동 법에 의한 명령에 위반하였을 때, 직무상의 의무(다른 법령에서 공무원의 신분으로 인하여 부과된 의무를 포함한다)에 위반하거나 직무를 태만히 한 때, 직무의 내외를 불문하고 그 체면 또는 위신을 손상하는 행위를 한 때를 의미한다.

2) 징계 사유의 내용

(1) 법령 위반 행위

국가공무원법 등의 제 규정과 동 법에서 위임한 바에 따라 제정된 일반적·추상적 행정명령(대통령령·총리령·부령 등)과 개별적·구체적 집행명령(훈령·지침·유권해석 등)에 위반한 경우를 말한다. 국가공무원법상 공무원의 의무를 살펴보면, 8대 의무 : ① 선서 의무, ② 성실 의무, ③ 복종 의무, ④ 친절공정의 의무, ⑤ 종교 중립의 의무, ⑥ 비밀 엄수의 의무, ⑦ 청렴 의무, ⑧ 품위 유지 의무와 4대 금지 : ①직장이탈 금지, ② 영리업무 및 겸직 금지, ③ 정치운동 금지, ④ 집단행위 금지를들 수 있다. 이 징계 사유의 구체적인 내용과 사례는 V. 징계사례연구에서 검토하기로 한다.

(2) 직무상 의무 위반 및 직무태만 행위

공무원의 담당업무와 관련된 각종 법령이나 훈령에서 부과되어 있는 의무를 공공 이익과 복리 증진에 기여하도록 적극·타당하게 수행하지 않은 경우와 당연히 해야 할 직무를 성실하게 수행하지 않은 경우를 말한다. 이 경우 본인의 고의·과실 유무와 직접 관계없이 성립하며, 행위자뿐만 아니라 감독자에게도 감독의무를 태만히 한 구체적 사실이 인정되면 징계책임을 물을 수 있다.

(3) 직무의 내외를 불문한 체면 또는 위신 손상행위

공무원의 외부 행위가 공직의 체면·위신을 손상하는데 직접적인 영향이 있는 행위를 함으로써 사회 일반 통념상 비난 가능성을 갖고 있는 경우 형사책임 유무에 불구하고 징계 사유에 해당한다. 예) 음주운전, 성매매 등

(4) 기타 유의사항

의무위반행위로 인해 징계처분을 받고도 또다시 의무를 이행하지 않는 경우 다시 징계할 수 있다.

4. 징계의 종류 및 효력

1) 징계의 종류

징계의 종류에는 파면, 해임, 강등, 정직, 감봉, 견책의 6종이 있다.(국가공무원법 제79조, 지방공무원법 제70조) 파면, 해임, 강등, 정직은 중징계이고, 감봉, 견책은 경징계이다(공무원 징계령 제1조의3, 지방공무원 징계 및 소청 규정 제1조의3). 파면·해임은 공무원 신분을 완전히 해제함을 내용으로 하는 배제징계이고, 강등·정직·감봉·견책은 공무원의 신분을 보유하면서 신분상·보수상 이익의 일부를 제한함을 내용으로 하는 교정징계이다.

2) 징계의 효력

(1) 배제징계

공무원 신분을 완전히 해제함을 내용으로 하는 파면과 해임은 그 효력을 국가공무원법 제80조에서 규정하지 않고 국가공무원법 제33조(결격사유), 공무원연금법 제64조 및 같은 법 시행령 제55조에서 처분 효과를 정하고 있다.

징계의 종류	효 력
파 면	• 공무원관계로부터 배제하고 5년간 공직 재임용 제한 • **퇴직급여액 1/2 감액**(재직기간이 5년 미만인 자는 1/4감액) 퇴직수당 1/2감액
해 임	• 공무원관계로부터 배제하고 3년간 공직 재임용 제한 • 금품·향응수수, 공금횡령·유용으로 해임된 경우 **퇴직급여의 1/4 감액**(단, 재직기간이 5년 미만 재직자는 퇴직수당 1/8감액)

공무원이 공금의 횡령·유용과 다른 여러 징계 사유가 경합되어 징계 해임된 경우, 구 공무원연금법 제64조 제1항 제3호가 규정한 퇴직급여 등의 지급제한 사유인 '공금의 횡령·유용으로 징계 해임된 때'에 해당하지 않는 것으로 보는 경우에 대해서, 대법원은 "구 공무원연금법(2009. 12. 31. 법률 제9905호로 개정되기 전의 것, 이하 같다) 제64조 제1항은 공무원 또는 공무원이었던 자가 '재직 중의 사유로 금고 이상의 형을 받은 때'(제1호), '탄핵 또는 징계에 의하여 파면된 때'(제2호), '금품 및 향응수수, 공금의 횡령·유용으로 징계 해임된 때'(제3호)에는 대통령령이 정하는 바에 의하여 퇴직급여 및 퇴직수당의 일부를 감액하여 지급한다고 규정하고 있다. 공무원연금법이 위와 같은 퇴직급여 등의 제한 규정을 두게 된 입법목적과 취지, 그러한 규정의 연혁, 위 제1호 내지 제3호의 취지, 내용, 입법 과정 및 그 상호 관계, 형평과 정의의 관념, 재산권 기타 국민의 기본권 보장의 헌법정신, 기본권 제한에서 고려해야 할 침해의 최소성, 법익균형성 등 여러 사정에 비추어 보면, 공무원이 공금의 횡령·유용뿐만 아니라 다른 여러 징계 사유가 경합되

어 징계 해임된 경우에, 공금의 횡령·유용이라는 징계 사유가 다른 징계 사유들과 비교하여 징계 해임의 주된 징계 사유에 해당하지 않고 그 징계 사유만으로는 해당 공무원을 징계 해임할 수 있을 정도의 의무위반에 이르지 않았다고 볼 만한 특별한 사정이 있는 경우에는, 구 공무원연금법 제64조 제1항 제3호가 규정한 퇴직급여 등의 지급제한 사유인 '공금의 횡령·유용으로 징계 해임된 때'에 해당하지 않는다고 보는 것이 타당하다"고 판시한 바 있다.[163)]

(2) 교정징계

1 신분상의 효력

효력 / 종류	신분상의 효력		
	승 진	경력평정	연 가
강 등	• 1계급 내림+정직 3월 • 처분기간(3월)에는 신분은 보유, 직무에 종사하지 못함 • 처분기간(3월)+**18개월**은 승진소요최저연수에서 제외하고 승진임용 및 특별승진임용을 제한(국가공무원법 제78조의2제1항 각 호의 어느 하나에 해당하는 사유로 인한 징계처분과 성폭력, 성희롱 및 성매매에 따른 징계처분의 경우에는 각각 3개월을 가산)	• 실제직무에 종사하지 않은 처분기간(3월) 은 제외	• 처분일수는 연가일수에서 제외
정 직 (1~3월)	• 처분기간(1~3월)에는 신분은 보유, 직무에 종사하지 못함 • 정직처분기간+**18개월**은 승진소요최저연수에서 제외하고 승진임용 및 특별승진임용을 제한(국가공무원법 제78조의2제1항 각 호의 어느 하나에 해당하는 사유로 인한 징계처분과 성폭력, 성희롱 및 성매매에 따른 징계처분의 경우에는 각각 3개월을 가산)	• 실제직무에 종사하지 않은 처분기간(1~3월) 은 제외	• 처분일수는 연가일수에서 제외

163) 대법원 2012.10.11. 선고 2011두11488 판결

감 봉 (1~3월)	• 감봉처분기간+**12개월**은 승진소요최저연수에서 제외하고 승진임용 및 특별승진임용을 제한(국가공무원법 제78조의2제1항 각 호의 어느 하나에 해당하는 사유로 인한 징계처분과 성폭력, 성희롱 및 성매매에 따른 징계처분의 경우에는 각각 3개월을 가산)		
견 책	• **6개월**은 승진소요최저연수에서 제외하고 승진임용 및 특별승진임용을 제한(국가공무원법 제78조의2제1항 각 호의 어느 하나에 해당하는 사유로 인한 징계처분과 성폭력, 성희롱 및 성매매에 따른 징계처분의 경우에는 각각 3월을 가산)		
근거 규정	공무원임용령 제31조, 제32조 및 제35조의 2	공무원 성과평가 등에 관한 규정 제25조	국가공무원 복무규정 제17조

2 보수상의 효력

효력 종류	보수상의 효력			
	보수	승급	수당	기타
강 등	• 강등된 후의 보수를 기준으로 3개월간 **보수의 전액 삭감**	• 처분기간(3월)+18개월간 승급 제한 ※ 국가공무원법 제78조의2제1항 각 호의 어느 하나에 해당하는 사유로 인한 징계처분과 성폭력, 성희롱 및 성매매에 따른 징계처분의 경우에는 각각 3개월을 가산	• 3개월간 정근수당 가산금, 가족수당, 가족수당 가산금, 자녀학비보조수당 및 주택수당은 수당액의 전액삭감 • 대우공무원이 강등된 경우에는 다시 대우공무원이 될 때까지 대우공무원 수당을 전액 지급하지 않음 • 정근수당 지급대상 기간 중에 강등처분을 받은 경우에는 정근수당을 지급하지 않음 • 특수지근무수당, 위험근무수당, 특수업무수당, 업무대행수당, 군법무관수당, 관리업무수당, 정액급식비 및 직급보조비(군인의 경우 가계지원비 및 교통보조비 포함)는 실제 근무한 일수에 따라 일할계산하여 지급 • 시간외수당·야간근무수당·휴일 근무수당은 실제 근무한 실적에 따라 지급 • 명절휴가비 : 지급기준일(설날, 추석) 현재 정직중인 경우 지급 하지 않음 • 연가보상비 : 정직일수를 연가일수에서 공제후 지급	• 정근수당 및 정근수당가산금지급시 징계처분기간(1~3월)+승급제한기간(강등·정직 18월, 감봉12월, 견책6월)은 근무연수에 산입되지 않음 • 모범공무원수당은 징계처분 후 다음 달부터 수당을 지급하지 않음 • 징계처분의 집행이 종료한 날부터 징계기록말소기간이 경과한 후 각각의 승급제한(강등·정직 18월, 감봉 12월, 견책6월) 기간을 승급기간에 산입함 ※ 징계처분기간은 산입되지 아니함

정 직 (1~3월)	• 처분기간 중 **보수의 전액 삭감**	• 처분기간(1~3월)+ 18개월간 승급 제한 ※ 국가공무원법 제78조의2 제1항 각 호의 어느 하나에 해당하는 사유로 인한 징계처분과 성폭력, 성희롱 및 성매매에 따른 징계처분의 경우에는 각각 3개월을 가산	• 처분기간(1~3월) 동안 대우공무원수당, 정근수당 가산금, 가족수당, 가족수당 가산금, 자녀학비보조수당 및 주택수당액의 전액삭감 • 정근수당의 지급대상 기간 중에 정직처분을 받은 경우에는 정근수당을 지급하지 않음 • 특수근무지수당, 위험근무수당, 특수업무수당, 업무대행수당, 군법무관수당, 관리업무수당, 정액급식비 및 직급보조비(군인의 경우에는 가계지원비 및 교통보조비 포함)은 실제 근무한 일수에 따라 일할계산하여 지급 • 시간외수당·야간근무수당·휴일근무수당은 실제 근무한 실적에 따라 지급 • 명절휴가비 : 지급기준일(설날, 추석) 현재 정직 중인 경우 지급하지 않음 • 연가보상비 : 정직일수를 연가일수에서 공제 후 지급	
감 봉 (1~3월)	• 처분기간 중 **보수의 1/3 감액** • 연봉적용자는 연봉월액 40% 감액	• 처분기간(1~3월)+12개월 승급 제한 ※ 국가공무원법 제78조의2 제1항 각 호의 어느 하나에 해당하는 사유로 인한 징계처분과 성폭력, 성희롱 및 성매매에 따른 징계처분의 경우에는 각각 3개월을 가산	• 처분기간(1~3월) 동안 대우공무원수당, 정근수당 가산금, 가족수당, 가족수당 가산금, 자녀학비보조수당, 주택수당액의 1/3 감액 • 정근수당의 지급대상 기간 중에 감봉처분을 받은 경우에는 정근수당을 지급하지 않음 • 특수근무지수당, 위험근무수당, 특수업무수당, 업무대행수당 및 군법무관수당액의 1/3 감액 • 시간외근무수당·야간근무수당·휴일근무수당 및 관리업무수당 전액 지급	
견 책		• 6개월 승급 제한 ※ 국가공무원법 제78조의2 제1항 각 호의 어느 하나에 해당하는 사유로 인한 징계처분과 성폭력, 성희롱 및 성매매에 따른 징계처분의 경우에는 각각 3개월을 가산	• 수당등을 전액지급함, 다만, 정근수당 지급대상 기간 중에 견책처분을 받은 경우에는 정근수당을 지급하지 않음	
근거 규정	• 국가공무원법 제80조 • 공무원보수 규정 • 공무원수당 등에 관한 규정 • 모범공무원규정			

※ '강등'제도는 2008.12.31. 국가공무원법 개정으로 2009. 4. 1.부터 시행되었다.
※ 국가공무원법 개정(2015.12.24., 법률 제13618호)으로 강등·정직에 대해서는 처분기간 중 보수를 전액 삭감한다(2016.6.25. 시행). 지방공무원법은 보수전액삭감규정의 시행일을 2016. 6. 30로 규정하고 있다. 불문경고란 징계양정은 견책에 해당되나 감경대상 공적이 있거나, 혐의자의 비위행위가 성실능동적 업무처리과정에서 발생한 과실에 해당하여 또는 징계감경 제외 대상비위가 아닌 비위중 직무와 관련이 없는 사고로 인한 비위라고 인정될 경우 감경한 것으로 법률상의 징계처분은 아니나 1년동안 인사기록카드에 등재됨으로써 그 동안 표창 대상자에서 제외되는 등으로 사실상 징계에 준하는 불이익이 따르는 행정처분이다.

3) 징계의결 요구 중인 자에 대한 제한

① 승진임용의 제한(공무원임용령 제32조)

징계처분 요구 또는 징계의결 요구, 징계처분, 직위해제 중에 있는 경우와 징계처분의 집행이 끝난 날부터 강등·정직은 18개월, 감봉은 12개월, 견책은 6개월(국가공무원법 제78조의2제1항 각 호의 어느 하나에 해당하는 사유로 인한 징계처분과 성폭력, 성희롱 및 성매매에 따른 징계처분의 경우에는 각각 3개월을 더한 기간)이 지나지 않은 경우에는 승진임용이 제한된다. 징계에 관하여 공무원임용령에 따른 공무원과는 다른 법률의 적용을 받는 공무원이 공무원임용령에 따른 공무원이 된 경우 종전의 신분에서 강등처분을 받은 경우에는 그 처분 종료일부터 18개월 동안 승진임용될 수 없고, 근신·영창이나 그 밖에 이와 유사한 징계처분을 받은 경우에는 그 처분 종료일부터 6개월 동안 승진임용될 수 없다. 이에 따라 승진임용 제한기간 중에 있는 사람이 다시 징계처분을 받은 경우의 승진임용 제한기간은 전 처분에 대한 제한기간이 끝난 날부터 계산하고, 징계처분으로 승진임용 제한기간 중에 있는 사람이 휴직하는 경우 징계처분에 따른 남은 승진임용 제한기간은 복직일부터 계산한다. 공무원이 징계처분을 받은 후 해당 계급에서 훈장, 포장, 모범공무원포상, 국무총리 이상의 표창을 받거나 제안의 채택 시행으로 포상을 받는 경우에는 최근에 받은 가장 무거운 징계처분에 대해서만 승진임용 제한기간의 2분의 1을 단축할 수 있다.

② 전보 제한

징계 절차가 종료된 후에 이를 실시하여야 한다.

③ 의원면직 제한(비위공직자의 의원면직 처리 제한에 관한 규정 제3조)

※ 중징계에 해당한다고 판단되는 경우에 한한다.

④ 명예퇴직수당 지급 제한(국가공무원 명예퇴직수당 등 지급 규정 제3조)

명예퇴직수당 지급 신청일 현재 징계의결 요구 중인 사람은 명예퇴직수당 지급 대상에서 제외한다.

⑤ 국외 훈련의 제한·중단(공무원 국외 훈련 업무처리 및 복무관리에 관한 지침 제10조)

훈련대상자로 선발된 자 또는 훈련 중인 자에 대하여 징계 절차가 진행 될 때는 소속 장관은 그 사실을 훈련 주관기관의 장에게 통보하여야 하며, 훈련 주관기관의 장은 징계가 확정될 때까지 파견을 제한할 수 있고, 훈련 중인 자의 징계가 확정된 때에는 훈련을 중단할 수 있다.

⑥ 정부포상 추천 제한(정부포상업무지침 2015. 1.)

상훈법 및 동법시행령에 의한 훈·포장, 정부표창규정에 의한 대통령표창 및 국무총리 표창, 모범공무원규정에 의한 모범공무원 선발 등의 추천에서 제외한다.

4) 징계처분을 받은 자에 대한 기타 제한

① 명예퇴직수당 지급 제한(국가공무원 명예퇴직수당 등 지급 규정 제3조)

명예퇴직수당 지급 신청일 현재 징계처분으로 승진임용 제한기간 중에 있는 사람은 명예퇴직수당 지급대상에서 제외한다.

2 교육훈련 대상자 선발 제한(공무원교육훈련법시행령 제32조)

징계처분을 받은 자는 그 처분이 종료한 날로부터 1년 이상이 경과하여야 훈련 대상자로 선발될 수 있다.

3 정부포상의 제한

징계 또는 불문경고 처분을 받은 자(정부포상업무지침 2015. 1.)의 경우 정부포상이 제한된다.

재직공무원 포상은 징계·불문경고 처분이 사면 또는 말소된 경우에 추천할 수 있으나, 주요 비위(음주운전, 금품·향응수수, 공금횡령·유용, 성폭력, 성매매, 성희롱)로 인한 징계·불문경고 처분은 사면 또는 말소되더라도 포상 추천 불가하다. 퇴직공무원 포상은 징계처분이 사면된 경우 및 불문경고 처분이 사면 또는 말소된 경우에 추천할 수 있으나, 주요 비위(음주운전, 금품·향응수수, 공금횡령·유용, 성폭력, 성매매, 성희롱)로 인한 징계 또는 불문경고 처분은 사면 또는 말소되더라도 포상 추천이 제한되며, 주요 비위 이외의 행위라 하더라도 재직 중 총 3회 이상의 징계처분(불문경고 포함)을 받은 자는 포상 추천이 제한된다(퇴직포상 취지와 상훈의 영예성 유지를 위해 사면·말소된 징계건도 합산함).

징계의결 요구 중인 자 또는 형사사건으로 기소 중인 자의 경우 정부포상이 제한된다.

5. 징계부가금 제도

1) 징계부가금제도의 개념

금전, 물품, 부동산, 향응 등 금품비리의 경우 징계처분 외에 금품 또는 재산상 이득의 5배 내의 징계부가금을 병과하는 것으로서, 금품비리 특히 형사처벌이 되지 않는 소액 금품비리의 경우에는 징계만으로는 적절한 제재가 될 수 없어 징계의 실효성을 확보하기 위하여 도입한 제도이다.

2) 징계부가금 부과 절차

[1] 징계의결 등 요구권자가 징계부가금 부과의결 요구

[2] 징계부가금 부과 의결

징계부가금 부과 의결 전에 변상책임 등을 이행한 경우 벌금, 변상금, 몰수, 추징금, 환수금 또는 가산징수금에 해당하는 금액과 징계부가금의 합계액이 금품 등 이득액의 5배를 초과하지 않는 범위 내에서 부과 의결하여야 한다. 벌금 외의 형을 선고 받은 경우 형의 종류, 형량 및 실형, 집행유예 또는 선고유예 여부 등을 종합적으로 고려하여 징계부가금을 조정 의결하여야 한다.

[3] 징계부가금 부과 처분

징계처분권자가 의결서를 받은 날부터 15일 이내 집행하여야 하고, 지체 없이 혐의자에게 징계 등 의결서 사본을 첨부하여 징계처분사유설명서와 납부고지서를 함께 교부하여야 한다(공무원징계령 제19조, 제19조의2제1항, 지방공무원 징계 및 소청 규정 제10조, 제10조의2제1항).

[4] 징계부가금 납부

징계부가금 부과 의결을 받은 자는 60일 이내에 징계부가금 처분권자가 지정하는 금융기관 등을 통해 납부하여야 하고, 납부기간 내에 이를 납부하지 않으면 징계부가금 처분권자가 국세 체납처분의 예에 따라 그 징수를 관할 세무서장에게 의뢰하여야 한다(공무원징계령 제19조의2제2항, 지방공무원 징계 및 소청 규정 제10조의2제2항).

[5] 징계부가금 감면

징계위원회는 징계부가금 부과 의결을 한 후에 징계부가금 부과 대상자가 형사처벌을 받거나 변상책임 등을 이행한 경우(몰수나 추징을 당한 경우를 포함한다) 또는 환수금이나 가산징수금을 납부한 경우에는 대통령령으로 정하는 바에 따라 이미 의결된 징계부가금의 감면 등의 조치를 하여야 한다.

6. 징계의 시효

1) 시효제도 의의

징계권 행사 없이 일정한 기간이 경과하면 징계시효가 완성되어 징계권을 행사할 수 없게 하는 제도로서, 공무원에게 징계 사유가 있더라도 그에 따른 징계 절차를 진행하지 않거나 못한 경우 그 사실 상태가 일정기간 계속되면 사용자가 징계권을 행사하지 않으리라는 당사자의 신뢰를 보호하기 위한 것과 그 상태를 존중함으로써 법적 안정성을 보장하려는데 목적이 있다.

2) 징계시효 기간

징계의결의 요구는 징계 사유가 발생한 날로부터 3년(국가공무원법 제78조의2제1항 각 호의 어느 하나에 해당하는 경우에는 5년)을 경과한 때에는 이를 행하지 못한다.(국가공무원법 제83조의2 제1항) 징계시효기간이 5년인 비위행위를 행한 공무원의 상급자에게 그 감독 소홀(성실 의무 위반)을 이유로 책임을 물어 징계하는 경우에는 징계시효기간은 3년이다. 예컨대, 횡령사고를 일으킨 실무자와 부주의해서 이를 제대로 감독하지 못한 상급자가 있을 경우 실무자에게 금품 횡령의 시효인 5년을, 상급자에게 일반 징계시효인 3년을 각각 적용한다.

3) 징계시효에 관한 특례

감사원에서 조사 중, 검찰, 경찰 등 수사기관에서 수사 중, 중앙행정기관의 장이 특정 사건에 대한 조사 중임을 사유로 징계 절차를 진행하지 못하여 징계시효(일반 비위 3년, 금품 관련 비위 5년)가 경과하거나, 그 잔여기간이 1월 미만인 경우에는 그 조사나 수사의 종료 통보를 받은 날[164]로부터 1월이 경과한 날에 징계시효가 만료되는 것으로 본다.(국가공무원법 제83조의2제2항, 공공감사에관한법률 제24조, 지방공무원법 제73조의2제2항)

4) 징계시효 등에 대한 기간계산 방법

관계법령에 특별한 규정이 있는 경우를 제외하고는 민법 제155조 내지 제161조의 규정에 따라 계산한다. 징계 사유가 발생한 날로부터 기산을 하는 점에서 변상과 다르다. 변상의 경우는 손해가 발생한 날로부터 변상시효가 진행한다.

징계시효의 기산점과 관련하여 대법원은 지방공기업 근로자에 대한 징계 절차를 규정하고 있는 인사규정의 징계시효기간에 관한 규정은 근로자에 대한 징계사유가 발생하여 지방공기업이 일방적으로 근로자를 징계할 수 있었음에도 그 행사 여부를 확정하지 아니함으로써 근로자로 하여금 상당 기간 불안정한 지위에 있게 하는 것을 방지하고, 아울러 지방공기업이 비교적 장기간에 걸쳐 징계권 행사를 게을리하여 근로자로서도 이제는 지방공기업이 징계권을 행사하지 않으리라는 기대를 갖게 된 상태에서 지방공기업이 새삼스럽게 징계권을 행사하는 것은 신의칙에도 반하는 것이 되므로 위 기간의 경과를 이유로 사용자의 징계권 행사에 제한을 가하려는 취지에서 둔 규정으로서, 그 기산점은 원칙적으로 징계 사유가 발생한 때라고 해석하고 있다.[165]

164) 감사원에서 감사종료통보서 또는 처분요구서를 받은 날 또는 수사기관으로부터 수사의 종료 통보문(공무원범죄처분결과 통보)을 받은 날

165) 대법원 2008.7.10. 선고 2008두2484 판결

II. 징계 절차

징계 대상자에 대한 소명 기회 부여 등 징계 절차를 위반하여 이루어진 징계는 무효 또는 취소의 사유가 될 수 있다. 징계 절차는 징계처분의 정당성과 공정성을 위해 지켜져야 한다. 징계위원회가 징계의결이 요구된 징계 사유를 근본적으로 수정하거나 그 밖의 징계 사유를 추가하여 징계의결을 할 수 있는지 여부 및 징계 대상자에 대한 소명 기회 부여 등 징계 절차를 위반하여 이루어진 징계 해고의 효력에 대해, 대법원은 취업규칙 등 징계규정에서, 근로자에게 일정한 징계 사유가 있을 때 징계의결 요구권자가 먼저 징계 사유를 들어 징계위원회에 징계의결 요구를 하고 징계의결 결과에 따라 징계처분을 하되 징계위원회는 징계대상자에게 진술의 기회를 부여하고 이익되는 사실을 증명할 수 있도록 하며 징계의결을 하는 경우에는 징계의 원인이 된 사실 등을 명시한 징계의결서에 의하도록 규정하고 있을 경우, 징계위원회는 어디까지나 징계의결 요구권자에 의하여 징계의결이 요구된 징계 사유를 심리대상으로 하여 그에 대하여만 심리·판단하여야 하고 징계의결이 요구된 징계 사유를 근본적으로 수정하거나 징계의결 요구 이후에 발생한 사정 등 그 밖의 징계 사유를 추가하여 징계의결을 할 수는 없다. 또한 징계대상자에게 징계위원회에 출석하여 변명과 소명자료를 제출할 기회를 부여하도록 되어 있음에도 이러한 징계 절차를 위반하여 징계 해고하였다면 이러한 징계권의 행사는 징계 사유가 인정되는지와 관계없이 절차의 정의에 반하여 무효라고 보아야 한다고 해석한 바 있다.[166]

166) 대법원 2012.1.27. 선고 2010다100919 판결

〈징계업무처리 흐름도〉

1. 비위사실 적발 ⇒ **2. 징계 등 의결 요구**

1. 비위사실 적발

- 감사원, 검찰, 경찰, 국무총리실, 인사혁신처, 정부합동점검반, 자체 감찰 등

2. 징계 등 의결 요구

- 통보받은 날로부터 1개월 이내
- 중징계, 경징계로 구분
- 혐의자에게 징계의결요구사유서 사본 및 우선심사 신청서 교부

⇓

3. 징계의결 등

- 관할 징계위원회
  - 접수함으로써 징계의결요구 효력 발생
  - 혐의자 주장서 접수·사실조사
  - 위원회 개최 3일전까지 출석 통지
  - 의결(접수일로부터 30일 또는 60일 이내)

※ 심문 및 진술권 부여
  - 의결서 등 작성

⇐

4. 징계의결 등 통보

- 관할 징계위원회(※지체없이 통보)
  - 징계처분권자
  - 징계의결요구권자
  - 관계기관(감사원 등)

⇓

5. 징계처분 등 ⇒ **6. 소청 및 행정소송**

5. 징계처분 등

- 징계처분 등의 처분권자
  - 징계의결서를 통보받은 날로부터 15일 이내
  - 처분사유설명서 교부

6. 소청 및 행정소송

- 징계처분 등의 사유설명서를 받은 날로부터 30일 이내 소청심사 청구
- 소청결정을 받은 날로부터 90일 이내 행정소송 청구

⇓ (5. 징계처분 등에서)

심사 · 재심사 청구

- 징계의결요구권자
  - 징계의결서를 통보받은 날로부터 15일 이내
  - 직근상급기관에 설치된 징계위원회에 청구

1. 징계위원회의 설치 및 구성

1) 징계위원회의 성격

공무원의 징계는 반드시 징계위원회의 의결을 거쳐 위원회가 설치된 소속기관의 장(직근 상급기관이 없는 징계위원회의 의결에 대하여는 중앙행정기관의 장)이 행한다. 징계위원회를 두는 이유는 인사권자의 자의적 징계 운영을 견제하여 혐의자의 권익을 보호하고 공정한 징계 운영을 도모하는데 있다. 징계위원회의 성격은 의결기관이라고 하여야 할 것이고, 징계권자는 징계위원회의 의결에 기속되어 징계의결된 양정을 변경(중한 벌을 과하는 것은 물론 감경 조치를 취하는 변경 포함)할 수 없다.

2) 징계위원회의 종류 및 관할

중앙징계위원회 및 보통징계위원회로 구분하고 있다.(공무원징계령 제2조제1항) 징계위원회의 관할은 다음과 같다.(공무원징계령 제2조제2항 내지 제5항, 규칙 제1조의 2)

지방자치단체의 경우는 지방공무원 징계 및 소청 규정 제1조의4(징계등의 관할)를 참조한다.

징계위원회	징 계 관 할
중앙 징계위원회	• 고위공무원단에 속하는 공무원, 5급 이상 공무원, 연구관 및 지도관, 우정2급 이상 공무원, 나급 이상 전문임기제 공무원, 5급 이상 일반직 공무원의 보수에 상응하는 별정직 공무원의 징계 또는 징계부가금(이하 "징계 등"이라 함) 사건 • 다른 법령에 따라 중앙징계위원회에서 징계의결 또는 징계부가금 부과 의결을 하는 특정직 공무원의 징계등 사건 - 공사급 이상의 직위의 외무공무원 - 경무관 이상의 경찰공무원 - 소방준감 이상의 국가소방공무원 • 대통령 또는 국무총리의 명령에 의한 감사 결과 국무총리가 징계의결등을 요구한 6급 이하 공무원, 연구사 및 지도사의 징계등 사건 또는 중징계 관련 징계의 징계부가금 • 중앙행정기관 (본부)소속의 6급이하 공무원 등의 중징계 또는 중징계부가금 요구사건

보통 징계위원회	6급 이하 공무원 등의 징계 등 사건 ※ 6급 이하 공무원 등에 대한 중징계 요구사건은 중앙행정기관에 설치된 징계위원회 (중앙징계위원회 관할사건 제외)

3) 징계위원회의 불법행위 책임

국가공무원에 대하여 징계를 할 경우 국가공무원법 및 관련 법령이 정한 바에 따라 국가공무원에 대한 징계권자가 징계위원회에 징계의결의 요구를 하고 징계위원회는 소정의 절차를 거쳐 징계의결을 한 다음 그 통고를 받은 징계권자가 그 의결내용에 따른 징계처분을 한 경우에 그 징계처분이 징계위원들이나 징계권자의 자율적인 판단에 따라 행하여진 것이고 실제로 인정되는 징계 사유에 비추어 그 정도의 징계를 하는 것도 무리가 아니라고 인정되는 경우라면, 비록 그 징계양정이 결과적으로 재량권을 일탈한 것으로 인정된다고 하더라도 이는 특별한 사정이 없는 한 법률 전문가가 아닌 징계위원들이나 징계권자가 징계의 경중에 관한 법령의 해석을 잘못한 데 기인하는 것이라고 보아야 하므로, 이러한 경우에는 징계의 양정을 잘못한 것을 이유로 불법행위 책임을 물을 수 있는 과실이 없다(대법원 1996. 4. 23. 선고 95다6823 판결 등 참조). 다만, 징계권자가 그 징계처분을 할 만한 사유가 없는데도 오로지 공무원에 대하여 불이익을 가하려는 의도하에 고의로 명목상의 징계 사유를 내세우거나 만들어 징계라는 수단을 동원하여 불이익한 처분을 가하려 하거나, 징계 사유로 된 사실이 그 징계처분의 사유에 해당한다고 볼 수 없음이 객관적으로 명백하고 조금만 주의를 기울이면 이와 같은 사정을 쉽게 알아볼 수 있는데도 징계에 나아간 경우와 같이 징계권의 행사가 우리의 건전한 사회통념이나 사회상규에 비추어 용인될 수 없음이 분명한 경우에는 그 징계는 그 효력이 부정됨에 그치지 아니하고 위법하게 상대방에게 손해를 가하는 것이 되어 해당 공무원에 대한 관계에서 불법행위를 구성하게 된다(대법원 2013. 12. 26. 선고 2013다208371 판결 참조).[167]

167) 대법원 2014.10.30. 선고 2013다203413 판결

2. 징계의결의 요구

1) 징계의결 요구

징계의결 요구권자(행정기관의 장)는 소속 공무원이 징계 사유에 해당하는 비위를 범하였다고 인정한 때에는 관할 징계위원회에 징계의결요구서와 관계증빙자료 등을 첨부하여 징계의결을 요구하여야 한다.

2) 징계의결 요구권자

[1] 공무원징계령상의 징계의결 요구권자

구 분	징계의결 요구권자	관할 징계위원회
5급 이상 공무원등	소속 장관(임용령 제2조 제3호)	중앙징계위원회
6급 이하 공무원 등	소속 기관장 및 소속 상급기관의 장	중앙징계위원회 - 중앙행정기관 본부 중징계 요구사건 보통징계위원회 : 기타

다만, 파견 및 겸임공무원의 경우는 원소속 또는 본직기관의 장이고, 다수인관련 징계사건의 경우는 상위자에 대한 징계의결 요구권자 또는 상급감독기관의 장이 징계의결권자가 된다. 지방자치단체의 경우는 지방공무원법 제7조제1항에 따른 임용권자가 해당 징계등 사건을 관할하는 위원회에 징계의결등을 요구한다.

[2] 타 소속 공무원(파견근무자 포함)에 대한 징계 사유 통보

3) 징계의결 요구

징계의결 요구 시에는 징계 사유에 대한 충분한 조사를 행한 후에 입증에 필요한 관계자료를 첨부하여 공무원 징계의결 또는 징계부가금 부과 의결 요구서를 관할 징계위원회에 제출하여야 하고, 중징계 또는 경징계로 구분하여 요구하여야 한다(공무원징계령 제7조제6항, 지방공무원 징계 및 소청 규정 제2조제6항). 징계의결 요구권자는 징계의결 요구와 동시에 위 공무원징계의결요구서 사본을 징계혐의자에게 송부하여야 한다(공무원징계령 제7조 제7항 및 제8항, 지방공무원 징계 및 소청 규정 제2조제7항).

3. 징계위원회의 심의 절차

1) 사실조사

위원회는 필요하다고 인정할 때에는 소속 직원으로 하여금 사실조사를 하게 하거나 특별한 학식과 경험이 있는 사람에게 검정이나 감정을 의뢰할 수 있다. 또한 징계위원회는 소속 직원으로 하여금 사실조사를 하게 하기 위하여 필요하다고 인정할 때에는 징계 등 혐의자에게 출석을 명할 수 있다(공무원징계령 제12조제3항 및 제4항, 지방공무원 징계 및 소청 규정 제6조제3항 및 제4항).

2) 징계 혐의자의 출석

[1] 출석통지서 송부

징계위원회가 징계 등 혐의자의 출석을 명할 때에는 별지 제2호 서식에 따른 출석통지서로 하되, 징계위원회 개최일 3일 전에 징계 등 혐의자에게 도달되도록 하여야 한다. 이 경우 출석통지서를 징계 등 혐의자의 소속 기관의 장에게 송부하여 전달하게 한 경우를 제외하고는 출석통지서 사본을 징계 등 혐의자의 소속 기관의 장에게 송부하여야 하며, 소속 기관의 장은 징계 등 혐의자를 출석시켜야 한다.

[2] 출석 통지의 방법

징계위원회 개최일 3일 전에 출석통지서가 도달한 사실을 증명할 수 있도록 반드시 소정의 출석통지서에 의하여야 할 것이다.

[3] 출석통지서 관보 게재

징계 혐의자의 소재가 분명하지 아니한 때에는 관보에 게재하고, 관보에 게재한 날로부터 10일이 경과함으로써 그 출석통지서가 송달된 것으로 본다.

[4] 출석통지서 수령 거부

징계 혐의자가 출석통지서의 수령을 거부할 경우에는 징계위원회에서 진술권을 포기한 것으로 본다. 이때 수령을 거부한 사실을 증명하는 서류를 첨부하여 징계위원회에 송부하여야 한다.

3) 심문권과 진술권

[1] 심문권

징계위원회는 출석한 징계 혐의자에게 혐의내용에 관한 심문을 행하고 필요하다고 인정할 때에는 관계인의 출석을 요구하여 심문할 수 있다(공무원징계령 제11조제1항, 지방공무원 징계 및 소청 규정 제5조제1항). 또한, 징계 혐의자도 증인의 심문을 신청할 수 있으며, 이 경우 징계위원회는 그 채택 여부를 결정하여야 한다(공무원징계령 제11조제3항, 지방공무원 징계 및 소청 규정 제5조제3항).

② 진술권(국가공무원법 제81조제3항)

징계위원회에서는 징계 혐의자에게 충분한 진술을 할 수 있는 기회를 부여하도록 되어 있으므로 사안이 명백하다고 하여 징계 혐의자에게 진술의 기회를 부여하지 아니한 징계의결 등은 무효의 원인이 된다. 징계의결 등 요구권자 및 신청자는 필요하다고 인정할 때에는 징계위원회에 출석하거나 서면으로 의견을 진술할 수 있다(공무원징계령 제11조제4항, 지방공무원 징계 및 소청 규정 제5조제4항).

4) 회의의 비공개 및 비밀누설 금지

징계위원회의 심의·의결의 공정성을 보장하기 위하여 징계위원회의 회의, 징계위원회의 회의에 참여할 또는 참여한 위원의 명단, 징계위원회의 회의에서 위원이 발언한 내용이 적힌 문서(전자적으로 기록된 문서를 포함한다), 그 밖에 공개할 경우 징계위원회의 심의·의결의 공정성을 해칠 우려가 있다고 인정되는 사항은 공개하지 아니한다. 징계위원회의 회의에 참여한 사람은 직무상 알게 된 비밀을 누설해서는 아니 된다(공무원징계령 제20조 및 제21조, 지방공무원 징계 및 소청 규정 제11조 및 제12조).

4. 징계위원회의 의결

1) 징계 등 의결

① 징계 등 의결의 성질

징계위원회의 의결 등은 일종의 형식적 쟁송을 거친 준사법적 행정행위로서 징계 등 처분권자는 징계위원회의 의결에 기속되어 징계의결 등 양정을 변경할 수 없다.

② 징계의결 등 사항의 범위

원칙적으로 징계위원회는 징계의결 등 요구된 사항에 대하여만 심리·의결권이 있다. 징계위원회는 일종의 준 독립적 행정기관이므로 징계의결 등 요구권자의 경징계·중징계 요구 의견에 기속받지 않고 징계의결 등을 할 수 있다.

③ 징계의결 등의 정족수

징계위원회는 위원 5인 이상의 출석과 출석위원 과반수의 찬성으로 의결한다.

2) 징계 등의 양정

① 징계양정의 의의

징계양정은 징계 등의 대상이 되는 비위 사실(징계사유 등)에 대하여 징계 등의 종류를 선정하는 것을 말하고, 이는 재량적 행위라 할 수 있으나 징계 등의 양정에 있어서는 재량권의 한계가 준수되어야 하며 각급 징계위원회 간에 징계 등 양정의 형평을 유지하고 징계 등의 공정성을 확보하기 위하여 일정한 판단기준[168)]이 필요하다.

징계 등의 양정에 있어서는 징계 양정 기준 외에 징계 사유 등이 된 사실의 내용·성질 및 그 사실이 있게 된 관계사정과 당해 공무원의 평소의 근무상태 및 소행 등을 종합적으로 고려하여 그 징계 사유 등과 징계 등 종류와의 사이에 비례의 원칙이 유지되도록 하여야 할 것이다.(공무원징계령 제17조, 지방공무원 징계 및 소청 규정 제8조)

대법원도 공무원인 피징계자에게 징계 사유가 있어서 징계처분을 하는 경우 어떠한 처분을 할 것인가는 징계권자의 재량에 맡겨진 것이므로, 그 징계처분이 위법하다고 하기 위해서는 징계권자가 재량권의 행사로서 한 징계처분이 사회통념상 현저하게 타당성을 잃어 징계권자에게 맡겨진 재량권을 남용한 것이라고 인정되는 경우에 한한다고 할 것이다. 그리고 공무원에 대한 징계처분이 사회통념상

168) 공무원 비위사건 처리규정(요구기준), 공무원 징계령 시행규칙(양정기준)

현저하게 타당성을 잃었는지 여부는 구체적인 사례에 따라 직무의 특성, 징계의 원인이 된 비위 사실의 내용과 성질, 징계에 의하여 달성하려고 하는 행정목적, 징계양정의 기준 등 여러 요소를 종합하여 판단하여야 하고, 특히 금품수수의 경우는 수수 액수, 수수 경위, 수수 시기, 수수 이후 직무에 영향을 미쳤는지 여부 등이 고려되어야 한다(대법원 1983. 6. 28. 선고 83누130 판결, 1991. 7. 23. 선고 90누8954 판결 등 참조)고 일관된 해석을 하고 있다.[169] 또한, 수 개의 징계 사유 중 일부가 인정되지 않더라도 인정되는 다른 일부 징계 사유만으로도 당해 징계처분의 타당성을 인정하기 충분한 경우, 그 징계처분을 유지할 수 있다고 판단하고 있다.[170]

2 징계 등 양정의 기준

① 일반적 기준

징계위원회는 징계 등 혐의자의 비위를 유형, 비위의 정도 및 과실의 경중과 평소의 소행, 근무성적, 공적, 개전의 정, 기타 정상 등을 참작하여 징계기준, 음주운전 징계기준 및 징계부가금 부과기준에 따라 징계 또는 징계부가금 사건을 의결하여야 한다(공무원징계령시행규칙 제2조제1항, 지방공무원 징계규칙 제2조제1항). 따라서 그전에 어떠한 사유로 어떤 징계등 처분을 몇 번이나 받은 사실이 있는지의 여부와 이미 사면된 징계 등 처분의 경력 등도 징계 등 양정의 선택에 있어서의 자료가 된다.

예) 음주운전 1회 : 경징계(감봉, 견책), 음주운전 2회 : 중징계, 음주운전 3회 : 배제징계(파면, 해임)

이와 관련해서 금품을 수수한 공무원에 대한 징계처분이 사회통념상 현저하게 타당성을 잃었는지 여부의 판단 방법과 금품을 수수한 경우 그 액수와 횟수 등에 따라 징계의 종류 선택과 양정에서 차별적으로 취급하는 것이 평등의 원칙에 반하는지 여부(소극)를 판단하고, 경찰공무원 업무의 특성, 금품제공자의 지위, 금품수수의 액수, 횟수, 방법 등에 비추어 유흥업소를 운영하는 사람의 형으로부터 다액의 금전을 수년간에 걸쳐 정기적으로 수수

169) 대법원 2006.12.21. 선고 2006두16274 판결
170) 대법원 2004. 11. 12. 선고 2002두11813 판결

한 경찰공무원에 대한 해임처분이 징계재량권을 남용하였거나 평등의 원칙에 반하지 않는다고 한 사례가 있다.[171)]

② 성실·능동적 업무의 수행 중 생긴 비위에 대한 징계기준

비위의 도가 경하고 과실에 의한 비위로서 성실하고 능동적인 업무처리과정에서 발생되었거나 행위 당시의 여건, 기타 사회통념상 적법하게 처리할 것을 기대하기가 극히 곤란하다고 인정되는 때에는 징계의결 또는 징계부가금 부과의결을 하지 아니할 수 있다(공무원징계령시행규칙 제2조제3항, 지방공무원 징계규칙 제2조제3항).

③ 감독자에 대한 문책기준

부하 직원의 비위에 대한 감독상의 책임을 지우기 위하여는 당해 공무원이나 부하 직원이 구체적으로 어떠한 직무수행상 태만이나 고의가 있었는지 구체적인 감독의무위반 사실을 밝혀 증거에 의하여 이를 인정하여야 한다. 부하 직원들에게 비위 사실이 있었다는 사실만으로 감독자가 직무를 태만히 하거나 성실의 의무를 위반한 것으로 볼 수는 없기 때문이다. 징계위원회는 동일 사건에 관련된 행위자와 감독자에 대하여 업무의 성질 및 업무와의 관련 정도 등을 참작하여 '비위행위자와 감독자에 대한 문책기준'에 따라 징계를 의결하여야 한다(공무원징계령시행규칙 제3조, 지방공무원 징계규칙 제4조).

3 징계의결 등의 기한

징계위원회는 징계의결요구서를 접수한 날로부터 30일(중앙징계위원회는 60일) 이내에 의결을 하여야 하나, 부득이한 사유가 있을 때에는 당해 징계위원회의 의결로 30일(중앙징계위원회는 60일)에 한하여 그 기간을 연장할 수 있다.(공무원징계령 제9조제1항) 감사원에서 조사 중이거나 검찰·경찰, 그 밖의 수사기관에서 수사 중인 사건에 대하여는 조사 또는 수사 개시 통보를 받은 날부터 징계의결의 요구나 그

171) 대법원 2008.6.26. 선고 2008두6387 판결

밖의 징계 절차를 진행하지 아니할 수 있는데 이에 따라 중지된 경우 그 중지된 기간은 징계의결 등의 기한에 포함하지 아니한다.(지방공무원 징계 및 소청 규정 제3조)

[4] 징계의 감경

① 공적에 의한 감경

징계위원회는 징계의결이 요구된 자가 다음 사항에 해당하는 공적이 있는 경우에는 징계양정감경기준에 따라 징계를 감경할 수 있다.(공무원징계령시행규칙 제4조제1항, 지방공무원 징계규칙 제5조제1항)

① 상훈법에 따른 훈장 또는 포장을 받은 공적 ② 정부표창규정에 따라 국무총리 이상의 표창(공적상 및 창안상만 해당)을 받은 공적, 다만, 비위행위 당시 6급이하 공무원·연구사·지도사와 기능직 공무원은 중앙행정기관장인 청장(차관급 상당 기관장을 포함) 이상의 표창을 받은 공적 ③ 모범공무원규정에 따라 모범공무원으로 선발된 공적 ④ 청백봉사상을 받은 공적(지방공무원의 경우만 해당)

※ 기타 상장 또는 감사장은 제외함.

금품관련 비위, 성폭력범죄, 성매매, 성희롱 및 음주운전, 재산신고 불성실 등의 비위로 인한 경우에는 감경대상에서 제외된다.

이와 관련하여, 경찰공무원에게 인정된 징계 사유가 상훈감경 제외 사유가 아닌데도 징계위원회 심의 과정에서 비위행위가 상훈감경 제외 사유에 해당한다는 이유로 공적 사항을 징계양정에 전혀 고려하지 아니한 경우, 징계처분이 위법한지 여부(적극)에 관하여 "원심이 이 사건 비위행위를 '공금 횡령'이 아닌 '지연처리·보고로 인한 직무유기 또는 직무태만'에 해당하는 것으로 판단한 이상, 징계위원회의 심의 과정에서 공적 사항을 고려하지 않고 결정된 이 사건 정직처분은 그 징계양정이 결과적으로 적정한지와 상관없이 법령이 정한 징계 절차를 지키지 아니한 것으로서 위법하다."[172]는 사례가 있다.

172) 대법원 2015. 11. 12. 선고 2014두35638 판결

또한, 경찰공무원인 갑이 관내 단란주점 내에서 술에 취해 소란을 피우는 등 유흥업소 등 출입을 자제하라는 지시명령을 위반하고 경찰공무원으로서 품위유지의무를 위반하였다는 이유로 경찰서장이 징계위원회 징계 의결에 따라 갑에 대하여 견책처분을 한 사안에서, 위 징계처분은 징계위원회 심의 과정에서 반드시 제출되어야 하는 공적 사항인 경찰총장 표창을 받은 공적이 기재된 확인서가 제시되지 않은 상태에서 결정한 것이므로, 징계양정이 결과적으로 적정한지와 상관없이 법령이 정한 절차를 지키지 않은 것으로서 위법하다고 한 사례가 있다.[173)]

② 성실 능동적 업무에 대한 감경

징계의결이 요구된 자의 비위가 성실하고 능동적인 업무처리 과정에서 과실로 인하여 생긴 것으로 인정될 때에는 그 정상을 참작하여 징계를 감경할 수 있다(공무원징계령시행규칙 제4조제2항, 지방공무원 징계규칙 제5조제3항).

③ 직무와 관련이 없는 사고로 인한 비위에 대한 감경

징계감경 제외 대상이 아닌 비위 중 직무와 관련이 없는 사고로 인한 비위로서 사회통념에 비추어 공무원의 품위를 손상하지 않았다고 인정되는 경우 감경대상이 될 수 있다.

5 징계양정 감경기준

규칙 제2조제1항 및 제3조의 규정에 의하여 인정되는 징계양정	규칙 제4조의 규정에 의하여 감경된 징계양정
파 면	해 임
해 임	강 등
강 등	정 직
정 직	감 봉
감 봉	견 책
견 책	불 문(경 고)

173) 대법원 2012.6.28. 선고 2011두20505 판결

6 징계의 가중

① 비위의 경합

징계위원회는 서로 관련이 없는 2 이상의 비위가 경합될 경우에는 그 중 책임이 무거운 비위에 해당하는 징계보다 1단계 위의 징계로 의결할 수 있다(공무원징계령시행규칙 제5조제1항, 지방공무원 징계규칙 제6조제1항). 서로 관련이 없는 2 이상의 비위가 경합될 경우 수 개의 비위를 1건으로 보아 종합하여 징계심의를 하여 양정을 정할 것이 아니라 징계심의 시 각 비위별로 개별적으로 심의하여 그중 가장 무거운 비위의 문책기준을 그 양정으로 하되, 수 개의 비위가 경합된 다른 비위들의 양정 정도를 고려하여 가장 무거운 비위에 대한 양정보다 1단계 높은 양정으로 의결할 수 있다.

② 징계처분 또는 승진임용 제한기간 중에 발생한 비위

징계위원회는 징계처분을 받은 사람이 징계처분 기간 중에 있거나 공무원임용령 제32조의 규정에 의한 승진임용 제한기간[174] 중에 발생한 비위로 다시 징계의결이 요구된 경우에는 당해 비위에 해당하는 징계보다 2단계 위의 징계로 의결할 수 있다(공무원징계령시행규칙 제5조제2항, 지방공무원 징계규칙 제6조제2항).

※ 금품 및 향응 수수, 공금의 횡령·유용, 성폭력, 성희롱 및 성매매에 따른 징계처분의 경우에는 각각 3개월을 더한 기간

③ 승진임용 제한기간 종료 후 1년 이내에 발생한 비위로 다시 징계의결이 요구된 경우에는 당해 비위에 해당하는 징계보다 1단계 위의 징계로 의결할 수 있다(공무원징계령시행규칙 제5조제2항, 지방공무원 징계규칙 제6조제2항).

174) 견책 : 6개월, 감봉 : 처분기간(1~3월) + 12개월, 정직 : 처분기간(1~3월) + 18월, 강등 : 3월+18월

3) 징계의결 등 결과의 통보

1 징계의결 등 요구자에 대한 통보

징계위원회가 징계의결 등(징계부가금 감면 의결을 포함한다. 이하 같다)을 한 때에는 지체 없이 징계 등 의결서 또는 징계부가금 감면의결서의 정본을 첨부하여 징계의결 등의 요구자에게 통보하여야 한다. 다만, 징계의결 등의 요구자와 징계처분, 징계부가금 부과처분 또는 징계부가금 감면처분의 처분권자가 다를 때에는 징계처분 등의 처분권자에게도 이를 통보하여야 한다(공무원징계령 제18조, 지방공무원 징계 및 소청 규정 제9조).

2 감사원에 대한 통보

감사원으로부터 파면 요구를 받은 사안의 징계의결 결과에 대하여는 그 의결이 있는 날로부터 15일 이내에 감사원에 통보하여야 한다(감사원법 제32조제2항).

5. 징계 등의 집행

(1) 징계 등 집행의 의의

징계위원회의 의결 자체는 행정부 내부의 의사표시에 불과한 것으로 징계 등 처분권자가 징계의결 등 결과에 따라 징계처분 등을 함으로써 비로소 대외적인 징계등 효력이 발생하게 된다.

(2) 징계 등 처분권자

국가공무원에 대한 징계 등 처분은 징계 등을 의결한 징계위원회가 설치된 소속기관의 장이 행하되, 중앙징계위원회에서 행한 징계의결 등에 대하여는 중앙행정기관의 장이 행한다(국가공무원법 제82조제1항).

예) 중앙징계위원회에서 의결한 행정자치부 소속 5급 공무원에 대한 징계 처분은 행정자치부 장관이 행한다. 행정자치부 보통징계위원회에서 의결한 국가기록원 소속 7급 공무원에 대한 중징계처분에 대해서는 행정자치부 장관이 행한다. 지방자치단체 소속 공무원에 대한 징계처분등은 인사위원회의 의결을 거쳐 임용권자가 한다.(지방공무원법 제72조제1항)

(3) 징계 등 집행 기한

징계 등 처분권자는 징계의결서 또는 징계부가금 감면 의결서를 받은 날로부터 15일 이내에 이를 집행하여야 한다(공무원징계령 제19조제1항, 지방공무원 징계 및 소청 규정 제10조제2항).

※ 인사발령통지서(공무원 인사・성과기록 및 전자인사관리규칙-인사혁신처 예규)

예) 파면의 경우 : 국가공무원법 제78조제1항제○호에 따라 파면에 처함

정직의 경우 : 국가공무원법 제78조제1항제○호에 따라 ○월간 정직에 처함

(4) 징계처분 등의 사유설명서 교부

징계처분 등의 처분권자가 징계처분 등을 할 때에는 공무원징계령 별지 제4호 서식에 따른 징계처분 등의 사유설명서에 징계 등 의결서 또는 징계부가금 감면 의결서 사본을 첨부하여 징계처분 등의 대상자에게 교부하여야 한다. 다만, 5급이상공무원 등(고위공무원단에 속하는 공무원을 포함한다)을 파면하거나 해임한 경우에는 임용제청권자가 징계처분 등의 사유설명서를 교부한다.

(5) 징계부가금 납부고지서의 교부 등

징계처분 등의 처분권자가 징계처분 등의 대상자에게 징계처분 등의 사유설명서를 교부할 때에는 징계부가금 금액을 분명하게 적은 납부고지서 또는 감면된 징계부가금 금액을 분명하게 적은 감면 납부고지서를 함께 교부하여야 한다. 징계처분 등의 처분권자는 징계처분 등의 대상자가 납부고지서를 교부받은 날부터 60일 이내에 징계부가금 또는 감면된 징계부가금을 납부하지 아니하면 징수를 관할 세무서장에게 의뢰하여야 한다. 이 경우 관할 세무서장은 특별한 사정이 없는 한 이에 응하여야 한다. 징계처분 등의 대상자가 징계부가금을 납부한 후에 감면

납부고지서를 받은 경우에는 징계처분 등의 처분권자는 그 차액을 징계처분 등의 대상자에게 환급하여야 한다. 징계처분 등의 대상자가 징계부가금을 납부하기 전에 감면 납부고지서를 받은 경우에는 징계처분 등의 대상자는 감면된 징계부가금을 납부하여야 한다.

(6) 후임자 보충발령의 유예

파면 또는 해임 처분을 하면 그 처분을 한 날로부터 40일 이내에는 후임자의 보충 발령을 하지 못한다. 다만, 인력관리상 후임자를 보충하여야 할 불가피한 사유가 있고, 국가공무원법 제76조제3항에 따른 소청심사위원회의 임시 결정이 없는 경우에는 인사혁신처장과 협의를 거쳐 후임자의 보충 발령을 할 수 있다(국가공무원법 제76조제2항, 지방공무원법 제67조제3항).

(7) 소청심사위원회의 변경 또는 취소에 대한 집행

원징계처분 등이 소청심사위원회에서 변경 또는 취소되었을 경우 징계 등의 집행은 소청의 결정이 있은 후 다시 집행하는 것이 아니라 원처분일로 소급하여 변경 또는 취소되게 된다.

(8) '불문경고' 의결에 대한 인사처리

징계위원회에서 견책으로 인정되는 징계양정을 감경하여 "불문으로 의결한다. 다만, 경고할 것을 권고한다."로 의결하였을 경우 징계 등 처분권자는 징계의결서 사본을 첨부하여 소속 기관장 명의로 당해 공무원을 서면경고 조치하고 인사기록카드 비고란에 그 사실을 기재하여야 한다.

(9) 징계처분기간 중인 자에 대한 징계 등 처분의 집행

징계처분기간 중에 있는 자가 다시 징계의결을 받은 경우에도 의결서를 받은 날로부터 15일 이내에 징계처분을 하여야 하는 것이지만 그 집행은 다음과 같이 한다.

가. 강등집행 중에 정직, 감봉처분을 받은 경우	선행 정직처분의 집행이 만료한 익일부터 후행 징계 집행을 함.
나. 정직집행 중에 정직, 감봉처분을 받은 경우	선행 정직처분의 집행이 만료한 익일부터 후행 징계 집행을 함.

(10) 직위해제 중인 자에 대한 징계처분의 집행

직무수행 능력이 부족하거나 근무성적이 극히 불량한 자에 대하여 직위해제한 후 동일한 사유로 중징계 처분을 하고자 할 경우에는 징계의결요구와 동시에 직위해제 사유를 파면·해임 또는 정직에 해당하는 징계의결이 요구 중인 자로 변경한 후 징계처분을 하여야 하며, 이 경우 징계처분과 동시에 직위해제 조치의 효력이 상실하므로 복직 조치 등 별도의 조치 없이 바로 징계처분할 수 있다.

이와 관련하여, 대법원은 고위공무원에 대한 징계처분이 취소된 경우 또는 고위공무원이 형사사건으로 기소되어 직위해제 처분을 받았다가 무죄판결이 선고된 경우, 원래 연봉을 기준으로 한 연봉 전액 또는 차액을 소급 지급해야 하는지 여부(적극)와 형사사건으로 기소되어 직위해제된 공무원이 법원에서 무죄선고를 받은 경우와 징계처분 등이 소청심사위원회의 결정으로 취소된 경우, 정액급식비를 소급 지급해야 하는지 여부(적극)에 대해 적극적으로 해석하고 있다.[175)]

(11) 휴직자에 대한 징계 등 처분의 집행

휴직자도 공무원의 신분이 계속되므로 징계의결 등 및 처분이 가능하고, 휴직자에 대하여 감봉처분을 한 경우에는 의결서를 받은 날로부터 15일 이내에 감봉처분을 하되, 휴직기간 중 보수가 지급되지 않는 경우에는 보수감액 조치는 복직한 후로부터 지급되는 보수액을 기준으로 하여야 한다.

175) 대법원 2014.7.24. 선고 2013두13167 판결

6. 불복 신청

(1) 징계의결 등 요구권자의 불복 신청

심사 또는 재심사청구 : 징계의결 등을 통보 받은 날로부터 15일 이내에 직근 상급기관에 설치된 징계위원회(국무총리 소속으로 설치된 징계위원회의 의결에 대하여는 그 징계위원회)에 심사 또는 재심사를 청구할 수 있다(공무원징계령 제24조, 지방공무원 징계 및 소청 규정 제15조).

※ 징계처분 등 후에는 재심사 청구가 불가능 하다.

(2) 징계처분등을 받은 자의 불복신청

소청심사 청구 : 징계처분등을 받은 공무원이 처분에 불복이 있을 때에는 징계처분등사유설명서를 교부받은 때로부터 30일 이내에 소청심사위원회에 심사를 청구할 수 있다.(국가공무원법 제76조제1항, 지방공무원법 제67조제2항)

(3) 감사원의 재심의 요구

감사원법 제32조제3항의 규정에 의하여 감사원에서 파면 요구한 사항이 파면 의결되지 아니한 때에는 감사원이 당해 징계위원회에 직접 재심의를 요구할 수 있다. 감사원으로부터 재심의 요구를 받은 징계위원회에서는 그 요구를 받은 날로부터 1월 이내에 재심의 의결하고 그 결과를 지체없이 당해 징계위원회위원장이 감사원에 통보하여야 한다.

(4) 징계와 재량권 남용

징계처분이 사회 통념상 현저하게 타당성을 잃어 재량권을 남용한 위법한 처분인지 판단하는 기준과 관련하여 대법원은 피징계자에게 징계 사유가 있어서 징계를 할 때 어떠한 처분을 할 것인지는 징계권자의 재량에 맡겨진 것이고, 다만 징계처분이 사회 통념상 현저하게 타당성을 잃어 징계권자에게 맡겨진 재량권을 남용한 것이라고 인정되는 경우에 한하여 그 처분을 위법하다고 할 수 있다. 징계처분이 사회 통념상 현저하게 타당성을 잃어 재량권의 범위를 벗어난 위법한 처분이라고 할 수 있으려면 구체적인 사안에 따라 징계의 원인이 된 비위 사실의 내용과 성질, 징계에 의하여 달성하려는 목적, 징계양정의 기준 등 여러 요소를 종합하여 판단할 때에 그 징계 내용이 객관적으로 명백히 부당하다고 인정할 수 있는 경우이어야 한다. 한편, 해고처분은 사회 통념상 고용관계를 계속할 수 없을 정도로 근로자에게 책임 있는 사유가 있는 경우에 행하여져야 그 정당성이 인정되는 것이고, 근로자와의 고용관계를 계속할 수 없을 정도인지 여부는 사용자의 사업 목적과 성격, 사업장의 여건, 근로자의 지위와 담당 직무의 내용, 비위 행위의 동기와 경위, 이로 인하여 기업의 위계질서가 문란하게 될 위험성 등 기업질서에 미칠 영향, 과거의 근무태도 등 여러 가지 사정을 종합적으로 검토하여 판단하여야 한다. 또한, 근로자에게 여러 가지 징계 혐의 사실이 있는 경우 이에 대한 징계해고처분이 적정한지 여부는 그 사유 하나씩 또는 그중 일부의 사유만 가지고 판단할 것이 아니고 전체의 사유에 비추어 사회 통념상 고용관계를 계속할 수 없을 정도로 근로자에게 책임이 있는지 여부에 의하여 판단하여야 한다(대법원 2013. 10. 31. 선고 2013두13198 판결 등 참조)고 일관된 해석을 하고 있다.[176)]

이와 관련하여, 국립대학교 총장이 학교 소속 교수이자 과학자인 갑에 대하여 실험 데이터를 조작하여 허위 내용의 논문을 작성·발표하였다는 등의 이유로 교육공무원법 제51조 제1항, 국가공무원법 제78조 제1항에 따라 파면처분을 한 사안에서, 국립대학교 교수가 수행하는 직무 및 해당 연구의 특성, 허위 논문 작성에 대한 엄격한 징계의 필요성 등에 비추어, 위 징계내용이 객관적으로 명백히 부당한 것으로서 사회 통념상 현저하게 타당성을 잃어 징계권자에게 맡긴 재량권을 일탈하거나 남용한 것으로 볼 수 없다고 한 사례가 있다.[177)]

176) 대법원 2014.12.24. 선고 2012다116864 판결

177) 대법원 2014.2.27. 선고 2011두29540 판결

III. 관련 제도

1. 직권면직

(1) 직권면직 절차

임용권자는 공무원이 국가공무원법 제70조제1항 각호의 사유가 인정되면 직권면직시킬 수 있지만, 직권면직 시에는 미리 관할 징계위원회의 의견을 듣거나 동의를 얻어야 한다(국가공무원법 제70조제2항, 지방공무원법 제62조제2항). 별정직 공무원은 징계위원회(인사위원회)의 동의나 의견을 구하는 절차 없이 직권면직이 가능하다.

관할 징계위원회 : 직권면직에 대한 징계위원회의 동의를 얻어야 하는 경우에는 공무원징계령에 의한 중징계 요구사건의 징계관할에 의한다(공무원징계령 제23조, 지방공무원 징계 및 소청 규정제14조).

(2) 직권면직의 사유

① 직제와 정원의 개폐 또는 예산의 감소 등에 따라 폐직(廢職) 또는 과원(過員)이 되었을 때(의견)

② 휴직 기간이 끝나거나 휴직 사유가 소멸된 후에도 직무에 복귀하지 아니하거나 직무를 감당할 수 없을 때(의견)

③ 제73조의3제3항에 따라 대기명령을 받은 자가 그 기간에 능력 또는 근무성적의 향상을 기대하기 어렵다고 인정된 때(동의)

④ 전직 시험에서 세 번 이상 불합격한 자로서 직무수행 능력이 부족하다고 인정된 때(의견)

⑤ 징병검사·입영 또는 소집의 명령을 받고 정당한 사유 없이 이를 기피하거나 군복무를 위하여 휴직 중에 있는 자가 군복무 중 군무(軍務)를 이탈하였

을 때(의견)

⑥ 해당 직급·직위에서 직무를 수행하는 데 필요한 자격증의 효력이 없어지거나 면허가 취소되어 담당 직무를 수행할 수 없게 된 때(동의)

⑦ 고위 공무원단에 속하는 공무원이 제70조의2에 따른 적격심사 결과 부적격 결정을 받은 때(의견)

(3) 관할 징계위원회 '동의'를 요하는 직권면직

임용권자는 직무수행 능력이 부족하거나 근무성적이 극히 나쁜자로서 대기명령을 받은 자가 그 기간에 능력 또는 근무성적의 향상을 기대하기 어렵다고 인정된 때에는 관할 징계위원회의의 동의를 얻은 후에 직권면직을 할 수 있다.(지방공무원법 제62조제2항)

(4) 관할 징계위원회 '의견'을 구하는 직권면직

임용권자는 직제와 정원의 개폐 또는 예산의 감소 등에 따라 폐직(廢織) 또는 과원(過員)이 되었을 때, 휴직기간이 끝나거나 휴직 사유가 소멸된 후에도 직무에 복귀하지 않거나 직무를 감당할 수 없을 때, 전직시험에서 세 번 이상 불합격한 자로서 직무수행 능력이 부족하다고 인정된 때, 징병검사·입영 또는 소집의 명령을 받고 정당한 사유없이 이를 기피하거나 군복무를 위하여 휴직 중에 있는 자가 군복무중 군무(軍務)를 이탈하였을 때, 해당 직급에서 직무를 수행하는데 필요한 자격증이 없어지거나 면허가 취소되어 담당직무를 수행할 수 없게 된 때, 고위공무원단에 속하는 공무원이 적격심사 결과 부적격 결정을 받은 때에는 관할 징계위원회의 의견을 구한 후에 직권면직을 할 수 있다.(국가공무원법 제70조제1항)

2. 공무원 징계 등 기록 말소

(1) 의의

공무원이 징계처분 등을 받고 일정기간 성실하게 근무한 경우 징계 등 기록을 말소함으로써 공직자로서의 긍지 회복과 사기 진작을 도모함과 아울러 국가와 국민을 위해 더욱 헌신적으로 봉사하도록 심기일전의 기회를 부여하고자 하는 제도이다(공무원 인사기록·통계 및 인사사무 처리규정 제9조 제1항).

(2) 말소권자 : 임용권자 또는 임용제청권자

소속 공무원의 인사기록카드 정본을 보관·유지하면서 당해 공무원의 임용권을 행사하고 있는 기관장(5급 이상의 경우 임용권자나 임용제청권자)이 말소권자이다.

(3) 말소 제한기간

처분	징 계				직위해제	불문(경고)
말소 제한 기간	강등	정 직	감 봉	견 책	국가공무원법 제73조의3	징계위원회 의결
	9년	7년	5년	3년	2년	1년

※ 위 기간중에 징계처분을 받은 자가 또 다른 징계를 받거나 직위해제 처분을 받은 자가 또 다른 직위해제 처분을 받은 경우에는 각 처분별로 기간을 합산한다.(징계는 징계별로, 직위해제는 직위해제별로 합산)

소청, 행정소송에서 징계 또는 직위해제 처분이 무효·취소로 확정된 경우와 징계처분에 대한 사면이 있는 경우 말소한다.

(4) 말소 효과

① 기성효과의 회복 문제

인사기록카드상의 징계 기록이 말소되었다고 하여 징계 등 처분으로 인하여 기 받은 법령상의 각종 불이익이나 제한사항이 완전히 회복되는 것은 아니다. 다만, 공무원보수규정 제15조에 의거 견책·감봉·정직·강등처분이 말소된 경우, 징계처분기간을 제외한 승급제한기간은 다시 회복되므로 승급기간에 산입하여야 한다.

② 서훈 및 포상대상자 선정

각종 포상대상자 선정 시 말소된 징계처분 등을 이유로 불리한 처우를 해서는 안 된다(퇴직자 포상은 제외). 다만, 중요비위(금품·향응수수, 공금횡령·유용, 성폭력 비위)로 징계처분을 받은 경우에는 동 징계처분 기록이 말소되었다 하더라도 포상 추천을 제한할 수 있다.

③ 징계양정 결정 시 말소된 징계처분을 이유로 부당하게 무거운 징계를 의결하여서는 안 된다.

④ 전력조사 및 경력증명

재직자 또는 퇴직한 공무원에 대하여 공무원 인사기록·통계 및 인사사무처리 규정 제11조 및 제32조 제2항에 의한 전력조사 회보 및 경력증명서 발급 시 말소된 징계 등 처분기록을 기재하지 않도록 한다.

3. 비위면직(파면·해임)자의 사후관리

(1) 목적

파면·해임된 자의 공무원 재임용을 일정기간 제한하고 있는 「국가공무원법」 제33조(결격사유) 및 「지방공무원법」 제31조(결격사유) 등 관련 규정의 실효성을 확보하기 위함이다.

(2) 적용 범위

국가기관·지방자치단체 및 그 소속 기관

(3) 비위면직자

징계에 의해 파면·해임된 자

(4) 비위면직자 관리 시스템 등록

공직 재임용 제한기간(파면은 5년, 해임은 3년) 동안 관리한다.

※ 등록 : 중앙행정기관

삭제 : 중앙행정기관의 요청으로 인사혁신처에서 삭제

4. 비위공직자의 의원면직 처리 제한

(1) 목적

재직 중 비위를 저지른 공무원이 형사벌이나 징계처분을 회피하기 위하여 의원면직을 하는 사례를 방지함으로써 공직기강을 확립하려는 의미가 있다.

(2) 관련 근거

「비위공직자의 의원면직 처리제한에 관한 규정」(대통령훈령, 2005. 2.24)

(3) 의원면직 제한대상(훈령 제3조)

① 비위와 관련하여 형사사건으로 기소 중인 때

② 징계위원회에 중징계 의결 요구 중인 때

③ 조사 및 수사기관에서 조사 또는 수사 중인 때

④ 각급 행정기관의 감사부서 등에서 비위와 관련하여 내사 중 인 때

※ ①, ③, ④는 비위의 정도가 중징계 상당에 해당되는 것으로 판단된 경우에 한한다.

(4) 의원면직 제한대상 확인(훈령 제4조 및 제5조)

임용권자 또는 임용제청권자는 의원면직 신청이 발생할 경우 조사 및 수사기관에 의원면직 제한 여부를 확인 요청하여야 할 의무가 있고, 조사 및 수사기관은 10일 이내에 확인 결과를 통보하여야 할 의무가 있다.

(5) 위반자에 대한 문책(훈령 제7조)

고의 또는 중과실로 ① 의원면직 제한 사유에 해당됨에도 사표를 수리한 경우 ② 의원면직 제한 여부를 확인치 않은 경우 ③ 의원면직 확인 요청에 대해 확인 결과 통보 등을 성실히 이행치 않은 경우에 대해서는 담당공무원 등에 대해 문책 등 필요한 조치를 취하여야 한다.

(6) 의원면직 신청자에 대한 징계 절차의 신속한 처리(훈령 제8조)

각급 징계위원회는 중징계 의결 요구 중인 자가 의원면직을 신청한 경우에는 다른 징계사건에 우선하여 처리하여야 한다.

5. 공무원 직무관련 범죄의 고발

(1) 목적

공무원이 직무와 관련하여 범죄행위를 행한 경우에 형사고발토록 함으로써 공무원의 부정행위를 방지하고 깨끗한 공직사회를 구현하는데 있다(공무원의 직무관련 범죄 고발지침).

(2) 고발 근거

형사소송법 제234조 제2항의 규정 및 공무원의 직무관련 범죄 고발 지침.

(3) 고발대상

공무원과 공무원이었던 자 및 처벌 규정의 적용에 있어 공무원으로 의제되는 자가 형법, 특정범죄가중처벌등에관한법률, 국가공무원법, 지방공무원법, 부패방지법, 공직자윤리법, 기타 개별법률의 금지 또는 의무규정을 위반한 범죄행위와 그와 관련된 민간인의 범죄행위를 포함한다.

범죄행위의 도(度)의 경중과 고의·과실 여부를 고려하여 고발 여부를 판단하되 다음 각호는 더욱 엄정히 처리하여야 한다.

① 뇌물수수, 공금횡령, 배임 등 직무에 관한 부당한 이득 또는 재물 취득과 관련된 범죄에 해당되는 경우

② 부당한 행정행위를 수반한 범죄에 해당하는 경우

③ 범죄 내용이 파급개연성이 크고 수사 시 비위 규모가 더 밝혀질 수 있다고 판단되는 경우

④ 징계처분을 받고 징계기록 말소기간 이내에 다시 범죄에 해당하는 비위를 행한 경우

⑤ 기관특성상 비위 발생 빈도가 높아 각 기관별로 특별히 지정한 범죄에 해당하는 경우

⑥ 기타 범죄의 횟수, 수법 등을 고려할 때 고발하는 것이 타당하다고 판단되는 경우

(4) 고발 절차

행정기관의 장의 명의로 고발장을 작성하여 관할 수사기관의 장에게 제출한다.

IV. 2016 징계관련 법령 개정 및 시행 사항

국민들의 공직자에 대한 청렴성 등 도덕적 요구가 국가적 이슈로 대두되고 이에 대한 논의가 징계관련 법령에 엄격한 기준으로 반영되어, 공무원의 청렴의무 등이 강조된 국가공무원법, 지방공무원법, 공무원징계령, 지방공무원 징계 및 소청 규정 등이 시행되게 되었다.

지방자치단체의 경우 비위공무원의 징계에 대한 통일된 기준을 마련하기 위해 종전에는 지방자치단체의 규칙으로 정하던 징계등의 양정에 관한 기준을 교육부령 또는 행정자치부령으로 정하도록 하는 내용으로「지방공무원 징계 및 소청 규정」이 개정됨에 따라 징계 또는 징계부가금의 기준, 비위행위자와 감독자의 문책 기준, 징계의 감경·가중 기준 등 지방공무원에 대한 징계의 세부적인 기준과 절차를 정하기 위하여「지방공무원 징계규칙」이 2015. 11. 19. 제정·시행되었다.

1. 국가공무원법과 지방공무원법

국가공무원법과 지방공무원법이 징계와 관련해서 2015년에 2회 개정되고 2016년에 시행되고 있다. 2015년 상반기에는 징계부가금 부과 대상과 징계부가금 감면 대상을 확대하였고 하반기에는 강등 또는 정직 처분을 받은 경우 보수 미지급, 의원면직 희망자 비위 확인 시 우선 징계 근거규정 마련, 체납 징계부가금 감면의결 요구절차 마련과 징계의결 재심사 기관 명확화 등을 주요내용으로 하고 있다.

1) 징계부가금 부과 대상 확대

금품 비위에 대한 징계 시에 징계부가금 부과 대상을 확대하고 명확화하였다.

금품·향응 수수 및 공금 횡령·유용을 금품 비위의 대상으로 하였던 것을 금품·향응 외 재산상 이익을 추가하고 공금 외에 물품·공유재산 등을 추가하고 횡령, 유용 외에 배임, 절도, 사기를 추가하였다.

형사처벌 받거나 변상책임 등을 이행한 경우 외에 다른 법령에 따라 환수나 가산징수 절차에 따라 환수금이나 가산징수금을 납부한 경우에도 징계부가금을 감면하도록 하였다.(국가공무원법 제78조의2, 지방공무원법 제69조의2)

〈관련 개정 조문〉

국가공무원법 제78조의2(징계부가금) ① 제78조에 따라 공무원의 징계 의결을 요구하는 경우 그 징계 사유가 다음 각 호의 어느 하나에 해당하는 경우에는 해당 징계 외에 다음 각 호의 행위로 취득하거나 제공한 금전 또는 재산상 이득(금전이 아닌 재산상 이득의 경우에는 금전으로 환산한 금액을 말한다)의 5배 내의 징계부가금 부과 의결을 징계위원회에 요구하여야 한다.

1. 금전, 물품, 부동산, 향응 또는 그 밖에 대통령령으로 정하는 재산상 이익을 취득하거나 제공한 경우
2. 다음 각 목에 해당하는 것을 횡령(橫領), 배임(背任), 절도, 사기 또는 유용(流用)한 경우
   가. 「국가재정법」에 따른 예산 및 기금
   나. 「지방재정법」에 따른 예산 및 「지방자치단체 기금관리기본법」에 따른 기금
   다. 「국고금 관리법」 제2조제1호에 따른 국고금
   라. 「보조금 관리에 관한 법률」 제2조제1호에 따른 보조금
   마. 「국유재산법」 제2조제1호에 따른 국유재산 및 「물품관리법」 제2조제1항에 따른 물품
   바. 「공유재산 및 물품 관리법」 제2조제1호 및 제2호에 따른 공유재산 및 물품
   사. 그 밖에 가목부터 바목까지에 준하는 것으로서 대통령령으로 정하는 것

② 징계위원회는 징계부가금 부과 의결을 하기 전에 징계부가금 부과 대상자가 제1항 각 호의 어느 하나에 해당하는 사유로 다른 법률에 따라 형사처벌을 받거나 변상책임 등을 이행한 경우(몰수나 추징을 당한 경우를 포함한다) 또는 다른 법령에 따른 환수나 가산징수 절차에 따라 환수금이나 가산징수금을 납부한 경우에는 대통령령으로 정하는 바에 따라 조정된 범위에서 징계부가금 부과를 의결하여야 한다.

③ 징계위원회는 징계부가금 부과 의결을 한 후에 징계부가금 부과 대상자가 형사처벌을 받거나 변상책임 등을 이행한 경우(몰수나 추징을 당한 경우를 포함한다) 또는 환수금이나 가산징수금을 납부한 경우에는 대통령령으로 정하는 바에 따라 이미 의결된 징계부가금의 감면 등의 조치를 하여야 한다.

2) 보수 미지급과 우선 징계

강등 또는 정직 처분을 받아 직무에 종사하지 못하는 기간 동안 보수의 3분의 2를 감하였는데 개정법에서는 이를 전액 감하도록 하였으며, 공무원이 퇴직을 희망하는 경우 징계 사유를 확인토록 근거를 마련하고, 중징계 사유에 해당하는 경우 다른 사건에 우선하여 징계 절차를 진행하여 조속히 퇴직할 수 있도록 개정하였다. 또한, 체납일로부터 5년이 지나도 징계부가금 징수가 불가능하다고 인정될 경우 관할 징계위원회에 감면 요구를 할 수 있는 근거 규정을 마련하고, 중앙행정기관 보통징계위원회 등 상급기관이 존재하지 않는 기관의 의결사항에 대한 재심사 기관을 당해 징계위원회로 규정하여 징계의결 재심사 기관을 명확히 하였다.(지방공무원법 제69조의2제5항, 제69조의4, 제71조의제1항, 제72조 참고)

〈관련 개정 조문〉

국가공무원법 제78조의2(징계부가금) ⑤ 처분권자(대통령이 처분권자인 경우에는 처분 제청권자)는 제4항 단서에 따라 관할 세무서장에게 징계부가금 징수를 의뢰한 후 체납일부터 5년이 지난 후에도 징수가 불가능하다고 인정될 때에는 관할 징계위원회에 징계부가금 감면의결을 요청할 수 있다.

제78조의4(징계 사유의 확인 등) ① 임용권자 또는 임용제청권자는 공무원이 퇴직을 희망하는 경우에는 제78조 제1항에 따른 징계사유가 있는지 여부를 감사원과 검찰·경찰, 그 밖의 수사기관에 확인하여야 한다.

② 제1항에 따른 확인 결과 파면, 해임, 강등 또는 정직에 해당하는 징계 사유가 있는 경우 제78조 제4항에 따른 소속 장관 등은 지체 없이 징계의결 등을 요구하여야 한다. 이 경우 임용권자는 제73조의3 제1항 제3호에 따라 해당 공무원에게 직위를 부여하지 아니할 수 있다.

③ 관할 징계위원회는 제2항에 따라 징계의결 등이 요구된 경우 다른 징계사건에 우선하여 징계의결등을 하여야 한다.

제80조(징계의 효력) ① 강등은 1계급 아래로 직급을 내리고(고위공무원단에 속하는 공무원은 3급으로 임용하고, 연구관 및 지도관은 연구사 및 지도사로 한다) 공무원 신분은 보유하나 3개월간 직무에 종사하지 못하며 그 기간 중 보수는 전액을 감한다. 다만, 제4조 제2항에 따라 계급을 구분하지 아니하는 공무원과 임기제공무원에 대해서는 강등을 적용하지 아니한다.

제82조(징계 등 절차) ② 징계의결 등을 요구한 기관의 장은 징계위원회의 의결이 가볍다고 인정하면 그 처분을 하기 전에 직근 상급기관에 설치된 징계위원회(직근 상급기관이 없는 징계위원회의 의결에 대하여는 그 징계위원회)에 심사나 재심사를 청구할 수 있다. 이 경우 소속 공무원을 대리인으로 지정할 수 있다.

2. 공무원징계령과 지방공무원 징계 및 소청 규정

(1) 민간 부문 인사 전문가 징계위원 위촉 근거 마련과 보통징계위원회 설치기준 및 관할 조정

과거에는 전직공무원, 법조계(법관, 검사, 변호사), 학계(법학 또는 행정학 교수) 인사로만 한정하였던 것을 민간 부문에서 인사·감사 업무 담당 임원급 또는 이에 상당하는 직위로 근무한 경험이 있는 사람에 대한 징계위원 위촉을 가능하게 하여, 징계의결에 국민의 다양한 시각을 반영하고 열린 공직을 구현하도록 하였다.

징계위원회의 효율성, 전문성, 공정성을 제고하기 위하여 보통징계위원회 설치기준을 5급 이상의 기관장에서 중앙행정기관의 장으로, 중징계 사건 관할을 소속기관에 설치된 보통징계위원회에서 중앙행정기관에 설치된 보통징계위원회로 조정하였다.

(2) 민간위원 참여 확대 및 보통징계위원회 POOL제 도입

보통징계원회에도 POOL제 도입하고 위원장을 포함하여 5~8명이었던 것을 9~15명으로 확대하여 징계위원회 운영에 청탁 소지를 최소화하고 징계 절차의 객관성을 제고하고, 징계위원회 운영에 민간위원이 과반수가 참여할 수 있도록 개정하였다. 과거 중앙징계위원회는 위원 9명 중 민간위원이 4명 이상이었는데 민간위원을 5명 이상으로 하고, 보통징계위원회의 경우는 위원장을 제외하고 2분의 1 이상이었는데 위원 7명 중 민간위원을 4명 이상으로 조정하였다.

중앙징계위원회 '공무원위원'은 과거에는 국무총리가 고위공무원 가등급 또는 이에 상응하는 특정직 공무원 중에서 임명했는데, 임명 절차를 개선해서 공무원위원은 국무총리가 지정하는 직위에 재직하는 공무원이 당연직 위원이 되도록 하였다.

(3) 우선심사제 도입 등

혐의자의 불안정한 지위 조기 해소 및 징계 운영의 효율성 제고를 위하여, 징계 등 혐의자가 우선 심사를 신청한 경우 및 징계요구권자가 신속한 징계의결 진행이 필요하다고 판단한 경우에 징계 안건을 접수 순으로 안건을 처리하지 않고 우선 심사하도록 하였다.

징계 등 의결서에 오기, 계산 착오 또는 그 밖에 이와 비슷한 잘못이 있는 것이 명백한 경우에 위원장이 경정 결정을 할 수 있는 근거 마련하고, '규제 개혁·국정과제 추진과정에서 발생한 비위'에 정상 참작이 가능하도록 '확인서' 서식을 개정하였다.

〈관련 개정 조문〉

공무원 징계령 제2조(징계위원회의 종류 및 관할) ④ 6급 이하 공무원 등에 대한 중징계 등 요구사건은 중앙행정기관에 설치된 징계위원회에서 심의·의결한다. 다만, 제2항 제3호 · 제4호에 따라 중앙징계위원회의 관할로 된 경우에는 그러하지 아니하다.

제3조(징계위원회의 설치) ② 보통징계위원회는 중앙행정기관에 둔다. 다만, 중앙행정기관의 장이 필요하다고 인정할 때에는 그 소속기관에도 설치할 수 있다.

제4조(중앙징계위원회의 구성 등) ② 공무원위원은 다음 각 호의 직위 중 국무총리가 정하는 직위에 근무하는 사람으로 한다.

1. 고위공무원단 직위 중 「직무분석규정」 제8조 제2항에 따른 직무등급 중 가등급에 해당하는 직위
2. 제1호에 상당하는 특정직 공무원으로 보하는 직위

③ 국무총리는 다음 각 호의 어느 하나에 해당하는 사람 중에서 민간위원을 위촉한다. 〈시행 2015.8.3.〉

4. 민간부문에서 인사·감사 업무를 담당하는 임원급 또는 이에 상응하는 직위에 근무한 경력이 있는 사람

⑤ 중앙징계위원회의 회의는 위원장과 위원장이 회의마다 지정하는 8명의 위원으로 구성한다. 이 경우 제3항에 따른 민간위원이 5명 이상 포함되어야 한다.

제5조(보통징계위원회의 구성) ① 보통징계위원회는 위원장 1명을 포함하여 9명 이상 15명 이하의 공무원위원과 민간위원으로 구성한다. 이 경우 민간위원의 수는 위원장을 제외한 위원 수의 2분의 1 이상이어야 한다.

③ 보통징계위원회가 설치된 행정기관의 장은 다음 각 호의 사람 중에서 성별을 고려하여 민간위원으로 위촉하여야 한다. 〈시행 2015.8.3.〉

4. 민간부문에서 인사·감사 업무를 담당하는 임원급 또는 이에 상응하는 직위에 근무한 경력이 있는 사람

④ 보통징계위원회의 회의는 위원장과 위원장이 회의마다 지정하는 6명의 위원으로 구성한다. 이 경우 제3항에 따른 민간위원이 4명 이상 포함되어야 한다.

제11조의2(우선 심사) ① 징계위원회는 다음 각 호의 어느 하나에 해당하는 징계 등 사건의 경우에는 다른 징계 등 사건에 우선하여 심사할 수 있다.

1. 징계 등 혐의자가 혐의 사실을 모두 인정하고 우선 심사를 신청한 경우
2. 징계의결 등 요구권자가 신속한 징계 절차 진행이 필요하다고 판단하여 우선 심사를 신청한 경우

② 우선 심사를 신청하려는 자는 총리령으로 정하는 우선 심사 신청서를 관할 징계위원회에 제출하여야 한다.
③ 제2항에 따른 우선 심사 신청서를 접수한 징계위원회는 특별한 사유가 없으면 해당 징계 등 사건을 다른 징계 등 사건에 우선하여 심사하여야 한다.

제18조의2(징계의결 등의 경정) 제18조에 따른 징계의결 등에 계산상 또는 기재상의 잘못이나 그 밖에 이와 비슷한 잘못이 있는 것이 명백할 때에는 위원장은 직권 또는 징계의결 등 요구권자나 징계 등 혐의자의 신청에 따라 경정 결정을 할 수 있다.

(4) 징계부가금 대상 비위 규정

「국가공무원법」 제78조의2(징계부가금)에서 위임된, 금전, 물품, 부동산, 향응 또는 그 밖에 대통령령으로 정하는 재산상 이익[178]을 취득하거나 제공한 경우에 금품등 이득액의 5배 내에서 징계부과금을 부과하되, 징계 등 혐의자가 형사처벌을 받거나 변상책임을 이행한 경우 등에는 벌금, 변상금 등과 징계부과금의 합계액이 금품 등 이득액의 5배를 초과하면 안 된다.(공무원 징계령 제17조의2, 지방공무원 징계 및 소청 규정 제8조의2)

(5) 중앙행정기관의 보통징계위원회 위원장 선임절차 개정

기관별 특성을 고려하여 중앙행정기관에 설치된 보통징계위원회 위원장은 고위공무원단 직위 또는 이에 상당하는 특정직 공무원으로 보하는 직위 중에서 중앙행정기관장이 임명할 수 있도록 하였다.

※ 원칙 : 중앙행정기관의 장의 다음 순위인 사람(차관, 차장)

(6) 징계위원회 민간위원 해촉 근거 조항 신설

「행정기관소속 위원회의 설치·운영에 관한 법률」의 개정에 따라 징계위원회

178) 1. 유가증권, 부동산, 숙박권, 회원권, 입장권, 할인권, 초대권, 관람권, 부동산 등의 사용권 등 일체의 재산적 이익
2. 음식물·주류·골프 등의 접대 또는 교통·숙박 등의 편의 제공
3. 채무 면제, 취업 제공, 이권(利權) 부여 등 그 밖의 유형·무형의 경제적 이익

민간위원 해촉 근거 조항을 마련하였다.

1. 심신장애로 인하여 직무를 수행할 수 없게 된 경우
2. 직무와 관련된 비위 사실이 있는 경우
3. 직무 태만, 품위 손상, 그 밖의 사유로 인하여 위원의 직을 유지하는 것이 적합하지 아니하다고 인정되는 경우
4. 위원 스스로 직무를 수행하는 것이 곤란하다고 의사를 밝히는 경우

(7) 성폭력 및 성희롱 징계 절차에 성관련 외부 전문가 참여 절차 도입

우월적 지위를 이용한 성폭력 근절 대책회의(사회관계장관회의, '15.3.26.) 추진 과제의 결과로 징계 사유가 성폭력 또는 성희롱일 경우에는 징계의결 요구 시 성 관련 외부 전문가의 의견서를 첨부하도록 근거조항 및 서식을 신설하였다. 그리고, 징계 등 처리대장에 대한 전자적 관리 근거를 도입하였다.

〈관련 개정 조문〉

공무원 징계령 제5조(보통징계위원회의 구성) ② 보통징계위원회의 위원장은 해당 위원회 설치기관의 장의 다음 순위인 사람(직급을 기준으로 정하되, 같은 직급의 경우에는 직위를 설치하는 법령에 규정된 직위의 순위를 기준으로 정한다)이 하되, 중앙행정기관에 설치된 보통징계위원회의 위원장은 징계 운영의 효율성 등을 고려하여 고위공무원단 직위 또는 이에 상당하는 특정직 공무원으로 보하는 직위 중에서 중앙행정기관의 장이 임명할 수 있다.

③ 공무원위원은 징계 등 대상자보다 상위계급(고위공무원단에 속하는 공무원을 포함한다)의 소속 공무원 중에서 해당 기관의 장이 임명하되, 특별한 사유가 없으면 최상위인 사람부터 차례로 임명하여야 한다.

제5조의3(위원의 해촉) 제4조 제3항 및 제5조 제3항에 따라 위촉되는 위원은 다음 각 호의 어느 하나에 해당하는 경우를 제외하고는 그 의사에 반하여 해촉되지 아니한다.

1. 심신장애로 인하여 직무를 수행할 수 없게 된 경우
2. 직무와 관련된 비위 사실이 있는 경우
3. 직무 태만, 품위 손상, 그 밖의 사유로 인하여 위원의 직을 유지하는 것이 적합하지 아니하다고 인정되는 경우
4. 위원 스스로 직무를 수행하는 것이 곤란하다고 의사를 밝히는 경우

제7조의2(성폭력 또는 성희롱 사건 징계의결등 요구 시 확인사항) 징계의결 등 요구권자는 징계 등 혐의자의 징계 사유가 성폭력 또는 성희롱인 경우에는 성(性) 관련 외부 전문가로부터 피해자의 신체·정신 및 심리 상태 등을 고려한 별지 제6호 서식의 의견서를 첨부하여 관할 징계위원회에 징계의결 등을 요구하여야 한다.

제17조의2(징계부가금) ① 국가공무원법 제78조의2 제1항 제1호에서 '대통령령으로 정하는 재산상 이익'이란 다음 각 호의 어느 하나에 해당하는 것을 말한다.

1. 유가증권, 숙박권, 회원권, 입장권, 할인권, 초대권, 관람권, 부동산 등의 사용권 등 일체의 재산상 이익
2. 골프 등의 접대 또는 교통·숙박 등의 편의 제공
3. 채무 면제, 취업 제공, 이권(利權) 부여 등 유형·무형의 경제적 이익

② 징계위원회가 국가공무원법 제78조의2 제1항에 따라 징계부가금 부과 의결을 요구받은 때에는 같은 항 각 호의 어느 하나에 해당하는 행위로 취득하거나 제공한 금전 또는 재산상 이득액(금전이 아닌 재산상 이득의 경우에는 금전으로 환산한 금액을 말하며, 이하 '금품등 이득액'이라 한다)의 5배 내에서 징계부가금의 부과 의결을 할 수 있다.

③ 징계위원회에서 징계부가금 부과 의결을 하기 전에 징계등 혐의자가 국가공무원법 제78조의2 제1항 각 호의 어느 하나에 해당하는 행위로 다른 법률에 따라 형사처벌을 받거나 변상책임 등을 이행(몰수나 추징을 당한 경우를 포함한다) 또는 다른 법령에 따른 환수나 가산징수 절차에 따라 환수금이나 가산징수금을 납부하여 같은 조 제2항에 따라 징계위원회가 징계부가금을 조정하여 의결할 때에는 벌금, 변상금, 몰수, 추징금, 환수금 또는 가산징수금에 해당하는 금액과 징계부가금의 합계액이 금품등 이득액의 5배를 초과해서는 아니 된다.

④ 징계의결 등의 요구권자는 다음 각 호의 어느 하나에 해당하는 사유가 발생한 날부터 30일 내에 징계위원회에 징계부가금 감면 의결을 요구하여야 하며, 동시에 별지 제3호의2 서식의 징계부가금 감면 의결 요구서 사본을 징계 등 혐의자에게 송부하여야 한다. 다만, 징계 등 혐의자가 그 수령을 거부하는 경우에는 그러하지 아니하다.

1. 징계부가금 부과 의결을 받은 자가 법원의 판결(몰수·추징에 대한 판결을 포함한다)이 확정되거나 변상책임 등을 이행한 날 또는 환수금이나 가산징수금 등을 납부한 날부터 60일 내에 징계의결 등의 요구권자에게 징계부가금 감면 의결을 신청한 경우
2. 징계의결 등의 요구권자가 징계부가금 부과 의결을 받은 자에 대한 법원의 판결(몰수·추징에 대한 판결을 포함한다)이 확정되거나 변상책임 등이 이행된 것 또는 환수금이나 가산징수금 등이 납부된 것을 안 경우

⑤ 제4항에 따라 징계부가금 감면 의결이 요구된 경우 국가공무원법 제78조의2 제3항에 따라 징계위원회는 벌금, 변상금, 몰수, 추징금, 환수금 또는 가산징수금에 해당하는 금액과 징계부가금의 합계액이 금품등 이득액의 5배를 초과하지 않는 범위에서 감면 의결하여야 한다. 이 경우 징계부가금 감면 의결의 기한에 관하여는 제9조 제1항을 준용한다

⑥ 징계 등 혐의자 또는 징계부가금 부과 의결을 받은 자가 벌금 외의 형(벌금형이 병과되는 경우를 포함한다)을 선고받아 제3항 또는 제5항을 적용하기 곤란한 경우에는 징계위원회는 형의 종류, 형량 및 실형, 집행유예 또는 선고유예 여부 등을 종합적으로 고려하여 징계부가금을 조정하여 의결하거나 감면 의결하여야 한다

제25조(징계등 처리 대장) ② 제1항에도 불구하고 징계 등 사건의 접수·처리 상황을 관리하기 위한 별지 제5호 서식의 징계 등 처리 대장은 전자인사관리시스템으로 작성·유지·보관할 수 있다.

3. 공무원 징계령 시행규칙과 지방공무원 징계규칙

1) 성 관련 비위에 대한 징계양정기준 강화

사회적 약자를 대상으로 한 성폭력[179] 범죄에 대해서는 과실의 경중을 불문하고 파면, 해임 등 중징계하도록 징계 양정기준을 신설하였고, 우월적 지위를 이용한 성희롱을 성매매와 구분하고 성희롱 비위에 대한 징계 양정기준을 강화하였다(공무원 징계령 시행규칙과 지방공무원 징계규칙 별표1).

2) 음주운전 징계 양정기준 세분화

최초 음주운전인 경우에 알코올 농도와 무관하게 경징계(견책–감봉)이었는데, 혈중알코올 농도 0.1% 이상의 만취 상태에서 운전을 한 경우와 음주 측정에 불응한 경우에는 최초 음주운전한 경우라도 중징계, 2회 음주운전한 경우에는 해임이 가능하도록 음주운전 징계기준을 강화하고 운전업무 관련 공무원이 음주운전을 한 경우를 비위 유형으로 신설하고 면허정지의 경우는 중징계(정직 이상), 면허취소는 배제징계 됨을 명시하였다(공무원 징계령 시행규칙 별표1의3, 지방공무원 징계규칙 별표3).

3) 금품 관련 비위 신고의무 불이행을 징계 사유로 명시

징계기준이 되는 비위 유형 중 '성실의무 위반' 내에 '직무 관련 주요 부패행위의 신고·고발 의무 불이행'을 세부 유형으로 신설하였다. 과거에는 기타 비위로 경징계 처분(감봉)을 하였는데 개정으로 중징계(정직) 또는 경징계(감봉)처분이 된

179) (과거) 성폭력(미성년자) → 성폭력(업무상 위력 등[178], 장애인 또는 미성년자 대상)

180) "업무상 위력 등"이란 업무, 고용이나 그 밖의 관계로 인하여 자기의 보호, 감독을 받는 사람에 대하여 위계 또는 위력을 행사한 경우를 말한다.

다(공무원 징계령 시행규칙 및 지방공무원 징계규칙 별표1).

4) 지휘감독자 연대책임 강화

직무와 관련한 금품수수 비위 행위자는 물론 비위와 관련된 지휘감독자, 그 비위행위의 제안·주선자에 대하여 엄중히 책임을 묻도록 규정하였다.

5) 직무와 관련이 없는 사고에 대한 관용

직무와 무관한 예기치 않은 사생활 중의 사고[181)]로 징계의결 요구된 경우에는 사회 통념에 비추어 공무원의 품위를 손상하지 않았다고 인정되면, 감경 대상 포상이 없어도 '징계의 감경'이나 '불문'의결할 수 있는 근거를 마련하였다.

〈관련 개정 조문(징계기준)〉

□ 공무원 징계령 시행규칙 〔별표1〕 징계기준(제2조 제1항 관련)

비위의 정도 및 과실 여부 / 비위의 유형	비위의 정도가 심하고 고의가 있는 경우	비위의 정도가 심하고 중과실이거나, 비위의 정도가 약하고 고의가 있는 경우	비위의 정도가 심하고 경과실이거나, 비위의 정도가 약하고 중과실인 경우	비위의 정도가 약하고, 경과실인 경우
1. 성실의무 위반				
가. 공금횡령·유용 및 업무상 배임	파면	파면－해임	해임－강등	정직-감봉
나. 직권남용으로 타인 권리침해	파면	해임	강등－정직	감봉
다. 직무태만 또는 회계질서 문란	파면	해임	강등－정직	감봉－견책
라. 직무 관련 주요 부패행위의 신고·고발 의무 불이행	파면-해임	강등－정직	정직－감봉	감봉－견책
마. 기타	파면-해임	강등－정직	감봉	견책

181) 음주운전, 무면허 운전, 교통사고 미조치가 아닌 도로교통법 위반 사고, 과실일수 죄 등

2. 복종의무 위반				
가. 지시사항 불이행으로 업무추진에 중대한 차질을 준 경우	파면	해임	강등—정직	감봉—견책
나. 기타	파면—해임	강등—정직	감봉	견책
3. 직장 이탈 금지 위반				
가. 집단행위를 위한 직장 이탈	파면	해임	강등—정직	감봉—견책
나. 무단 결근	파면	해임—강등	정직—감봉	견책
다. 기타	파면—해임	강등—정직	감봉	견책
4. 친절·공정 의무 위반	파면—해임	강등—정직	감봉	견책
5. 비밀 엄수 의무 위반				
가. 비밀의 누설·유출	파면	파면—해임	강등—정직	감봉—견책
나. 개인정보 부정 이용 및 무단 유출	파면—해임	해임—강등	정직	감봉—견책
다. 비밀 분실 또는 해킹 등에 의한 비밀 침해 및 비밀 유기 또는 무단 방치	파면—해임	강등—정직	정직—감봉	감봉—견책
라. 개인정보 무단 조회·열람 및 관리 소홀 등	파면—해임	강등—정직	감봉	견책
마. 그 밖에 보안관계 법령 위반	파면—해임	강등—정직	감봉	견책
6. 청렴의무 위반	파면	파면—해임	강등—정직	감봉
7. 품위 유지의 의무 위반				
가. 성폭력(업무상 위력 등에 의한 성폭력, 미성년자 또는 장애인 대상 성폭력)	파면	파면—해임	해임—강등	강등—정직
나. 그 밖의 성폭력	파면	파면—해임	강등—정직	감봉—견책
다. 성희롱	파면	파면—해임	강등—감봉	감봉—견책
라. 성매매	파면—해임	해임—강등	정직—감봉	견책
마. 기타	파면—해임	강등—정직	감봉	견책
8. 영리 업무 및 겸직금지의무 위반	파면—해임	강등—정직	감봉	견책
9. 정치운동 금지 위반	파면	해임	강등—정직	감봉—견책
10. 집단행위 금지 위반	파면	해임	강등—정직	감봉—견책

※ 비고
- 제1호 라목에서 '주요 부패행위'란 「국가공무원법」 제83조의2 제1항에서 정한 징계 및 징계부가금 부과 사유의 시효가 5년인 비위를 말한다.
- 제7호 가목에서 '업무상 위력 등'이란 업무, 고용이나 그 밖의 관계로 인하여 자기의 보호 또는 감독을 받는 사람에 대하여 위계 또는 위력을 행사한 경우를 말한다.
- 제7호 다목에서 '성희롱'이란 「국가인권위원회법」 제2조 제3호 라목에 따른 성희롱을 말한다.
- 제7호 마목의 규정에도 불구하고 음주운전에 대한 징계기준은 별표 1의2와 같다.

□ 공무원 징계령 시행규칙 〔별표1의3〕 음주운전 징계기준(제2조 제1항 관련)

<table>
<tr><th colspan="2">음주운전 유형</th><th>처리기준</th><th>비고</th></tr>
<tr><td rowspan="2">최초 음주운전을 한 경우</td><td>혈중알코올농도가 0.1퍼센트 미만인 경우</td><td>감봉－견책</td><td rowspan="13">1. ‘음주운전’이란 「도로교통법」 제44조 제1항을 위반하여 음주운전을 한 것을 말한다.
2. ‘음주측정 불응’이란 「도로교통법」 제44조제2항을 위반하여 음주 측정에 불응한 것을 말한다.
3. ‘중상해’란 뇌 또는 주요 장기에 대한 중대한 손상, 사지절단 등 신체 중요부분의 상실·중대 변형, 신체기능의 영구상실 등 완치 가능성이 희박한 불구·불치의 부상·질병 또는 이에 상응하는 부상·질병을 말한다.
4. ‘운전업무 관련 공무원’이란 운전직류 및 집배운영직류 공무원 등 운전을 주요 업무로 하는 공무원을 말한다. 다만, 운전업무 관련 공무원이 음주운전을 하였더라도 운전면허취소나 운전면허정지 처분을 받지 않은 경우에는 혈중알코올농도에 따른 징계 처리기준을 적용한다.</td></tr>
<tr><td>혈중알코올농도가 0.1퍼센트 이상인 경우 또는 음주측정불응의 경우</td><td>정직－감봉</td></tr>
<tr><td colspan="2">2회 음주운전을 한 경우</td><td>해임－정직</td></tr>
<tr><td colspan="2">3회 이상 음주운전을 한 경우</td><td>파면－해임</td></tr>
<tr><td colspan="2">음주운전으로 운전면허가 정지 또는 취소된 상태에서 운전을 한 경우</td><td>정직－감봉</td></tr>
<tr><td colspan="2">음주운전으로 운전면허가 정지 또는 취소된 상태에서 음주운전을 한 경우</td><td>해임－정직</td></tr>
<tr><td rowspan="4">음주운전으로 인적·물적 피해가 있는 교통사고를 일으킨 경우</td><td>경상해 또는 물적 피해의 경우</td><td>정직－감봉</td></tr>
<tr><td>중상해의 경우</td><td>해임－정직</td></tr>
<tr><td>사망사고의 경우</td><td>해임－강등</td></tr>
<tr><td>사고 후 「도로교통법」 제54조제1항에 따른 조치를 하지 않은 경우</td><td>파면－정직</td></tr>
<tr><td rowspan="2">운전업무 관련 공무원이 음주운전을 한 경우</td><td>면허취소 처분을 받은 경우</td><td>파면－해임</td></tr>
<tr><td>면허정지 처분을 받은 경우</td><td>강등－정직</td></tr>
</table>

※ 징계양정기준(공무원 징계령 시행규칙) 개정과 동시에 징계의결요구기준(공무원 비위사건 처리규정)도 함께 개정(2015.8.19.)되었으므로 징계의결 요구 시에는 개정된 징계의결 요구기준을 적용하여야 한다.

6) 청렴의 의무 위반에 대한 금액별 징계기준 신설

비위 정도, 고의 유무 및 과실의 정도에서 금품·향응 수수액, 수동 또는 능동 여부, 직무관련성 유무 및 위법부당한 처분 여부에 따라 징계기준을 적용한다.

※ 직무와 관련하여 100만원 이상 수수한 경우에는 부당처사 여부와 관계없이 ‘즉시 퇴출’ (공무원 징계령 시행규칙 별표1의2, 지방공무원 징계규칙 별표2)

〈관련 개정 조문〉

□ 공무원 징계령 시행규칙 〔별표1의2〕 청렴의 의무 위반 징계기준(제2조 제1항 관련)

금품·향응 등 재산상 이익 / 비위의 유형	100만원 미만		100만원 이상
	수동	능동	
1. 위법·부당한 처분과 직접적인 관계없이 금품·향응 등 재산상 이익을 직무관련자 또는 직무관련 공무원으로부터 받거나 직무관련 공무원에게 제공한 경우	강등－감봉	해임－정직	파면－강등
2. 직무와 관련하여 금품·향응 등 재산상 이익을 받거나 제공하였으나, 그로 인하여 위법·부당한 처분을 하지 아니한 경우	해임－정직	파면－강등	파면－해임
3. 직무와 관련하여 금품·향응 등 재산상 이익을 받거나 제공하고, 그로 인하여 위법·부당한 처분을 한 경우	파면－강등	파면－해임	파면

※ 비고
1. '금품·향응 등 재산상 이익'이란 「국가공무원법」 제78조의2 제1항 제1호에 따른 금전, 물품, 부동산, 향응 또는 그 밖에 「공무원 징계령」 제17조의2 제1항에서 정하는 재산상 이익(금전이 아닌 재산상 이득의 경우에는 금전으로 환산한 금액을 말한다)을 말한다.
2. '직무관련자'와 '직무관련 공무원'이란 「공무원 행동강령」 제2조 제1호에 따른 직무관련자와 같은 조 제2호에 따른 직무관련 공무원을 말한다.

□ 공무원 징계령 시행규칙 〔별표1의4〕 징계부가금 부과 기준(제2조 제1항 관련)

비위의 정도 및 과실 여부 / 비위의 유형	비위의 정도가 심하고 고의가 있는 경우	비위의 정도가 심하고 중과실이거나, 비위의 정도가 약하고 고의가 있는 경우	비위의 정도가 심하고 경과실이거나, 비위의 정도가 약하고 중과실인 경우	비위의 정도가 약하고 경과실인 경우
1. 「국가공무원법」 제78조의2 제1항 제1호의 행위	금품 비위 금액 등의 4~5배	금품 비위 금액 등의 3~4배	금품 비위 금액 등의 2~3배	금품 비위 금액 등의 1~2배
2. 「국가공무원법」 제78조의2 제1항 제2호의 행위	금품 비위 금액 등의 3~5배	금품 비위 금액 등의 2~3배	금품 비위 금액 등의 2배	금품 비위 금액 등의 1배

※ 비고
1. '금품비위금액'이란 「국가공무원법」 제78조의2 제1항 각 호의 어느 하나에 해당하는 행위로 취득하거나 제공한 금전 또는 재산상 이득(금전이 아닌 재산상 이득의 경우에는 금전으로 환산한 금액을 말한다)을 말한다.
2. 징계부가금 배수는 정수(整數)를 기준으로 한다. 다만, 징계부가금 감면 의결의 경우에는 정수로 하지 아니할 수 있다.

V. 징계 사례 연구

이곳에서는 성실의무, 품위유지의무, 청렴의무 등 공무원의 의무를 살펴보고 의무 위반에 대한 징계 사례를 차례로 검토하기로 한다.

1. 공무원의 의무

공무원에게 요구되는 의무는 공무원의 근무관계의 특수성에서 도출된다. 현대 민주국가에서의 공무원과 국가와의 관계도 민간인의 사적 근무관계와 마찬가지로 권리 의무관계인 법률관계이며, 기본적으로는 근로관계이다.[182] 그러나 공무원의 근무관계는 직무의 공익적 성격으로 인하여 그 의무와 책임은 일반 사법상의 그것과는 다른 특수한 성격이 있다. 공무원의 의무는 이와 같은 법적 특수성을 고려해서 검토해야 할 것이다. 이와 같은 특수성에서 공법상의 특별권력(신분)관계가 형성되기 때문에 공무원은 일반 국민이 가지지 않는 특별한 의무를 부담하는 바, 이와 관련된 것이 공무원법상 공무원의 의무관련 조항이다.

공무원의 의무는 그 위반의 경우에 징계책임을 지는 근거가 된다. 변상책임의 경우에서도 중대한 과실을 범한 경우에 해당하는지 여부에 대한 평가기준으로 성실의무 위반을 들고 있다. 이처럼 의무 위반행위에 해당하는지 여부는 공무원의 권익에 직접 관련되는 것이며, 감사와 관련해서도 징계·변상 등의 기준이 되는 중요한 것이므로 명확히 해야 한다.

그런데 관련 법규를 해석해 보면 공무원에게 요구되는 의무에 대한 정의가 선서의무와 같이 비교적 명확한 경우도 있으나, 그렇지 않은 경우가 많다. 예컨대 어떤 행위가 성실의무, 품위유지의무, 청렴의무 등에 위반이 되는가? 와 관련해서

182) 김동희, 《행정법Ⅱ》, 박영사, 2016. p.165 참조

는 관계법해석상 명확하지 않은 경우가 많은데 이러한 불명확한 부분들을 해소하기로 한다.

2. 성실의무

1) 성실의무의 개념

공무원은 성실히 직무를 수행할 의무를 지는 바(국가공무원법 제56조, 지방공무원법 제48조), 성실의 의무란 최대한으로 공공의 이익을 도모하고 그 불이익을 방지하기 위해 전인격과 양심을 바쳐서 성실히 직무를 수행할 의무를 의미한다. 윤리성이 강한 측면이 있지만 공무원법상의 의무를 의미하며, 단순한 도덕적인 의무와는 구분되는 징계책임의 원인이 되는 법적의무인 것이다. 어느 정도의 불성실한 행위가 도덕적 차원을 넘는 법적의무 위반에 해당하는 가를 구분하는 것이 실무 차원에서도 중요하다.

이 의무는 징계뿐만 아니라 변상책임과도 관련이 있다. 회계직원책임법상의 변상 요건인 중대한 과실에 해당하는지를 판단하기 위한 기준으로서의 역할도 있다. 즉, 대법원[183]은 중대한 과실의 해석과 관련하여, "회계관계직원 등의 책임을 물음에 있어서 그 전제되는 요건의 하나로 회계직원책임법 제4조 제1항에서 규정하고 있는 중대한 과실을 범한 경우에 해당되는지의 여부는 회계직원책임법 제1조에 규정된 목적 및 제3조에 규정된 회계관계직원의 성실의무 등에 비추어, 회계관계직원이 그 업무를 수행함에 있어 따라야 할 법령 기타 관계 규정 및 예산에 정하여진 바에 따르지 않음으로써 성실의무에 위배한 정도가 그 업무내용에 비추어 중대한 것으로 평가될 수 있는지에 따라 결정되어야 한다."고 하고 있다.

이와 같이 성실의 의무는 공무원의 국민 전체에 대한 봉사자로서의 지위에서

183) 대법원 2003. 6. 27. 선고 2001두9660 판결

도출되는 공무원의 모든 의무의 원천이 되는 기본 의무로서, 각종의 직무상 의무등도 여기에서 나오는 것으로 이해된다.

2) 성실의무에 관한 사례

(1) 성실의무의 내용

지방공무원법 제48조 소정의 성실의무는 공무원에게 부과된 가장 기본적인 중요한 의무로서 최대한으로 공공의 이익을 도모하고 그 불이익을 방지하기 위하여 전인격과 양심을 바쳐서 성실히 직무를 수행하여야 하는 것을 그 내용으로 한다는 사례가 있다.[184)]

재산세담당공무원(원고)이 구 지방세법(1986.12.31. 법률 제3878호로 개정되기 전의 것) 제188조 제1항 제1호 (3)목 및 같은법시행령(1985.8.26. 대통령령 제11751호로 개정된 것) 제142조 제1항 제1호 (6)목 '가' 소정의 공한지(동일인이 소유하는 모든 토지를 합계한 면적이 662제곱미터를 초과하는 토지)에 대하여 재산세를 중과하는 규정이 신설됨에 따라, 납세의무자를 찾아내기 위하여 토지소유자들의 주민등록번호를 전산자료로 컴퓨터에 입력하는 작업을 하게 되어 원고도 대치3동 소재 토지에 관하여 위와 같은 작업을 함에 있어서 대치3동 소재 토지의 소유자들 중 소외 3인의 주민등록번호를 1986년도 토지에 관한 재산세 납기개시일인 1986.9.16.까지 입력하지 아니하여 다른 지역에 있는 위 소외인들 소유의 토지들과 면적이 합산되지 못하게 된 결과, 1986.9.에 위 소외인들 소유의 공한지에 관하여 부과될 1986년도 제산세 합계 금 13,660,810원을 부과하지 못하게 되었다.

서울특별시장이 1986.1.14. 이후 그 예하의 지방세담당공무원들에 대하여 여러 차례(공문으로 32회, 회의를 통하여 24회)에 걸쳐 위와 같은 주민등록번호의 조사 및 전산자료 입력을 철저히 하라는 지시를 하였고, 8.5.에는 그 조사입력사무

184) 대법원 1989.5.23. 선고 88누3161 판결

를 불성실하게 처리한 공무원에 대하여는 징계처분 등 인사처리를 하겠다는 통고까지 하였음에도 불구하고 원고는 위 소외인들의 주민등록표 등을 열람하거나 관할 동사무소에 조회하여 보지 아니하고, 오래전에 등기부에 기재된 주소지로 주민등록번호를 우편조회만 함으로써 이를 제때에 확인하지 못하고 그 후 1986.12.26. 경에야 위 소외인들이 소유하는 토지들의 면적을 합산하면 공한지에 해당한다는 사실을 발견하고 뒤늦게 재산세를 부과하였다.

이와 같은 사실을 근거로 하여 원심이 "원고가 강남구청 전체의 전산자료 입력처리 비율보다 1.78 내지 5.54퍼센트 정도 더 전산자료를 입력처리한 사실을 감안하더라도, 원고의 위와 같은 행위는 지방공무원법 제48조 소정의 성실의 의무에 위반한 것으로서 같은 법 제69조 제1항 소정의 징계 사유에 해당한다."고 판단하였다.

이에 대하여 원고측이 "지방공무원법 제48조가 규정하고 있는 성실의 의무는 민주국가에 있어서는 국가에의 신복적 예속을 의미하는 무정량의 충성의 의무가 아니고 원칙적으로 주어진 일정한 직무에 관하여 국민 전체의 이익을 도모하는 법적 의무라고 할 것인데, 원고가 당시 강남구청의 과중한 업무 때문에 수립된 '재산세 합산과세에 따른 주민등록번호 우편조회계획'에 따라서 사무를 처리한 것은 적법 타당하고, 동사무소에 출장하여 주민등록표 등을 열람하는 것은 당시의 강남구청의 실정으로는 불가능하였으므로 원고가 성실의 의무에 위반한 것이라고는 볼 수 없다."라고 주장하였다.

이에 대하여 대법원은 "그러나 성실의 의무는 공무원에게 부과된 가장 기본적인 중요한 의무로서 최대한으로 공공의 이익을 도모하고 그 불이익을 방지하기 위하여 전인격과 양심을 바쳐서 성실히 직무를 수행하여야 하는 것을 그 내용으로 하는 것인 바, 원심이 적법하게 인정한 사실관계에 비추어 보면 원고가 위와 같은 성실의 의무를 위반하여 지방공무원법 제69조 제1항 소정의 징계 사유에 해당한다고 본 원심의 판단은 정당하다."는 취지로 원심의 판결을 인용하면서 성실의무의 내용을 정리하고 있다.

(2) 성실의무의 적용 범위

1 정당한 노동조합의 활동이 아닌 경우(적용)

공무원은 누구나 국가공무원법 제56조의 성실의무, 제57조의 복종의무, 제58조의 직장이탈금지의무가 있고, 공무원이 노동조합 전임자가 되어 근로제공의무가 면제된다고 하더라도 이는 노동조합 전임자로서 정당한 노동조합의 활동에 전념하는 것을 보장하기 위한 것에 그 의미가 있으므로, 노동조합 전임자인 공무원이라 하여도 정당한 노동조합 활동의 범위를 벗어난 경우까지 국가공무원법에 정한 위 의무들이 전적으로 면제된다고 할 수는 없다[185]는 사례가 있다.

이 사건에서 근로자의 쟁의행위가 형법상 정당행위가 되기 위한 전제조건을 제시하고 있는 데, "첫째 그 주체가 단체교섭의 주체로 될 수 있는 자이어야 하고, 둘째 그 목적이 근로조건의 향상을 위한 노사 간의 자치적 교섭을 조성하는 데에 있어야 하며, 셋째 사용자가 근로자의 근로조건 개선에 관한 구체적인 요구에 대하여 단체교섭을 거부하였을 때 개시하되 특별한 사정이 없는 한 조합원의 찬성 결정 등 법령이 규정한 절차를 거쳐야 하고, 넷째 그 수단과 방법이 사용자의 재산권과 조화를 이루어야 함은 물론, 폭력의 행사에 해당되지 아니하여야 한다."(대법원 2001. 10. 25. 선고 99도4837 전원합의체 판결 참조)고 하였다.

노조전임자인 공무원에 대한 징계와 관련해서, "공무원은 누구나 국가공무원법 제56조의 성실의무, 제57조의 복종의무, 제58조의 직장이탈금지의무가 있고, 공무원이 노동조합 전임자가 되어 근로제공의무가 면제된다고 하더라도 이는 노동조합 전임자로서 정당한 노동조합의 활동에 전념하는 것을 보장하기 위한 것에 그 의미가 있다 할 것이므로, 노동조합 전임자인 공무원이라 하여도 정당한 노동조합 활동의 범위를 벗어난 경우까지 국가공무원법에 정한 위 의무들이 전적으로 면제된다고 할 수는 없다."고 해석하고 있다.

이와 같은 관점에서 대법원은 "노동조합의 전임자로서 이 사건 파업을 주동하고, 위 파업에 스스로 참가하였으며 다른 조합원의 파업 참가를 선동한 행위는 정당한

185) 대법원 2008.10.9. 선고 2006두13626 판결

노동조합의 활동을 벗어난 것이어서 국가공무원법 제56조의 성실의무, 제58조 제1항의 직장이탈금지의무에 위반되고, 위 원고들이 철도청장이 내린 직장 복귀명령에도 불구하고, 복귀시한까지 노조사무실 등 지정된 장소에 복귀하지 아니한 것은 국가공무원법 제57조에 정한 복종의무를 위반한 것"이라고 해석하고 있다.

[2] 근무시간이나 장소 이외(경우에 따라 적용)

국가공무원법상 공무원의 성실의무의 적용 범위는 행위의 적법성 여부와 별도로 경우에 따라서는 근무시간 외에 근무지 밖에까지도 미치는 경우가 있다는 사례가 있다.[186] 이와 관련해서 대법원은 원심이 "전기협은 단체교섭권이 없고 쟁의행위의 정당한 주체로 될 수도 없는데도 불구하고 1994. 2.말경 변형근로제 철폐, 승진차별 철폐, 공무원 호봉체계 개선 및 근로조건의 향상과는 무관한 사항인 해직자의 복직 등 4개항을 철도청에 대한 요구사항으로 설정한 후, 요구사항이 관철되지 않을 경우 파업에 돌입한다는 방침을 미리 정하고 토론회, 투쟁결의대회 등을 개최하여 투쟁 분위기를 고취하여 왔고, 같은 해 5. 24. 서울 서부역 광장에서 전기협 회원 2,000여 명이 참석한 가운데 전진대회를 개최하여 구속을 각오하고 끝까지 투쟁할 것을 선언하였으며, 같은 해 6. 2. 종묘공원에서 전국지하철노동조합협의회와 공동하여 투쟁결의대회를 개최하여 공동파업 투쟁할 것을 결의하였고, 그 후 투쟁일정 및 행동지침 등을 정하고 철도청에 단체교섭을 요구하였으나 전기협이 단체교섭권이 없는 단체라는 이유로 거절당하자 결국 같은 해 6. 23.경 전기협 회원 6,500여 명이 파업에 돌입함으로써 철도 운행이 전국적으로 전면 중단되기에 이른 사실을 인정한 후, 위 각 집회는 단체교섭권이 없고 쟁의행위의 주체가 될 수 없는 전기협이 요구사항을 관철시키기 위하여 투쟁 분위기를 고조시키고 파업 결의를 다지기 위한 것이어서 정당한 단체행동의 범위 내에 있는 것으로 보기 어렵고, 가사 위 각 집회가 관계 법령에 따라 적법한 절차를 거쳐 개최되었고, 근무시간 외에 사업장 밖에서 개최되었다고 하더라도 철도의 정상적인 운행을 수행하여야 할 철도기관사로서의 성실의무는 철도의 정상 운행에 지장을 초

186) 대법원 1997. 2. 11. 선고 96누2125 판결

래할 가능성이 높은 집회에 참석하지 아니할 의무에까지도 미친다고 보아야 할 것이므로, 전기협이 주최하는 위 각 집회에 참석하지 못하도록 한 피고의 명령은 정당한 직무상 명령이라고 판단"한 것을 인용하였다.

(3) 성실의무 위반이 아니라는 사례

① 사소한 형식의 차이가 있으나 내용에 차이가 없는 경우(소극)

민원창구 공무원이 소유자미복구 토지대장등본을 발급함에 있어 도의 지시와 차이가 있었지만 내용에 차이가 없는 경우는 공무원의 성실의무 위반의 징계 사유에 해당한다고 할 수 없다고 한 사례가 있다.[187]

이 사건에서 대법원은 "소유자미복구토지의 대장등본발급에 관한 위 경기도의 지시는 소유자미복구토지가 허위 또는 부실한 토지대장에 의하여 허위의 소유권보존등기가 경료되는 것을 방지하는데 목적이 있으므로 민원창구 공무원이 원심 판시와 같이 소유자미복구토지에 대하여 소유자란을 사선으로 삭제하고 변동 원인란에 '미복구'라고 붉은 색으로 날인하여 등본을 발급하지 아니하고 소유권란에 '지적법시행령 부칙 제5조 해당지임. 미복구'라는 고무인을 날인한 후 주쌍선을 그어 삭제하고 그 하단에 다시 '지적법시행령부칙 제5조 해당지임. 소유자미복구'라는 고무인을 날인하여 토지대장등본을 발급하였다고 하더라도 그 실제 내용은 소유자미복구토지표시를 하여 토지대장등본을 발급하라는 경기도의 지시와 차이가 없는 것이고, 다만 그 표시방법에 있어서 경기도의 지시와 사소한 차이가 있으나 그 정도로서 곧 경기도의 위 지시에 위반된 것이고, 아울러 토지대장등본 발급 담당공무원의 성실의무 위반의 징계 사유에 해당하는 것이라고는 할 수 없을 것이다."라고 하고 있다.

② 실무자의 조사복명서에 기하여 건축허가를 한 경우(소극)

건축허가 신청에 따른 현장 확인을 담당한 실무자의 조사복명서에 기하여 건축

187) 대법원 1992.9.14. 선고 91누7606 판결

허가를 한 차상급 감독자에게 국가공무원으로서의 성실의무에 위배한 잘못이 없다고 본 사례가 있다.[188)]

대법원에서는 건축허가를 위하여 실무자가 "현장조사를 할 때에 사설강습소에 관한 법률 등에 따라 사설강습소인 전일학원과의 관계를 복합민원처리대상으로 조사하지 못하여 결과적으로 위 건축허가와 관련된 복합민원처리에 관한 규정에 따른 주관부서와의 협의를 하지 아니한 것은 사실이나, 통상 건축허가 신청에 따른 현장 확인은 현장 확인을 한 담당실무자의 조사복명서에 의할 수밖에 없었고 소외인이 작성한 위 복명서상에 법률상 아무런 하자가 없을 뿐 아니라 건축허가함이 타당하다는 취지로 기재되어 있어 이에 기하여 이 사건 건축허가를 하게 되었으며 또 과장인 원고는 위 사설강습소에 관한 개정 법률을 그 소속 직원들에게 숙지시켜 왔던 터이므로 소외인의 차상급 감독자인 원고에게 이에 대한 법령을 준수하지 아니하거나 그 부하 직원들에 대한 직무감독을 소홀히 함으로써 국가공무원으로서의 성실의무에 위배한 잘못이 있는 것으로 인정되지 아니한다."고 원심의 판단을 인용하였다.

[3] 사회 통념상 현저하게 타당성을 잃어 징계재량권을 일탈·남용한 것에 해당하는 경우

육군사관생도 갑이 여자 친구와 원룸에서 동침하거나 성관계를 맺은 행위가 육군사관학교의 생도생활예규 제35조 제6호에서 정한 동침 및 성관계 금지 규정을 위반하였다는 등의 이유로 육군사관학교장이 갑에게 퇴학처분을 한 사안에서, 대법원은 사복착용 금지 규정 위반행위만이 징계 사유로 인정되고, 설사 원고의 원룸 임차 및 사용 사실이 성실의무 또는 지시준수의무 위반에 해당하여 그것이 원고에 대한 징계 사유가 된다고 하더라도, 그 판시와 같은 사정에 비추어 보면 위와 같은 징계 사유만으로 원고에게 퇴학처분을 한 것은 사회통념상 현저하게 타당성을 잃어 징계재량권을 일탈·남용한 것에 해당한다고 판단한 원심을 인용하였다.[189)]

188) 대법원 1990.5.8. 선고 89누1179 판결

189) 대법원 2014.5.16. 선고 2014두35225 판결

(4) 성실의무의 위반이라는 사례

① 관내에 있는 무허가건축물 및 불량건축물의 정비, 도시계획, 도시정비재개발사업 등에 관한 업무를 담당하여 처리하는 도시정비국장이 담당공무원의 서류 검토만 믿고 주무계장과 과장의 검토를 생략하고 한 행위(적극)[190]

대법원은 "원심이 채용하고 있는 증거에 의하더라도 특정건축물의 양성화 신고서류에 대한 주무계장과 과장의 검토를 생략한 것이 구청장의 승인에 의한 것이라고 볼 자료는 없을 뿐만 아니라 일건 기록을 검토하여 보면, 특정건축물의 양성화 조치에는 그 업무의 성질상 신고서류가 허위로 작성되거나 담당직원의 비위 행위가 개입될 가능성이 크므로 양성화 조치의 주무국장 겸 신고된 양성화 대상 건축물의 정리 등에 관한 사항을 심의 의결하는 위 심의위원회의 위원장 직무대행자인 원고로서는 그 신고서류의 담당직원은 물론 그 상사인 주택계장과 과장 등 부하직원으로 하여금 무허가건물 단속관리대장, 지방세과세대장, 항공사진 등과의 대조나 관할동장에 대한 사실 확인 등을 통하여 양성화 대상 건축물로 신고된 특정건축물이 위 법 제3조 소정의 양성화 대상 건축물에 해당되는지의 여부와 그 대상 건축물이 양성화 조치를 기화로 무단 증·개축되었는지 여부를 확인하게 함은 물론 그 신고서류가 진실되게 작성되었는지 여부를 철저히 검토하도록 감독하여 허위의 신고서류에 의하여 부당 양성화가 되는 일이 없도록 할 직무상 의무가 있음에도 불구하고 양성화 조치의 신속한 처리와 업무의 과중을 빙자하여 이러한 조치를 게을리한 채 담당직원인 소외인에게 그 신고서류에 대한 검토를 전담시켰을 뿐만 아니라 동인의 검토 결과를 그대로 믿은 나머지 그 진위 여부에 대한 확인 조치를 취하지 아니하여 소외인이 그 신고인들과 결탁하여 허위의 신고서류임을 알고서도 위 심의위원회의 심의에 회부하도록 방치함으로써 앞서 본 바와 같은 부당 양성화 조치가 이루어지게 된 사실이 인정되고 이는 원고가 특정건축물 양성화업무를 처리함에 있어 부하직원에 대한 감독을 소홀히 하는 등 직무상 성실의무를 위배하였다고 할 것"이라고 하면서, 원심판결을 파기하여 사건을 원심법원에 환송하였다.

---

190) 대법원 1987.4.14. 선고 86누183 판결

[2] 서류내용의 충분한 검토 및 실지조사 없이 고액의 세금을 환급받게 한 세무공무원(적극)[191]

대법원은 원심판결이 "그 거시의 증거에 의하여 원고는 소외인으로부터 부가가치세 조기 환급 신청을 받고서 그 환급 사무를 처리함에 있어서 동인은 사업실적이 전혀 없는 자로서 신청한 환급세액도 고액이고, 제출한 수입면장과 세금계산서 사이에 수입신고번호가 서로 다르고 그 필요적 기재사항의 일부가 손으로 기재되어 있는 등 그 서류들의 진정 성립에 대하여 의심을 갖기에 충분한 사정이 있었으므로 그 서류들의 내용을 면밀히 검토하고, 소외인의 사업장에 임하여 사업활동 상황과 기계설치 현황을 철저히 조사 확인하였더라면 소외인이 위장사업자로서 기계를 수입함이 없이 수입면장 및 세금계산서를 위조하여 부당하게 환급세액을 편취하려는 사실을 쉽게 발견할 수 있었는데도 이러한 직무상의 성실의무를 태만히 하여 위 서류 등이 형식적으로 구비된 점만 피상적으로 확인하였을 뿐 그 서류의 내용을 충분히 검토하지 아니하고 또 현장 확인 등 실지조사도 하지 아니함으로써 소외인으로 하여금 부가가치세 금 14,299,257원을 부당하게 환급받게 하고 그 후 고액 환급자에 대한 자체 검사시에도 소외인의 사업활동상황, 사업장의 시설상황 등을 확인함이 없이 수입면장만에 의하여 환급이 적정한 것으로 처리하고 또 소외인이 1982.1.25까지 1981년도 제2기분 부가가치세의 확정신고를 하지 아니하였는데도 그에 따른 조사결정 조치도 취하지 아니하고 이를 방치한 사실 을 인정한 후, 원고 주장의 세무공무원으로서 장기간 성실히 근무하면서 3회에 걸쳐 표창을 받았다는 사정을 참작하여도 원고의 이 사건 비위는 공무원의 성실의무에 크게 위반하여 원고를 해임한 이 사건 처분은 징계 재량의 한계를 일탈한 바 없는 적법 타당한 처분이라고 판단"한 것을 그대로 인용하고 있다.

191) 대법원 1984.1.24. 선고 83누610 판결

③ 토지의 형질 변경을 허가하여서는 아니 될 지역임에도 불구하고 같은 시 주택과장이 가능한 지역이라고 기안하도록 하여 주택건설사업계획 허가 신청자에게 형질 변경이 허가되도록 한 것(적극)[192]

도시계획법규를 근거로 대법원은 “원심이 같은 취지에서 부산직할시의 주택과장인 원고가 부산 부산진구 초읍동 산 42의 2 내지 4의 3필지 토지 7523평방미터는 원심설시와 같이 위 부산직할시의 예규 제2조 제1항에 저촉되어 토지의 형질 변경을 허가하여서는 아니될 지역임에도 불구하고 가능한 지역이라고 기안하도록 하여 이 사건 주택건설사업계획 허가 신청을 한 소외 문창권에게 형질 변경이 허가되도록 한 것은 공무원으로서 성실의무를 위반한 것이라고 판단하였음은 정당하고 거기에 소론과 같은 채증법칙 위반이나 이유 불비, 법리 오해의 위법은 없다.”고 해석하고 있다.

3. 품위유지의무

1) 품위유지의무의 개념

공무원은 직무의 내외를 불문하고, 그 품위를 손상하는 행위를 하여서는 안 된다(국가공무원법 제63조, 지방공무원법 제55조). 여기에서 ‘품위’란 주권자인 국민의 수임자로서의 직책을 맡아 수행해 나가기에 손색이 없는 인품을 말한다. 이런 점을 고려하면 품위유지의무는 국민으로부터 널리 공무를 수탁하여 국민 전체를 위해 근무하는 공무원의 지위를 고려할 때 공무원에게 직무와 관련한 부분은 물론 사적인 부분에서도 건실한 생활을 해야 하는 의무라고 정의할 수 있다. 품위 손상 행위는 공직자의 위신, 체면, 신용에 손상을 가하는 일체의 행위를 의미하는데, 도박, 마약 복용, 축첩 행위, 알코올 중독 등이 그 예이다.

이와 관련한 사례를 간략히 보면, ① 고교 교장이 공무원훈련원에 입소하여 시

192) 대법원 1992.7.10. 선고 91누6719 판결

험을 보는 도중 부정행위를 하여 위 훈련원에서 퇴학처분을 받는 경우에 고급교육공무원의 위신을 손상케 하였다는 이유로 교육공무원 특별징계위원회의 결의로써 파면처분을 하였음은 적법하다.[193] ② 세무공무원이 유부녀와 부첩관계를 맺어 동거하다가 자식까지 출산한 그 여인과의 사이에 별거에 관한 합의도 없이 동거하던 집에 돌아가지 않고 별거를 시작하였으므로 그 여인은 자기와 그 소생아에 대한 생활대책을 강구하여 줄 것을 요구하면서 직장에까지 찾아와서 물의를 일으키게 되었고 그때마다 그 여인에게 폭행을 하였다면 이는 공무원이 그 체면 또는 위신을 손상하는 행위를 한 때에 해당한다.[194] ③ 교육공무원이 자신의 지도를 받았던 학생의 논문을 표절하여 연구결과보고서를 제출하였고, 학생들의 학위논문을 지도하면서 타인의 실험결과를 본인들이 직접 실험을 하여 얻은 결과인 것 같이 하여 논문을 작성하도록 한 행위가 국가 공무원법상의 성실의무와 품위유지의무에 위반한 것이라는 이유로 한 해임처분을 정당하다는 사례[195]들이 있다.

품위유지의무는 직무 내에서뿐만 아니라 직무 외의 사생활에서도 적용된다. 다만, 공직의 위신, 체면, 신용에 손상을 가하지 않는 공무원의 단순한 사생활의 문제는 품위를 손상하는 행위라고 할 수 없다.[196] 이 구분은 정도의 차이라고 할 수가 있다. 이하에서는 이와 관련된 판례의 태도를 검토해서 구체적인 기준을 추론하기로 한다.

2) 품위유지의무에 관한 사례

(1) 품위유지의무의 적용 범위와 '품위'의 의미

공무원의 품위유지의무의 적용 범위와 '품위'의 의미를 정의하면서, 공무원이 출장근무 중 근무장소를 벗어나 유원지에 가서 동료 여직원의 의사에 반하여 성

193) 대법원 1964. 9.22. 선고 64누6
194) 대법원 1972.10.31. 선고 72누157
195) 대법원 1996. 4.26. 선고 95누3848
196) 박균성, 《행정법강의》, 박영사, 2016, p.1086.참조

관계를 요구하다가 그 직원에게 상해를 입힌 경우, 공무원의 품위손상행위에 해당한다고 본 사례가 있다.[197]

대법원은 "공무원의 품위손상행위의 점에 대하여 국민으로부터 널리 공무를 수탁하여 국민 전체를 위해 근무하는 공무원의 지위를 고려할 때 공무원의 품위손상행위는 본인은 물론 공직사회에 대한 국민의 신뢰를 실추시킬 우려가 있으므로 지방공무원법 제55조는 국가공무원법 제63조와 함께 공무원에게 직무와 관련된 부분은 물론 사적인 부분에 있어서도 건실한 생활을 할 것을 요구하는 '품위유지의무'를 규정하고 있고, 여기에서 품위라 함은 주권자인 국민의 수임자로서의 직책을 맡아 수행해 나가기에 손색이 없는 인품을 말한다고 할 것이다(대법원 1987. 12. 8. 선고 87누657, 87누658 판결 등 참조)"라고 하여 기존 품위유지의무의 개념을 확인하면서, "기록에 의하면, 원고는 출장근무 중 근무장소를 벗어나 인근 유원지에 가서 동료 여직원의 의사에 반하여 성관계를 요구하다가 그 직원에게 상해를 입히고 강간치상죄로 형사소추까지 당하게 된 점을 엿볼 수 있고, 원고의 이러한 행위는 사회통념상 비난받을 만한 행위로서 공직의 신용을 손상시키는 것이므로 법 제69조 제1항 제3호 소정의 품위손상행위에 해당한다."고 판시하였다.

(2) 품위유지의무에 위반하는 사례

[1] 초등학교 교사가 학부모로부터 학생문제로 상담 요청을 받고 수차례에 걸쳐 술 등의 향응을 제공받고, 음란한 내용의 비디오테이프를 빌려 주었으며, 두 차례에 걸쳐 합계 금 200,000원의 현금을 받고, 술에 취한 학부모와 새벽 3시경까지 공원에 함께 있는 등의 행위로 인하여 물의를 일으킨 것은 국가공무원법 제61조 제1항 소정의 청렴의무와 같은 법 제63조 소정의 품위유지의무를 위반한 것이라는 이유로, 그러한 비위 사실을 들어 한 해임처분은 정당하다고 한 사례[198]

이 사례에서 대법원은 "공무원에 대한 징계의 정도가 지나치게 무거워 재량권의

197) 대법원 1998. 2. 27. 선고 97누18172 판결

198) 대법원 1997. 4. 25. 선고 96누17479 판결

범위를 벗어난 위법한 처분이라고 할 수 있으려면 징계의 사유가 된 비위 사실의 내용 및 성질과 징계에 의하여 달성하려는 행정목적 등에 비추어 보아 그 징계내용이 객관적으로 명백히 부당하다고 인정할 수 있는 경우이어야 할 것인 바(대법원 1996. 4. 26. 선고 95누18727 판결, 1996. 1. 26. 선고 95누9938 판결 등 참조), 원심이 적법하게 확정한 바와 같이 원고가 초등학교 1학년 담임교사로 재직하던 중 학부모인 소외인으로부터 학생문제로 상담 요청을 받고 성남시 소재 커피숍에서 술을 제공받은 것을 비롯하여 수차례에 걸쳐 술 등의 향응을 제공받고, 소외인에게 음란한 내용의 비디오테이프를 빌려 주었으며, 소외인이 두 차례에 걸쳐 자신의 딸을 잘 지도하여 달라는 취지로 주는 합계 금 200,000원의 현금을 받고, 술에 취한 소외인과 새벽 3시경까지 공원에 함께 있었으며, 소외인과의 위와 같은 일련의 행위로 인하여 소외인이 원고의 처 또는 다른 학부모와 다투게 되고 그 과정에서 소외인이 원고를 진정하는 등의 물의를 일으킨 것은 국가공무원법 제61조 제1항 소정의 청렴의무와 같은 법 제63조 소정의 품위유지의무를 위반한 것이라 할 것이고, 원고가 주장하는 여러 사정을 참작한다고 하더라도 피고가 이러한 비위 사실을 들어 원고에 대하여 해임처분을 한 것은 그 직무의 특성과 비위의 내용 및 성질, 징계의 목적 등에 비추어 적절한 것으로 인정되므로 원심이 같은 취지로 판단한 것은 정당하고, 거기에 재량권 남용 또는 일탈에 관한 법리 오해나 판단 유탈, 심리 미진의 위법이 있다고 할 수 없다."고 하고 있다.

이 사안에서 금품을 수수한 것은 청렴의무 위반행위이고, 술에 취한 채 학부모와 새벽 3시경까지 있었고, 이로 인해 위 학부모가 공무원인 선생의 처 또는 다른 학부모와 다투게 되고 그 과정에서 위 학부모가 진정을 하는 등 물의를 일으킨 것에 해당하는 부분이 품위유지의무 위반행위이다.

2 여객에 의해 습득 신고된 유실물을 보관하면서 그 내용물의 일부를 횡령한 역무원의 행위는 성실의무와 품위유지의무 위반에 해당한다는 사례[199]

대법원은 "여객이 역 구내에서 유실물을 습득하였다고 신고한 물건을 보관하면서 그 내용물의 일부를 횡령한 원고의 위와 같은 행위는 철도유실물취급요령에

199) 대법원 1997. 1. 24. 선고 96누15763 판결

위반될 뿐만 아니라 형사상으로도 횡령죄에 해당하고 신문에 보도되는 등으로 사회적 물의까지 따른 비위이므로, 공무원은 법령을 준수하며 성실히 직무를 수행하여야 하고 직무의 내외를 불문하고 그 품위를 손상하는 행위를 하여서는 아니 된다는 법 제56조, 제63조 등에 위반하여 철도청의 위신을 적지 않게 실추시킨 비위로서 그 비위의 도가 중하고 고의가 있는 경우에 해당한다고 보지 않을 수 없으며, 그 비위의 정도에 비추어 볼 때 원고가 장기간 철도공무원으로 근무하면서 여러 차례 표창을 받았다거나 위 횡령사건 이외에는 아무런 형사처분이나 징계처분을 받은 적이 없고, 이 사건 처분 당시 위 횡령사건은 정년퇴직을 불과 약 1년 남겨두고 저지른 것으로 이를 크게 뉘우쳐 기소유예처분을 받았으며 피해자도 피해품을 전액 회수하여 원고에 대한 관용을 바라고 있는 점 등 기록에 나타난 제반 사정을 참작하더라도 피고의 이 사건 처분이 지나치게 가혹하여 그 재량권의 범위를 일탈한 것으로서 위법한 처분이라고 단정할 수 없다."고 판시하고 있다.

③ 불륜 관계가 있는 것으로 의심할 만한 행위를 한 교사에 대해 품위유지의무 위반으로 해임처분된 것에 대해 공무원에 대한 징계처분이 재량권의 범위를 벗어난 위법한 처분인지 여부의 판단기준을 제시하면서 해임처분이 정당하다고 본 사례[200)]

대법원은 공무원에 대한 징계처분이 재량권의 범위를 벗어난 위법한 처분인지 여부의 판단기준과 관련하여, "공무원의 징계가 지나치게 무거워 재량권의 범위를 벗어난 위법한 처분이라고 할 수 있으려면 징계의 사유가 된 비위 사실의 내용 및 성질과 징계에 의하여 달성하려는 행정목적 등에 비추어 그 징계내용이 객관적으로 명백히 부당하다고 인정할 수 있는 경우이어야 할 것"(대법원 1984. 6. 12. 선고 83누76 판결, 1996. 1. 26. 선고 95누9938 판결 등 참조)이라고 해석하고 있다.

불륜 관계가 있는 것으로 의심할 만한 행위를 한 교사에 대해 품위유지의무 위반이 되는지와 관련해서는 "원심이 인정한 사실에 의하더라도 원고가 학교에서 물의가 빚어질 정도로 동료교사이며 기혼자인 위 소외 2와 가깝게 지냈고, 둘 사

200) 대법원 1996. 4. 26. 선고 95누18727 판결

이에 불륜관계가 있는 것으로 의심할 만한 행위를 하였으며, 급기야는 이러한 행동으로 인해 위 소외 2의 가정이 파탄에 이르게 된 점, 원고는 처인 위 소외 1과 이 사건 문제로 계속 불화하다가 위 소외 1을 상대로 이혼소송을 제기하였으나, 법원에서 위 청구가 받아들여지지 아니하였고 오히려 위 소외 1이 제기한 반소청구(부정행위를 원인으로 한 이혼 및 위자료, 재산분할청구)가 받아들여져 이혼판결이 선고된 점을 알 수 있는 바, 항상 사표가 될 품성과 자질의 향상에 힘써야 할 교원의 의무(교육법 제74조)에 비추어 본다면, 원고의 이와 같은 행위는 교원으로서의 품위를 손상시킨 것으로서 국가공무원법 제63조 소정의 품위유지의무 위반행위가 된다."고 판시하고 있다.

④ 영관급 장교의 비인격적, 비윤리적인 처신으로 말미암은 사실혼 관계의 파탄이 국가공무원법 제63조 소정의 품위유지의무 위반행위가 되고, 군인사법 제56조 소정의 징계 사유에 해당된다고 할 것이어서 이에 대하여 한 정직 3월의 징계처분이 그 재량권의 범위를 일탈한 것이라고 할 수 없다고 한 사례[201)]

이 사례는 영관급 장교(원고)가 전처와 이혼하고 을과 약혼한 후 부대 관사에서 동거하면서도 혼인 요구에 오히려 학대하는 등 비인간적인 행동을 하면서 불응하므로, 위 을은 원고가 혼인할 의사 없이 자신을 농락하였다고 판단하고 원고의 부대장 앞으로 진정을 하고 끝내는 원고를 혼인빙자간음죄로 고소까지 하게 되어 위 장교는 그의 동료 상관들뿐만 아니라 부대 관사에서 살던 주민들로부터 많은 지탄을 받은 사건이다.

이에 대해 대법원은 "사실혼 관계의 파탄이라는 사실만으로서는 단순한 개인적인 사생활의 영역에 속하는 문제로서 군인사법상의 징계의 대상이 되는 비위에 해당되지 아니한다고 하겠으나 사실혼의 파탄이 위와 같은 원고의 비인격적, 비윤리적인 처신으로 말미암은 것이고, 그러한 구체적인 처신 및 사실혼 파탄에 이르게 된 불미스러운 경위가 원고 소속 부대의 동료, 상관들뿐만 아니라 부대 관사

201) 대법원 1992.2.14. 선고 91누4904 판결

에 살던 주민들에게까지 알려져 그들로부터 많은 지탄을 받게 되었다면 원고의 이러한 행위는 이미 원고 개인의 사생활의 영역을 벗어나 영관급 장교로서 그가 속한 군의 위신과 군인으로서의 명예를 손상시킨 것으로서 국가공무원법 제63조 소정의 품위유지의무 위반행위가 되고, 따라서 군인사법 제56조 소정의 징계 사유에 해당된다고 할 것"이라고 하고 있다.

5 사통하던 여자와 싸우다가 상해를 가하여 고소를 당하고 상관의 허가 없이 직장을 이탈한 경찰관에 대한 해임처분이 적정하다고 본 사례[202)]

대법원은 경찰서 형사계에 근무하던 원고가 다방을 경영하던 여자와 정을 통하여 오던 중 서로 욕설을 하며 싸움을 하다가 그 여자에게 20일간의 치료를 요하는 상해를 입게 하고, 그 여자로부터 형사고소를 당하자 부모와 상의하기 위하여 소속 상관의 허가 없이 직장을 떠나 고향으로 내려간 사안에 대하여, "원고의 소위는 국가공무원법 제56조 소정의 성실의무, 제58조 제1항 소정의 직장이탈금지의무, 제63조 소정의 품위유지의무에 위배되어 같은 법 제78조 제1항 소정의 징계사유에 해당한다 할 것이고, 그 의무 위반의 내용에 비추어 보면 징계 종류로서의 해임처분은 적정하다."고 판단하고 있다.

6 내연관계로 인한 물의를 일으키고, 휴무일을 이용하여 주민들과 도박을 하는 등의 행위는 품위유지의무 위반이라는 사례[203)]

파출소장(원고)으로 재직하던 2002. 2. 17.경 식당을 운영하던 을을 만나 2003. 1. 1.경 성관계를 가진 후 그녀와의 부적절한 관계를 계속하다가 2004. 3.경에는 아파트를 임차하여 을으로 하여금 거주하게 하는 등 약 2년 10개월간 그러한 관계를 계속적으로 유지하였고, 2005. 10. 초순경 원고의 결별 요구에 항의하는 을을 폭행하여 2주간의 치료를 요하는 상해를 가하였으며, 을이 2005. 10. 중순경 원고에게 부인과 이혼하고 자신과 함께 살든지 아니면 50,000,000원을 주라고 요구하였으나 원고가 이에 응하지 아니하자 원고의 부인에게 자신과 원고와의 관계를

202) 대법원 1990.3.13. 선고 89누8040 판결

203) 대법원 2007.6.14. 선고 2007두3527 판결

알리고 원고의 직장에 진정을 하여 해임처분을 받게 되었다.

이 사건에 대해 대법원은 "공무원의 징계가 지나치게 무거워 재량권의 범위를 벗어난 위법한 처분이라고 할 수 있으려면 징계의 사유가 된 비위 사실의 내용 및 성질과 징계에 의하여 달성하려는 행정목적 등에 비추어 그 징계내용이 객관적으로 명백히 부당하다고 인정할 수 있는 경우이어야 한다(대법원 1996. 4. 26. 선고 95누18727 판결 등 참조)"는 점을 확인하고, 이 사건에 이르게 된 사안 외에도 "원고는 지인들이 노래연습장에서 법령상 허용되지 아니한 여자 도우미를 불러 춤을 추고 유흥을 즐기는 자리에 합석하여 함께 유흥을 즐기기도 하였고, 주로 휴무일을 이용하여 주민들과 수십 회에 걸쳐 1점당 100원 내지 200원 내기의 고스톱이라는 도박을 하는 등의 행위를 한 사실을 알 수 있는 바, 경찰공무원은 범죄의 수사, 치안의 확보 등을 고유한 업무로 하는 공무원으로서 수사를 담당하는 업무의 특성상 일반 공무원들에 비하여 고도의 청렴성과 공정성이 요구된다 할 것인데, 원고의 이와 같은 행위는 경찰공무원으로서의 품위를 현저히 손상시킨 것으로서 국가공무원법 제63조 소정의 품위유지의무 위반행위가 된다고 할 것이니 원고의 근무경력 등 원심이 설시한 바와 같은 사정을 참작하더라도 원고에 대한 이 사건 해임처분이 원고의 비위 정도에 비추어 재량권의 범위를 일탈하였거나 남용한 위법한 것이라고는 할 수 없다."는 취지로 판단하여 원심판결을 파기하였다.

7 징계 사유의 특정은 그 비위 사실을 다른 사실과 구별될 정도로 적시하면 족한 것이지 해당 조문을 일일이 적시할 필요는 없다는 사례[204)]

대법원은 징계처분의 당부와 관련해서 "징계처분 당시 징계 사유로 삼은 사유에 의하여 판단하여야 하고 징계처분 당시 거론되지 아니한 비위 사실을 새로이 징계 사유로 추가시켜 징계처분의 당부를 판단할 수는 없다고 할 것이지만, 징계처분 당시 징계의결서 등에 징계 사유가 되는 비위 사실을 기재함에 있어서 그 경위 등에 대하여 일부 생략하거나 간략하게 기재할 수도 있는 점 등을 감안하면, 비록 당해 비위 사실에 이르게 된 경위에 대하여 징계의결서에 구체적으로 기재된

204) 대법원 2005. 3. 24. 선고 2004두14380 판결

바가 없다고 하더라도 법원이 그 징계처분의 양정이 적정한지 여부를 판단하기 위해 그 비위 사실에 이르게 된 경위에 대하여 살펴보고 나아가 그 사건이 공무원 조직이나 국민에 미친 영향 등을 함께 고려하는 것마저 금지되는 것은 아니라 할 것이며, 한편 징계 사유가 되는 비위 사실은 국가공무원법상의 성실의무, 품위유지의무 등 여러 의무를 동시에 위반한 것으로 평가되는 일이 적지 않은 점 등에 비추어 징계 사유의 특정은 그 비위 사실을 다른 사실과 구별될 정도로 적시함으로 족한 것이지 그 비위 사실들이 국가공무원법상의 어떤 조문을 위반한 경우에 해당하는가에 관하여 해당 조문을 들어가며 일일이 적시하여야 하는 것은 아니라 할 것"이라고 전제하였다.

이와 같은 견지에서 이 사건의 경우는 "비록 원고의 비위 행위 하나하나가 국가공무원법상의 어떤 조문을 위반한 경우에 해당하는 것인지에 대하여 조문을 들어가며 일일이 지적을 하지는 않았지만 징계 사유가 되는 비위 사실을 구체적으로 특정하고, 언론보도 사실과 더불어 징계의결요구서 등에는 기재된 바가 없는 음주운전의 경위까지 함께 고려하여 징계의 양정이 적절하였는지를 판단한 원심의 위와 같은 조치는 정당한 것으로 수긍이 가고, 거기에 상고이유에서 주장하는 바와 같이 자의로 징계 사유를 추가하거나, 징계 사유를 특정하지 아니하거나 징계권의 일탈·남용에 관한 법리를 오해한 위법이 있다고 할 수 없다고 하여 원심판결을 인용하였다.

(3) 품위유지의무 위반이 아니라는 사례

① 사립학교법 제61조 제1항 제3호에서 정한 '품위'의 의미 및 품위손상행위에 해당하는지 판단하는 기준[205)]

사립학교법 제61조 제1항 제3호는 직무의 내외를 불문하고 교원으로서의 품위를 손상하는 행위를 한 때를 사립학교 교원에 대한 징계 사유 중 하나로 규정하고 있는데, 여기서 품위는 국민에 대한 교육자로서의 직책을 맡아 수행해 나가기에 손색이 없는 인품을 말하고, 어떤 행위가 품위손상행위에 해당하는지는 구체적

205) 대법원 2015. 11. 26. 선고 2013두13174 판결

상황에 따라 건전한 사회통념에 의하여 판단하여야 한다(대법원 2000. 6. 9. 선고 98두16613 판결 참조). 이러한 사실관계와 기록에 의하여 알 수 있는 다음과 같은 사정들, 즉 ① 원고가 진술서에 기재한 내용은 주로 대학교의 전임교원 채용과정에서 발생한 부조리에 관한 것으로서 공공의 이익과 관련되어 있을 뿐만 아니라 법원이 위 가처분 신청 사건을 심리하는 데 필요했던 사항으로 객관적 사실에도 합치하는 것으로 보이는 점, ② 원고가 개인적인 불만 등을 이유로 참가인이나 A 대학교, 다른 교원 등을 비방하거나 그 명예나 신용을 훼손하려는 의도에서 법원에 진술서를 제출한 것으로 보이지는 않고, 오히려 전임교원 채용과정에서 자신이 알게 된 사실을 그대로 밝힘으로써 법원이 객관적인 사실에 기초하여 소외 3이 2차 심사대상에서 제외된 이유나 전임교원 채용과정이 위법하였는지 등을 심리할 수 있도록 할 의사가 있었던 것으로 보이는 점, ③ 원고는 소외 3 측의 요청에 따라 진술서를 작성해 준 것으로 보이는데, 구체적 소송사건에서 실체적 진실발견을 위한 법원의 업무에 협조하여 그 사건과 관련하여 알고 있는 내용을 진술서에 기재하여 법원에 제출한 원고의 행위가 분별없는 행동이라거나 또는 그 방법 자체에 비난 가능성이나 부작용이 크다고 볼 수는 없는 점 등을 앞서 본 법리에 비추어 살펴보면, 비록 위 진술서에 가처분 신청 사건과 직접적인 관련이 없는 내용이 일부 포함되어 있더라도, 원고가 법원에 위와 같이 진술서를 제출함으로써 학교나 교원에 대한 국민의 신뢰가 실추되었다고 단정하기는 어려우므로, 이를 교원으로서의 품위를 손상하는 행위에 해당한다고 볼 수는 없다고 해석하였다.

4. 청렴의무

1) 청렴의무의 개념

청렴의무는 품위유지의무를 경제적 측면에서 본 것이다. 즉 청렴의무는 공무원의 순결성과 직무행위의 불가매수성을 보호하고 공무원의 직무 집행의 적정성을 보호하기 위하여 공무원이 직무와 관련한 금품수수행위를 하지 않을 의무를 의미한다. 이 의무에 대해, 공무원은 직무와 관련하여 직·간접을 불문하고 사례·증여 또는 향응을 수수하여서는 안되고, 직무상 관계 여하를 불문하고 소속 상관에게 증여하거나 소속공무원으로부터 증여받아서는 안 된다(국가공무원법 제61조, 지방공무원법 제53조)고 규정하고 있다.[206] 이와 관련하여 경사로 승진하게 된 부하직원들로부터 각각 300만 원을 수수하고 다른 부하직원으로부터도 2005년도 승진심사와 관련하여 동양화 1점을 수수하는 등 부하직원으로부터 승진 사례비를 수수한 행위로 청렴의무 위반에 해당된 사례가 있다.[207]

청렴의무도 넓게는 경제적 측면에서 본 품위유지의무의 내용이 되나, 현행법은 별도로 규정하고 있다.[208] 공무원의 청렴의무의 제도적 확보를 위하여 공직자윤리법이 제정되어 있다. 청렴의무 위반의 경우는 비교적 중징계에 처하는 경우가 많다.

청렴의무 위반은 현행법상 징계뿐만 아니라 직무관련성 대가성 등이 인정되면 형사상 뇌물죄를 구성할 수 있다(형법 제129조 내지 제135조). 또한 수뢰금액에 따라서는 「특정범죄 가중처벌 등에 관한 법률」에 의한 가중처벌의 대상이 된다.[209] 청렴의무는 이처럼 공직에 대한 신뢰 나아가서는 국가행정에 대한 국민의 신뢰와도 관계가 있기 때문에 특별히 조문을 구성하여 강조하고 있는 것으로 보인다.

206) 대법원 1998. 1. 23. 선고 97누16794 판결 등 참조

207) 대법원 2007.10.12. 선고 2007두9167 판결

208) 박균성, 《행정법강의》, 박영사, 2016, p.1075, 김향기, 《향정법개론》, 탑북스, 2016, p.832.

209) 제2조 (뇌물죄의 가중처벌) ① 형법 제129조·제130조 또는 제132조에 규정된 죄를 범한 사람은 그 수수·요구 또는 약속한 뇌물의 가액(이하 본조에서 '수뢰액'이라 한다)에 따라 다음 각호와 같이 가중처벌한다. 1. 수뢰액이 1억원 이상인 때에는 무기 또는 10년 이상의 징역에 처한다. 2. 수뢰액이 5천만원 이상 1억원 미만인 때에는 7년 이상의 유기징역에 처한다. 3. 수뢰액이 3천만원 이상 5천만원 미만인 때에는 5년 이상의 유기징역에 처한다. ② 「형법」 제129조, 제130조 또는 제132조에 규정된 죄를 범한 자는 그 죄에 대하여 정한 형(제1항의 경우를 포함한다)에 수뢰액의 2배 이상 5배 이하의 벌금을 병과한다.

2) 청렴의무에 관한 사례

(1) 공무원의 청렴의무를 규정한 지방공무원법의 취지[210)]

대법원은 공무원의 청렴의무를 규정한 지방공무원법의 취지와 관련하여, "지방공무원법 제53조 제1항은 공무원은 직무에 관련하여 직접 또는 간접을 불문하고 사례, 증여 또는 향응을 수수할 수 없다고 규정하였는 바, 그 취지는 공무원이 직무에 관하여 사전에 부정한 청탁을 받고 직무상 부정행위를 하는 것을 방지하려는 데에 그치는 것이 아니고, 사전에 부정한 청탁이 있었는지의 여부나 금품수수의 시기 등을 가릴 것 없이 공무원의 직무와 관련한 금품수수행위를 방지하여 공무원의 순결성과 직무행위불가매수성을 보호하고 공무원의 직무집행의 적정을 보장하려는 데에 있다 할 것이며, 위 '직무에 관련하여'라 하는 데는 당해 공무원이 그 직무의 결정권을 갖고 있지 않더라도 그 직무 행위와 밀접한 관계에 있는 경우 및 사실상 관리하는 직무 행위도 포함된다고 할 것"이라고 해석하고 있다.

(2) 구 공무원연금법 제64조 제1항 제3호에서 규정한 '공무원이거나 공무원이었던 자가 금품 및 향응 수수로 징계 해임된 때'에 공무원이 지위를 이용하여 금품과 향응을 수수한 경우로서 공무원의 청렴의무를 저버린 행위로 평가되는 경우가 포함되는지 여부(적극) 및 '공무원이 그 지위를 이용하여'의 의미[211)]

대법원은 구 공무원연금법(2009. 12. 31. 법률 제9905호로 개정되기 전의 것) 제64조 제1항 제3호가 퇴직급여 및 퇴직수당의 일부 감액 사유로 규정한 '공무원이거나 공무원이었던 자가 금품 및 향응 수수로 징계 해임된 때'에는 공무원이 자신의 직무와 직접 관련하여 금품 및 향응을 수수한 경우뿐만 아니라, 공무원이 그 지위를 이용하여 이를 수수한 경우로서 공무원의 청렴의무를 저버린 행위로 평가될

210) 대법원 1992.11.27. 선고 92누3366 판결

211) 대법원 2013.10.31. 선고 2011두28981 판결

수 있는 경우도 포함된다. 여기서 '공무원이 그 지위를 이용하여'란 친구, 친족관계 등 사적인 관계를 이용하는 경우는 이에 해당한다고 할 수 없으나, 타인이 취급하는 사무의 처리에 법률상이거나 사실상으로 영향을 줄 수 있는 관계에 있는 공무원이 그 지위를 이용하는 경우는 이에 해당하고, 그 사이에 상하관계, 협동관계, 감독권한 등의 특수한 관계가 있을 필요는 없다고 해석하고 있다.

(3) 징계양정의 기준

금품을 수수한 경우 그 액수와 횟수 등에 따라 징계의 종류 선택과 양정에서 차별적으로 취급하는 것이 평등의 원칙에 반하는지 여부(소극)에 대해 검토하고, 경찰공무원 업무의 특성, 금품제공자의 지위, 금품수수의 액수, 횟수, 방법 등에 비추어 유흥업소를 운영하는 사람의 형으로부터 다액의 금전을 수년간에 걸쳐 정기적으로 수수한 경찰공무원에 대한 해임처분이 징계재량권을 남용하였거나 평등의 원칙에 반하지 않는다고 한 사례가 있다.[212)]

이 사례에서 대법원은 "공무원인 피징계자에게 징계 사유가 있어서 징계처분을 하는 경우 어떠한 처분을 할 것인가는 징계권자의 재량에 맡겨져 있으므로, 징계권자가 재량권의 행사로서 한 징계처분이 사회통념상 현저하게 타당성을 잃어 징계권자에게 맡겨진 재량권을 남용하였다고 인정되는 경우에 한하여 그 처분을 위법하다고 할 수 있다. 그리고 공무원에 대한 징계처분이 사회통념상 현저하게 타당성을 잃었는지 여부는 구체적인 사례에 따라 직무의 특성, 징계의 원인이 된 비위 사실의 내용과 성질, 징계에 의하여 달성하려고 하는 행정목적, 징계양정의 기준, 특히 금품 수수의 경우는 수수 액수, 수수 경위, 수수 시기, 수수 이후 직무에 영향을 미쳤는지 여부 등 여러 요소를 종합하여 판단할 때 그 징계내용이 객관적으로 명백히 부당하다고 인정할 수 있는 경우라야 한다. 한편, 대략 같은 정도의 비위를 저지른 자들에 대하여 그 구체적인 직무의 특성, 금전 수수의 경우에는 그 액수와 횟수, 의도적·적극적 행위인지 여부, 개전의 정이 있는지 여부 등에 따라

212) 대법원 2008.6.26. 선고 2008두6387 판결

징계의 종류의 선택과 양정에 있어서 차별적으로 취급하는 것은 사안의 성질에 따른 합리적 차별로서 이를 자의적 취급이라고 할 수 없어 평등의 원칙 내지 형평에 반하지 아니한다(대법원 2006. 2. 24. 선고 2005두6447 판결, 대법원 2006. 8. 24. 선고 2006두3865 판결 등 참조)."고 판시하여 기존 판례를 확인하고 있다.

(4) 청렴의무에 위반한 사례

1 교통법규 위반 운전자로부터 1만 원을 받은 경찰공무원(적극)[213)]

교통법규 위반행위를 단속할 권한과 의무를 지고 있는 경찰관(원고)으로서 그 단속의 대상이 되는 위반자에게 먼저 적극적으로 돈을 요구하여 받았고, 다른 사람이 볼 수 없도록 돈을 접어 건네주도록 돈을 건네주는 방법까지 지시하였으며, 원고의 비위행위를 목격하고 원고의 이름과 오토바이 번호를 기록하는 동승자에게 신고하면 오히려 불이익을 입게 될 것이라는 취지로까지 말한 이 사건에 대하여, "사정이 위와 같다면, 비록 원고가 받은 돈이 1만 원에 불과하여 큰 금액이 아니라고 하더라도, 위와 같은 경찰공무원의 금품수수행위에 대하여 엄격한 징계를 가하지 아니할 경우 경찰공무원들이 교통법규 위반행위에 대하여 공평하고 엄정한 단속을 할 것을 기대하기 어렵게 되고, 일반 국민 및 함께 근무하는 경찰관들에게 법 적용의 공평성과 경찰공무원의 청렴의무에 대한 불신을 배양하게 될 것이다. 그러므로 원심이 인정한 바와 같은 정상에 관한 참작 사유들을 고려하더라도 피고가 이 사건 징계사유를 이유로 원고에 대하여 해임처분을 한 것은 원고의 직무의 특성과 비위의 내용 및 성질, 징계양정의 기준, 징계의 목적 등에 비추어 볼 때에 그 징계 내용이 객관적으로 명백히 부당한 것으로서 사회통념상 현저하게 타당성을 잃었다고 할 수는 없을 것이다."고 판시하였다.

2 국민경제를 총괄하는 재정경제원 소속 공무원의 뇌물수수행위[214)]

대법원은 "원심이 인정하지 않은 징계 사유를 제외한 판시 뇌물수수행위만으로도 법 제56조의 성실의무 및 법 제61조의 청렴의무에 위배되어 법 제78조 제1항

213) 대법원 2006.12.21. 선고 2006두16274 판결

214) 대법원 2004. 11. 12. 선고 2002두11813 판결

제1호, 제2호의 징계 사유에 해당한다고 볼 것인데, 국민경제를 총괄하는 재정경제원 소속 공무원인 원고에게는 각종 정책을 통하여 국가경제를 선도하고 수많은 기업과 금융기관을 지도·감독하는 직무의 성질상 강한 사명감과 청렴성의 유지가 요구되는 점에 비추어 보면, 이 사건 금품을 수수한 액수와 경위, 수수 시기, 원고의 평소 근무태도와 포상경력, 개전의 정 등 원심이 인정한 여러 가지 사정을 참작하더라도 원고에 대한 이 사건 해임처분이 사회통념상 현저하게 타당성을 잃을 정도로 원고에게 지나치게 가혹하여 그 재량권의 범위를 일탈·남용한 것이라고 할 수는 없다고 할 것이다."고 판시하였다.

5. 복종의무

1) 복종의무의 개념

복종의 의무는 공무원이 직무를 수행함에 있어 소속 상관의 직무상 명령에 따라야 하는 의무를 의미한다(국가공무원법 제57조, 지방공무원법 제49조). 복종의무는 행정의 계층 질서 보장, 행정의 통일성과 효율성을 보장하기 위하여 인정되는 의무이다.

(1) 소속 상관

소속 상관이란 그 기관이 행정청인지, 보조기관인지의 여부와 관계없이 당해 공무원의 직무에 관하여 지휘·감독권을 가진 모든 자를 의미한다. 서로 상하관계에 있는 상관으로부터 내용상 서로 모순되는 직무명령이 발해진 경우에는 직근 상관의 명령에 복종해야 한다.

(2) 직무명령

직무명령이란 상관이 부하에 대하여 발하는 명령인데, 특별한 규정이 없는 한 문서·구술의 어느 형식에 의하여도 무방하다. 훈령은 상급행정기관이 하급행정기관에 대하여 발하는 것이므로 기관구성자인 공무원의 변동과 관계없이 효력이 지속되는 데 대하여, 직무명령은 수명공무원만 구속하므로 공무원의 변동에 의하여 효력을 상실하게 된다. 직무명령은 행정조직 내부에서만 효력을 가질 뿐 일반국민에 대해서는 아무런 효력도 갖지 못하므로 공무원이 그에 위반하여도 위법하지 않으며, 행위 자체의 효력에는 영향이 없다. 단지 위반행위를 한 공무원의 직무상 의무위반이 문제가 되어 징계 사유가 될 뿐이다.

훈령은 하급기관을 구성하는 공무원에 대해서는 동시에 직무명령으로서의 성질을 가지므로 상관의 훈령에도 복종하여야 한다. 대법원도 "검찰청법 제11조의 위임에 기한 검찰근무규칙(1993. 8. 17. 법무부령 제372호로 개정된 것) 제13조 제1항은, 검찰청의 장이 출장 등의 사유로 근무지를 떠날 때에는 미리 바로 윗 검찰청의 장 및 검찰총장의 승인을 얻어야 한다고 규정하고 있는바, 이는 검찰조직 내부에서 검찰청의 장의 근무수칙을 정한 이른바 행정규칙으로서 검찰청의 장에 대하여 일반적인 구속력을 가지므로, 그 위반행위는 직무상의 의무 위반으로 검사징계법 제2조 제2호의 징계 사유에 해당한다고 할 것이다."라고 함으로써 이를 확인하고 있다.[215]

2) 흠이 있는 상관의 명령과 복종의무

직무명령이 적법하게 성립하고 효력이 제대로 발생하기 위해서는 형식적 요건으로 권한 있는 상관에 의하여 발해질 것, 부하 공무원의 직무에 속하는 사항 일 것, 부하 공무원의 직무상 독립이 보장되는 범위에 관한 것이 아닐 것과 실질적 요

215) 대법원 2001. 8. 24. 선고 2000두7704 판결

건으로 적법·타당하며, 실현 가능하고 명백할 것이 요구된다. 그런데, 상관의 명령이 이런 요건을 결하여 흠이 있는 경우에 복종의무와의 관계가 문제가 된다.

일반적으로 학자들은 부하 공무원은 직무명령의 형식적 요건에 관해서는 심사권을 갖고, 그 요건이 결여된 경우에는 복종을 거부할 수 있다는 데는 의견이 일치되고 있다. 그러나 실질적 요건에 관해서는 심사할 수 있다는 견해(실질적 요건 심사 긍정설)[216]와 없다는 견해(실질적 요건 심사 부정설), 위법성이 명확한 경우에는 심사할 수 있다는 견해(절충설)[217]로 나뉘고 있으며 판례는 절충설의 입장을 따르고 있다.[218] 다수의 견해와 판례는 실질적 요건을 갖추지 못한 직무명령에 대해서는 의견을 진술할 수 있을 뿐 복종을 거부할 수 없다고 하고 있으며, 이 경우에도 직무명령의 내용이 명백하게 범죄를 구성하거나 중대하고 명백한 하자가 있는 경우에는 복종을 거부할 수 있다고 하고 있다. 절충설이 법제도의 취지에서 볼 때 적합하다고 사료된다.

상관의 위법 내지 불법한 명령과 하관의 복종의무와 관련해서 상관명령에의 절대 복종이 불문률로 되어 있는 경우에도 위법명령에 따른 행위가 정당행위 내지 강요된 행위에 해당되지 않는다는 판례가 있다.[219] 이 사안에서 대법원은 "공무원이 그 직무를 수행함에 있어 상관은 하관에 대하여 범죄행위 등 위법한 행위를 하도록 명령할 직권이 없는 것이며, 또한 하관은 소속상관의 적법한 명령에 복종할 의무는 있으나 그 명령이 참고인으로 소환된 사람에게 가혹행위를 가하라는 등과 같이 명백한 위법 내지 불법한 명령인 때에는 이는 벌써 직무상의 지시명령이라 할 수 없으므로 이에 따라야 할 의무는 없다 할 것이고(당원 1980.5.20 선고 80도306 판결 참조), 설령 치안본부 대공수사단 직원은 상관의 명령에 절대 복종하여야 한다는 것이 그 주장과 같이 불문률로 되어있다 할지라도, 국민의 기본권인 신체의 자유를 침해하는 고문행위 등이 금지되어 있는 우리의 국법질서에 비추어 볼 때 그와 같은 불문률이 있다는 점만으로는 이 사건 판시 범죄와 같이 중대하고도 명백한 위법명령에 따른 행위가 정당한 행위에 해당하거나 강요된 행위로서

216) 김동희, 《행정법 II》, 박영사, 2016, p.168
217) 박균성, 《행정법강의》, 박영사, 2016, p.1077., 김향기, 《행정법개론》, 탑북스, 2016, p.827.
218) 박균성, 《행정법강의》, 박영사, 2016, p.1077.
219) 대법원 1988.2.23. 선고 87도2358 판결

적법행위에 대한 기대 가능성이 없는 경우에 해당하게 되는 것이라고는 볼 수 없고 더우기 일건 기록에 비추어 볼 때 위와 같은 위법한 명령이 피고인들이 저항할 수 없는 폭력이나 방어할 방법이 없는 협박에 상당한 것이라고 인정되지 않을 뿐 아니라 같은 피고인들이 그 당시 그와 같은 위법한 명령을 거부할 수 없는 특별한 상황에 있었기 때문에 적법행위를 기대할 수 없었다고 볼만한 아무런 자료도 찾아볼 수 없다."는 취지로 명백한 위법 내지 불법한 명령인 때에는 이는 벌써 직무상의 지시명령이라 할 수 없으므로 이에 따라야 할 의무는 없다는 점을 재확인하고 있다.

3) 복종의 의무에 관한 사례

(1) 감사협조의무에 관한 법령상 의무 위반

감사 대상 시·도교육청 소속 공무원이 교육부장관이나 감사활동 수행자의 감사활동에 협조할 의무를 부담하는지 여부 및 시·도교육청 소속 공무원이 이러한 법령상 의무를 위반하여 감사를 거부한 행위가 징계 사유를 구성하는지 여부에 관하여, 대법원은 감사 절차에 관한 국가공무원법 제56조, 지방자치법 제167조, 제171조, 제171조의2, 구 지방자치단체에 대한 행정감사규정(2013. 3. 23. 대통령령 제24425호로 개정되기 전의 것) 제11조 제1항 제1호, 제2호, 제3항, 제12조 제1항, 제2항, 제3항의 규정 내용, 형식 및 입법 취지 등을 고려할 때, 감사대상 시·도교육청 소속 공무원은 교육부장관이나 감사활동 수행자의 감사활동에 협조할 의무를 부담한다. 따라서 징계대상자들이 이러한 법령상 의무를 위반하여 감사를 거부한 행위는 징계 사유를 구성한다[220]고 해석하고 있다.

220) 대법원 2015.9.10. 선고 2013추517 판결

(2) 직무명령이 유효하게 성립하기 위한 요건

검찰총장이 검사에 대한 비리 혐의를 내사하는 과정에서 해당 검사에게 참고인과 대질신문을 받도록 담당부서에 출석할 것을 지시한 경우, 검찰총장의 그 출석명령이 그 검사에게 복종의무를 발생시키는 직무상의 명령에 해당하는지 여부에 대한 사례가 있다.[221)]

이 사안에서 대법원은 "상급자가 하급자에게 발하는 직무상의 명령이 유효하게 성립하기 위하여는 상급자가 하급자의 직무 범위 내에 속하는 사항에 대하여 발하는 명령이어야 하는 것인바, 검찰총장이 검사에 대한 비리 혐의를 내사하는 과정에서 해당 검사에게 참고인과 대질신문을 받도록 담당부서에 출석할 것을 지시한 경우, 검찰총장의 위 출석명령은 "검찰총장은 대검찰청의 사무를 맡아 처리하고 검찰사무를 통할하며 검찰청의 공무원을 지휘·감독한다."고 규정한 검찰청법 제12조 제2항을 근거로 하고 있으나, 위 규정은 검찰총장이 직무상의 명령을 발할 수 있는 일반적인 근거 규정에 불과하고, 구체적으로 그러한 직무상의 명령이 유효하게 성립하기 위해서는 하급자인 그 검사의 직무 범위 내에 속하는 사항을 대상으로 하여야 할 것인데, 그 검사가 대질신문을 받기 위하여 대검찰청에 출석하는 행위는 검찰청법 제4조 제1항에서 규정하고 있는 검사의 고유한 직무인 검찰사무에 속하지 아니할 뿐만 아니라, 또한 그 검사가 소속 검찰청의 구성원으로서 맡아 처리하는 이른바 검찰행정사무에 속한다고 볼 수도 없는 것이고, 따라서 위 출석명령은 그 검사의 직무 범위 내에 속하지 아니하는 사항을 대상으로 한 것이므로 그 검사에게 복종의무를 발생시키는 직무상의 명령이라고 볼 수는 없다."고 해석하고 있다.

(3) 상관의 위법한 명령에 대한 하관의 복종의무

이와 관련하여 대법원은 "공무원이 그 직무를 수행함에 즈음하여 상관은 하관

221) 대법원 2001. 8. 24. 선고 2000두7704 판결

에 대하여 범죄행위 등 위법한 행위를 하도록 명령할 직권이 없는 것이며, 또한 하관은 소속 상관의 적법한 명령에 복종할 의무는 있으나 그 명령이 대통령 선거를 앞두고 특정 후보에 대하여 반대하는 여론을 조성할 목적으로 확인되지도 않은 허위의 사실을 담은 책자를 발간·배포하거나 기사를 게재하도록 하라는 것과 같이 명백히 위법 내지 불법한 명령인 때에는 이는 벌써 직무상의 지시명령이라 할 수 없으므로 이에 따라야 할 의무가 없다."[222]고 해석하고 있다.

(4) '음주운전금지'라는 직무명령상 '음주운전'의 개념

혈중 알코올 농도 0.039% 상태에서 운전한 경찰공무원에 대하여 '음주운전금지'라는 직무상 명령에 위반한 것으로 보아 감봉 1월의 징계처분을 한 것은 재량권의 한계를 넘어 위법하다고 한 사례가 있다.[223]

법원은 직무명령상 '음주운전'의 개념과 관련하여 "원고가 '음주운전금지'라는 직무상 명령에 위반하였는지에 대해 먼저 살피건대, 원고의 위 행위 당시까지 발해진 피고의 직무상 명령에는 음주운전에 대한 명확한 정의가 보이지 아니하고(을 4호증의 2 참조), 한편 도로교통법은 혈중 알코올 농도가 0.05% 이상인 상태에서 운전하는 경우를 음주운전으로 규정하여 이를 금지하고 있으므로(도로교통법 제41조 제1, 4항, 같은 법 시행령 제31조), 위 직무명령상 '음주운전'이란 반드시 알코올성분을 조금이라도 섭취한 후 자동차를 운전하는 모든 경우를 가리키는 것이라고 단정할 수 없고, 오히려 이는 법률상 용어로서 혈중 알코올 농도 0.05% 이상인 상태에서 운전하는 경우를 의미한다고 해석함이 상당할 것이다(특히 평소 법을 집행하는 경찰공무원인 원고는 그렇게 인식하였을 개연성이 크다)"라고 해석하고 있다.

이와 같은 관점에서 "위 도로교통법상 음주운전보다 엄격한 알코올 농도 기준을 정하여 경찰공무원들에게 조금이라도 혈중 알코올 농도가 나타날 수 있는 상태에서의 운전을 일체 금지하는 직무상 명령을 적법하게 발할 수 있을 것이고, 원고 역시 그 내용을 인식하고도 직무상 명령에 위반하였다고 볼 여지도 있지만, 이 사

222) 대법원 1999. 4. 23. 선고 99도636 판결

223) 인천지법 2006.8.17. 선고 2006구합1504 판결 : 확정【감봉처분취소】

건의 경우는 우선 앞에서 본 바와 같이 직무명령상 금지되는 음주운전의 정의가 명확치 아니할 뿐만 아니라, 혈중 알코올은 반드시 음주에 의한 것이 아니라 일반적으로 음식에 포함된 알코올의 섭취에 의하여도 나타날 수 있으며, 체질에 따라 음주 후 상당한 시간이 경과한 후에도 잔류할 수 있는 등 직무명령의 금지 범위가 그 자체로 불명료함을 피할 수 없는 만큼, 원고가 0.039% 정도의 혈중 알코올 농도의 상태로 운전한 행위에 대하여 이 사건 처분을 함은 지나치게 가혹하여 재량권의 한계를 넘은 것이라 할 것이다.(원고는 경사 승진 대상이었으나 이 사건 처분으로 그 기회를 12개월간 박탈당하는 불이익을 받았던 것으로 보인다)"라고 판시하였다.

최근에는 음주운전에 대한 사회적 비난이 가중되어 도로교통법의 음주운전 기준을 0.03%로 낮추어야 한다는 논의가 있다. 만약 기준이 0.03%로 낮아진다면, 혈중 알코올 농도가 0.039%인 위의 사례는 직무명령을 위반한 것이 될 것이다.

(5) 교사가 법률상 허용되지 아니하는 목적을 위한 집회에 참석하지 말라는 학교장의 명령에 복종하지 아니한 것(적극)[224]

전국교직원노동조합(이하 '전교조'라고 한다)의 결성을 위한 서울교사전진대회와 발기인대회 및 준비위원회 결성대회에 주도적으로 참석하여 집단적 행위를 한 것은 노동조합의 결성을 위한 준비행위로서 국가공무원법 제66조 제1항 본문에 규정된 노동운동에 해당하고, 교육과 교원의 특수성을 감안하더라도 법률상 허용되지 아니하는 목적을 위한 집회에 참석하지 말라는 학교장의 교사에 대한 명령은 감독자의 지위에서 교육에 전심전력하여야 할 교원에게 발하여지는 정당한 직무상의 명령이라 할 것이므로 교사가 이에 복종하지 아니하였음은 같은 법 제57조 소정의 복종의 의무를 위반한 것이라는 취지의 사례가 있다.

224) 대법원 1992.6.26. 선고 91누11780 판결

(6) 교도관의 점검사항 중 교도수첩과 비상준비금의 휴대 의무와 점검에 응할 의무를 부과한 교도관점검규칙이 헌법이나 법률에 위반한다고 하여 점검 참석을 거부한 경우(적극)[225]

대전교도소에서 정복교도관으로 근무 중인 원고가 행형법 제7조에 따라 제정된 교도관직무규칙(1991. 3. 14. 법무부령 제348호로 개정된 후의 것)과 교도관점검규칙(1984. 5. 17. 법무부령 제261호에 의하여 개정된 후의 것)에 의하여 행하여지는 교도관의 점검사항 중 교도수첩과 비상준비금의 점검은 그 합리성과 필요성이 없고 오히려 헌법이 보장하는 개인의 사생활의 자유를 침해하는 것이라고 하면서 1994. 6. 17. 및 같은 달 20. 아침 점검과 훈련에 불참하였을 뿐만 아니라, 배치교위 및 당직교감이 그 점검의 합법성을 교육하면서 점검 참석을 지시하였으나 이마저도 거부하였다.

이에 대하여 대법원은 원심이 "원고의 이와 같은 행위는 국가공무원법 제56조 및 제57조의 공무원으로서의 성실의무 및 복종의무에 위반된다는 이유로 정직 1개월의 이 사건 처분을 한 사실 등을 확정한 다음, 행형법, 교도관직무규칙, 교도관점검규칙과 업무일지 및 교정수첩관리지침 등 관련 규정에 의하면, 근무자세 점검에 있어 원고가 휴대하고 다녀야 할 교도수첩은 위 관리지침에 따라 지급되고 있고, 그 곳에는 계호준칙 및 교도 관련 법령이 게재되어 있을 뿐만 아니라, 법무부 지시공문 기타 상관의 교육 및 지시사항 등을 적도록 되어 있는 메모지가 있어 이를 활용하여 교도관으로서의 자세를 확립하고 그 근무내용을 숙지하도록 하기 위하여 교정공무원의 직무의 특수성 때문에 필요하여 그 휴대를 강제하는 것이고, 비상준비금의 경우도 업무수행 중 예견되는 재소자의 도주 사고, 응급환자 발생 등의 돌발적인 사태의 발생 시에 필요한 교통비 등 긴급한 상황에 신속히 대처하기 위한 필요성에 의하여 비상준비금을 항상 휴대하도록 의무화한 것임에 비추어 볼 때, 원고에게 교도수첩 및 비상준비금의 휴대 의무와 점검에 응할 의무를 부과한 위 교도관점검규칙이 개인의 사생활의 자유를 보장한 헌법이나 법률에 위

225) 대법원 1996. 4. 12. 선고 95누5752 판결

반되어 무효라고 볼 수는 없다고 판단하였는 바, 이를 관련 규정 및 기록에 비추어 살펴보면, 원심의 위와 같은 판단은 옳다."고 해석하고 있다.

6. 결어

세계적인 금융위기가 실물경제로 전이되고, 석유가격 하락으로 석유 수출국을 비롯한 세계 각국들이 경기 침체에 진입하였다. 수출 중심인 우리 경제도 영향을 받아서 경제 성장과 고용·수출은 위축되고 경제적 위기 상황은 지속되고 있다. 이러한 국가적 위기 상황 극복을 위해서는 공무원이 보다 적극적인 행정을 하여야 한다. 감사원에서도 당면한 경제 위기 극복과 공직활력 회복 등을 위하여 '적극행정 면책제도'를 도입하고, 감사원법(제34조의3)에 적극행정 면책제도를 법제화하였으며, 종전 훈령으로 운영하던 것을 「적극행정면책 등 감사 소명제도의 운영에 관한 규칙」으로 승격하여 운영하는 것은 이런 시대적 요구에 부응한 것이라고 보여진다.

공무원이 본연의 의무를 제대로 이행하는 것이 적극행정이 되는 것이라는 관점에서 공무원의 의무에 관한 연구를 하였다. 공무원의 의무위반행위는 징계·변상 등 책임의 근거가 되므로 공무원의 국민에 대한 봉사자로서의 의무를 구체화한 공무원법상의 공무원의 의무를 명확하게 공무원에게 제시할 필요가 있다. 그런데 관련 법규를 해석해 보면 공무원에게 요구되는 의무에 대한 정의가 명확하지가 않은 경우가 많다. 이러한 부분을 명확하게 하기위해 불명확한 개념을 중심으로 관련 판례를 분석하여 해당 의무의 내용이 무엇인지를 명확히 하는데 중점을 두었다.

성실의무는 최대한으로 공공의 이익을 도모하고 그 불이익을 방지하기 위해 전 인격과 양심을 바쳐서 성실히 직무를 수행할 의무를 의미한다. 성실의 의무는 공무원의 국민 전체에 대한 봉사자로서의 지위에서 도출되는 공무원의 모든 의무의 원천이 되는 기본 의무로서, 각종의 직무상 의무 등도 여기에서 나오는 것이다. 국가공무원법상 공무원의 성실의무의 적용 범위는 행위의 적법성 여부와 별도로 경우에 따라서는 근무시간 외에 근무지 밖에까지도 미치는 경우가 있다. 윤리성이 강한 측면이 있지만 공무원법상의 의무를 의미하며, 단순한 도덕적인 의무와는 구분되는 징계책임의 원인이 되는 법적의무인 것이다. 어느 정도의 불성실한 행위가 도덕적 차원을 넘는 법적의무 위반에 해당하는 가를 구분하기 위하여 판례를 분석하였다. 사소한 형식의 차이가 있으나 내용에 차이가 없는 경우나 실무자의 조사복명서에 기하여 건축허가를 한 경우 등은 성실의무 위반이 아니며, 담당공무원의 서류 검토만 믿고 주무계장과 과장의 검토를 생략하고 한 행위, 서류 내용의 충분한 검토 및 실지조사 없이 고액의 세금을 환급받게 한 세무공무원, 토지의 형질 변경을 허가하여서는 아니 될 지역임에도 불구하고 같은 시 주택과장이 가능한 지역이라고 기안하도록 하여 주택건설사업계획 허가신청자에게 형질 변경이 허가되도록 한 것 등은 위반행위로 인정되었다.

품위유지의무는 직무 내에서뿐만 아니라 직무 외의 사생활에서도 적용되지만 공직의 위신, 체면, 신용에 손상을 가하지 않는 공무원의 단순한 사생활의 문제와는 구분해야 한다. '품위'란 주권자인 국민의 수임자로서의 직책을 맡아 수행해 나가기에 손색이 없는 인품을 말하며, 공직자의 위신, 체면, 신용에 손상을 가하는 일체의 행위가 품위손상행위이다. 동료 여직원의 의사에 반하여 성관계를 요구하다가 그 직원에게 상해를 입히고 강간치상죄로 형사소추까지 당하게 된 직원, 여객에 의해 습득 신고 된 유실물을 보관하면서 그 내용물의 일부를 횡령한 역무원, 불륜 관계가 있는 것으로 의심할 만한 행위를 한 교사, 영관급 장교의 비인격적, 비윤리적인 처신으로 말미암은 사실혼 관계의 파탄, 사통하던 여자와 싸우다가 상해를 가하여 고소를 당하고 상관의 허가 없이 직장을 이탈한 경찰관, 내연관계로 인한 물의를 일으키고, 휴무일을 이용하여 주민들과 도박을 하는 등의 행위 등의 사례가 품위손상행위로 인정되었다.

청렴의무도 넓게는 경제적 측면에서 본 품위유지의무의 내용이 되나, 현행법은 별도로 규정하고 있다. 청렴의 의무를 별도로 규정한 취지는 공무원이 직무에 관하여 사전에 부정한 청탁을 받고 직무상 부정행위를 하는 것을 방지하려는 데에 그치는 것이 아니고, 사전에 부정한 청탁이 있었는지의 여부나 금품 수수의 시기 등을 가릴 것 없이 공무원의 직무와 관련한 금품 수수 행위를 방지하여 공무원의 순결성과 직무행위에 대한 불가매수성을 보호하고 공무원의 직무 집행의 적정을 보장하려는 데에 있는 것이다. 청렴의무 위반은 현행법상 징계뿐만 아니라 직무 관련성 대가성 등이 인정되면 형사상 뇌물죄를 구성할 수 있으며, 수뢰금액에 따라서는 「특정범죄 가중처벌 등에 관한 법률」에 의한 가중처벌의 대상이 된다. 수뢰금액에 따라서 차별을 두는 징계양정은 대략 같은 정도의 비위를 저지른 자들에 대하여 그 구체적인 직무의 특성, 금전 수수의 경우에는 그 액수와 횟수, 의도적·적극적 행위인지 여부, 개전의 정이 있는지 여부 등에 따라 차별적으로 취급하는 것이므로 사안의 성질에 따른 합리적 차별로서 평등의 원칙 내지 형평에 반하지 않는다. 청렴의무에 위반한 사례로는 교통법규 위반 운전자로부터 1만 원을 받은 경찰공무원, 국민경제를 총괄하는 재정경제원 소속 공무원의 뇌물수수행위 등의 사례가 있다.

복종의무는 행정의 계층 질서 보장, 행정의 통일성과 효율성을 보장하기 위하여 인정되는 의무이다. 행정행위가 적법 요건을 결하여 흠 있는 행정행위가 된 경우의 문제점과 마찬가지로 복종의무와 관련해서도 흠 있는 상관의 직무명령에도 복종해야 하는 것인가 하는 문제점이 있다. 행정처분과 마찬가지로 직무명령도 적법하게 성립하고 효력이 제대로 발생하기 위해서는 형식적 요건으로 권한 있는 상관에 의하여 발해질 것, 부하공무원의 직무에 속하는 사항 일 것, 부하공무원의 직무상 독립이 보장되는 범위에 관한 것이 아닐 것과 실질적 요건으로 적법·타당하며, 실현 가능하고 명백할 것이 요구된다. 그런데, 상관의 명령이 이런 요건을 결하여 흠이 있는 경우에 복종의무와의 관계가 문제가 된다. 이 경우에 부하공무원은 직무명령의 형식적 요건에 관해서는 심사권을 갖고, 그 요건이 결여된 경우에는 복종을 거부할 수 있으며, 실질적 요건에 관해서는 위법성이 명확한 경우에는 심사할 수 있다. 판례도 같은 입장을 따르고 있다. 이와 관련해서, 명백히 위법 내지 불법한 명령인 때에는 이는 벌써 직무상의 지시명령이라 할 수 없으므로 이에 따라야 할 의무가 없다는 판례와 상관의 위법 내지 불법한 명령과 하관의 복종의무와 관련해서 상관명령에의 절대 복종이 불문률로 되어 있는 경우에도 위법명령에 따른 행위가 정당행위 내지 강요된 행위에 해당되지 않는다는 판례가 있다.

변상 및 징계 관련 법규

APPENDIX

APPENDIX

변상 및 징계 관련 법규

「감사원법」 중 변상 관련 규정

[시행 2015.8.4.] [법률 제13204호, 2015.2.3., 일부개정]

제11조(의장 및 의결) ① 감사위원회의는 원장을 포함한 감사위원 전원으로 구성하며, 원장이 의장이 된다.

② 감사위원회의는 재적 감사위원 과반수의 찬성으로 의결한다.

[전문개정 2009.1.30.]

제12조(의결사항) ① 다음 각 호의 사항은 감사위원회의에서 결정한다.

1. 감사원의 감사정책 및 주요 감사계획에 관한 사항
2. 제21조에 따른 결산의 확인에 관한 사항
3. 제31조에 따른 변상책임의 판정에 관한 사항
4. 제32조에 따른 징계 및 문책 처분의 요구에 관한 사항
5. 제33조에 따른 시정 등의 요구에 관한 사항
6. 제34조에 따른 개선 요구에 관한 사항
7. 제34조의2 제1항에 따른 권고 등에 관한 사항
8. 제36조·제38조 및 제39조에 따른 재심의에 관한 사항
9. 제41조에 따른 결산검사보고 및 제42조에 따른 수시보고(隨時報告)에 관한 사항

10. 제46조에 따른 심사청구결정에 관한 사항
11. 제49조에 따른 의견 표시 등에 관한 사항
12. 감사원규칙의 제정 및 개정·폐지에 관한 사항
13. 감사원의 예산 요구 및 결산에 관한 사항
14. 제28조에 따른 감사의 생략에 관한 사항
15. 제50조의2에 따른 감사사무의 대행에 관한 사항
16. 그 밖에 원장이 회의에 부친 사항

② 제1항 제5호·제7호·제8호·제10호 및 제11호의 사항 중 경미한 것으로서 감사원규칙으로 정하는 사항은 원장이 처리한다.

[전문개정 2009.1.30.]

제12조의2(분과위원회 등) ① 감사위원회의에는 분과위원회 및 소위원회를 둘 수 있다.

② 제1항에 따른 분과위원회 및 소위원회의 구성과 운영에 관한 사항은 감사원규칙으로 정한다.

[전문개정 2009.1.30.]

제13조(의안의 작성 등) ① 사무총장은 원장의 명을 받아 의안(議案)을 작성하고 감사위원회의에 출석하여 의안을 설명하고 의견을 진술하며 회의에 관한 사무를 처리한다.

② 의안과 관계있는 직원은 감사위원회의의 승인을 받아 감사위원회의에 출석하여 의견을 진술할 수 있다.

[전문개정 2009.1.30.]

제13조의2(관계인의 진술권) 감사위원회의는 제12조 제1항 제3호 및 제8호의 사항을 심의하려는 경우에는 감사원규칙으로 정하는 바에 따라 상대방 및 그 밖의 관계인에게 서면, 전자문서 또는 구술로 의견을 진술할 기회를 주어야 한다.

[전문개정 2009.1.30.]

제14조(증인과 감정인) ① 감사위원회의는 심의에 필요하다고 인정하면 관계인 또는 증인을 출석시켜 신문(訊問)할 수 있으며, 학식·경험이 있는 자에게 감정(鑑定)을 위촉할 수 있다.

② 제1항의 증인 또는 감정인에 관하여는 「형사소송법」 제1편 제12장 및 제13장을 각각 준용한다. 다만, 같은 법 제151조와 구인(拘引)에 관한 규정은 준용하지 아니한다.

[전문개정 2009.1.30.]

제15조(감사위원의 제척) ① 감사위원은 다음 각 호의 사항에 관한 심의에 관여할 수 없다.

1. 자기와 관계있는 사항
2. 친족관계가 있거나 이러한 관계가 있었던 사람과 관계있는 사항
3. 감사위원이 해당 안건과 관계있는 사람의 증인 또는 감정인으로 된 사항
4. 감사위원이 감사위원으로 임명되기 전에 조사 또는 검사에 관여한 사항

② 감사위원이 탄핵소추의 의결을 받았거나 형사재판에 계속(係屬)되었을 때에는 그 탄핵의 결정 또는 재판이 확정될 때까지 그 권한 행사가 정지된다.

[전문개정 2009.1.30.]

제31조(변상책임의 판정 등) ① 감사원은 감사 결과에 따라 따로 법률에서 정하는 바에 따라 회계관계직원 등(제23조제7호에 해당하는 자 중 제22조 제1항 제3호 및 제4호 또는 제23조 제1호부터 제6호까지 및 제8호부터 제10호까지에 해당하지 아니한 자의 소속 직원은 제외한다)에 대한 변상책임의 유무를 심리(審理)하고 판정한다.

② 감사원은 제1항에 따라 변상책임이 있다고 판정하면 변상책임자, 변상액 및 변상의 이유를 분명히 밝힌 변상판정서를 소속 장관(국가기관만 해당한다. 이하 같다), 감독기관의 장(국가기관 외의 경우에만 해당한다. 이하 같다) 또는 해당 기관의 장(소속 장관 또는 감독기관의 장이 없거나 분명하지 아니한 경우에만 해당한다. 이하 같다)에게 송부하여야 한다.

③ 제2항의 변상판정서를 받은 소속 장관, 감독기관의 장 또는 해당 기관의 장

은 그 송부를 받은 날부터 20일 이내에 변상판정서를 해당 변상책임자에게 교부하여 감사원이 정한 날까지 변상하게 하여야 한다.

④ 변상책임자가 다음 각 호의 어느 하나에 해당하는 경우에는 변상판정서를 받은 소속 장관, 감독기관의 장 또는 해당 기관의 장은 감사원규칙으로 정하는 바에 따라 공고하여야 하며, 그 공고한 날부터 10일이 지나면 변상판정서가 송달된 것으로 본다.

1. 변상책임자가 판정문서의 수령을 거부하였을 때
2. 변상책임자의 주소 또는 거소가 분명하지 아니하거나 변상책임자가 국내에 있지 아니한 때

⑤ 변상책임자가 감사원이 정한 날까지 변상의 책임을 이행하지 아니하였을 때에는 소속 장관 또는 감독기관의 장은 관계 세무서장에게 위탁하여 「국세징수법」 중 체납처분의 규정을 준용하여 이를 집행한다.

⑥ 제5항의 위탁을 받은 세무서장이 그 사무를 집행할 때에는 제5항의 소속 장관 또는 감독기관의 장의 감독을 받는다.

⑦ 소속 장관 또는 감독기관의 장이 없거나 분명하지 아니한 경우에는 원장이 제5항에 따른 권한을 행사하며, 제6항에 따른 세무서장에 대한 감독을 한다.

[전문개정 2009.1.30.]

제34조의3(적극행정에 대한 면책) ① 감사원 감사를 받는 사람이 불합리한 규제의 개선 등 공공의 이익을 위하여 업무를 적극적으로 처리한 결과에 대하여 그의 행위에 고의나 중대한 과실이 없는 경우에는 이 법에 따른 징계 요구 또는 문책 요구 등 책임을 묻지 아니한다.

② 제1항에 따른 면책의 구체적인 기준, 운영 절차, 그 밖에 필요한 사항은 감사원규칙으로 정한다.

[본조신설 2015.2.3.]

제36조(재심의 청구) ① 제31조에 따른 변상 판정에 대하여 위법 또는 부당하다고 인정하는 본인, 소속 장관, 감독기관의 장 또는 해당 기관의 장은 변상판정서

가 도달한 날부터 3개월 이내에 감사원에 재심의를 청구할 수 있다.

② 감사원으로부터 제32조, 제33조 및 제34조에 따른 처분을 요구받은 소속 장관, 임용권자나 임용제청권자, 감독기관의 장 또는 해당 기관의 장은 그 요구가 위법 또는 부당하다고 인정할 때에는 그 요구를 받은 날부터 1개월 이내에 감사원에 재심의를 청구할 수 있다.

③ 제1항에 따른 변상 판정에 대한 재심의 청구는 집행정지의 효력이 없다.

[전문개정 2009.1.30.]

제37조(재심의 청구의 방법) ① 재심의를 청구할 때에는 재심의청구서에 의하여 한다.

② 제1항의 청구서에는 청구의 내용과 그 이유를 명백히 하고 계산서 및 증거서류 등을 첨부하여 감사원에 제출하여야 한다.

[전문개정 2009.1.30.]

제38조(재심의 청구의 처리) ① 감사원은 재심의 청구가 필요한 요건을 갖추지 못하였을 때에는 이를 각하한다.

② 감사원은 재심의 청구가 이유 없다고 인정하면 이를 기각하고 재심의 청구가 이유 있다고 인정하면 원처분의 요구를 취소하거나 그 내용을 변경한다.

③ 감사원이 재심의 청구를 수리(受理)하였을 때에는 특별한 사유가 없으면 수리한 날부터 2개월 이내에 처리하여야 한다.

[전문개정 2009.1.30.]

제39조(직권 재심의) 감사원은 판정을 한 날부터 2년 이내에 계산서 및 증거서류 등의 오류·누락 등으로 그 판정이 위법 또는 부당함을 발견하였을 때에는 이를 직권으로 재심의할 수 있다.

[전문개정 2009.1.30.]

제40조(재심의의 효력) ① 청구에 따라 재심의한 사건에 대하여는 또다시 재심

의를 청구할 수 없다. 다만, 감사원이 직권으로 재심의한 것에 대하여는 재심의를 청구할 수 있다.

② 감사원의 재심의 판결에 대하여는 감사원을 당사자로 하여 행정소송을 제기할 수 있다. 다만, 그 효력을 정지하는 가처분결정은 할 수 없다.

[전문개정 2009.1.30.]

회계관계직원 등의 책임에 관한 법률

[시행 2014.11.29.] [법률 제12687호, 2014.5.28., 타법개정]

제1조(목적) 이 법은 회계관계직원 등의 책임을 명확히 하고 법령이나 그 밖의 관계 규정 및 예산에 정하여진 바를 위반하는 회계관계행위를 방지함으로써 국가, 지방자치단체, 그 밖에 감사원의 감사를 받는 단체 등이 회계사무를 적정하게 집행하게 하는 것을 목적으로 한다.

[전문개정 2009.3.25.]

제2조(정의) 이 법에서 '회계관계직원'이란 다음 각 호의 어느 하나에 해당하는 사람을 말한다. 〈개정 2014.5.28.〉

1. 「국가재정법」, 「국가회계법」, 「국고금관리법」 등 국가의 예산 및 회계에 관계되는 사항을 정한 법령에 따라 국가의 회계사무를 집행하는 사람으로서 다음 각 목의 어느 하나에 해당하는 사람

가. 수입징수관, 재무관, 지출관, 계약관 및 현금출납 공무원

나. 유가증권 취급 공무원

다. 선사용자금출납명령관

라. 기금의 회계사무를 처리하는 사람

마. 채권관리관

바. 물품관리관, 물품운용관, 물품출납 공무원 및 물품 사용 공무원

사. 재산관리관
아. 국세환급금의 지급을 명하는 공무원
자. 관세환급금의 지급을 명하는 공무원
차. 회계책임관
카. 그 밖에 국가의 회계사무를 처리하는 사람
타. 가목부터 카목까지에 규정된 사람의 대리자, 분임자(分任者) 또는 분임자의 대리자

2. 「지방재정법」 등 지방자치단체의 예산 및 회계에 관계되는 사항을 정한 법령에 따라 지방자치단체의 회계사무를 집행하는 사람으로서 다음 각 목의 어느 하나에 해당하는 사람
가. 징수관, 재무관, 지출원, 출납원, 물품관리관 및 물품 사용 공무원
나. 가목에 규정되지 아니한 사람으로서 제1호 각 목에 규정된 사람이 집행하는 회계사무에 준하는 사무를 처리하는 사람

3. 「감사원법」에 따라 감사원의 감사를 받는 단체 등의 회계사무를 집행하는 사람으로서 다음 각 목의 어느 하나에 해당하는 사람
가. 관계 법령, 정관, 사규(社規) 등에 규정된 사람
나. 관계 법령, 정관, 사규 등에 따라 임명된 사람
다. 가목 또는 나목의 대리자, 분임자 또는 분임자의 대리자

4. 제1호부터 제3호까지에 규정된 사람의 보조자로서 그 회계사무의 일부를 처리하는 사람

[전문개정 2009.3.25.]

제3조(회계관계직원의 의무) 회계관계직원은 법령, 그 밖의 관계 규정 및 예산에 정하여진 바에 따라 성실하게 직무를 수행하여야 한다.

[전문개정 2009.3.25.]

제4조(회계관계직원의 변상책임) ① 회계관계직원은 고의 또는 중대한 과실로 법령이나 그 밖의 관계 규정 및 예산에 정하여진 바를 위반하여 국가, 지방자치단체, 그 밖

에 감사원의 감사를 받는 단체 등의 재산에 손해를 끼친 경우에는 변상할 책임이 있다.

② 현금 또는 물품을 출납·보관하는 회계관계직원은 선량한 관리자로서의 주의를 게을리하여 그가 보관하는 현금 또는 물품이 망실(亡失)되거나 훼손(毁損)된 경우에는 변상할 책임이 있다.

③ 제2항의 경우 현금 또는 물품을 출납·보관하는 회계관계직원은 스스로 사무를 집행하지 아니한 것을 이유로 그 책임을 면할 수 없다.

④ 제1항 및 제2항의 경우 그 손해가 2명 이상의 회계관계직원의 행위로 인하여 발생한 경우에는 각자의 행위가 손해 발생에 미친 정도에 따라 각각 변상책임을 진다. 이 경우 손해 발생에 미친 정도가 분명하지 아니하면 그 정도가 같은 것으로 본다.

[전문개정 2009.3.25.]

제5조(변상금액의 감면) 감사원은 「감사원법」 제31조에 따라 변상금액을 정할 때 다음 각 호의 어느 하나에 해당하는 사유가 있는 경우에는 그 금액의 전부 또는 일부를 감면할 수 있다. 다만, 그 손해가 고의에 의하여 발생한 경우에는 감면하지 아니한다.

1. 국가, 지방자치단체, 그 밖에 감사원의 감사를 받는 단체 등이 손해의 발생 및 확대를 방지하지 못한 데에 일부 책임이 있다고 인정되는 경우
2. 회계관계직원의 회계사무의 집행 내용, 손해 발생의 원인, 회계관계직원의 과실이 손해 발생에 미친 정도, 손해의 확대를 방지하기 위하여 한 노력 등 모든 정황으로 미루어 보아 해당 회계관계직원에게 손해액 전부를 변상하게 하는 것이 적절하지 아니하다고 인정되는 경우
3. 회계관계직원이 평소 예산의 절약이나 회계질서의 확립에 기여한 사실이 있는 경우

[전문개정 2009.3.25.]

제6조(감사원의 판정 전의 회계관계직원의 변상책임) ① 다음 각 호의 어느 하나에 해당하는 사람은 회계관계직원이 제4조에 따른 변상책임이 있다고 인정되는 경우에

는 감사원이 판정하기 전이라도 해당 회계관계직원에 대하여 변상을 명할 수 있다.

1. 중앙관서의 장(「국가재정법」 제6조에 따른 중앙관서의 장을 말한다. 이하 같다)
2. 지방자치단체의 장
3. 감독기관(국가기관이나 지방자치단체의 기관이 아닌 경우만 해당한다. 이하 같다)의 장
4. 해당 기관(국가기관이나 지방자치단체의 기관이 아닌 경우로서 감독기관이 없거나 분명하지 아니한 경우만 해당한다. 이하 같다)의 장

② 제1항의 경우 중앙관서의 장, 지방자치단체의 장 또는 감독기관의 장은 필요하다고 인정되면 대통령령으로 정하는 바에 따라 기관별·직위별로 위임 한도액의 범위에서 해당 기관 또는 직위에 있는 사람에게 변상명령의 조치를 하게 할 수 있다.

③ 제1항 또는 제2항에 따라 변상명령을 받은 회계관계직원은 이의가 있으면 감사원장이 정하는 판정청구서에 의하여 감사원에 판정을 청구할 수 있다.

④ 제1항 또는 제2항에 따라 변상명령을 한 자는 감사원이 해당 회계관계직원에 대하여 변상의 책임이 없다고 판정하거나 제5조에 따라 변상금액을 감면한 경우에는 회계관계직원이 이미 낸 변상금의 전부 또는 그 차액을 지체 없이 반환하여야 한다.

⑤ 감사원의 판정에 따른 변상명령서나 제1항 또는 제2항에 따른 변상명령서가 해당 회계관계직원에게 송달된 때에는 시효중단의 효력이 있다.

[전문개정 2009.3.25.]

제7조(중앙관서의 장 등의 통지의무) 중앙관서의 장, 지방자치단체의 장, 감독기관의 장 또는 해당 기관의 장은 제4조 제1항 또는 제2항에 따른 변상책임이 있는 손해가 발생한 경우에는 지체 없이 기획재정부 장관과 감사원에 알려야 한다.

[전문개정 2009.3.25.]

제8조(위법한 회계관계행위를 지시 또는 요구한 상급자의 책임) ① 회계관계직원의 상급자가 회계관계직원에게 법령이나 그 밖의 관계 규정 및 예산에 정하여진

바를 위반하는 회계관계행위를 지시하거나 요구함으로써 그에 따른 회계관계행위로 인하여 변상의 책임이 있는 손해가 발생한 경우에는 그 상급자는 회계관계직원과 연대하여 제4조에 따른 변상의 책임을 진다.

② 회계관계직원은 상급자로부터 법령이나 그 밖의 관계 규정 및 예산에 정하여진 바를 위반하는 회계관계행위를 하도록 지시 또는 요구받은 경우에는 서면이나 이에 상당하는 방법으로 이유를 명시하여 그 회계관계행위를 할 수 없다는 뜻을 소속 기관의 장에게 표시하여야 한다.

③ 회계관계직원이 제2항에 따라 회계관계행위를 할 수 없다는 뜻을 표시하였음에도 불구하고 상급자가 다시 그 회계관계직원에게 법령이나 그 밖의 관계 규정 및 예산에 정하여진 바를 위반하는 회계관계행위를 지시하거나 요구한 경우에는 그 회계관계행위로 인한 변상책임은 그 상급자가 진다. 다만, 회계관계직원이 상급자를 속인 경우에는 회계관계직원이 변상책임을 진다.

④ 제1항의 경우에는 제5조 및 제6조를 준용한다.

[전문개정 2009.3.25.]

제9조(회계관계직원 등의 대위) 회계관계직원 또는 그 상급자가 변상책임을 이행하여 국가, 지방자치단체, 그 밖에 감사원의 감사를 받는 단체 등의 손해를 보전(補塡)한 경우에는 회계관계직원 또는 그 상급자는 그 범위에서 제3자에 대한 권리에 관하여 국가, 지방자치단체, 그 밖에 감사원의 감사를 받는 단체 등을 대위(代位)한다.

[전문개정 2009.3.25.]

부칙 〈제12687호, 2014.5.28.〉 (지방재정법)

제1조(시행일) 이 법은 공포 후 6개월이 경과한 날부터 시행한다. 〈단서 생략〉

제2조부터 제21조까지 생략

제22조(다른 법률의 개정) ①부터 ⑫까지 생략

⑬ 회계관계직원 등의 책임에 관한 법률 일부를 다음과 같이 개정한다.

제2조 제2호가목 중 '경리관'을 '재무관'으로 한다.

회계관계직원 등의 책임에 관한 법률 시행령

[시행 2012.11.6.] [대통령령 제24156호, 2012.11.6., 전부개정]

제1조(위임의 범위) 「회계관계직원 등의 책임에 관한 법률」 제6조제2항에 따른 기관별·직위별 위임 한도액의 범위는 다음 각 호의 구분에 따른다.

1. 「물품관리법」 제46조에 따른 물품의 망실(亡失) 또는 훼손(毁損)에 대한 변상명령 조치인 경우
   가. 1급 공무원(이에 상당하는 특정직·별정직 공무원을 포함한다) 또는 고위공무원단에 속하는 일반직·특정직·별정직 공무원을 장으로 하는 기관 : 건당 3백만원 미만
   나. 2급·3급 공무원(이에 상당하는 특정직·별정직 공무원을 포함한다) 또는 고위공무원단에 속하는 일반직·특정직·별정직 공무원을 장으로 하는 기관 : 건당 2백만원 미만
   다. 4급·5급 공무원(이에 상당하는 특정직·별정직 공무원을 포함한다)을 장으로 하는 기관 : 건당 1백만원 미만
2. 「군수품관리법」 제28조에 따른 군수품의 망실 또는 훼손에 대한 변상명령 조치인 경우
   가. 각군 참모총장: 건당 5백만 원 미만
   나. 중장급 이상 장관급 장교를 장으로 하는 국방관서 또는 부대 : 건당 4백만 원 미만
   다. 준장급 이상 장관급 장교를 장으로 하는 국방관서 또는 부대 : 건당 3백만 원 미만
   라. 1급 공무원(이에 상당하는 특정직·별정직 공무원을 포함한다) 또는 고위공무원단에 속하는 일반직·특정직·별정직 공무원을 장으로 하는 국방관서 : 건당 3백만 원 미만
   마. 2급·3급 공무원(이에 상당하는 특정직·별정직 공무원을 포함한다) 또는 고위공무원단에 속하는 일반직·특정직·별정직 공무원을 장으로 하는 국방관서 : 건당 2백만 원 미만

제2조(변상기준) 제1조 각 호에 따른 위임 한도액의 범위에서 각 기관, 각군, 국방관서 또는 부대의 장이 손실·망실 처리를 하려는 경우에는 다음 각 호의 기준에 따라 처리하고 그 결과를 지체 없이 소속 장관 또는 감독기관의 장에게 보고하여야 한다.

1. 변상은 현금으로 하는 것을 원칙으로 하되, 현금으로 변상시키는 것이 국가에 불리할 때에는 현물(現物)로 변상하게 할 수 있다.
2. 변상액의 평가기준은 망실 또는 훼손 사실이 발생한 당시의 시가(時價)로 환산하여야 하며, 그 사실이 발생한 시기가 분명하지 아니한 경우에는 그 사실을 발견한 당시의 시가에 따른다.
3. 망실되거나 훼손된 물품의 시가를 평가할 때에는 망실 또는 훼손 사실이 발생하거나 발견된 당시의 해당 물품의 가격, 감가(減價) 정도, 내용연수(耐用年數), 수량 등을 엄밀히 조사한 후 가격을 환산하여야 한다.

부칙 〈제24156호, 2012.11.6.〉

이 영은 공포한 날부터 시행한다.

감사원 변상판정청구에 관한 규칙

[시행 2015.7.17.] [감사원규칙 제277호, 2015.7.17., 일부개정]

제1조 (목적) 이 규칙은 회계관계직원등의책임에관한법률(이하 '법'이라 한다) 제6조 제3항의 규정에 따른 판정청구의 처리에 필요한 사항을 정함을 목적으로 한다.

제2조 (적용범위) 법 제6조 제3항의 규정에 따른 판정청구에 관해서는 법이 정하는 것 이외에는 이 규칙이 정하는 바에 따른다.

제3조 (판정청구서의 작성 · 제출) 법 제6조 제3항의 규정에 따른 판정의 청구는 별지 서식의 소정 사항을 기재한 감사원변상판정청구서(이하 '판정청구서'라 한다)에 의한다.

제4조 (판정청구에 따른 변상판정의 처리) 감사원은 판정청구서를 접수한 때에는 감사원법과 법이 정한 변상판정 처리절차에 따라 이를 처리한다.

부칙 〈제277호, 2015.7.17.〉

이 규칙은 공포한 날부터 시행한다.

■ 감사원 변상판정청구에 관한 규칙 [별지 서식] 〈개정 2015.7.17.〉

감사원 변상판정청구서

<table>
<tr><td rowspan="3">1. 청구인</td><td>성 명</td><td></td><td>생년월일</td><td></td></tr>
<tr><td>소속기관</td><td></td><td>직위·직명</td><td></td></tr>
<tr><td>주 소</td><td></td><td>전화번호</td><td></td></tr>
<tr><td rowspan="4">2. 판정청구의 원인이 되는 변상명령</td><td>변상명령기관</td><td colspan="3"></td></tr>
<tr><td>변상명령일자</td><td></td><td>변상기한</td><td></td></tr>
<tr><td>변상명령금액</td><td></td><td>변상한 금액</td><td></td></tr>
<tr><td>변상명령사유</td><td colspan="3"></td></tr>
<tr><td colspan="2">3. 판정을 청구하는 취지와 그 이유</td><td colspan="3"></td></tr>
<tr><td colspan="5">「회계관계직원 등의 책임에 관한 법률」 제6조 제3항의 규정 및 「감사원 변상판정청구에 관한 규칙」 제3조의 규정에 의하여 관계서류를 첨부하여 위와 같이 판정을 청구합니다.

년 월 일
청구인 (인)

감 사 원 귀 중</td></tr>
<tr><td colspan="5">첨부서류: 표지 포함 매</td></tr>
</table>

210mm×297mm(백상지 80g/㎡)

변상판정 집행절차에 관한 규칙

[시행 2015.7.17.] [감사원규칙 제278호, 2015.7.17., 일부개정]

제1조(목적) 이 규칙은 「감사원법」(이하 '법'이라 한다)에 따른 변상판정의 집행절차와 변상판정 사항에 대한 특수관리 방법을 정함으로써 채권관리 등 사후관리를 원활하게 하여 감사결과의 실효성을 확보하는데 목적이 있다.

제2조(적용 범위) 법 제31조에 따른 변상판정의 집행절차에 관하여는 법이 정하는 것 이외에는 이 규칙이 정하는 바에 따른다.

제3조(판정문 등본의 송부) ① 감사원이 변상책임이 있다고 판정하였을 때에는 판정문 등본 2통을 변상책임자의 소속 장관(국가기관에 한한다)·감독기관의 장(국가기관 외의 경우에 한한다) 또는 해당기관의 장(소속 장관 또는 감독기관의 장이 없거나 분명하지 아니한 경우에 한한다)(이하 '소속 장관 등'이라 한다)에게 송부하여야 한다.

② 제1항의 판정문 등본을 송부함에 있어서는 법 제31조제3항에 따른 변상기한을 정하여 이를 통지하여야 한다.

제4조(변상명령서 등의 송달) ①소속 장관 등이 제3조에 따른 판정문등본을 받았을 때에는 그 중 1통을 별지 제1호 서식에 따른 변상명령서와 함께 변상책임자에게 송달하거나 또는 그 변상책임 사유 발생당시에 변상 책임자가 소속하였던 관서 또는 단체의 장(이하 '소속 관서 또는 단체의 장'이라 한다)에게 송부하여 변상책임자에게 송달되도록 하여야 한다. 〈개정 2015.7.17.〉

② 제1항의 송달은 배달증명우편 또는 별지 제2호 서식에 따른 송달서로서 한다. 〈개정 2015.7.17.〉

제5조(납입고지서의 송달) 제4조에 따른 변상명령서는 「국고금관리법」 제10조에 따른 납입고지서와 함께 변상책임자에게 송달하여야 한다.

제6조(변상기한의 시기) 제3조 제2항에 따른 변상기한의 시기(始期)는 판정문 등본과 별지 제1호 서식에 따른 변상명령서가 변상책임자에게 도달한 날로 한다. 〈개정 2015.7.17.〉

제7조(공시송달방법) ① 소속장관 등은 변상책임자가 법 제31조 제4항 각 호의 어느 하나에 해당하는 경우에는 소속 관서 또는 단체의 장으로 하여금 해당 관서 또는 단체의 게시판이나 그 밖에 적당한 장소에 변상판정문등본과 변상명령서의 내용을 10일간 게시하게 하여야 한다.

② 소속 장관 등이 필요하다고 인정하는 경우에는 제1항의 서류의 내용을 관보 또는 신문지상에 공고할 수 있다.

제8조(판정문 등본 등의 송달결과통보) 소속 관서 또는 단체의 장은 변상판정문 등본과 변상명령서를 송달하였을 때에는 그 결과를 소속 장관 등을 경유하여 감사원에 지체 없이 통보하여야 한다.

제9조(변상전말 등의 보고) ① 소속 관서 또는 단체의 장은 변상책임자가 변상금을 납부하였을 때에는 소속 장관 등에게 보고하여야 한다.

② 소속 관서 또는 단체의 장은 제3조 제2항의 기한 내에 전부 또는 일부가 변상에 이르지 못하였을 때에는 그 전말(顚末) 및 변상책임자의 재산 상황과 그 재산소재를 철저히 조사하여 소속 장관 등에게 보고하여야 한다.

제10조(변상판정의 강제집행) ① 소속 장관 등은 제9조 제2항의 보고를 받았을 때에는 법 제31조 제5항에 따라 변상판정의 강제집행을 관계 세무서장에게 위탁하여야 한다.

② 제1항의 위탁은 변상명령서의 등본을 첨부한 별지 제3호 서식에 따른 체납처분위탁서로서 한다. **〈개정 2015.7.17.〉**

③ 제1항의 '관계세무서장'이라 함은 변상책임자의 주소지 관할 세무서장을 말한다.

제11조(변상금의 처리 및 보고) ① 제10조에 따라 위탁을 받은 세무서장은 체납처분이 완료되었을 때에는 징수한 변상금을 위탁한 소속 장관 등이 지정한 소속 관서 또는 단체의 장에게 지체 없이 송금하고 그 전말을 위탁한 소속 장관 등에게 보고하여야 한다.

② 소속 관서 또는 단체의 장은 관계 세무서장으로부터 변상금의 송부를 받았을 때에는 그 전말을 소속 장관 등에게 보고하여야 한다.

제12조(감사원에의 보고) 소속 장관 등은 제9조, 제11조에 따른 보고를 받았을 때에는 지체 없이 그 전말을 감사원에 보고하여야 한다.

제13조(특수관리 사항) ① 소속 장관 등은 변상판정 미집행 사항 중 다음 각 호의 어느 하나에 해당하는 사항은 감사원장으로부터 특수관리지정을 받아 그 집행에 관하여 특수관리를 할 수 있다.

1. 법 제31조 제5항에 따른 강제집행을 위탁한 결과 무재산으로 그 집행이 불가능하였을 때
2. 변상책임자의 봉급 등에서 분할 변상하고 있을 때
3. 변상책임자의 주소와 거소가 불명하여 집행이 불가능하다고 판단될 때

② 소속 장관 등은 제1항 각 호의 어느 하나에 해당하는 사항으로서 특수관리를 하고자 할 때는 제14조의 구비서류를 첨부하여 별지 제4호 서식에 따라 특수관리 지정을 감사원장에게 신청하여야 한다. **〈개정 2015.7.17.〉**

③ 감사원장은 제1항에서 정한 특수관리 요건에 해당되어 특수관리할 필요가 있다고 인정되는 경우 직권으로 특수관리대상으로 지정하여 소속 장관 등에게 특수관리를 하게 할 수 있다.

④ 감사원장은 제2항에 따른 신청사항으로서 특수관리를 할 필요가 있다고 인정되는 경우에는 이를 특수관리 사항으로 지정하여 소속 장관 등에게 통보한다.

제14조(구비서류) 소속 장관 등은 감사원장에게 특수관리를 신청하고자 할 때에는 다음 서류를 구비하여야 한다.

1. 강제집행 불가능한 사람에 대하여는 수탁 세무서장의 집행전말 보고
2. 분할 변상자에 대하여는 분할변상통지서 · 집행계획서 · 재직증명 등
3. 행방불명자 등에 대하여는 행정기관에서 발급받은 행방불명 등을 증명할 수 있는 서류

제15조(관리기관 등) 소속 장관 등은 그 소관에 속하는 특수관리 사항을 총괄하고, 변상책임자 등이 소속한 기관 또는 소속 장관 등이 지정한 기관(이하 '관리기관'이라 한다)이 직접 이를 관리한다. 다만 법 제31조 제7항에 따라 감사원장이 관계 세무서장에게 위탁한 사항은 감사원이 관리하고 위탁을 받은 세무서장은 제11조 제1항에 따른 보고를 감사원장에게 하여야 한다.

제16조(관리방법) ① 관리기관은 반기 1회 이상 변상책임자의 주소와 재산상황 등을 조사하여 채권관리에 철저를 기하여야 한다.

② 제1항에 따라 변상책임자 등의 주소가 확인되거나 채권의 전부 또는 일부를 변상할 자력이 회복되었을 때는 지체 없이 법 제31조 제5항에 따라 관계 세무서장에게 강제집행을 위탁하여야 한다.

제17조(특수관리부) 소속 장관 등과 관리기관은 감사원장이 특수관리 대상으로 지정한 사항에 대하여 「개인정보보호법 시행령」 제19조에 따른 주민등록번호 등을 기재한 별지 제5호 서식에 따른 특수관리부를 작성 · 관리하여야 한다. 〈개정 2015.7.17.〉

제18조(특수관리 상황의 보고) 관리기관은 특수관리 사항 중 그 전부 또는 일부가 집행되었을 때에는 지체 없이 그 전말을 소속 장관 등을 경유하여 감사원장에게 보고하여야 한다.

제19조(특수관리 지정의 해제) ① 소속 장관 등은 특수관리 사항 중 변상책임자의 사망, 소멸시효의 완성 또는 특수관리 지정일로부터 5년이 경과되어 사실상 채

권을 보전할 수 없다고 인정되는 경우에는 「개인정보보호법 시행령」 제19조에 따른 주민등록번호 등을 기재한 별지 제6호 서식에 따른 특수관리 전말보고를 첨부하여 감사원장에게 특수관리 지정의 해제를 신청하여야 한다. 〈개정 2015.7.17.〉

② 감사원장은 제1항에 따른 해제 신청에 따라 또는 직권으로 더 이상 특수관리를 할 필요가 없다고 인정되는 경우에는 특수관리 지정을 해제하고 이를 소속 장관 등에게 통보한다.

제20조(관리상황 확인 등) 감사원장은 수시로 소속 직원으로 하여금 소속 장관 등과 관리기관에 대하여 특수관리 지정 및 관리상황을 확인하게 할 수 있다.

부칙 〈제278호, 2015.7.17.〉

이 규칙은 공포한 날부터 시행한다.

■ 변상판정 집행절차에 관한 규칙 [별지 제1호서식] 〈개정 2015.7.17.〉

변상명령서

일 금 원

귀하에 대한 별지 20 년 월 일자 감판 제 호 감사원 판정에 의하여 이 변상명령서를 송달받은 날로부터 3개월 이내에 위 금액을 ○○관서(또는 단체) (변상책임 사유 발생 당시 변상책임자가 소속하였던 관서 또는 단체명)에 변상함을 명함.

위 기한까지 위의 변상금을 납입하지 아니할 때에는 「감사원법」 제31조제5항에 따라 「국세징수법」 중 체납처분의 규정을 준용하여 징수함.

20 년 월 일

소속 장관・감독기관의 장 또는 해당 기관의 장

○ ○ ○ 귀하

210mm×297mm(백상지 80g/㎡)

■ 변상판정 집행절차에 관한 규칙 [별지 제2호서식] 〈개정 2015.7.17.〉

송 달 서

감사원 판정문등본 문서번호 및 통수	
변상명령서 문서번호 및 통수	
변상책임자의 성명 주소 또는 거소	
수취인 기명날인	
송달일자	
송달 불능한 경우 그 사유	
관서 또는 단체명 직명 성명	

210mm×297mm(백상지 80g/㎡)

비고(이 난은 서식에 포함하지 아니한다)
- 연대변상책임자가 있을 경우에는 변상책임자의 성명·주소 또는 거소를 연기(連記)하고 수취인의 기명날인은 그 중 1인만 하여도 무방함

■ 변상판정 집행절차에 관한 규칙 [별지 제3호서식] 〈개정 2015.7.17.〉

체납처분위탁서

변상책임자 성명

주소 또는 거소

체납금 원

위 변상책임자에 대하여 20 년 월 일자 감사원 판정 제 호에 의하여 별지와 같이 변상명령하였으나 이를 변상하지 아니하므로 「감사원법」 제31조 제5항에 따라 체납처분을 위탁합니다.

위 체납처분 완료 후 징수한 변상금은 ○○관서(또는 단체)(변상책임 사유 발생 당시 변상책임자가 소속하였던 관서 또는 단체명)에 송금하시기 바랍니다.

20 년 월 일

소속 장관 · 감독기관의 장 또는 해당 기관의 장

○ ○ 세무서장 귀하

210mm×297mm(백상지 80g/㎡)

비고(이 난은 서식에 포함하지 아니한다)

- 변상책임자의 재산상황을 참고로 첨부할 것

■ 변상판정 집행절차에 관한 규칙 [별지 제4호서식] 〈개정 2015.7.17.〉

특수관리 지정 신청 명세

<table>
<tr><th rowspan="2">관리청</th><th colspan="3">변상판정</th><th colspan="2">변상책임자</th><th rowspan="2">특수관리 사유</th><th rowspan="2">첨부 서류</th></tr>
<tr><th>일 자</th><th>제 목</th><th>금 액</th><th>성명</th><th>주소</th></tr>
<tr><td></td><td></td><td></td><td></td><td></td><td></td><td></td><td></td></tr>
</table>

210mm×297mm(백상지 80g/㎡)

■ 변상판정 집행절차에 관한 규칙 [별지 제5호서식] 〈개정 2015.7.17.〉

특수관리부

<table>
<tr><th rowspan="2">일련번호</th><th rowspan="2">관리청</th><th colspan="3">변상판정</th><th colspan="3">변상책임자</th><th colspan="3">특수관리 지정</th><th colspan="3">관리전망</th><th rowspan="2">비고</th></tr>
<tr><th>일자</th><th>제 목</th><th>금 액</th><th>성 명</th><th>주민등록번호</th><th>주 소</th><th>일자</th><th>사유</th><th>금 액</th><th>집행일자</th><th>집행금액</th><th>미집행금액</th></tr>
<tr><td></td><td></td><td></td><td></td><td></td><td></td><td></td><td></td><td></td><td></td><td></td><td></td><td></td><td></td><td></td></tr>
</table>

210mm×297mm(백상지 80g/㎡)

■ 변상판정 집행절차에 관한 규칙 [별지 제6호서식] 〈개정 2015.7.17.〉

특수관리 전망보고

관리청	관리번호	변상판정			변상책임자			특수관리 지정			관리전망
		일자	제 목	금 액	성명	주민등록번호	주 소	일자	사유	금 액	
											* 관리번호 별로 별지로 작성

10mm×297mm(백상지 80g/㎡)

감사원 재심의규칙

[시행 2015.7.17.] [감사원규칙 제274호, 2015.7.17., 일부개정]

제1조(목적) 이 규칙은 감사원법(이하 '법'이라 한다) 제36조 내지 제40조의 규정에 의한 재심의 사건의 심리와 처리에 필요한 사항을 정함을 목적으로 한다.

제2조(적용 범위) 재심의에 관하여는 법의 규정에 의하는 외에 이 규칙이 정하는 바에 의한다.

제3조(재심의 청구서의 작성 · 제출) ① 법 제36조 제1항 및 제2항의 규정에 의한 재심의의 청구는 별지 서식의 소정 사항을 기재한 감사원 재심의청구서(이하 '재심의 청구서'라 한다)에 의한다. **〈개정 2014.4.24., 2015.7.17.〉**

② 청구인은 제1항의 재심의 청구서에 기명날인하고 청구이유를 입증할 수 있는 관계증거서류를 첨부하여 감사원에 제출(「정보통신망 및 정보보호 등에 관한 법률」에 따른 정보통신망을 이용한 제출을 포함한다)하여야 한다. **〈개정 2009.12.17.〉**

제4조(대리인의 선임 등) ① 청구인은 다른 법률의 규정에 의하여 이의신청, 심판청구 등 불복에 관한 신청을 대리할 수 있는 자를 대리인으로 선임할 수 있다.

②재심의 청구인이 제1항의 규정에 의하여 대리인을 선임한 때에는 그 위임장을 재심의 청구서에 첨부하여야 한다.

③ 다수자가 공동으로 재심의 청구를 하는 때에는 대표자 1인을 선정할 수 있으며 대표자 1인을 선정한 때에는 제2항의 규정을 준용한다.

제5조(재심의 청구서의 접수) 감사원은 법 제31조의 규정에 의한 변상판정에 대하여 본인으로부터 재심의 청구서를 접수한 때에는 청구인에게 접수일자가 명시된 접수증을 교부하여야 한다.

제6조(재심의 청구의 각하) ① 다음 각 호의 어느 하나에 해당하는 경우에는 법 제38조 제1항에 따라 재심의 청구를 각하한다. 〈**개정** 2009.12.17.〉

1. 법 제36조의 규정에 의한 재심의 청구대상이 아니거나 청구할 수 있는 자가 아닌 경우
2. 청구기간이 경과한 경우
3. 재심의 청구대상이 되는 변상판정, 처분요구가 이 규칙에서 정한 재심의(직권재심의는 제외한다), 재판 등에 의하여 확정된 사안인 경우
4. 기타 법 또는 이 규칙이 정한 요건 및 절차를 갖추지 못한 경우

② 제1항 제4호의 경우 보정할 수 있다고 인정하는 경우에는 상당한 기간을 정하여 그 보정을 요구할 수 있으며 그 기간 내에 보정이 있는 경우에는 처음부터 적법한 재심의 청구가 제기된 것으로 본다. 다만, 소정기간 내에 보정하지 아니한 때에는 재심의 청구를 각하한다.

③ 제1항 및 제2항에 따른 각하를 한 때에는 청구인에게 그 뜻을 문서로 통보(「정보통신망 및 정보보호 등에 관한 법률」에 따른 정보통신망을 이용한 제출을 포함한다)하여야 한다. 〈**개정** 2009.12.17.〉

제7조(재심의 청구의 취하) 청구인은 재심의 청구에 대한 감사원의 결정이 있을 때까지 서면으로 재심의 청구를 취하할 수 있다.

제8조 삭제 〈1995.2.28.〉

제9조 삭제 〈1995.2.28.〉

제10조(직권 재심의) 감사원은 변상판정한 사항, 징계, 문책, 시정, 주의, 개선 등 처분요구한 사항과 감사결과 통보한 사항으로서 직권으로 재심의하여 그 내용을 변경하거나 취소할 필요가 있다고 인정할 때에는 재심의 청구사항의 처리절차에 준하여 재심의한다. 단, 제12조제2항은 직권재심의에 대하여는 적용하지 아니한다. 〈**개정** 2009.12.17.〉

제11조(징계 사유의 시효와 재심의 결정의 통보 등) 감사원이 국가공무원법 제83조 및 지방공무원법 제73조의 규정에 의한 조사개시 통보를 한 사건으로서 법 제32조제1항의 규정에 의한 징계 요구를 한 때에는 조사종료 통보를 한 것으로 본다. 다만, 징계처분 요구를 받은 소속장관 등이 법 제36조 제2항의 규정에 의한 재심의를 청구한 경우에는 당해 재심의 사건에 대한 감사원의 처리결과 통보를 받은 날을 국가공무원법 제83조의2 제2항 및 지방공무원법 제73조의2 제2항의 규정에 의한 조사종료의 통보를 받은 날로 본다.

[본조신설 1997.9.1.]

제12조(직권심리 및 불이익 변경의 금지) ① 감사원은 재심의 청구인이 주장하는 사항에 대해서 심리한다. 다만 필요하다고 인정할 때에는 청구인이 주장하지 아니한 사실에 대하여도 심리할 수 있다.

② 감사원은 재심의 청구 사건에 대하여는 청구인에게 원 판정 또는 원 처분요구보다 불이익한 판정 또는 결정을 하지 못한다.

[본조신설 2009.12.17.]

부칙 〈제274호, 2015.7.17.〉

이 규칙은 공포한 날부터 시행한다.

■ 감사원 재심의규칙 [별지 서식] 〈개정 2015.7.17.〉

<table>
<tr><td colspan="5" align="center">감사원 재심의청구서</td></tr>
<tr><td rowspan="3">1. 청구인</td><td>성　명</td><td></td><td>전화번호</td><td></td></tr>
<tr><td>기 관 명</td><td></td><td>직 명</td><td></td></tr>
<tr><td>주　소
(기관의 소재지)</td><td colspan="3"></td></tr>
<tr><td colspan="2">2. 재심의 청구대상과 관련된 기관 또는 관계자</td><td colspan="3"></td></tr>
<tr><td colspan="2">3. 재심의 청구의 대상이 되는 판정 또는 처분요구 등의 내용</td><td colspan="3"></td></tr>
<tr><td colspan="2">4. 재심의청구의 취지 및 그 이유</td><td colspan="3"></td></tr>
<tr><td colspan="2">5. 감사원의 판정 또는 처분요구 등이 도달한 날 또는 요구받은 날</td><td colspan="3"></td></tr>
<tr><td colspan="2">6. 대리인 또는 대표자의 성명 및 주소</td><td colspan="3"></td></tr>
<tr><td colspan="5">「감사원법」 제36조 및 「감사원 재심의규칙」 제3조의 규정에 의하여 관계서류를 첨부하여 위와 같이 재심의를 청구합니다.

년　월　일

청구인　　　(인)

감사원 귀중

첨부서류: 표지 포함　　매</td></tr>
</table>

210mm×297mm(백상지 80g/㎡)

별첨) 징계책임 관련 법규

「국가공무원법」 중 징계관련 규정

[시행 2016.1.1.] [법률 제13618호, 2015.12.24., 일부개정]

제10장 징계

제78조(징계 사유) ① 공무원이 다음 각 호의 어느 하나에 해당하면 징계 의결을 요구하여야 하고 그 징계 의결의 결과에 따라 징계처분을 하여야 한다.

1. 이 법 및 이 법에 따른 명령을 위반한 경우
2. 직무상의 의무(다른 법령에서 공무원의 신분으로 인하여 부과된 의무를 포함한다)를 위반하거나 직무를 태만히 한 때
3. 직무의 내외를 불문하고 그 체면 또는 위신을 손상하는 행위를 한 때

② 징계에 관하여 다른 법률의 적용을 받는 공무원이 이 법의 징계에 관한 규정을 적용받는 공무원으로 임용된 경우에 임용 이전의 다른 법률에 따른 징계 사유는 그 사유가 발생한 날부터 이 법에 따른 징계 사유가 발생한 것으로 본다.

③ 특수경력직 공무원이 경력직 공무원으로 임용된 경우에 임용 전의 해당 특수경력직 공무원의 징계를 규율하는 법령상의 징계 사유는 그 사유가 발생한 날부터 이 장(章)에 따른 징계 사유가 발생한 것으로 본다.

④ 제1항의 징계 의결 요구는 5급 이상 공무원 및 고위공무원단에 속하는 일반직공무원은 소속 장관이, 6급 이하의 공무원은 소속 기관의 장 또는 소속 상급기관의 장이 한다. 다만, 국무총리·인사혁신처장 및 대통령령 등으로 정하는 각급 기관의 장은 다른 기관 소속 공무원이 징계 사유가 있다고 인정하면 관계 공무원에 대하여 관할 징계위원회에 직접 징계를 요구할 수 있다. 〈개정 2015.5.18.〉

제78조의2(징계부가금) ① 제78조에 따라 공무원의 징계 의결을 요구하는 경우 그 징계 사유가 다음 각 호의 어느 하나에 해당하는 경우에는 해당 징계 외에

다음 각 호의 행위로 취득하거나 제공한 금전 또는 재산상 이득(금전이 아닌 재산상 이득의 경우에는 금전으로 환산한 금액을 말한다)의 5배 내의 징계부가금 부과 의결을 징계위원회에 요구하여야 한다. 〈개정 2015.5.18.〉

1. 금전, 물품, 부동산, 향응 또는 그 밖에 대통령령으로 정하는 재산상 이익을 취득하거나 제공한 경우
2. 다음 각 목에 해당하는 것을 횡령(橫領), 배임(背任), 절도, 사기 또는 유용(流用)한 경우
   가. 「국가재정법」에 따른 예산 및 기금
   나. 「지방재정법」에 따른 예산 및 「지방자치단체 기금관리기본법」에 따른 기금
   다. 「국고금 관리법」 제2조 제1호에 따른 국고금
   라. 「보조금 관리에 관한 법률」 제2조 제1호에 따른 보조금
   마. 「국유재산법」 제2조 제1호에 따른 국유재산 및 「물품관리법」 제2조 제1항에 따른 물품
   바. 「공유재산 및 물품 관리법」 제2조 제1호 및 제2호에 따른 공유재산 및 물품
   사. 그 밖에 가목부터 바목까지에 준하는 것으로서 대통령령으로 정하는 것

② 징계위원회는 징계부가금 부과 의결을 하기 전에 징계부가금 부과 대상자가 제1항 각 호의 어느 하나에 해당하는 사유로 다른 법률에 따라 형사처벌을 받거나 변상책임 등을 이행한 경우(몰수나 추징을 당한 경우를 포함한다) 또는 다른 법령에 따른 환수나 가산징수 절차에 따라 환수금이나 가산징수금을 납부한 경우에는 대통령령으로 정하는 바에 따라 조정된 범위에서 징계부가금 부과를 의결하여야 한다. 〈개정 2015.5.18.〉

③ 징계위원회는 징계부가금 부과 의결을 한 후에 징계부가금 부과 대상자가 형사처벌을 받거나 변상책임 등을 이행한 경우(몰수나 추징을 당한 경우를 포함한다) 또는 환수금이나 가산징수금을 납부한 경우에는 대통령령으로 정하는 바에 따라 이미 의결된 징계부가금의 감면 등의 조치를 하여야 한다. 〈신설 2015.5.18.〉

④ 제1항에 따라 징계부가금 부과처분을 받은 사람이 납부기간 내에 그 부가금을 납

부하지 아니한 때에는 처분권자(대통령이 처분권자인 경우에는 처분 제청권자)는 국세 체납처분의 예에 따라 징수할 수 있다. 다만, 체납액 징수가 사실상 곤란하다고 판단되는 경우에는 징수를 관할 세무서장에게 의뢰하여야 한다. **〈개정 2015.5.18., 2015.12.24.〉**

⑤ 처분권자(대통령이 처분권자인 경우에는 처분 제청권자)는 제4항 단서에 따라 관할 세무서장에게 징계부가금 징수를 의뢰한 후 체납일부터 5년이 지난 후에도 징수가 불가능하다고 인정될 때에는 관할 징계위원회에 징계부가금 감면의결을 요청할 수 있다. **〈신설 2015.12.24.〉**

제78조의3(재징계의결 등의 요구) ① 처분권자(대통령이 처분권자인 경우에는 처분 제청권자)는 다음 각 호에 해당하는 사유로 소청심사위원회 또는 법원에서 징계처분등의 무효 또는 취소(취소명령 포함)의 결정이나 판결을 받은 경우에는 다시 징계의결 또는 징계부가금 부과 의결(이하 '징계의결 등'이라 한다)을 요구하여야 한다. 다만, 제3호의 사유로 무효 또는 취소(취소명령 포함)의 결정이나 판결을 받은 감봉·견책처분에 대하여는 징계의결을 요구하지 아니할 수 있다. **〈개정 2010.3.22.〉**

1. 법령의 적용, 증거 및 사실 조사에 명백한 흠이 있는 경우
2. 징계위원회의 구성 또는 징계의결 등, 그 밖에 절차상의 흠이 있는 경우
3. 징계양정 및 징계부가금이 과다(過多)한 경우

② 처분권자는 제1항에 따른 징계의결 등을 요구하는 경우에는 소청심사위원회의 결정 또는 법원의 판결이 확정된 날부터 3개월 이내에 관할 징계위원회에 징계의결등을 요구하여야 하며, 관할 징계위원회에서는 다른 징계사건에 우선하여 징계의결 등을 하여야 한다. **〈개정 2010.3.22.〉**

제78조의4(퇴직을 희망하는 공무원의 징계 사유 확인 등) ① 임용권자 또는 임용제청권자는 공무원이 퇴직을 희망하는 경우에는 제78조 제1항에 따른 징계 사유가 있는지 여부를 감사원과 검찰·경찰, 그 밖의 수사기관에 확인하여야 한다.

② 제1항에 따른 확인 결과 파면, 해임, 강등 또는 정직에 해당하는 징계 사유가 있는 경우 제78조 제4항에 따른 소속 장관 등은 지체 없이 징계의결 등을 요구하여야 한다. 이 경우 임용권자는 제73조의3 제1항 제3호에 따라 해당 공무원에게

직위를 부여하지 아니할 수 있다.

③ 관할 징계위원회는 제2항에 따라 징계의결 등이 요구된 경우 다른 징계사건에 우선하여 징계의결 등을 하여야 한다. **[본조신설 2015.12.24.]**

제79조(징계의 종류) 징계는 파면·해임·강등·정직(停職)·감봉·견책(譴責)으로 구분한다. **〈개정 2008.12.31.〉**

제80조(징계의 효력) ① 강등은 1계급 아래로 직급을 내리고(고위공무원단에 속하는 공무원은 3급으로 임용하고, 연구관 및 지도관은 연구사 및 지도사로 한다) 공무원 신분은 보유하나 3개월간 직무에 종사하지 못하며 그 기간 중 보수는 전액을 감한다. 다만, 제4조 제2항에 따라 계급을 구분하지 아니하는 공무원과 임기제 공무원에 대해서는 강등을 적용하지 아니한다. **〈신설 2008.12.31., 2014.1.7., 2015.12.24.〉**

② 제1항에도 불구하고 이 법의 적용을 받는 특정직 공무원 중 외무공무원과 교육공무원의 강등의 효력은 다음 각 호와 같다. **〈신설 2008.12.31., 2014.1.7., 2015.12.24.〉**

1. 외무공무원의 강등은 「외무공무원법」 제20조의2에 따라 배정받은 직무등급을 1등급 아래로 내리고(14등급 외무공무원은 고위공무원단 직위로 임용하고, 고위공무원단에 속하는 외무공무원은 9등급으로 임용하며, 8등급부터 6등급까지의 외무공무원은 5등급으로 임용한다) 공무원 신분은 보유하나 3개월간 직무에 종사하지 못하며 그 기간 중 보수는 전액을 감한다.
2. 교육공무원의 강등은 「교육공무원법」 제2조 제10항에 따라 동종의 직무 내에서 하위의 직위에 임명하고, 공무원 신분은 보유하나 3개월간 직무에 종사하지 못하며 그 기간 중 보수는 전액을 감한다. 다만, 「고등교육법」 제14조에 해당하는 교원 및 조교에 대하여는 강등을 적용하지 아니한다.

③ 정직은 1개월 이상 3개월 이하의 기간으로 하고, 정직 처분을 받은 자는 그 기간 중 공무원의 신분은 보유하나 직무에 종사하지 못하며 보수는 전액을 감한다. **〈개정 2015.12.24.〉**

④ 감봉은 1개월 이상 3개월 이하의 기간 동안 보수의 3분의 1을 감한다.

⑤ 견책(譴責)은 전과(前過)에 대하여 훈계하고 회개하게 한다.

⑥ 공무원으로서 징계처분을 받은 자에 대하여는 그 처분을 받은 날 또는 그 집행이 끝난 날부터 대통령령 등으로 정하는 기간 동안 승진임용 또는 승급할 수 없다. 다만, 징계처분을 받은 후 직무수행의 공적으로 포상 등을 받은 공무원에 대하여는 대통령령 등으로 정하는 바에 따라 승진임용이나 승급을 제한하는 기간을 단축하거나 면제할 수 있다. **〈개정 2015.5.18.〉**

⑦ 징계에 관하여 다른 법률의 적용을 받는 공무원이 이 법의 징계에 관한 규정을 적용받는 공무원이 된 경우에는 다른 법률에 따라 받은 징계처분은 그 처분일부터 이 법에 따른 징계처분을 받은 것으로 본다. 다만, 제79조에서 정한 징계의 종류 외의 징계처분의 효력에 관하여는 대통령령 등으로 정한다. **〈개정 2015.5.18.〉**

⑧ 특수경력직 공무원이 경력직 공무원으로 임용된 경우에는 해당 특수경력직 공무원의 징계를 규율하는 법령에 따라 받은 징계처분은 그 처분일부터 이 법에 따른 징계처분을 받은 것으로 본다. 다만, 제79조에서 정한 징계의 종류 외의 징계처분의 효력에 관하여는 대통령령 등으로 정한다. **〈개정 2015.5.18.〉 [시행일 : 2016.6.25.] 제80조제1항, 제80조제2항, 제80조제3항**

제81조(징계위원회의 설치) ① 공무원의 징계처분 등을 의결하게 하기 위하여 대통령령 등으로 정하는 기관에 징계위원회를 둔다. **〈개정 2015.5.18.〉**

② 징계위원회의 종류·구성·권한·심의절차 및 징계 대상자의 진술권에 필요한 사항은 대통령령 등으로 정한다. **〈개정 2015.5.18.〉**

③ 징계의결 등에 관하여는 제13조제2항을 준용한다.

제82조(징계 등 절차) ① 공무원의 징계처분 등은 징계위원회의 의결을 거쳐 징계위원회가 설치된 소속 기관의 장이 하되, 국무총리 소속으로 설치된 징계위원회(국회·법원·헌법재판소·선거관리위원회에 있어서는 해당 중앙인사관장기관에 설치된 상급 징계위원회를 말한다. 이하 같다)에서 한 징계의결 등에 대하여는 중앙행정기관의 장이 한다. 다만, 파면과 해임은 징계위원회의 의결을 거쳐 각 임용권자 또는 임용권을 위임한 상급 감독기관의 장이 한다.

② 징계의결 등을 요구한 기관의 장은 징계위원회의 의결이 가볍다고 인정하면

그 처분을 하기 전에 직근 상급기관에 설치된 징계위원회(직근 상급기관이 없는 징계위원회의 의결에 대하여는 그 징계위원회)에 심사나 재심사를 청구할 수 있다. 이 경우 소속 공무원을 대리인으로 지정할 수 있다. 〈개정 2015.12.24.〉

제83조(감사원의 조사와의 관계 등) ① 감사원에서 조사 중인 사건에 대하여는 제3항에 따른 조사개시 통보를 받은 날부터 징계의결의 요구나 그 밖의 징계 절차를 진행하지 못한다.

② 검찰·경찰, 그 밖의 수사기관에서 수사 중인 사건에 대하여는 제3항에 따른 수사개시 통보를 받은 날부터 징계의결의 요구나 그 밖의 징계 절차를 진행하지 아니할 수 있다.

③ 감사원과 검찰·경찰, 그 밖의 수사기관은 조사나 수사를 시작한 때와 이를 마친 때에는 10일 내에 소속 기관의 장에게 그 사실을 통보하여야 한다.

제83조의2(징계 및 징계부가금 부과 사유의 시효) ① 징계의결 등의 요구는 징계 등의 사유가 발생한 날부터 3년(제78조의2 제1항 각 호의 어느 하나에 해당하는 경우에는 5년)이 지나면 하지 못한다. 〈개정 2015.5.18.〉

② 제83조 제1항 및 제2항에 따라 징계 절차를 진행하지 못하여 제1항의 기간이 지나거나 그 남은 기간이 1개월 미만인 경우에는 제1항의 기간은 제83조 제3항에 따른 조사나 수사의 종료 통보를 받은 날부터 1개월이 지난 날에 끝나는 것으로 본다.

③ 징계위원회의 구성·징계의결 등, 그 밖에 절차상의 흠이나 징계양정 및 징계부가금의 과다(過多)를 이유로 소청심사위원회 또는 법원에서 징계처분 등의 무효 또는 취소의 결정이나 판결을 한 경우에는 제1항의 기간이 지나거나 그 남은 기간이 3개월 미만인 경우에도 그 결정 또는 판결이 확정된 날부터 3개월 이내에는 다시 징계의결 등을 요구할 수 있다. 〈개정 2010.3.22.〉

제83조의3(특수경력직공무원의 징계) 다른 법률에 특별한 규정이 있는 경우 외에는 특수경력직 공무원에 대하여도 대통령령 등으로 정하는 바에 따라 이 장을 준용할 수 있다. 〈개정 2015.5.18.〉

부 칙 〈법률 제13618호, 2015.12.24.〉

제1조(시행일) 이 법은 공포한 날부터 시행한다. 다만, 제28조의6 제1항, 제71조 제2항 제7호, 제72조 제10호 및 제80조 제1항부터 제3항까지의 개정규정은 공포 후 6개월이 경과한 날부터 시행하고, 제6조 제4항 및 제50조의 개정규정은 2016년 1월 1일부터 시행한다.

제2조(결격사유 및 당연퇴직 등에 관한 적용례) 제33조, 제33조의2 및 제69조의 개정규정은 이 법 시행 후 발생한 범죄행위로 형벌을 받는 사람부터 적용한다.

제3조(직위해제된 사람의 결원보충에 관한 적용례) 제43조 제4항의 개정규정은 이 법 시행 당시 직위해제 중인 사람에 대해서도 적용한다.

제4조(징계부가금 징수 의뢰에 관한 적용례) 제78조의2 제4항의 개정규정은 이 법 시행 전에 징계부가금 부과 의결이 된 경우에 대해서도 적용한다.

제5조(징계의 효력에 관한 경과조치) 부칙 제1조 단서에 따른 시행일 전에 발생한 사유로 징계를 받는 사람에 대해서는 제80조 제1항부터 제3항까지의 개정규정에도 불구하고 종전의 규정에 따른다.

공무원 징계령

[시행 2016.1.1.] [대통령령 제26656호, 2015.11.18., 일부개정]

제1조(목적) 이 영은 「국가공무원법」 제10장에 따라 공무원의 징계와 징계부가금 부과에 필요한 사항을 규정함을 목적으로 한다.

[본조신설 2013.12.11.]

제1조의2(적용 범위) 행정부 소속의 경력직 국가공무원 및 「국가공무원법」(이하 '법'이라 한다) 제10장이 준용되는 별정직 국가공무원(이하 '공무원'이라 한다)에 대한 징계 및 징계부가금은 다른 법령에 특별한 규정이 있는 경우를 제외하고는 이 영에서 정하는 바에 따른다. 〈**개정** 2010.6.15., 2013.12.11.〉

제1조의3(정의) 이 영에서 사용하는 용어의 뜻은 다음과 같다.

1. '중징계'란 파면, 해임, 강등 또는 정직을 말한다.
2. '경징계'란 감봉 또는 견책을 말한다.

[전문개정 2009.3.18.]

제2조(징계위원회의 종류 및 관할) ① 징계위원회는 중앙징계위원회와 보통징계위원회로 구분한다.

② 중앙징계위원회는 다음 각 호의 징계 또는 법 제78조의2에 따른 징계부가금(이하 '징계부가금'이라 한다) 사건을 심의·의결한다. 〈**개정** 2010.6.15., 2013.12.11., 2013.12.16.〉

1. 고위공무원단에 속하는 공무원의 징계 또는 징계부가금(이하 '징계 등'이라 한다) 사건

1의2. 다음 각 목의 어느 하나에 해당하는 공무원(이하 '5급 이상 공무원 등'이라 한다)의 징계등 사건

가. 5급 이상 공무원

나. 전문경력관 가군

다. 연구관 및 지도관

라. 우정2급 이상 공무원

마. 나급 이상 전문임기제 공무원(시간선택제 전문임기제 공무원을 포함한다)

바. 5급 이상 일반직 공무원의 보수에 상당하는 보수를 받는 별정직 공무원

2. 다른 법령에 따라 중앙징계위원회에서 징계의결 또는 징계부가금 부과 의결(이하 '징계의결 등'이라 한다)을 하는 특정직 공무원의 징계 등 사건

3. 대통령이나 국무총리의 명령에 따른 감사 결과 국무총리가 징계의결 등을 요구한 다음 각 목의 어느 하나에 해당하는 공무원(이하 '6급 이하 공무원 등'이라 한다)의 징계 등 사건

가. 6급 이하 공무원

나. 전문경력관 나군 및 다군

다. 연구사 및 지도사

라. 우정3급 이하 공무원

마. 다급 이하 전문임기제 공무원(시간선택제 전문임기제 공무원을 포함한다)

바. 한시임기제 공무원

사. 6급 이하 일반직 공무원의 보수에 상당하는 보수를 받는 별정직 공무원

4. 중앙행정기관 소속의 6급 이하 공무원 등에 대한 중징계 또는 중징계 관련 징계부가금(이하 '중징계 등'이라 한다) 요구사건

③ 보통징계위원회는 6급 이하 공무원 등의 징계 등 사건(제2항 제3호의 징계 등 사건은 제외한다)을 심의·의결한다. **〈개정 2010.6.15., 2013.12.11.〉**

④ 6급 이하 공무원 등에 대한 중징계 등 요구사건은 중앙행정기관에 설치된 징계위원회에서 심의·의결한다. 다만, 제2항 제3호·제4호에 따라 중앙징계위원회의 관할로 된 경우에는 그러하지 아니하다. **〈개정 2010.6.15., 2013.12.11., 2015.8.3.〉**

⑤ 2명 이상이 관련된 징계 등 사건으로서 관련자의 관할 징계위원회가 서로 다른 경우에는 제2항부터 제4항까지의 규정에도 불구하고 관련자의 관할 징계위원회 중 최고 상급기관에 설치된 보통징계위원회(관련자가 중앙징계위원회의 관할로 된 경우에는 중앙징계위원회)에서 심의·의결하고, 관할 징계위원회가 서로 대등한 경우에는 그 바로 위 상급기관(바로 위 상급기관이 서로 다른 경우에는 2단계 위의

상급기관)에 설치된 보통징계위원회에서 심의·의결한다. 다만, 관할 징계위원회에서 관련자에 대한 징계 등을 분리하여 심의·의결하는 것이 타당하다고 인정하는 경우에는 징계위원회의 의결에 따라 관련자에 대한 징계 등 사건을 제2항부터 제4항까지의 규정에 따른 관할 징계위원회로 이송할 수 있다. 〈**개정** 2010.6.15.〉

[**전문개정** 2009.3.18.]

제3조(징계위원회의 설치) ① 중앙징계위원회는 국무총리 소속으로 둔다.

② 보통징계위원회는 중앙행정기관에 둔다. 다만, 중앙행정기관의 장이 필요하다고 인정할 때에는 그 소속 기관에도 설치할 수 있다. 〈**개정** 2015.8.3.〉

③ 삭제 〈2015.8.3.〉

④ 보통징계위원회는 징계 등 대상자보다 상위계급의 공무원(고위공무원단에 속하는 공무원을 포함한다)이 징계위원회의 위원이 될 수 있도록 관할권을 조정할 수 있다. 이 경우에 관할에서 제외된 징계 등 대상자는 그 징계위원회가 설치된 바로 위의 감독기관의 징계위원회에서 관할한다. 〈**개정** 2010.6.15.〉

[**전문개정** 2009.3.18.]

제4조(중앙징계위원회의 구성 등) ① 중앙징계위원회는 위원장 1명을 포함하여 17명 이상 33명 이하의 공무원위원과 민간위원으로 구성한다. 이 경우 민간위원의 수는 위원장을 제외한 위원 수의 2분의 1 이상이어야 한다. 〈**개정** 2014.11.19.〉

② 공무원위원은 다음 각 호의 직위 중 국무총리가 정하는 직위에 근무하는 사람으로 한다. 〈**개정** 2015.8.3.〉

1. 고위공무원단 직위 중 「직무분석규정」 제8조 제2항에 따른 직무등급 중 가 등급에 해당하는 직위
2. 제1호에 상당하는 특정직 공무원으로 보하는 직위

③ 국무총리는 다음 각 호의 어느 하나에 해당하는 사람 중에서 민간위원을 위촉한다. 〈**개정** 2015.8.3.〉

1. 법관, 검사 또는 변호사로 10년 이상 근무한 사람
2. 대학에서 법학 또는 행정학을 담당하는 부교수 이상으로 재직 중인 사람

3. 공무원으로서 중앙징계위원회의 위원으로 임명될 수 있는 직위에 근무하고 퇴직한 사람
4. 민간부문에서 인사·감사 업무를 담당하는 임원급 또는 이에 상응하는 직위에 근무한 경력이 있는 사람

④ 중앙징계위원회의 위원장은 인사혁신처장이 된다. 〈개정 2014.11.19.〉

⑤ 중앙징계위원회의 회의는 위원장과 위원장이 회의마다 지정하는 8명의 위원으로 구성한다. 이 경우 제3항에 따른 민간위원이 5명 이상 포함되어야 한다. 〈개정 2015.8.3.〉

[전문개정 2013.5.31.]

제5조(보통징계위원회의 구성) ① 보통징계위원회는 위원장 1명을 포함하여 9명 이상 15명 이하의 공무원위원과 민간위원으로 구성한다. 이 경우 민간위원의 수는 위원장을 제외한 위원 수의 2분의 1 이상이어야 한다.

② 보통징계위원회의 위원장은 해당 위원회 설치기관의 장의 다음 순위인 사람(직급을 기준으로 정하되, 같은 직급의 경우에는 직위를 설치하는 법령에 규정된 직위의 순위를 기준으로 정한다)이 된다. 다만, 중앙행정기관에 설치된 보통징계위원회의 위원장은 징계 운영의 효율성 등을 고려하여 고위공무원단 직위 또는 이에 상당하는 특정직 공무원으로 보하는 직위에 있는 사람 중에서 중앙행정기관의 장이 임명할 수 있다.

③ 보통징계위원회의 공무원위원은 징계 등 대상자보다 상위계급(고위공무원단에 속하는 공무원을 포함한다)의 소속 공무원 중에서 해당 기관의 장이 임명하되, 특별한 사유가 없으면 최상위인 사람부터 차례로 임명하여야 한다.

④ 보통징계위원회가 설치된 행정기관의 장은 다음 각 호의 사람 중에서 성별을 고려하여 민간위원으로 위촉하여야 한다.

1. 법관, 검사 또는 변호사로 5년 이상 근무한 사람
2. 대학에서 법학 또는 행정학을 담당하는 조교수 이상으로 재직 중인 사람
3. 공무원으로 20년 이상 근속하고 퇴직한 사람
4. 민간부문에서 인사·감사 업무를 담당하는 임원급 또는 이에 상응하는 직

위에 근무한 경력이 있는 사람

⑤ 보통징계위원회의 회의는 위원장과 위원장이 회의마다 지정하는 6명의 위원으로 구성한다. 이 경우 제4항에 따른 민간위원이 4명 이상 포함되어야 한다.

[전문개정 2015.11.18.]

제5조의2(위원의 임기) 제4조 제3항 및 제5조 제4항에 따라 위촉되는 위원의 임기는 3년으로 하며, 한 차례만 연임할 수 있다. 〈개정 2013.5.31., 2015.11.18.〉

제5조의3(위원의 해촉) 국무총리(제4조 제3항에 따라 위촉된 위원에 대한 경우만 해당한다) 또는 보통징계위원회가 설치된 행정기관의 장(제5조 제4항에 따라 위촉된 위원에 대한 경우만 해당한다)은 징계위원회의 위원이 다음 각 호의 어느 하나에 해당하는 경우에는 해당 위원을 해촉(解囑)할 수 있다. 다만, 제4호에 해당하는 경우에는 해촉하여야 한다.

1. 심신장애로 인하여 직무를 수행할 수 없게 된 경우
2. 직무와 관련된 비위 사실이 있는 경우
3. 직무 태만, 품위 손상이나 그 밖의 사유로 인하여 위원으로 적합하지 아니하다고 인정되는 경우
4. 제15조 제1항에 해당하는 데에도 불구하고 회피하지 아니한 경우
5. 위원 스스로 직무를 수행하는 것이 곤란하다고 의사를 밝히는 경우

[본조신설 2015.11.18.]

제6조(각급 징계위원회의 사무직원) ① 각급 징계위원회에 간사 몇 명을 둔다.

② 중앙징계위원회의 간사는 5급 이상 공무원(고위공무원단에 속하는 공무원을 포함한다) 중에서 인사혁신처장이 임명한다. 〈개정 2013.3.23., 2014.11.19.〉

③ 보통징계위원회의 간사는 소속 일반직 공무원(외교부 및 그 소속 기관의 경우에는 외무공무원) 중에서 해당 기관의 장이 임명한다. 〈개정 2013.3.23.〉

④ 간사는 위원장의 명을 받아 징계 등에 관한 기록이나 그 밖의 서류의 작성 및 보관에 관한 사무에 종사한다. 〈개정 2010.6.15.〉

제7조(징계의결 등의 요구) ① 법 제78조 제1항·제4항 및 제78조의2 제1항에 따라 5급 이상 공무원 등(고위공무원단에 속하는 공무원을 포함한다)에 대해서는 소속 장관이, 6급 이하 공무원 등에 대해서는 해당 공무원의 소속 기관의 장 또는 소속 상급기관의 장이 관할 징계위원회에 징계의결 등을 요구하여야 한다. 다만, 겸임공무원에 대해서는 본직기관(本職機關)의 장이 징계의결 등을 요구하여야 한다. 〈**개정** 2010.6.15., 2013.12.11.〉

② 행정기관의 장은 제1항에 따른 징계의결 등 요구권을 갖지 아니하는 공무원에 대해서 징계 등 사유가 있다고 인정할 때에는 징계의결 등 요구권을 갖는 행정기관의 장에게 그 징계 등 사유를 증명할 수 있는 다음 각 호의 어느 하나에 해당하는 관계 자료를 첨부하여 통보하여야 한다. 〈**개정** 2010.6.15.〉

1. 감사원에서 조사한 사건의 경우에는 공무원 징계처분 또는 징계부가금 부과처분 요구서, 혐의자·관련자에 대한 문답서 및 확인서 등 조사기록
2. 수사기관에서 수사한 사건의 경우에는 공무원 범죄처분 결과통보서, 공소장, 혐의자·관련자·관련증인에 대한 신문조서 및 진술서 등 수사기록
3. 그 밖에 다른 기관의 경우에는 징계 등 혐의 사실통보서 및 혐의 사실을 증명할 수 있는 관계 자료

③ 제2항에 따라 징계 등 사유를 통보받은 행정기관의 장은 타당한 이유가 없으면 1개월 이내에 관할 징계위원회에 징계의결 등을 요구하여야 한다. 〈**개정** 2010.6.15.〉

④ 제3항에 따라 징계의결 등을 요구한 기관의 장은 제2항에 따라 징계 등 사유를 통보한 행정기관의 장에게 해당 사건의 처리 결과를 통보하여야 한다. 〈**개정** 2010.6.15.〉

⑤ 보통징계위원회가 설치된 행정기관의 장(중앙행정기관의 장은 제외한다)은 징계 등 사건의 내용이 중대하거나 그 기관에 설치된 징계위원회에서는 공정한 의결을 못할 우려가 있다고 인정할 때에는 바로 위 상급행정기관에 설치된 보통징계위원회에 징계의결 등을 요구할 수 있다. 〈**개정** 2010.6.15.〉

⑥ 제1항·제3항 및 제5항에 따라 징계의결 등을 요구할 때에는 징계 등 사유에 대한 충분한 조사를 한 후에 그 증명에 필요한 다음 각 호의 관계 자료를 첨부하여 관할 징계위원회에 제출하여야 하고, 중징계 또는 경징계로 구분하여 요구하여야 한다. 다만, 「감사원법」 제32조 제1항 및 제10항에 따라 감사원장이 「국가공

무원법」 제79조에서 정한 징계의 종류를 구체적으로 지정하여 징계요구를 한 경우에는 그러하지 아니하다. 〈**개정** 2010.6.15., 2015.11.18.〉

1. 별지 제1호 서식의 공무원 징계의결등 요구서
2. 공무원 인사 및 성과 기록 출력물
3. 별지 제1호의2 서식의 확인서
4. 혐의 내용을 증명할 수 있는 공문서 등 관계 증거자료
5. 혐의 내용에 대한 조사기록 또는 수사기록
6. 관련자에 대한 조치사항 및 그에 대한 증거자료
7. 관계 법규, 지시문서 등의 발췌문
8. 징계 등 사유가 다음 각 목의 어느 하나에 해당하는 경우에는 정신건강의학과 의사, 심리학자, 사회복지학자 또는 그 밖의 관련 전문가가 작성한 별지 제1호의3 서식의 전문가 의견서

   가. 「성폭력범죄의 처벌 등에 관한 특례법」 제2조에 따른 성폭력범죄

   나.「국가인권위원회법」 제2조 제3호 라목에 따른 성희롱

⑦ 징계의결 등 요구권자는 징계의결 등을 요구하면서 동시에 제6항의 공무원 징계의결 등 요구서 사본을 징계 등 혐의자에게 송부하여야 한다. 다만, 징계등 혐의자가 그 수령을 거부하는 경우에는 그러하지 아니하다. 〈**개정** 2010.6.15.〉

⑧ 징계의결 등 요구권자는 징계등 혐의자가 공무원 징계의결 등 요구서 사본의 수령을 거부하는 경우에는 관할 징계위원회에 그 사실을 증명하는 서류를 첨부하여 문서로 통보하여야 한다. 〈**개정** 2010.6.15.〉

[**전문개정** 2009.3.18.]

제8조(국무총리의 징계의결 등 요구) ① 대통령이나 국무총리의 명령에 따른 감사 결과 징계 등 사유가 있다고 인정되는 공무원에 대해서는 제7조 제1항부터 제3항까지의 규정에도 불구하고 국무총리가 직접 관할 징계위원회에 징계의결 등을 요구할 수 있다. 〈**개정** 2010.6.15.〉

② 국무총리는 제1항에 따라 징계의결 등을 요구하였으면 소속 중앙행정기관의 장에게 그 사실을 통보하여야 한다. 〈**개정** 2010.6.15.〉

③ 국무총리는 제1항에 따라 직접 징계의결 등을 요구하는 것이 적당하지 아니하다고 인정되면 소속 중앙행정기관의 장에게 그 징계 등 사유를 통보한다. 〈**개정** 2010.6.15.〉

④ 제3항에 따라 징계 등 사유를 통보받은 행정기관의 장은 지체 없이 관할 징계위원회에 징계의결 등을 요구하여야 하고 해당 사건의 처리 결과를 국무총리에게 보고하여야 한다. 〈**개정** 2010.6.15.〉

[**전문개정** 2009.3.18.]

제8조의2(징계 등 절차 진행 여부의 결정) 행정기관의 장은 법 제83조 제3항에 따라 수사 개시 통보를 받으면 지체 없이 징계의결 등의 요구나 그 밖에 징계 등 절차의 진행 여부를 결정하고, 그 사실을 징계 등 혐의자에게 통보하여야 한다. 〈**개정** 2010.6.15., 2011.1.24.〉

[**전문개정** 2009.3.18.]

제9조(징계의결 등의 기한) ① 징계위원회는 징계의결 등 요구서를 접수한 날부터 30일(중앙징계위원회의 경우는 60일) 이내에 징계의결 등을 하여야 한다. 다만, 부득이한 사유가 있을 때에는 해당 징계위원회의 의결로 30일(중앙징계위원회의 경우는 60일)의 범위에서 그 기간을 연장할 수 있다. 〈**개정** 2010.6.15.〉

② 징계의결 등이 요구된 사건에 대한 징계 등 절차의 진행이 법 제83조에 따라 중지된 경우 그 중지된 기간은 제1항의 징계의결 등의 기한에 포함하지 아니한다. 〈**개정** 2010.6.15.〉

[**전문개정** 2009.3.18.]

제10조(징계 등 혐의자의 출석) ① 징계위원회가 징계 등 혐의자의 출석을 명할 때에는 별지 제2호 서식에 따른 출석통지서로 하되, 징계위원회 개최일 3일 전에 징계 등 혐의자에게 도달되도록 하여야 한다. 이 경우 제2항에 따라 출석통지서를 징계 등 혐의자의 소속 기관의 장에게 송부하여 전달하게 한 경우를 제외하고는 출석통지서 사본을 징계 등 혐의자의 소속 기관의 장에게 송부하여야 하며, 소속 기관의 장은 징계 등 혐의자를 출석시켜야 한다. 〈**개정** 2010.6.15.〉

② 징계위원회는 징계 등 혐의자의 주소를 알 수 없거나 그 밖의 사유로 제1항에 따른 출석통지서를 징계 등 혐의자에게 직접 송부하는 것이 곤란하다고 인정될 때에는 제1항의 출석통지서를 징계 등 혐의자의 소속 기관의 장에게 송부하여 전달하게 할 수 있다. 이 경우 출석통지서를 받은 기관의 장은 지체 없이 징계 등 혐의자에게 전달한 후 전달 상황을 관할 징계위원회에 통지하여야 한다. **〈개정 2010.6.15.〉**

③ 징계위원회는 징계 등 혐의자가 그 징계위원회에 출석하여 진술하기를 원하지 아니할 때에는 진술권포기서를 제출하게 하여 기록에 첨부하고 서면심사만으로 징계의결 등을 할 수 있다. **〈개정 2010.6.15.〉**

④ 징계 등 혐의자가 정당한 사유서를 제출하지 아니하면 출석을 원하지 아니하는 것으로 보아 그 사실을 기록에 남기고 서면심사에 따라 징계의결 등을 할 수 있다. **〈개정 2010.6.15.〉**

⑤ 징계 등 혐의자가 해외 체류, 형사사건으로 인한 구속, 여행, 그 밖의 사유로 징계의결 등 요구서 접수일부터 50일 이내에 출석할 수 없을 때에는 서면으로 진술하게 하여 징계의결 등을 할 수 있다. 이 경우에 서면으로 진술하지 아니할 때에는 그 진술 없이 징계의결 등을 할 수 있다. **〈개정 2010.6.15.〉**

⑥ 징계 등 혐의자가 있는 곳이 분명하지 아니할 때에는 관보를 통해 출석통지를 한다. 이 경우에는 관보에 게재한 날부터 10일이 지나면 그 출석통지서가 송달된 것으로 본다. **〈개정 2010.6.15.〉**

⑦ 징계 등 혐의자가 출석통지서 수령을 거부한 경우에는 징계위원회에서의 진술권을 포기한 것으로 본다. 다만, 징계 등 혐의자는 출석통지서의 수령을 거부한 경우에도 해당 징계위원회에 출석하여 진술할 수 있다. **〈개정 2010.6.15.〉**

⑧ 징계 등 혐의자 소속 기관의 장이 제2항 전단에 따라 출석통지서를 전달할 때 징계 등 혐의자가 출석통지서의 수령을 거부하면 제2항 후단에 따라 출석통지서 전달 상황을 통지할 때 수령을 거부한 사실을 증명하는 서류를 첨부하여야 한다. **〈개정 2010.6.15.〉**

[전문개정 2009.3.18.]

제11조(심문과 진술권) ① 징계위원회는 제10조 제1항에 따라 출석한 징계 등 혐의자에게 혐의 내용에 관한 심문을 하고 필요하다고 인정할 때에는 관계인의

출석을 요구하여 심문할 수 있다. 〈**개정** 2010.6.15.〉

② 징계위원회는 징계 등 혐의자에게 충분한 진술을 할 수 있는 기회를 주어야 하며, 징계 등 혐의자는 서면으로 또는 구술로 자기에게 이익이 되는 사실을 진술하거나 증거를 제출할 수 있다. 〈**개정** 2010.6.15.〉

③ 징계 등 혐의자는 증인의 심문을 신청할 수 있다. 이 경우에 위원회는 증인 채택 여부를 결정하여야 한다. 〈**개정** 2010.6.15.〉

④ 징계의결 등 요구자 및 신청자는 필요하다고 인정할 때에는 징계위원회에 출석하거나 서면으로 의견을 진술할 수 있다. 〈**개정** 2010.6.15.〉

[**전문개정** 2009.3.18.]

제11조의2(우선 심사) ① 징계위원회는 다음 각 호의 어느 하나에 해당하는 징계등 사건의 경우에는 다른 징계 등 사건에 우선하여 심사할 수 있다.

1. 징계 등 혐의자가 혐의 사실을 모두 인정하고 우선 심사를 신청한 경우
2. 징계의결 등 요구권자가 신속한 징계 절차 진행이 필요하다고 판단하여 우선 심사를 신청한 경우

② 우선 심사를 신청하려는 자는 총리령으로 정하는 우선 심사 신청서를 관할 징계위원회에 제출하여야 한다.

③ 제2항에 따른 우선 심사 신청서를 접수한 징계위원회는 특별한 사유가 없으면 해당 징계 등 사건을 다른 징계 등 사건에 우선하여 심사하여야 한다.

[**본조신설** 2015.8.3.]

제12조(징계위원회의 의결) ① 징계위원회는 위원 5명 이상의 출석과 출석위원 과반수의 찬성으로 의결하되, 의견이 나뉘어 출석위원 과반수의 찬성을 얻지 못한 경우에는 출석위원 과반수가 될 때까지 징계 등 혐의자에게 가장 불리한 의견에 차례로 유리한 의견을 더하여 가장 유리한 의견을 합의된 의견으로 본다. 〈**개정** 2010.6.15.〉

② 제1항의 의결은 별지 제3호 서식의 징계 등 의결서로 하며 서식의 이유란에는 징계 등의 원인이 된 사실, 증거의 판단과 관계 법령을 구체적으로 밝혀야 한다. 〈**개정** 2010.6.15.〉

③ 위원회는 필요하다고 인정할 때에는 소속 직원으로 하여금 사실조사를 하게 하거나 특별한 학식과 경험이 있는 사람에게 검정이나 감정을 의뢰할 수 있다.

④ 징계위원회는 제3항에 따라 소속 직원으로 하여금 사실조사를 하게 하기 위하여 필요하다고 인정할 때에는 징계 등 혐의자에게 출석을 명할 수 있다. 〈**개정** 2010.6.15.〉

⑤ 제4항에 따라 징계 등 혐의자를 출석하게 하는 경우에는 제10조 제1항·제2항 및 제8항을 준용한다. 〈**개정** 2010.6.15.〉

[**전문개정** 2009.3.18.]

제13조(위원장의 직무) ① 징계위원회의 위원장은 위원회를 대표하며 위원회의 사무를 총괄한다.

② 위원장은 징계위원회의 회의를 소집하고 그 의장이 된다.

③ 의장은 표결권을 가진다.

[**전문개정** 2009.3.18.]

제14조(위원장의 직무 대행) 위원장이 부득이한 사유로 직무를 수행할 수 없을 때에는 위원장이 미리 지정한 위원, 먼저 임명받은 위원의 순서로 그 직무를 대행한다. 〈**개정** 2014.11.19.〉

[**전문개정** 2009.3.18.]

제15조(제척 및 기피) ① 징계위원회의 위원 중 징계 등 혐의자의 친족 또는 직근 상급자(징계 사유가 발생한 기간 동안 직근 상급자였던 사람을 포함한다)나 그 징계 등 사유와 관계가 있는 사람은 그 징계 등 사건의 심의·의결에 관여하지 못한다. 〈**개정** 2010.6.15., 2013.5.31., 2013.12.11.〉

② 징계 등 혐의자는 위원장이나 위원 중에서 불공정한 의결을 할 우려가 있다고 인정할 만한 상당한 사유가 있을 때에는 그 사실을 서면으로 밝히고 기피를 신청할 수 있다. 〈**개정** 2010.6.15.〉

③ 징계위원회의 위원장 또는 위원은 제1항에 해당하면 스스로 해당 징계 등

사건의 심의·의결을 회피하여야 하며, 제2항에 해당하면 회피할 수 있다. 〈개정 2015.11.18.〉

④ 제2항의 기피신청이 있을 때에는 재적위원 과반수의 출석과 출석위원 과반수의 찬성으로 기피 여부를 의결한다. 이 경우에 기피신청을 받은 사람은 그 의결에 참여하지 못한다. 〈개정 2010.6.15.〉

⑤ 보통징계위원회에서 제1항부터 제3항까지의 사유로 위원장을 포함한 위원 5명 이상이 출석할 수 없게 되었을 때에는 위원 5명 이상이 출석할 수 있도록 그 위원회 설치기관의 장에게 임시위원의 임명을 요청하여야 한다. 이 경우에 임시위원을 임명할 수 없으면 그 징계의결 등의 요구는 철회된 것으로 보고 상급행정기관의 장에게 그 징계의결 등을 신청하여야 한다. 〈개정 2010.6.15.〉

[전문개정 2009.3.18.]

제16조(감사원에 대한 통고) 징계위원회가 설치된 기관의 장은 징계위원회에서 징계등 사건을 심의·의결한 결과 해당 공무원이 공무로 보관 중인 금품 또는 물품을 잃어버리거나 훼손하였다고 인정할 때에는 소속 장관이나 감독기관의 장을 거쳐 그 사실을 감사원에 통고하여야 한다. 〈개정 2010.6.15.〉

[전문개정 2009.3.18.]

제17조(징계 등의 정도 결정) 징계위원회가 징계 등 사건을 의결할 때에는 징계 등 혐의자의 평소 행실, 근무 성적, 공적(功績), 뉘우치는 정도, 징계 등 요구의 내용 또는 그 밖의 정상을 참작하여야 한다. 〈개정 2010.6.15.〉

[전문개정 2009.3.18.]

제17조의2(징계부가금) ① 법 제78조의2 제1항 제1호에서 '대통령령으로 정하는 재산상 이익'이란 다음 각 호의 어느 하나에 해당하는 것을 말한다. 〈신설 2015.11.18.〉

1. 유가증권, 숙박권, 회원권, 입장권, 할인권, 초대권, 관람권, 부동산 등의 사용권 등 일체의 재산상 이익

2. 골프 등의 접대 또는 교통·숙박 등의 편의 제공
3. 채무 면제, 취업제공, 이권(利權) 부여 등 유형·무형의 경제적 이익

② 징계위원회가 법 제78조의2 제1항에 따라 징계부가금 부과 의결을 요구받은 때에는 같은 항 각 호의 어느 하나에 해당하는 행위로 취득하거나 제공한 금전 또는 재산상 이득(금전이 아닌 재산상 이득의 경우에는 금전으로 환산한 금액을 말하며, 이하 '금품비위금액 등'이라 한다)의 5배 내에서 징계부가금의 부과 의결을 할 수 있다. 〈**개정** 2015.11.18.〉

③ 징계위원회에서 징계부가금 부과 의결을 하기 전에 징계 등 혐의자가 법 제78조의2 제1항 각 호의 어느 하나에 해당하는 행위로 다른 법률에 따라 형사처벌을 받거나 변상책임 등을 이행(몰수나 추징을 당한 경우를 포함한다) 또는 다른 법령에 따른 환수나 가산징수 절차에 따라 환수금이나 가산징수금을 납부한 경우로서 같은 조 제2항에 따라 징계위원회가 징계부가금을 조정하여 의결할 때에는 벌금, 변상금, 몰수, 추징금, 환수금 또는 가산징수금에 해당하는 금액과 징계부가금의 합계액이 금품비위금액 등의 5배를 초과해서는 아니 된다. 〈**개정** 2015.11.18.〉

④ 징계의결 등의 요구권자는 다음 각 호의 어느 하나에 해당하는 사유가 발생한 날부터 30일 내에 징계위원회에 징계부가금 감면 의결을 요구하여야 하며, 동시에 별지 제3호의2 서식의 징계부가금 감면 의결 요구서 사본을 징계등 혐의자에게 송부하여야 한다. 다만, 징계 등 혐의자가 그 수령을 거부하는 경우에는 그러하지 아니하다. 〈**개정** 2015.11.18.〉

1. 징계부가금 부과 의결을 받은 자가 법원의 판결(몰수·추징에 대한 판결을 포함한다)이 확정되거나 변상책임 등을 이행한 날 또는 환수금이나 가산징수금을 납부한 날부터 60일 내에 징계의결 등의 요구권자에게 징계부가금 감면 의결을 신청한 경우
2. 징계의결 등의 요구권자가 징계부가금 부과 의결을 받은 자에 대한 법원의 판결(몰수·추징에 대한 판결을 포함한다)이 확정되거나 변상책임 등이 이행된 것 또는 환수금이나 가산징수금 등이 납부된 것을 안 경우

⑤ 제4항에 따라 징계부가금 감면 의결이 요구된 경우 법 제78조의2 제3항에 따라 징계위원회는 벌금, 변상금, 몰수, 추징금, 환수금 또는 가산징수금에 해당하

는 금액과 징계부가금의 합계액이 금품비위금액 등의 5배를 초과하지 않는 범위에서 감면 의결하여야 한다. 이 경우 징계부가금 감면 의결의 기한에 관하여는 제9조 제1항을 준용한다. 〈개정 2015.11.18.〉

⑥ 징계 등 혐의자 또는 징계부가금 부과 의결을 받은 자가 벌금 외의 형(벌금형이 병과되는 경우를 포함한다)을 선고받아 제3항 또는 제5항을 적용하기 곤란한 경우에는 징계위원회는 형의 종류, 형량 및 실형, 집행유예 또는 선고유예 여부 등을 종합적으로 고려하여 징계부가금을 조정하여 의결하거나 감면 의결하여야 한다. 〈개정 2015.11.18.〉

[본조신설 2010.6.15.]

제18조(의결 통보) 징계위원회가 징계의결 등(징계부가금 감면 의결을 포함한다. 이하 같다)을 하였을 때에는 지체 없이 징계 등 의결서 또는 별지 제3호의3 서식의 징계부가금 감면 의결서의 정본(正本)을 첨부하여 징계의결 등의 요구자에게 통보하여야 한다. 다만, 5급 이상 공무원 등(고위공무원단에 속하는 공무원을 포함한다)의 파면 또는 해임 의결을 한 경우를 제외하고는 징계의결 등의 요구자와 징계처분, 징계부가금 부과처분 또는 징계부가금 감면처분(이하 '징계처분 등'이라 한다)의 처분권자가 다를 때에는 징계처분 등의 처분권자에게도 징계의결 등의 결과를 통보하여야 한다. 〈개정 2010.6.15., 2013.12.11.〉

[전문개정 2009.3.18.]

제18조의2(징계의결 등의 경정) 제18조에 따른 징계의결 등에 계산상 또는 기재상의 잘못이나 그 밖에 이와 비슷한 잘못이 있는 것이 명백할 때에는 위원장은 직권 또는 징계의결 등 요구권자나 징계등 혐의자의 신청에 따라 경정결정을 할 수 있다.

[본조신설 2015.8.3.]

제19조(징계처분 등) ① 징계처분 등의 처분권자는 징계 등 의결서 또는 징계부가금 감면 의결서를 받은 날부터 15일 이내에 징계처분 등을 하여야 한다. 〈개정 2010.6.15., 2012.9.5.〉

② 징계처분 등의 처분권자는 제1항에 따라 징계처분 등을 할 때에는 별지 제4호 서식에 따른 징계처분 등의 사유설명서에 징계등 의결서 또는 징계부가금 감면 의결서 사본을 첨부하여 징계처분 등의 대상자에게 교부하여야 한다. 다만, 5급 이상 공무원 등(고위공무원단에 속하는 공무원을 포함한다)을 파면하거나 해임한 경우에는 임용제청권자가 징계처분 등의 사유설명서를 교부한다. 〈개정 2010.6.15., 2012.9.5., 2013.12.11.〉

[전문개정 2009.3.18.]

제19조의2(징계부가금 납부고지서의 교부 등) ① 제18조에 따라 의결 통보를 받은 징계처분 등의 처분권자가 제19조 제2항에 따라 징계처분 등의 대상자에게 징계처분 등의 사유설명서를 교부할 때에는 징계부가금 금액을 분명하게 적은 납부고지서 또는 감면된 징계부가금 금액을 분명하게 적은 감면 납부고지서를 함께 교부하여야 한다.

② 징계처분 등의 처분권자는 징계 처분 등의 대상자가 제1항의 납부고지서를 교부받은 날부터 60일 이내에 징계부가금 또는 감면된 징계부가금을 납부하지 아니하면 법 제78조의2 제3항에 따른 징수를 관할 세무서장에게 의뢰하여야 한다. 이 경우 관할 세무서장은 특별한 사정이 없는 한 이에 응하여야 한다. 〈개정 2013.5.31.〉

③ 징계처분 등의 대상자가 징계부가금을 납부한 후에 제1항의 감면 납부고지서를 받은 경우에는 징계처분 등의 처분권자는 그 차액을 징계처분 등의 대상자에게 환급하여야 한다.

④ 징계처분 등의 대상자가 징계부가금을 납부하기 전에 제1항의 감면 납부고지서를 받은 경우에는 징계처분 등의 대상자는 감면된 징계부가금을 납부하여야 한다.

[본조신설 2010.6.15.]

제20조(회의의 비공개) 징계위원회의 심의·의결의 공정성을 보장하기 위하여 다음 각 호의 사항은 공개하지 아니한다.

1. 징계위원회의 회의

2. 징계위원회의 회의에 참여할 또는 참여한 위원의 명단

3. 징계위원회의 회의에서 위원이 발언한 내용이 적힌 문서(전자적으로 기록된 문서를 포함한다)

4. 그 밖에 공개할 경우 징계위원회의 심의·의결의 공정성을 해칠 우려가 있다고 인정되는 사항

[전문개정 2013.5.31.]

제21조(비밀누설 금지) 징계위원회의 회의에 참여한 사람은 직무상 알게 된 비밀을 누설해서는 아니 된다.

[전문개정 2009.3.18.]

제22조 삭제 〈2013.12.11.〉

제23조(직권 면직에 대한 동의 등) ①법 제70조 제2항에 따라 임용권자가 직권 면직에 대한 징계위원회의 의견을 들어야 하는 경우에는 이 영에 따른 경징계 요구사건의 징계 관할에 따라, 징계위원회의 동의를 받아야 하는 경우에는 이 영에 따른 중징계 요구사건의 징계 관할에 따라, 관할 징계위원회에 별지 제4호의2 서식의 직권 면직 의견·동의 요구서로 그 의견 또는 동의를 요구하여야 한다. 〈**개정** 2012.9.5.〉

② 징계위원회는 다른 징계등 사건(법 제78조의3 제2항에 따라 징계의결 등이 요구된 사건은 제외한다)에 우선하여 직권 면직에 관하여 제시할 의견이나 동의 여부에 대하여 의결하여야 한다. 〈**신설** 2012.9.5.〉

③ 징계위원회가 직권 면직에 관하여 제시할 의견이나 동의 여부에 대하여 의결하였을 때에는 지체 없이 별지 제4호의3 서식의 직권 면직 의견·동의 의결서를 첨부하여 임용권자에게 통보하여야 한다. 〈**신설** 2012.9.5.〉

④ 제1항부터 제3항까지에서 규정한 사항 외에 직권 면직 대상자의 출석, 심문과 진술권, 사실조사, 제척 및 기피 등에 관하여는 제10조, 제11조, 제12조 제4항·제5항 및 제15조를 각각 준용한다. 이 경우 '징계 등 혐의자'는 '직권 면직 대상자'로, '징계의결등'은 '직권 면직에 대한 의견 또는 동의 의결'로, '징계의결등

요구서'는 '직권 면직 의견·동의 요구서'로, '협의 내용'은 '직권 면직'으로, '징계 등 사건'은 '직권 면직 사건'으로 본다. 〈신설 2012.9.5.〉

[전문개정 2009.3.18.]

제24조(심사 또는 재심사 청구) 징계의결 등을 요구한 기관의 장은 법 제82조 제2항에 따라 심사 또는 재심사를 청구하려면 징계의결 등을 통보받은 날부터 15일 이내에 다음 각 호의 사항을 적은 징계의결 등 심사(재심사)청구서에 사건 관계 기록을 첨부하여 관할 징계위원회에 제출하여야 한다. 〈개정 2010.6.15.〉

1. 심사 또는 재심사 청구의 취지
2. 심사 또는 재심사 청구의 이유 및 증명 방법
3. 징계등 의결서 사본 또는 징계부가금 감면 의결서 사본
4. 제17조에 따른 여러 정상

[전문개정 2009.3.18.]

제25조(징계 등 처리 대장) ①각급 징계위원회는 징계 등 사건의 접수·처리 상황을 관리하기 위하여 별지 제5호 서식의 징계 등 처리 대장을 갖춰 두어야 한다. 〈개정 2010.6.15., 2015.11.18.〉

② 제1항에도 불구하고 각급 징계위원회는 징계 등 처리 대장을 「전자인사관리시스템의구축·운영등에관한규정」 제3조 제5호에 따른 전자인사관리시스템으로 작성·유지·보관할 수 있다. 〈신설 2015.11.18.〉

[전문개정 2009.3.18.]

제25조의2 삭제 〈2013.5.31.〉

제26조 삭제 〈2009.3.18.〉

부칙 〈제26656호, 2015.11.18.〉

제1조(시행일) 이 영은 2015년 11월 19일부터 시행한다. 다만, 제5조의2, 제5조의3, 제25조 및 대통령령 제26568호 공무원 징계령 일부개정령 제5조의 개정규정은 2016년 1월 1일부터 시행한다.

제2조(성 관련 비위의 징계의결 등 요구 시 전문가 의견서 제출에 관한 적용례) 제7조 제6항 제8호의 개정 규정은 이 영 시행 이후에 징계의결 등이 요구되는 경우부터 적용한다.

별표 / 서식

[별지 제1호서식] 공무원 징계의결 또는 징계부가금 부과 의결 요구서
[별지 제1호의2서식] 확인서
[별지 제1호의3서식] 성폭력 또는 성희롱 비위 사건에 대한 전문가 의견서
[별지 제2호서식] 출석통지서
[별지 제3호서식] 징계 또는 징계부가금 의결서
[별지 제3호의2서식] 징계부가금 감면 의결 요구서
[별지 제3호의3서식] 징계부가금 감면 의결서
[별지 제4호서식] (징계처분, 징계부가금 부과처분, 징계부가금 감면처분)사유설명서
[별지 제4호의2서식] 직권 면직(의견, 동의) 요구서
[별지 제4호의3서식] 직권 면직(의견, 동의) 의결서
[별지 제5호서식] 징계 또는 징계부가금 처리 대장

공무원 징계령 시행규칙

[시행 2015.12.29.] [총리령 제1220호, 2015.12.29., 일부개정]

제1조(목적) 이 규칙은 「공무원 징계령」에서 위임된 사항과 그 시행에 필요한 사항을 규정함을 목적으로 한다.

[전문개정 2009.3.30.]

제1조의2 삭제 〈2009.3.30.〉

제1조의3 삭제 〈2009.3.30.〉

제2조(징계 또는 징계부가금의 기준) ① 징계위원회는 징계 또는 「국가공무원법」 제78조의2에 따른 징계부가금(이하 '징계부가금'이라 한다) 혐의자의 비위(非違)의 유형, 비위의 정도 및 과실의 경중과 평소의 행실, 근무성적, 공적(功績), 규제 개혁 및 국정과제 등 관련 업무 처리의 적극성, 뉘우치는 정도 또는 그 밖의 정상 등을 참작하여 별표 1의 징계기준, 별표 1의2의 청렴의 의무 위반 징계기준, 별표 1의3의 음주운전 징계기준 및 별표 1의4의 징계부가금 부과기준에 따라 징계 또는 징계부가금(이하 '징계 등'이라 한다) 사건을 의결하여야 한다. 〈**개정** 2010.8.2., 2011.11.1., 2014.9.2., 2015.12.29.〉

② 징계위원회가 징계 등 사건을 의결할 때에는 비위와 부조리를 척결함으로써 공무집행의 공정성 유지와 깨끗한 공직사회의 구현 및 기강 확립에 주력하고, 그 의결 대상이 직무와 관련한 금품수수 비위 사건인 경우에는 그 비위 행위자는 물론 비위와 관련된 감독자 및 그 비위 행위의 제안·주선자에 대해서도 엄중히 책임을 물어야 한다. 〈**개정** 2010.8.2., 2015.8.19.〉

③ 제1항에도 불구하고 비위의 정도가 약하고 과실로 인한 비위로서 다음 각 호의 어느 하나에 해당되는 경우에는 징계의결 또는 징계부가금 부과 의결(이하 '징계의결 등'이라 한다)을 하지 아니할 수 있다. 〈**개정** 2010.8.2., 2015.8.19.〉

1. 국가적으로 이익이 되고 국민생활에 편익을 주는 정책 또는 소관 법령의 입

법목적을 달성하기 위하여 필수적인 정책 등을 수립·집행하거나, 정책목표의 달성을 위하여 업무처리 절차·방식을 창의적으로 개선하는 등 성실하고 능동적으로 업무를 처리하는 과정에서 발생한 것으로 인정되는 경우

2. 국가의 이익이나 국민생활에 큰 피해가 예견되어 이를 방지하기 위하여 정책을 적극적으로 수립·집행하는 과정에서 발생한 것으로서 정책을 수립·집행할 당시의 여건 또는 그 밖의 사회통념에 비추어 적법하게 처리될 것이라고 기대하기가 극히 곤란했던 것으로 인정되는 경우
3. 제4조 제1항 각 호 외의 부분 단서에 따른 감경 제외 대상이 아닌 비위 중 직무와 관련이 없는 사고로 인한 비위로서 사회통념에 비추어 공무원의 품위를 손상하지 아니하였다고 인정되는 경우

[전문개정 2009.3.30.]

제3조(비위 행위자와 감독자에 대한 문책기준) ① 같은 사건에 관련된 행위자와 감독자에 대해서는 업무의 성질 및 업무와의 관련 정도 등을 참작하여 별표 2의 비위 행위자와 감독자에 대한 문책기준에 따라 징계의결 등을 하여야 한다. 〈**개정** 2010.8.2.〉

② 제1항에도 불구하고 별표 2에 따른 문책 정도의 순위 1에 해당하지 아니하는 사람이 다음 각 호의 어느 하나에 해당하는 경우에는 징계의결 등을 하지 아니할 수 있다. 〈**개정** 2010.8.2.〉

1. 해당 비위를 발견하여 보고하였거나 이를 적법·타당하게 조치한 징계 등 사건
2. 비위의 정도가 약하고 경과실인 징계 등 사건
3. 철저하게 감독하였다는 사실이 증명되는 감독자의 징계사건

[전문개정 2009.3.30.]

제4조(징계의 감경) ① 징계위원회는 징계의결이 요구된 사람에게 다음 각 호의 어느 하나에 해당하는 공적이 있는 경우에는 별표 3의 징계의 감경기준에 따라 징계를 감경할 수 있다. 다만, 그 공무원이 징계처분이나 이 규칙에 따른 경고를 받은 사실이 있는 경우에는 그 징계처분이나 경고처분 전의 공적은 감경 대상

공적에서 제외하며, 「국가공무원법」 제83조의2 제1항에 따른 징계 사유의 시효가 5년인 비위,「성폭력범죄의 처벌 등에 관한 특례법」에 따른 성폭력범죄, 「성매매알선 등 행위의 처벌에 관한 법률」에 따른 성매매, 「국가인권위원회법」 제2조 제3호 라목에 따른 성희롱 및 「도로교통법」 제44조 제1항에 따른 음주운전에 대한 징계와 「공직자윤리법」 제8조의2 제1항 제4호 또는 제22조에 따라 등록의무자에 대하여 재산등록 및 주식의 매각·신탁과 관련한 의무 위반으로 징계의결이 요구된 경우에는 감경할 수 없다. **〈개정** 2011.11.1., 2014.9.2.〉

1. 「상훈법」에 따른 훈장 또는 포장을 받은 공적
2. 「정부표창규정」에 따라 국무총리 이상의 표창(공적상 및 창안상만 해당한다. 이하 이 호에서 같다)을 받은 공적. 다만, 비위 행위 당시 6급 이하 공무원, 연구사, 지도사와 기능직 공무원은 중앙행정기관장인 청장(차관급 상당 기관장을 포함한다) 이상의 표창을 받은 공적
3. 「모범공무원규정」에 따라 모범공무원으로 선발된 공적

② 징계위원회는 징계의결이 요구된 사람의 비위가 성실하고 능동적인 업무처리 과정에서 과실로 인하여 생긴 것으로 인정되거나, 제1항 각 호 외의 부분 단서에 따른 감경 제외 대상이 아닌 비위 중 직무와 관련이 없는 사고로 인한 비위라고 인정될 때에는 그 정상을 참작하여 별표 3의 징계의 감경기준에 따라 징계를 감경할 수 있다. **〈개정** 2015.8.19.〉

[**전문개정** 2009.3.30.]

제5조(징계의 가중) ① 징계위원회는 서로 관련 없는 둘 이상의 비위가 경합될 경우에는 그 중 책임이 무거운 비위에 해당하는 징계보다 1단계 위의 징계로 의결할 수 있다.

② 징계위원회는 징계처분을 받은 사람에 대하여 「공무원임용령」 제32조에 따른 승진임용 제한기간 중에 발생한 비위로 다시 징계의결이 요구된 경우에는 그 비위에 해당하는 징계보다 2단계 위의 징계로 의결할 수 있고, 승진임용 제한기간이 끝난 후부터 1년 이내에 발생한 비위로 징계의결이 요구된 경우에는 1단계 위의 징계로 의결할 수 있다.

[**전문개정** 2009.3.30.]

제6조(의결서의 작성 요령) ① 징계위원회가 제4조와 제5조에 따라 징계를 감경하거나 가중하여 의결하였을 때에는 「공무원징계령」 제12조 제2항에 따른 징계 등 의결서(이하 이 조에서 '징계 등 의결서'라 한다)의 이유란에 그 사실을 구체적으로 밝혀야 한다. 〈**개정** 2010.8.2.〉

② 제1항의 경우 견책에 해당하는 비위를 불문(不問)으로 의결하였을 때에는 징계 등 의결서의 의결주문란에 "불문으로 의결한다. 다만, 경고할 것을 권고한다"라고 적는다. 〈**개정** 2010.8.2.〉

[**전문개정** 2009.3.30.]

제7조(징계의결 등 요구권자의 의견 기재 요령) ① 징계의결 등 요구권자가 「공무원징계령」 제7조 제6항 각 호 외의 부분 본문에 따라 공무원 징계의결 등 요구서(「공무원 징계령」 제7조 제6항 제1호의 공무원 징계의결 등 요구서를 말한다. 이하 같다)에 징계의결 등 요구권자의 의견을 적을 때에는 요구하는 징계의 종류를 중징계 또는 경징계로 구분하여 적고, 징계부가금의 배수(倍數)를 적어야 하며, 같은 항 각 호 외의 부분 단서의 경우에는 구체적인 징계의 종류를 적어야 한다. 〈**개정** 2010.8.2.〉

② 제1항의 경우에 징계의결 등 요구권자는 징계위원회가 징계 등 사건을 의결할 때에 참고할 수 있도록 공무원 징계의결 등 요구서에 별표 2에 따른 업무의 성질에 따른 업무 관련도, 규제 개혁 및 국정과제 등 관련 업무 처리의 적극성, 징계 등 혐의자의 평소 행실, 근무성적, 뉘우치는 정도 또는 그 밖의 정상을 구체적으로 밝히고 관계 증거자료를 첨부하여야 한다. 〈**개정** 2010.8.2., 2014.9.2.〉

③ 징계의결 등 요구권자는 제4조 제2항에 따른 징계 감경 사유에 해당된다고 인정하는 경우에는 이를 증명하는 관련 자료를 첨부하여 징계의 감경의결을 요청할 수 있다. 〈**개정** 2010.8.2.〉

[**전문개정** 2009.3.30.]

제8조(우선심사 신청서) 「공무원 징계령」 제11조의2 제2항 따른 우선 심사 신청서는 별지 서식과 같다.

[**전문개정** 2015.8.19.]

제9조(위임 규정) 이 규칙 시행에 필요한 사항은 인사혁신처장이 정한다. 〈개정 2013.3.23., 2014.11.19.〉

[전문개정 2009.3.30.]

부칙 〈제1220호, 2015.12.29.〉

제1조(시행일) 이 규칙은 공포한 날부터 시행한다.

제2조(징계기준 등 변경에 따른 경과조치) 별표 1, 별표 1의2 및 별표 1의4의 개정규정에도 불구하고 이 규칙 시행 전에 징계 사유가 발생한 공무원에 대해서는 종전의 규정을 적용한다.

「지방공무원법」 중 징계 관련 규정

[시행 2015.12.29.] [법률 제13634호, 2015.12.29., 일부개정]

제9장 징계 〈개정 2008.12.31.〉

제69조(징계사유) ① 공무원이 다음 각 호의 어느 하나에 해당하면 징계의결을 요구하여야 하고, 징계의결의 결과에 따라 징계처분을 하여야 한다.

1. 이 법 또는 이 법에 따른 명령이나 지방자치단체의 조례 또는 규칙을 위반하였을 때
2. 직무상의 의무(다른 법령에서 공무원의 신분으로 인하여 부과된 의무를 포함한다)를 위반하거나 직무를 태만히 하였을 때
3. 공무원의 품위를 손상하는 행위를 하였을 때

② 징계에 관하여 다른 법률의 적용을 받는 공무원(국가공무원을 포함한다)이 이 법에 따른 징계에 관한 규정을 적용받은 공무원으로 임용된 경우에 임용 이전의 다른 법률에 따른 징계사유는 그 사유가 발생한 날부터 이 법에 따른 징계사유가 발생한 것으로 본다. 다만, 같은 사유로 이미 징계처분을 받은 경우에는 그러하지 아니하다.

③ 특수경력직공무원이 경력직공무원으로 임용된 경우에 임용 전의 해당 특수경력직 공무원의 징계를 규율하는 법령상의 징계사유는 그 사유가 발생한 날부터 이 장의 규정에 따른 징계사유가 발생한 것으로 본다.

④ 경력직공무원이 특수경력직 공무원으로 임용된 경우에 임용 전의 해당 경력직 공무원의 징계를 규율하는 법령상의 징계사유는 그 사유가 발생한 날부터 특수경력직 공무원의 징계를 규율하는 법령상의 징계사유가 발생한 것으로 본다.

제69조의2(징계부가금) ① 제69조에 따라 공무원의 징계 의결을 요구하는 경우 그 징계 사유가 다음 각 호의 어느 하나에 해당하는 경우에는 해당 징계 외에 다음 각 호의 행위로 취득하거나 제공한 금전 또는 재산상 이득(금전이 아닌 재산상 이득의 경우에는 금전으로 환산한 금액을 말한다)의 5배 내의 징계부가금 부과 의결을 인사위원회에 요구하여야 한다. 〈**개정** 2015.5.18.〉

1. 금전, 물품, 부동산, 향응 또는 그 밖에 대통령령으로 정하는 재산상 이익을 취득하거나 제공한 경우
2. 다음 각 목에 해당하는 것을 횡령(橫領), 배임(背任), 절도, 사기 또는 유용(流用)한 경우
   가. 「국가재정법」에 따른 예산 및 기금
   나. 「지방재정법」에 따른 예산 및 「지방자치단체 기금관리기본법」에 따른 기금
   다. 「국고금 관리법」 제2조제1호에 따른 국고금
   라. 「보조금 관리에 관한 법률」 제2조제1호에 따른 보조금
   마. 「국유재산법」 제2조제1호에 따른 국유재산 및 「물품관리법」 제2조제1항에 따른 물품
   바. 「공유재산 및 물품 관리법」 제2조제1호 및 제2호에 따른 공유재산 및 물품
   사. 그 밖에 가목부터 바목까지에 준하는 것으로서 대통령령으로 정하는 것

② 인사위원회는 징계부가금 부과 의결을 하기 전에 징계부가금 부과 대상자가 제1항 각 호의 어느 하나에 해당하는 사유로 다른 법률에 따라 형사처벌을 받거나 변상책임 등을 이행한 경우(몰수나 추징을 당한 경우를 포함한다) 또는 다른 법령에 따른 환수나 가산징수 절차에 따라 환수금이나 가산징수금을 납부한 경우에는 대통령령으로 정하는 바에 따라 조정된 범위에서 징계부가금 부과를 의결하여야 한다. **〈개정 2015.5.18.〉**

③ 인사위원회는 징계부가금 부과 의결을 한 후에 징계부가금 부과 대상자가 형사처벌을 받거나 변상책임 등을 이행한 경우(몰수나 추징을 당한 경우를 포함한다) 또는 환수금이나 가산징수금을 납부한 경우에는 대통령령으로 정하는 바에 따라 이미 의결된 징계부가금의 감면 등의 조치를 하여야 한다. **〈신설 2015.5.18.〉**

④ 제1항에 따라 징계부가금 부과처분을 받은 사람이 납부기간 내에 그 부가금을 납부하지 아니한 때에는 처분권자는 지방세 체납처분의 예에 따라 징수할 수 있다. **〈개정 2015.5.18.〉**

⑤ 처분권자는 제4항에 따른 징수 조치를 성실히 이행하였음에도 불구하고 체납일부터 5년이 지난 후에도 징수가 불가능하다고 인정될 때에는 관할 인사위원회에 징계부가금 감면의결을 요청할 수 있다. **〈신설 2015.12.29.〉**

제69조의3(재징계의결 등의 요구) ① 처분권자는 다음 각 호에 해당하는 사유로 심사위원회 또는 법원에서 징계처분등의 무효 또는 취소(취소명령 포함)의 결정이나 판결을 받은 경우에는 다시 징계의결 등을 요구하여야 한다. 다만, 제3호의 사유로 무효 또는 취소(취소명령포함)의 결정이나 판결을 받은 감봉·견책처분에 대하여는 징계의결을 요구하지 아니할 수 있다. 〈**개정** 2010.3.22.〉

1. 법령의 적용, 증거 및 사실 조사에 명백한 흠이 있는 경우
2. 인사위원회의 구성 또는 징계의결등, 그 밖에 절차상의 흠이 있는 경우
3. 징계양정 또는 징계부가금이 과다(過多)한 경우

② 처분권자는 제1항에 따른 징계의결 등을 요구하는 경우에는 심사위원회의 결정 또는 법원의 판결이 확정된 날부터 3개월 이내에 관할 인사위원회에 징계의결등을 요구하여야 하며, 관할 인사위원회에서는 다른 징계사건에 우선하여 징계의결등을 하여야 한다.

제69조의4(퇴직을 희망하는 공무원의 징계사유 확인 등) ① 임용권자는 공무원이 퇴직을 희망하는 경우에는 제69조제1항에 따른 징계사유가 있는지 여부를 감사원과 검찰·경찰, 그 밖의 수사기관에 확인하여야 한다.

② 제1항에 따른 확인 결과 파면, 해임, 강등 또는 정직에 해당하는 징계사유가 있는 경우 임용권자는 지체 없이 징계의결등을 요구하여야 한다.

③ 관할 인사위원회는 제2항에 따라 징계의결 등이 요구된 경우 다른 징계사건에 우선하여 징계의결등을 하여야 한다.

[본조신설 2015.12.29.]

제70조(징계의 종류) 징계는 파면·해임·강등·정직·감봉 및 견책으로 구분한다.

제71조(징계의 효력) ① 강등은 1계급 아래로 직급을 내리고(연구관 및 지도관은 연구사 및 지도사로 한다) 공무원신분은 보유하나 3개월간 직무에 종사하지 못하며 그 기간 중 보수는 전액을 감한다. 다만, 제4조제2항에 따라 계급을 구분하

지 아니하는 공무원, 임기제공무원 및 「고등교육법」 제14조에 따른 교원과 조교에 대해서는 강등을 적용하지 아니한다. 〈**개정** 2012.12.11., 2014.1.7., 2015.12.29.〉

② 제1항에도 불구하고 교육감 소속의 교육전문직원의 강등은 「교육공무원법」 제2조제10항에 따라 같은 종류의 직무에서 하위의 직위에 임명하고, 공무원의 신분은 보유하게 하나 3개월간 직무에 종사하지 못하게 하며 그 기간 중 보수는 전액을 감한다. 〈**신설** 2014.1.7., 2015.12.29.〉

③ 정직은 1개월 이상 3개월 이하의 기간으로 하고, 정직처분을 받은 사람은 그 기간 중 공무원의 신분은 보유하나 직무에 종사하지 못하며 보수는 전액을 삭감한다. 〈**개정** 2014.1.7., 2015.12.29.〉

④ 감봉은 1개월 이상 3개월 이하의 기간 보수의 3분의 1을 삭감한다. 〈**개정** 2014.1.7.〉

⑤ 견책은 전과(前過)에 대하여 훈계하고 뉘우치게 한다. 〈**개정** 2014.1.7.〉

⑥ 징계처분을 받은 공무원은 그 처분을 받은 날 또는 그 집행이 끝난 날부터 대통령령으로 정하는 기간 동안 승진임용 또는 승급을 할 수 없다. 다만, 징계처분을 받은 후 직무수행의 공적으로 포상 등을 받은 공무원에 대하여는 대통령령으로 정하는 바에 따라 승진임용이나 승급의 제한기간을 단축하거나 면제할 수 있다. 〈**개정** 2014.1.7.〉

⑦ 징계에 관하여 다른 법률의 적용을 받는 공무원이 이 법의 징계에 관한 규정을 적용받는 공무원이 된 경우에는 다른 법률에 따라 받은 징계처분은 그 처분일부터 이 법에 따른 징계처분을 받은 것으로 본다. 다만, 제70조에서 정한 징계의 종류 외의 징계처분의 효력에 관하여는 대통령령으로 정한다. 〈**개정** 2014.1.7.〉

⑧ 특수경력직공무원이 경력직공무원으로 임용된 경우에 해당 특수경력직 공무원의 징계를 규율하는 법령에 따라 받은 징계처분은 그 처분일부터 이 법에 따른 징계처분을 받은 것으로 본다. 다만, 제70조에서 정한 징계의 종류 외의 징계처분의 효력에 관하여는 대통령령으로 정한다. 〈**개정** 2014.1.7.〉

⑨ 경력직 공무원이 특수경력직 공무원으로 임용된 경우에는 해당 경력직 공무원의 징계를 규율하는 법령에 따라 받은 징계처분은 그 처분일부터 특수경력직 공무원의 징계를 규율하는 법령상의 징계처분을 받은 것으로 본다. 〈**개정** 2014.1.7.〉

[시행일 : 2016.6.30.] 제71조제1항, 제71조제2항, 제71조제3항

제72조(징계 등 절차) ① 징계처분 등은 인사위원회의 의결을 거쳐 임용권자가 한다. 다만, 5급 이상 공무원 또는 이와 관련된 하위직공무원의 징계처분 등과 소속 기관(시·도와 구·시·군, 구·시·군)을 달리하는 동일사건에 관련된 사람의 징계처분 등은 시·도의 인사위원회의 의결로 한다. 〈**개정** 2010.3.22.〉

② 징계의결 등을 요구한 기관의 장은 인사위원회의 의결이 가볍다고 인정하면 그 처분을 하기 전에 직근 상급기관에 설치된 인사위원회(시·도인사위원회의 의결에 대하여는 그 인사위원회, 시·도에 복수의 인사위원회를 두는 경우 제1 인사위원회의 의결에 대하여는 그 인사위원회, 제2 인사위원회의 의결에 대하여는 제1 인사위원회)에 심사 또는 재심사를 청구할 수 있다. 이 경우 소속 공무원을 대리인으로 지정할 수 있다.

제73조(징계의 관리) ① 감사원에서 조사 중인 사건이나 각 행정기관에서 대통령령으로 정하는 바에 따라 조사 중인 사건에 대하여는 제3항에 따른 조사개시 통보를 받은 날부터 징계의결 요구나 그 밖의 징계절차를 진행하지 못한다.

② 검찰·경찰, 그 밖의 수사기관에서 수사 중인 사건에 대하여는 제3항에 따른 수사개시 통보를 받은 날부터 징계의결 요구나 그 밖의 징계절차를 진행하지 아니할 수 있다.

③ 감사원과 검찰·경찰, 그 밖의 수사기관 및 제1항에 따른 행정기관은 조사나 수사를 시작하였을 때와 마쳤을 때에는 10일 이내에 소속 기관의 장에게 해당 사실을 알려야 한다.

제73조의2(징계 및 징계부가금 부과 사유의 시효) ① 징계의결 등의 요구는 징계 등의 사유가 발생한 날부터 3년(제69조의2 제1항 각 호의 어느 하나에 해당하는 경우에는 5년)이 지나면 하지 못한다. 〈**개정** 2010.3.22., 2012.3.21., 2015.5.18.〉

② 제73조 제1항 및 제2항에 따라 징계절차를 진행하지 못하여 제1항의 기간이 지나거나 그 남은 기간이 1개월 미만인 경우에는 제1항의 기간은 제73조 제3항에 따른 조사나 수사의 종료 통보를 받은 날(조사 결과에 대하여 이의가 제기된 경우에는 이의를 제기한 사람이 이의에 대한 결정을 통보받은 날을 말한다)부터 1개월이 지난 날에 끝나는 것으로 본다.

③ 인사위원회의 구성, 징계의결등, 그 밖의 절차상의 흠이나 징계양정 및 징계부가금의 과다를 이유로 심사위원회 또는 법원에서 징계처분등의 무효 또는 취소의 결정이나 판결을 한 경우에는 제1항의 기간이 지나거나 그 남은 기간이 3개월 미만이더라도 그 결정 또는 판결이 확정된 날부터 3개월 이내에는 다시 징계의결등을 요구할 수 있다.

제73조의3(특수경력직공무원의 징계) 다른 법률에 특별한 규정이 있는 경우 외에는 대통령령으로 정하는 바에 따라 특수경력직공무원에 대하여도 이 장의 규정을 준용할 수 있다.

부칙 〈제13634호, 2015.12.29.〉

제1조(시행일) 이 법은 공포한 날부터 시행한다. 다만, 제30조의2 제2항, 제63조 제2항 제7호, 제64조 제10호, 제71조 제1항부터 제3항까지의 개정규정은 공포 후 6개월이 경과한 날부터 시행한다.

제2조(결격사유 및 당연퇴직 등에 관한 적용례) 제31조 제6호의3, 제31조의2 및 제61조 제1호 단서의 개정규정은 이 법 시행 후 발생한 범죄행위로 형벌을 받는 사람부터 적용한다.

제3조(직위해제된 사람의 결원보충에 관한 적용례) 제41조 제4항의 개정규정은 이 법 시행 당시 직위해제 중인 사람에 대해서도 적용한다.

제4조(징계의 효력에 관한 경과조치) 부칙 제1조 단서에 따른 시행일 전에 발생한 사유로 징계를 받는 사람에 대해서는 제71조 제1항부터 제3항까지의 개정규정에도 불구하고 종전의 규정에 따른다.

지방공무원 징계 및 소청 규정

[시행 2015.11.19.] [대통령령 제26620호, 2015.11.11., 일부개정]

제1조(목적) 이 영은 「지방공무원법」 제9장 및 제21조에 따른 공무원의 징계와 징계부가금 부과 및 소청(訴請) 절차에 필요한 사항을 규정함을 목적으로 한다.

[본조신설 2013.12.11.]

[종전 제1조는 제1조의2로 이동 〈2013.12.11.〉]

제1조의2(적용 범위) 지방자치단체의 일반직공무원 및 「지방공무원법」(이하 "법"이라 한다) 제9장이 준용되는 별정직공무원(이하 "공무원"이라 한다)에 대한 징계 또는 징계부가금과 소청 절차는 다른 법령에 특별한 규정이 있는 경우를 제외하고는 이 영에서 정하는 바에 따른다. 〈개정 2013.12.11.〉

[제1조에서 이동, 종전 제1조의2는 제1조의3으로 이동 〈2013.12.11.〉]

제1조의3(정의) 이 영에서 사용하는 용어의 뜻은 다음과 같다.

1. "중징계"란 파면 · 해임 · 강등 또는 정직(停職)을 말한다.
2. "경징계"란 감봉 또는 견책을 말한다.

[제1조의2에서 이동, 종전 제1조의3은 제1조의4로 이동 〈2013.12.11.〉]

제1조의4(징계등의 관할) ① 특별시 · 광역시 · 특별자치시 · 도 및 특별자치도(이하 "시 · 도"라 한다) 인사위원회(이하 "위원회"라 한다)에서는 다음 각 호의 징계 또는 법 제69조의2에 따른 징계부가금(이하 "징계부가금"이라 한다) 사건을 심의 · 의결한다. 〈개정 2012.12.12., 2013.12.11.〉

1. 시 · 도(소속 기관을 포함한다) 및 시 · 군 · 구(자치구를 말하며, 소속 기관을 포함한다)의 다음 각 목의 어느 하나에 해당하는 공무원의 징계 또는 징계부가금(이하 '징계 등'이라 한다) 사건

가. 5급 이상 공무원(일반임기제공무원의 경우에는 개방형 직위에 임용되는

공무원으로 한정한다)

나. 지방전문경력관 가군

다. 연구관 및 지도관

라. 5급 이상 공무원의 보수에 상당하는 보수를 받는 별정직공무원

2. 시·도 소속의 다음 각 목의 어느 하나에 해당하는 공무원(이하 '6급 이하 공무원 등'이라 한다)에 대한 중징계 또는 중징계 관련 징계부가금(이하 '중징계 등'이라 한다) 사건. 다만, 법 제7조제1항에 따라 시·도 소속 기관에 위원회를 둔 경우 그 소속 기관의 6급 이하 공무원 등에 대한 중징계 등은 제외한다.

가. 6급 이하 공무원(일반 임기제 공무원의 경우에는 개방형 직위에 임용되는 공무원으로 한정한다)

나. 지방전문경력관 나군 및 다군

다. 연구사 및 지도사

라. 6급 이하 공무원의 보수에 상당하는 보수를 받는 별정직공무원

3. 제2항의 징계등 사건으로서 제2위원회의 심의에 부치는 경우 공정한 심의·의결을 기대하기 어렵다고 인정하여 특별시장·광역시장·특별자치시장·도지사 및 특별자치도지사가 제1위원회의 심의에 부치는 징계등 사건

4. 제1호부터 제3호까지의 징계등 사건과 관련된 공무원의 징계 등 사건

5. 시·도 소속 6급 이하 공무원 등에 대한 경징계 또는 경징계 관련 징계부가금(이하 "경징계등"이라 한다) 사건. 다만, 법 제7조제1항에 따라 시·도 소속 기관에 위원회를 둔 경우 그 소속 기관의 6급 이하 공무원 등에 대한 경징계 등은 제외한다.

6. 법 제7조제1항에 따라 위원회를 둔 시·도 소속 기관의 6급 이하 공무원 등의 중징계 등 사건

7. 시·군·구(자치구를 말한다. 이하 같다) 소속 6급 이하 공무원 등의 중징계 등 사건. 다만, 시·군·구 소속 기관에 위원회를 둔 경우 그 소속 기관의 6급 이하 공무원 등에 대한 중징계 등은 제외한다.

8. 법 제72조 제1항 단서에 따른 소속 기관을 달리하는 같은 사건에 관련된 공무원의 징계 등 사건

9. 법 제7조 제1항에 따라 위원회를 둔 시·도 소속 기관의 장과 시장·군수·구청장(자치구의 구청장을 말한다)이 그가 관할하는 위원회의 심의에 부치는 경우 공정한 심의·의결을 기대하기 어렵다고 인정하여 시·도 위원회에 심의·의결을 요구하는 징계 등 사건

10. 제5호부터 제9호까지의 징계 등 사건과 관련된 공무원의 징계 등 사건

② 법 제7조 제1항에 따라 시·도에 복수의 위원회를 두는 경우 제1위원회에서는 제1항 제1호부터 제4호까지의 징계등 사건을 심의·의결하고, 제2위원회에서는 제1항 제5호부터 제10호까지의 징계등 사건을 심의·의결한다. 〈**개정** 2012.12.12.〉

③ 시·군·구 위원회에서는 제1항 및 제2항의 징계 등 사건을 제외한 다음 각 호의 징계 등 사건을 심의·의결한다. 〈**개정** 2012.12.12., 2013.12.11.〉

1. 시·군·구 소속 6급 이하 공무원 등의 경징계 등 사건. 다만, 시·군·구 소속 기관에 위원회를 둔 경우 그 소속 기관의 6급 이하 공무원 등에 대한 경징계 등은 제외한다.
2. 법 제7조 제1항에 따라 위원회를 둔 시·군·구 소속 기관의 6급 이하 공무원 등의 중징계 등 사건
3. 법 제7조 제1항에 따라 위원회를 둔 시·군·구 소속 기관의 장이 그가 관할하는 위원회의 심의에 부치는 경우 공정한 심의·의결을 기대하기 어렵다고 인정하여 시·군·구 위원회에 심의·의결을 요구하는 징계 등 사건
4. 제1호부터 제3호까지의 징계 등 사건과 관련된 공무원의 징계 등 사건

④ 법 제7조 제1항에 따라 시·도 및 시·군·구 소속 기관의 장별로 설치된 위원회는 그 소속의 6급 이하 공무원 등에 대한 경징계 등 사건을 심의·의결한다. 〈**개정** 2013.12.11.〉

⑤ 임기제공무원(일반 임기제 공무원의 경우에는 개방형 직위에 임용되는 공무원은 제외한다)에 대한 징계 등은 해당 공무원의 소속 지방자치단체(소속 기관을 포함한다) 위원회의 관할로 한다. 이 경우 법 제7조 제1항에 따라 시·도에 복수의 위원회를 두는 경우 각 위원회는 다음 각 호의 구분에 따른 공무원에 대한 징계 등 사건을 관할한다. 〈**신설** 2013.12.11., 2013.12.30.〉

1. 제1위원회 : 5급 이상 일반임기제공무원(개방형 직위에 임용되는 공무원은

제외한다), 시간선택제임기제공무원 가급, 한시임기제공무원 5호

2. 제2위원회 : 6급 이하 일반임기제공무원(개방형 직위에 임용되는 공무원은 제외한다), 시간선택제임기제공무원 중 가급 외의 공무원, 한시임기제공무원 중 5호 외의 공무원

[제1조의3에서 이동 〈2013.12.11.〉]

제2조(징계의결 등의 요구) ① 법 제7조제1항에 따른 임용권자는 소속 공무원(인사위원회가 설치된 자치구가 아닌 구의 구청장과 소속 기관의 장의 경우에는 다음 각 호의 어느 하나에 해당하는 소속 공무원으로 한정한다)이 법 제69조 제1항 및 제69조의2 제1항·제2항에 해당하는 사유가 있다고 인정될 때에는 지체 없이 해당 징계 등 사건을 관할하는 위원회에 징계의결·징계부가금 부과의결(이하 '징계의결 등'이라 한다)을 요구하여야 한다. 〈**개정** 2010.6.15., 2013.12.11.〉

1. 6급 이하 공무원 등
2. 임기제공무원(일반임기제공무원의 경우에는 개방형 직위에 임용되는 공무원은 제외한다)

② 행정기관의 장은 제1항에 따른 징계의결 등을 요구할 수 없는 공무원에게 징계등 사유가 있다고 인정될 때에는 징계의결 등의 요구권이 있는 기관의 장에게 그 징계 등 사유를 증명할 수 있는 다음 각 호의 어느 하나에 해당하는 관계 자료를 첨부하여 이를 통보하여야 한다.

1. 감사원에서 조사한 사건의 경우에는 공무원 징계처분 또는 징계부가금 부과처분 요구서 및 혐의자·관련자에 대한 문답서·확인서 등 조사 기록
2. 수사기관에서 수사한 사건의 경우에는 공무원 범죄처분 결과 통보서, 공소장, 혐의자·관련자·관계증인에 대한 신문조서 및 진술서 등 수사 기록
3. 그 밖에 다른 기관에서 조사한 사건의 경우에는 징계 등 혐의사실 통보서 및 혐의사실을 증명할 수 있는 관계 자료

③ 제2항에 따라 징계 등 사유를 통보받은 기관의 장은 타당한 이유가 없으면 1개월 이내에 관할 위원회에 해당 공무원에 대한 징계의결 등을 요구하여야 한다.

④ 제3항에 따라 징계의결 등을 요구한 기관의 장은 제2항에 따라 징계 등 사유

를 통보한 행정기관의 장에게 해당 사건의 처리결과를 통보하여야 한다.

⑤ 삭제 〈1998.2.20.〉

⑥ 제1항 및 제3항에 따른 징계의결 등을 요구할 때에는 징계 등 사유에 대한 충분한 조사를 한 후에 증명에 필요한 다음 각 호의 관계 자료를 첨부하여 관할 위원회에 제출하여야 하고, 중징계 또는 경징계로 구분하여 요구하여야 한다. 다만, 「감사원법」 제32조 제1항 및 제10항에 따라 감사원장이 법 제70조에서 정한 징계의 종류를 구체적으로 지정하여 징계요구를 한 경우에는 그러하지 아니하다.

1. 별지 제1호 서식의 공무원 징계의결 또는 징계부가금 부과의결 요구서(이하 '징계의결 등 요구서'라 한다)
2. 공무원 인사기록카드 사본
3. 별지 제1호의2 서식의 확인서
4. 혐의 내용을 증명할 수 있는 공문서 등 관계 증거 자료
5. 혐의 내용에 대한 조사 기록 또는 수사 기록
6. 관련자에 대한 조치사항 및 그에 대한 증거 자료
7. 관계법규·지시문서 등의 발췌문

⑦ 징계의결등 요구권자는 징계의결 등을 요구하면서 동시에 제6항의 징계의결 등 요구서의 사본을 징계 등 혐의자에게 보내야 하며, 징계 등 혐의자가 징계의결 등 요구서 사본의 수령을 거부하는 경우에는 관할 위원회에 그 사실을 증명하는 서류를 첨부하여 문서로 통보하여야 한다.

제3조(징계의결 등의 기한) ① 위원회는 징계의결 등 요구서를 받은 날부터 30일 이내에 징계 등에 관한 의결을 하여야 한다. 다만, 부득이한 사유가 있을 때에는 그 위원회의 의결로 30일의 범위에서 그 기한을 연장할 수 있다.

② 법 제73조에 따라 징계 등 절차의 진행이 정지된 기간은 제1항의 징계의결 등의 기간에 포함하지 아니한다.

제4조(징계 등 혐의자의 출석) ① 위원회가 징계등 혐의자의 출석을 명할 때에는 별지 제2호서식의 출석통지서를 해당 징계등 사건을 심의·의결하기 위한 위

원회 개최일 3일 전에 징계등 혐의자에게 도달하도록 하여야 한다. 이 경우에는 출석통지서의 사본을 징계 등 혐의자의 소속 기관의 장에게 보내야 하며, 소속 기관의 장은 징계 등 혐의자를 출석하게 하여야 한다.

② 위원회는 주소를 알 수 없거나 그 밖의 사유로 제1항에 따른 출석통지서를 징계 등 혐의자에게 보내는 것이 곤란하다고 인정될 때에는 출석통지서를 징계 등 혐의자의 소속 기관의 장에게 보내어 내주게 할 수 있다. 이 경우 출석통지서를 받은 기관의 장은 지체 없이 징계등 혐의자에게 이를 내준 후 그 교부 상황을 관할 위원회에 알려야 한다.

③ 위원회는 징계등 혐의자가 그 위원회에서 진술하기 위한 출석을 원하지 아니할 때에는 진술권 포기서를 제출하게 하여 기록에 첨부하고 서면심사만으로 징계의결 등을 할 수 있다.

④ 징계 등 혐의자는 정당한 사유로 출석할 수 없을 때에는 위원회에 사유서를 제출하여야 하며, 사유서를 제출하지 아니하고 출석하지 아니하였을 때에는 위원회는 그 사실을 분명히 기록하고 서면심사로 징계의결 등을 할 수 있다.

⑤ 징계 등 혐의자가 해외체류, 형사사건으로 인한 구속, 여행, 그 밖의 사유로 징계의결 등 요구서 접수일부터 50일 이내에 출석할 수 없다고 인정될 때에는 서면으로 진술하게 하여 징계의결 등을 할 수 있다. 이 경우 서면진술을 하지 아니하였을 때에는 그 진술 없이 징계의결 등을 할 수 있다.

⑥ 징계 등 혐의자가 있는 곳이 분명하지 아니할 때의 출석통지는 해당 지방자치단체의 공보(공보를 발행하지 아니하는 경우에는 둘 이상의 일간신문)를 통하여 한다. 이 경우 공고한 날부터 10일이 지나면 그 출석통지서가 송달된 것으로 본다.

⑦ 징계 등 혐의자가 출석통지서 수령을 거부한 경우에는 위원회에서의 진술권을 포기한 것으로 본다. 다만, 징계등 혐의자는 출석통지서 수령을 거부한 경우에도 관할 위원회에 출석하여 진술할 수 있다.

⑧ 징계 등 혐의자의 소속 기관의 장이 제2항 전단에 따라 출석통지서를 내주어도 징계 등 혐의자가 출석통지서 수령을 거부할 때에는 제2항 후단에 따라 출석통지서 교부 상황을 알릴 때 수령을 거부한 사실을 증명하는 서류를 첨부하여야 한다.

제5조(심문과 진술권) ① 위원회는 제4조에 따라 출석한 징계등 혐의자에게 징계의결 등 요구의 내용에 관한 심문을 하고, 필요하다고 인정할 때에는 관계인의 출석을 요구하여 심문할 수 있다.

② 위원회는 징계 등 혐의자에게 충분한 진술을 할 수 있는 기회를 주어야 하며, 징계 등 혐의자는 서면 또는 구술로 자기에게 이익이 되는 사실을 진술하거나 증거를 제출할 수 있다.

③ 징계 등 혐의자는 증인의 심문을 신청할 수 있다. 이 경우 위원회는 그 채택 여부를 결정하여야 한다.

④ 징계의결 등 요구자는 필요하다고 인정할 때에는 서면 또는 구두로 위원회에 의견을 진술할 수 있다.

제6조(징계등의 의결) ① 위원회의 회의는 법 제10조 제2항에 따른 구성원 3분의 2 이상의 출석과 출석위원 과반수의 찬성으로 의결하되, 의견이 나뉘어 출석위원 과반수에 이르지 못할 때에는 출석위원 과반수에 이르기까지 징계 등 혐의자에게 가장 불리한 의견의 수에 차례로 유리한 의견의 수를 더하여 그 중에서 가장 유리한 의견을 합의된 의견으로 본다.

② 제1항의 의결은 별지 제3호 서식의 징계 또는 징계부가금 의결서(이하 '징계 등 의결서'라 한다)로써 하며, 그 이유란에는 징계 등의 원인이 된 사실, 증거의 판단과 관계 법령을 구체적으로 밝혀야 한다.

③ 위원회는 필요하다고 인정할 때에는 소속 직원으로 하여금 사실조사를 하게 하거나 특별한 학식·경험이 있는 자에게 검정(檢定) 또는 감정(鑑定)을 의뢰 할 수 있다.

④ 위원회는 제3항에 따라 소속 직원으로 하여금 사실조사를 하게 하기 위하여 필요하다고 인정할 때에는 징계 등 혐의자에게 출석을 명할 수 있다.

⑤ 제4항에 따라 징계 등 혐의자를 출석하게 하는 경우에는 제4조 제1항·제2항 및 제8항을 준용한다.

제7조 삭제 〈2012.12.12.〉

제8조(징계등의 양정) ① 징계등 양정(量定)에 관한 기준은 교육부령 또는 행정자치부령으로 정한다. 〈**개정** 2013.3.23., 2014.11.19., 2015.11.11.〉

② 위원회가 징계 등 사건을 의결할 때에는 징계 등 혐의자의 소행, 근무성적, 공적, 뉘우치는 정도 및 징계 등 요구의 내용과 그 밖의 정황을 고려하여야 한다.

제8조의2(징계부가금) ① 위원회가 법 제69조의2제1항에 따라 징계부가금 부과의결을 요구받은 때에는 같은 항 각 호의 어느 하나에 해당하는 행위(이하 '금품비위행위'라 한다)로 취득하거나 제공한 금전 또는 재산상 이득(금전이 아닌 재산상 이득의 경우에는 금전으로 환산한 금액을 말하며, 이하 '금품비위금액 등'이라 한다)의 5배 내에서 징계부가금의 부과의결을 할 수 있다. 〈**개정** 2015.11.11.〉

② 법 제69조의2제1항제1호에서 '대통령령으로 정하는 재산상 이익'이란 다음 각 호의 어느 하나에 해당하는 것을 말한다. 〈**신설** 2015.11.11.〉

1. 유가증권, 숙박권, 회원권, 입장권, 할인권, 초대권, 관람권, 부동산 등의 사용권 등 일체의 재산상 이익
2. 골프 등의 접대 또는 교통·숙박 등의 편의
3. 채무면제, 취업 제공, 이권 부여 등 유형·무형의 경제적 이익

③ 위원회에서 징계부가금 부과 의결을 하기 전에 징계등 혐의자가 금품비위행위로 다른 법률에 따라 형사처벌을 받거나 변상책임 등을 이행한 경우(몰수나 추징을 당한 경우를 포함한다) 또는 다른 법령에 따른 환수나 가산징수 절차에 따라 환수금이나 가산징수금을 납부한 경우로서 법 제69조의2 제2항에 따라 위원회가 징계부가금을 조정하여 의결할 때에는 벌금, 변상금, 몰수, 추징금, 환수금 또는 가산징수금에 해당하는 금액과 징계부가금의 합계액이 금품비위금액 등의 5배를 초과해서는 아니된다. 〈**개정** 2015.11.11.〉

④ 징계의결 등의 요구권자는 다음 각 호의 어느 하나에 해당하는 사유가 발생한 날부터 30일 내에 위원회에 징계부가금 감면의결을 요구하여야 하며, 동시에 별지 제3호의2 서식의 징계부가금 감면의결 요구서 사본을 징계 등 혐의자에게 보내야 한다. 다만, 징계 등 혐의자가 그 수령을 거부하는 경우에는 보내지 아니할 수 있다. 〈**개정** 2015.11.11.〉

1. 징계부가금 부과의결을 받은 사람이 법원의 판결(몰수·추징에 대한 판결을 포함한다)이 확정되거나 변상책임 등을 이행한 날 또는 환수금이나 가산징수금을 납부한 날부터 60일 내에 징계의결 등의 요구권자에게 징계부가금 감면의결을 신청한 경우
2. 징계의결등의 요구권자가 징계부가금 부과의결을 받은 사람에 대한 법원의 판결(몰수·추징에 대한 판결을 포함한다)이 확정되거나 변상책임 등이 이행된 것 또는 환수금이나 가산징수금이 납부된 것을 안 경우

⑤ 제4항에 따라 징계부가금 감면의결이 요구된 경우 법 제69조의2 제3항에 따라 위원회는 벌금, 변상금, 몰수 또는 추징금, 환수금 또는 가산징수금에 해당하는 금액과 징계부가금의 합계액이 금품비위금액등의 5배를 초과하지 않는 범위에서 감면의결하여야 한다. 이 경우 징계부가금 감면의결의 기한에 관하여는 제3조 제1항을 준용한다. 〈**개정** 2015.11.11.〉

⑥ 징계등 혐의자 또는 징계부가금 부과의결을 받은 사람이 벌금 외의 형(벌금형이 병과되는 경우를 포함한다)을 선고받아 제3항 또는 제5항을 적용하기 곤란한 경우에는 위원회는 형의 종류, 형량 및 실형, 집행유예 또는 선고유예 여부 등을 종합적으로 고려하여 징계부가금을 조정하여 의결하거나 감면의결하여야 한다. 〈**개정** 2012.12.12., 2015.11.11.〉

제9조(의결 통보) 위원회가 징계의결등이나 징계부가금 감면의결을 하였을 때에는 징계등 의결서 또는 별지 제3호의3 서식의 징계부가금 감면의결서 정본을 첨부하여 지체 없이 징계의결등이나 징계부가금 감면의결의 요구자에게 통보하여야 한다. 다만, 징계의결등이나 징계부가금 감면의결의 요구자와 징계처분, 징계부가금 부과처분 또는 징계부가금 감면처분(이하 '징계처분 등'이라 한다)의 처분권자가 다를 때에는 징계처분 등의 처분권자에게도 통보하여야 한다. 〈**개정** 2012.12.12.〉

제10조(징계처분등) ① 임용권자는 제6조 및 제8조의2에 따른 징계의결등과 징계부가금 감면의결에 대한 징계처분등을 하여야 한다. 다만, 법 제7조 제1항에 따라 위원회를 둔 기관의 장이 징계처분 등 권한을 위임받지 아니한 경우에는 임

용권자에게 지체 없이 그 징계처분 등을 신청하여야 한다.

② 징계처분등의 처분권자는 징계 등 의결서 또는 징계부가금 감면의결서(제1항 단서에 따른 신청서를 포함한다)를 받은 날부터 15일 이내에 징계처분등을 하여야 한다.

③ 징계처분 등의 처분권자가 제2항에 따라 징계의결 등 또는 징계부가금 감면의결에 대한 징계처분 등을 할 때에는 별지 제4호서식의 징계처분 등의 사유설명서에 징계 등 의결서 또는 징계부가금 감면의결서의 사본을 첨부하여 징계처분 등의 대상자에게 발급하여야 한다.

[전문개정 2012.12.12.]

제10조의2(징계부가금 납부고지서의 교부 등) ① 제9조에 따라 의결 통보를 받은 징계처분 등의 처분권자가 제10조 제3항에 따라 징계처분 등의 대상자에게 징계처분 등의 사유설명서를 교부할 때에는 징계부가금 금액을 분명하게 적은 납부고지서 또는 감면된 징계부가금 금액을 분명하게 적은 감면 납부고지서를 함께 교부하여야 한다.

② 징계처분 등의 대상자가 제1항의 납부고지서를 교부받은 날부터 60일 내에 징계부가금 또는 감면된 징계부가금을 납부하지 않으면 징계처분등의 처분권자가 법 제69조의2 제4항에 따른 지방세 체납처분의 예에 따라 징수할 수 있다. 〈**개정** 2015.11.11.〉

③ 징계처분 등의 대상자가 징계부가금을 납부하기 전에 제1항의 감면 납부고지서를 받은 경우에는 징계처분 등의 대상자는 감면된 징계부가금을 납부하여야 한다.

④ 징계처분 등의 대상자가 징계부가금을 납부한 후에 제1항의 감면 납부고지서를 받은 경우에는 징계처분 등의 처분권자는 그 차액을 징계처분 등의 대상자에게 환급하여야 한다.

제11조(회의의 비공개) 위원회의 징계 등에 관한 회의는 공개하지 아니한다.

제12조(비밀누설 금지) 위원회의 징계 등에 관한 회의에 참석한 사람은 직무상 알게 된 비밀을 누설해서는 아니 된다.

제13조 삭제 〈2013.12.11.〉

제14조(직권면직에 대한 위원회의 동의 등) ①법 제62조 제2항을 적용할 때 임용권자는 직권면직에 대한 위원회의 의견을 들어야 하는 경우에는 이 영에 따른 경징계등 요구사건의 징계 등을 심의·의결하는 위원회의 의견을 들어야 하고, 직권면직에 대한 위원회의 동의를 받아야 하는 경우에는 이 영에 따른 중징계 등 요구사건의 징계 등을 심의·의결하는 위원회의 동의를 받아야 한다.

② 제1항의 경우 별지 제4호의2 서식의 직권면직 의견·동의 요구서로 그 의견 또는 동의를 요구하여야 한다.

③ 위원회는 다른 징계 등 사건(법 제69조의3 제2항에 따라 징계의결 등이 요구된 사건은 제외한다)에 우선하여 직권면직에 관하여 제시할 의견이나 동의 여부에 대하여 의결하여야 한다.

④ 위원회가 직권면직에 관하여 제시할 의견이나 동의 여부에 대하여 의결하였을 때에는 지체 없이 별지 제4호의3 서식의 직권면직 의견·동의 의결서를 임용권자에게 통보하여야 한다.

⑤ 제1항부터 제4항까지에서 규정한 사항 외에 직권면직 대상자의 출석, 심문과 진술권 및 사실조사에 관하여는 제4조, 제5조 및 제6조 제4항·제5항을 준용한다. 이 경우 '징계 등 혐의자'는 '직권면직 대상자'로, '징계의결 등'은 '직권면직에 대한 의견 또는 동의 의결'로, '징계의결 등 요구서'는 '직권면직 의견·동의 요구서'로, '징계의결 등 요구의 내용'은 '직권면직'으로 본다.

제15조(심사 또는 재심사) ① 징계의결 등 또는 징계부가금 감면의결을 요구한 기관의 장은 법 제72조제2항에 따라 심사 또는 재심사를 청구하려면 징계의결 등 또는 징계부가금 감면의결을 통보받은 날부터 15일 이내에 다음 각 호의 사항을 적은 징계의결 등 또는 징계부가금 감면의결 심사(재심사) 청구서에 사건 관계기록을 첨부하여 관할 위원회에 제출하여야 한다. 〈**개정** 2012.12.12., 2015.11.11.〉

1. 심사 또는 재심사 청구의 취지
2. 심사 또는 재심사 청구의 이유 및 증명방법

3. 징계 등 의결서 사본 또는 징계부가금 감면의결서 사본
4. 제8조제2항에 따라 고려된 정황 또는 제8조의2제6항에 따라 조정·감면을 위하여 고려한 사항

② 제1항에 따라 심사 또는 재심사 청구를 받은 위원회는 이 영에서 정하는 징계의결 등 또는 징계부가금 감면의결 절차에 따라 심사 또는 재심사를 하여야 한다. 〈개정 2012.12.12.〉

제15조의2(징계등 처리대장) 위원회는 징계등 사건의 접수·처리상황을 관리하기 위하여 별지 제5호 서식의 징계등 처리대장을 갖춰 두어야 한다.

제16조(소청절차) 일반직공무원에 대한 소청절차는 국가공무원에게 적용되는 「소청절차규정」을 준용한다.

제16조의2 삭제 〈2012.12.12.〉

제16조의3(징계절차의 중지 등) ①법 제73조 제1항에서 '각 행정기관에서 대통령령으로 정하는 바에 따라 조사 중인 사건'이란 「지방자치단체에 대한 행정감사규정」 제2조에 따른 감사 중인 사건을 말한다.

② 임용권자는 법 제73조 제3항에 따라 수사 개시 통보를 받으면 지체 없이 징계의결등의 요구나 그 밖에 징계등 절차의 진행 여부를 결정하고, 그 사실을 징계등 혐의자에게 통보하여야 한다.

제17조(시행세칙) 이 영 시행에 필요한 사항은 교육부령 또는 행정자치부령으로 정한다. 〈개정 2015.11.11.〉

부칙 〈제26620호, 2015.11.11.〉

이 영은 2015년 11월 19일부터 시행한다.

별표 / 서식

[별지 제1호서식] 공무원 징계의결 또는 징계부가금 부과의결 요구서
[별지 제1호의2서식] 확인서
[별지 제2호서식] 출석통지서
[별지 제3호서식] 징계 또는 징계부가금 의결서
[별지 제3호의2서식] 징계부가금 감면의결 요구서
[별지 제3호의3서식] 징계부가금 감면의결서
[별지 제4호서식] (징계처분, 징계부가금 부과처분, 징계부가금 감면처분)사유설명서
[별지 제4호의2서식] 직권면직(의견, 동의)요구서
[별지 제4호의3서식] 직권면직(의견, 동의)의결서
[별지 제5호서식] 징계 또는 징계부가금 처리대장

지방공무원 징계규칙

[시행 2015.11.19.] [행정자치부령 제44호, 2015.11.19., 제정]

제1조(목적) 이 규칙은 「지방공무원법」 제9장 및 「지방공무원 징계 및 소청 규정」에서 위임된 사항과 그 시행에 필요한 사항을 규정함을 목적으로 한다.

제2조(징계 또는 징계부가금의 기준) ① 인사위원회는 징계 또는 「지방공무원법」 제69조의2에 따른 징계부가금(이하 '징계부가금'이라 한다)의 대상인 혐의자의 비위(非違) 유형, 비위 정도 및 과실의 경중과 평소의 행실, 근무성적, 공적(功績), 규제개혁 및 국정과제 등 관련 업무 처리의 적극성, 뉘우치는 정도 또는 그 밖의 사정 등을 고려하여 별표 1의 징계기준, 별표 2의 청렴의무 위반 징계기준, 별표 3의 음주운전 징계기준 및 별표 4의 징계부가금 부과기준에 따라 징계 또는 징계부가금(이하 '징계 등' 이라 한다) 사건을 의결하여야 한다.

② 인사위원회가 징계 등 사건을 의결할 때에는 비위와 부조리를 척결함으로써 공무집행의 공정성 유지와 깨끗한 공직사회 구현 및 기강 확립에 주력하고, 그 의결 대상이 직무와 관련한 금품비위행위인 경우에는 그 비위행위자는 물론 비위와 관련된 감독자와 비위행위의 제안·주선자에게도 엄중히 책임을 물어야 한다.

③ 제1항에도 불구하고 비위의 정도가 약하고 과실로 인한 비위로서 다음 각 호의 어느 하나에 해당되는 경우에는 징계의결 또는 징계부가금 부과 의결(이하 '징계의결 등'이라 한다)을 하지 아니할 수 있다.

1. 국가나 지방자치단체에 이익이 되고 주민생활에 편익을 주는 정책 또는 법령의 입법목적을 달성하기 위하여 필수적인 정책 등을 수립·집행하거나, 정책목표의 달성을 위하여 업무처리 절차·방식을 창의적으로 개선하는 등 성실하고 능동적으로 업무를 처리하는 과정에서 비위 사실이 발생한 것으로 인정되는 경우
2. 국가 또는 지방자치단체의 이익을 위하여 또는 주민생활에 큰 피해가 예견되어 이를 방지하기 위하여 정책을 적극적으로 수립·집행하는 과정에

서 비위 사실이 발생한 것으로서 정책을 수립·집행할 당시의 여건 또는 그 밖의 사회통념에 비추어 적법하게 처리될 것이라고 기대하기가 극히 곤란했던 것으로 인정되는 경우

3. 제5조 제2항 각 호에 해당되지 아니하는 비위 중 직무와 관련이 없는 사고로 인한 비위로서 사회통념에 비추어 공무원의 품위를 손상하지 아니하였다고 인정되는 경우

제3조(수사기관이 통보한 지방공무원 범죄사건 처리기준) 징계의결등 요구권자는 「지방공무원법」 제73조 제3항에 따라 지방공무원의 범죄사건에 대한 통보를 받은 경우 다음 각 호의 기준에 따라 처리하여야 한다.

1. 혐의없음 또는 죄가 안됨 결정 : 내부종결 처리. 다만, 「지방공무원법」상의 징계사유에 해당하는 경우 별표 1부터 별표 4까지의 기준 적용
2. 공소권없음 결정, 기소중지 결정 또는 참고인중지 결정, 기소유예 결정 및 기타 그 밖의 결정 : 비위의 정도 및 과실의 경중, 고의성 유무 등 사안에 따라 혐의사실이 인정되는 경우 별표 1부터 별표 4까지의 기준 적용
3. 공소제기 결정 : 별표 1부터 별표 4까지의 기준 적용

제4조(비위행위자와 감독자에 대한 문책기준) ① 같은 사건에 관련된 행위자와 감독자에 대해서는 업무의 성질 및 업무와의 관련 정도 등을 고려하여 별표 5의 비위행위자와 감독자에 대한 문책기준에 따라 징계의결등을 하여야 한다.

② 제1항에도 불구하고 별표 5에 따른 문책 정도의 순위 1에 해당하지 아니하는 사람이 다음 각 호의 어느 하나에 해당하는 경우에는 징계의결 등을 하지 아니할 수 있다.

1. 해당 비위를 발견하여 보고하였거나 이를 적법·타당하게 조치한 징계 등 사건
2. 비위의 정도가 약하고 경과실인 징계 등 사건
3. 철저하게 감독하였다는 사실이 증명되는 감독자의 징계 등 사건

제5조(징계의 감경) ① 인사위원회는 징계의결이 요구된 사람에게 다음 각 호의 어느 하나에 해당하는 공적이 있는 경우에는 별표 6의 징계의 감경기준에 따라 징계를 감경할 수 있다. 다만, 그 공무원이 징계처분이나 이 규칙에 따른 경고를 받은 사실이 있는 경우에는 그 징계처분이나 경고 전의 공적은 감경 대상 공적에서 제외한다.

1. 「상훈법」에 따른 훈장 또는 포장을 받은 공적
2. 「정부표창규정」에 따라 국무총리 이상의 표창(공적상 및 창안상만 해당한다. 이하 이 호에서 같다)을 받은 공적. 다만, 비위행위 당시 6급 이하 공무원, 연구사 및 지도사는 중앙행정기관의 장인 청장(차관급 상당 기관장을 포함한다)・특별시장・광역시장・특별자치시장・도지사・특별자치도지사 및 교육감 이상의 표창을 받은 공적
3. 「모범공무원규정」에 따라 모범공무원으로 선발된 공적
4. 「청백봉사상 운영규정」에 따른 청백봉사상

② 제1항에도 불구하고 다음 각 호의 어느 하나에 해당하여 징계의결이 요구된 경우에는 징계를 감경할 수 없다.

1. 「지방공무원법」 제73조의2 제1항에 따른 징계 사유의 시효가 5년인 비위
2. 「도로교통법」 제44조에 따른 음주운전
3. 「성폭력범죄의 처벌 등에 관한 특례법」 제2조에 따른 성폭력범죄
4. 「성매매알선 등 행위의 처벌에 관한 법률」 제2조에 따른 성매매
5. 「국가인권위원회법」 제2조 제3호 라목에 따른 성희롱
6. 「공직자윤리법」 제8조의2 제1항 제4호 또는 제22조에 따라 등록의무자에 대하여 재산등록 또는 주식의 매각・신탁과 관련한 의무 위반
7. 「공직선거법」 위반으로 벌금형 이상의 형을 선고받은 비위

③ 인사위원회는 징계의결이 요구된 사람의 비위가 성실하고 능동적인 업무처리 과정에서 과실로 인하여 생긴 것으로 인정되거나, 제2항 각 호에 따른 감경 제외 대상이 아닌 비위 중 직무와 관련이 없는 사고로 인한 비위라고 인정될 때에는 그 사정을 고려하여 별표 6의 징계의 감경기준에 따라 징계를 감경할 수 있다.

제6조(징계의 가중) ① 인사위원회는 서로 관련 없는 둘 이상의 비위가 경합될 경우에는 그 중 책임이 무거운 비위에 해당하는 징계보다 1단계 위의 징계로 의결할 수 있다.

② 인사위원회는 징계처분을 받은 사람에 대하여 「지방공무원 임용령」 제34조에 따른 승진임용 제한기간 중에 발생한 비위로 다시 징계의결이 요구된 경우에는 그 비위에 해당하는 징계보다 2단계 위의 징계로 의결할 수 있고, 승진임용 제한기간이 끝난 후부터 1년 이내에 발생한 비위로 징계의결이 요구된 경우에는 1단계 위의 징계로 의결할 수 있다.

제7조(의결서의 작성) ① 인사위원회가 제5조와 제6조에 따라 징계를 감경하거나 가중하여 의결하였을 때에는 「지방공무원 징계 및 소청 규정」 제6조 제2항에 따른 징계등 의결서(이하 이 조에서 '징계 등 의결서'라 한다)의 이유란에 그 사실을 구체적으로 밝혀야 한다.

② 제1항의 경우 견책에 해당하는 비위를 불문(不問)으로 의결하였을 때에는 징계등 의결서의 의결주문란에 "불문으로 의결한다. 다만, 경고할 것을 권고한다"라고 적는다.

제8조(징계의결등 요구권자의 의견 기재) ① 징계의결등 요구권자가 「지방공무원 징계 및 소청 규정」 제2조 제6항 각 호 외의 부분 본문에 따라 공무원 징계의결등 요구서(「지방공무원 징계 및 소청 규정」 제2조 제6항 제1호의 공무원 징계의결등 요구서를 말한다. 이하 같다)에 징계의결 등 요구권자의 의견을 적을 때에는 요구하는 징계의 종류를 중징계 또는 경징계로 구분하여 적고, 징계부가금의 배수(倍數)를 적어야 하며, 같은 항 각 호 외의 부분 단서의 경우에는 구체적인 징계의 종류를 적어야 한다.

② 제1항의 경우에 징계의결 등 요구권자는 인사위원회가 징계 등 사건을 의결할 때에 참고할 수 있도록 공무원 징계의결 등 요구서에 별표 5에 따른 업무의 성질에 따른 업무 관련도, 규제개혁 및 국정과제 등 관련 업무 처리의 적극성, 징계등 혐의자의 평소 행실, 근무성적, 뉘우치는 정도 또는 그 밖의 사정을 구체적으로 밝히고 관계 증거자료를 첨부하여야 한다.

③ 징계의결 등 요구권자는 제5조 제3항에 따른 징계 감경 사유에 해당된다고 인정하는 경우에는 이를 증명하는 관련 자료를 첨부하여 징계의 감경의결을 요청할 수 있다.

제9조(위임 규정) 이 규칙 시행에 필요한 사항은 지방자치단체의 장이 규칙으로 정한다.

부칙 〈제44호, 2015.11.19.〉

제1조(시행일) 이 규칙은 2015년 11월 19일부터 시행한다.

제2조(적용례) 이 규칙은 이 규칙 시행 이후 징계사유가 발생한 공무원부터 적용한다.

제3조(경과조치) 이 규칙 시행 전에 징계사유가 발생한 공무원에 대해서는 종전의 지방자치단체 규칙을 적용한다.

별표 / 서식

[별표 1] 징계기준(제2조 제1항 관련)
[별표 2] 청렴의 의무 위반 징계기준(제2조 제1항 관련)
[별표 3] 음주운전 징계기준(제2조 제1항 관련)
[별표 4] 징계부가금 부과 기준(제2조 제1항 관련)
[별표 5] 비위행위자와 감독자에 대한 문책기준(제4조 관련)
[별표 6] 징계의 감경기준(제5조 관련)

적극행정면책 등 감사소명제도의 운영에 관한 규칙

[시행 2015.2.3.] [감사원규칙 제267호, 2015.2.3., 제정]

제1장 총칙

제1조(목적) 이 규칙은 「감사원법」 제34조의3에서 규정하는 적극행정면책을 위한 구체적인 적용기준과 운영에 필요한 절차를 정하고, 감사원의 감사결과 처리에 대한 수감기관, 관련자 및 이해관계자의 의견 또는 지적내용에 대한 소명자료 제출 및 처리 절차 등을 정함으로써 일하는 공직 분위기를 조성하고 감사결과 처리의 투명성과 절차적 정당성을 제고함을 목적으로 한다.

제2조(정의) 이 규정에서 사용하는 용어의 정의는 다음 각 호와 같다.

1. '적극행정'이라 함은 감사원 감사를 받는 자가 불합리한 규제를 개선하거나 공익사업을 추진하는 등 공공의 이익을 증진하기 위하여 성실하고 적극적으로 업무를 처리하는 행위를 말한다.
2. '적극행정면책'이라 함은 감사원 감사를 받는 자가 고의 또는 중과실 없이 적극적으로 업무를 처리한 결과에 대하여 「감사원법」에 따른 불이익한 처분요구를 하지 않는 등 그 책임을 면제하는 것을 말한다.
3. '감사원 감사를 받는 자'라 함은 제4조에서 정한 감사대상기관과 위 감사대상기관에 소속된 공무원(공무를 위탁받은 사인을 포함한다. 이하 같다.) 또는 그에 소속된 임·직원 등을 말한다.
4. 제2호의 '「감사원법」에 따른 불이익한 처분요구'라 함은 「감사원법」 제32조 제1항의 징계요구, 제8항의 문책요구, 제9항의 해임요구, 제33조 제1항의 주의요구(주의사항에는 기관주의도 포함) 등을 말한다.
5. '감사소명제도'라 함은 감사원에서 처리 중인 감사결과의 처리에 대하여 감사원 감사를 받는 자 및 이해관계자가 적극행정면책의 신청 등을 포함한 지적사항에 대한 의견 또는 소명자료를 제출하면 감사원에서 이를 검

토하여 처리하는 절차 등의 제도를 말한다.

6. '감사소명자료'라 함은 감사원에서 처리 중인 감사결과에 대하여 감사대상기관, 감사원 감사를 받는 자 및 이해관계자가 감사원에 제출하는 지적사항에 대한 의견 또는 소명을 하기 위한 자료 등을 말한다.
7. 제5호 및 제6호의 '이해관계자'라 함은 현재 실시 중이거나 처리 중인 감사결과로 인하여 신분상 또는 재산상 불이익을 받게 되는 사람 및 법인(국가·지방자치단체와 지방자치단체조합을 포함한다)과 법인격이 없는 사단·재단 또는 그 밖의 단체를 포함한다.

제2장 적극행정면책

제3조(적극행정면책의 적용 범위) ① 이 규정은 감사원의 감사대상 업무 전반에 걸쳐 적용된다.

② 국가적인 경제난 극복을 위한 정책의 수립 또는 집행과 직접적으로 관련된 업무처리 및 불합리한 규제 개선과 관련한 업무처리에 대해서는 제반 정상을 더욱 심도 있게 검토하여 면책 여부를 결정한다.

제4조(면책 대상자) 이 규정에 의한 면책은 「감사원법」 제22조 내지 제24조 등에 규정된 중앙행정기관, 지방자치단체, 공공기관 등 모든 감사대상기관과 그에 소속한 공무원 또는 임·직원 등에게 적용된다.

제5조(적극행정면책의 기준) 감사원의 감사를 받는 자가 적극행정면책의 대상이 되기 위하여는 다음 각 호에서 정한 기준들을 충족하여야 한다.

1. 감사원 감사를 받는 자의 업무처리가 불합리한 규제의 개선, 공익사업의 추진 등 공공의 이익을 위한 것일 것
2. 감사원 감사를 받는 자가 업무를 적극적으로 처리하였을 것
3. 감사원 감사를 받는 자의 행위로 인하여 결과가 발생하였을 것

4. 감사원 감사를 받는 자에게 고의 또는 중대한 과실이 없을 것

제6조(고의 또는 중과실의 추정) 감사원의 감사를 받는 자가 다음 각 호에서 정한 바를 모두 충족한 때에는 제5조 제4호에서 정한 고의 또는 중과실이 없는 것으로 추정한다.

1. 감사원 감사를 받는 자와 대상 업무 사이에 사적인 이해관계가 없을 것
2. 대상 업무의 처리에 필요한 정보를 충분히 검토하였을 것
3. 법령에서 정한 필수적인 행정 절차를 거쳤을 것
4. 대상업무를 처리하면서 필요한 결재 절차를 거쳤을 것

제7조(유의사항) 적극행정면책제도는 감사과정에서 성실하고 적극적으로 일하는 공무원 등에 대한 불이익한 처분요구 등을 신중하게 하려는 취지의 제도로서, 감사를 느슨하게 하거나 감사실시를 면제하는 등의 제도로 운영되거나 오해되어서는 아니 된다.

제3장 감사소명자료의 제출 및 처리

제8조(소명자료의 제출) ① 감사대상기관의 장 또는 감사원 감사를 받는 자 및 이해관계자는 실지감사가 종료한 후 감사원의 지적사항에 대하여 이 규정에 따른 적극행정 면책신청 등 소명자료를 제출하고자 할 경우에는 '감사 관련 소명서'(제1호 서식)를 작성하여 소명자료와 함께 감사원에 제출하여야 한다.

② 적극행정 면책신청을 하려는 자는 전항의 '감사 관련 소명서'에 '적극행정 면책 사유'(제1호 서식 별첨)를 소명하여 감사원에 제출하여야 한다.

제9조(소명자료의 접수 및 처리) ① 감사원에서는 감사소명자료를 접수한 경우에는 이를 검토·처리하여야 한다.

② 감사원은 적극행정면책 등 소명자료를 검토한 결과 이유가 있다고 인정되는

경우에는 적극행정면책을 하는 등 감사결과의 처리에 반영하여야 한다.

제10조(대리인 또는 대표자의 선임) ① 감사대상기관, 감사원 감사를 받는 자 및 이해관계자는 법률에 따라 대리인의 자격을 가진 자를 대리인으로 선임할 수 있으며, 대리인을 선임한 때에는 '감사 관련 소명서'에 대리권을 증명할 수 있는 위임장을 첨부하여 제출하여야 한다.

② 감사결과 지적사항에 대하여 공동으로 이해관계를 가진 자들은 전체를 대표할 대표자를 선임하거나 또는 연명으로 감사원에 소명자료를 제출할 수 있다.

제11조(직권에 의한 면책) 감사원은 감사결과 지적된 사항에 대하여 직권으로 검토한 결과 적극행정면책이 필요하다고 인정하는 때에는 제8조에 따른 면책신청이 없는 경우에도 면책처리를 할 수 있다.

제12조(적극행정면책 통보) 감사원은 제8조의 면책신청에 따른 면책 또는 제11조에 따라 직권으로 검토하여 책임을 묻지 않기로 결정한 사항에 대하여는 책임을 묻지 않기로 한 사실을 감사대상기관의 장에게 통보하여야 한다.

제13조(소명자료의 제출자에 대한 통지) 감사원은 지적사항에 대하여 제출한 소명자료를 검토한 결과 소명사유가 이유 있다고 인정하여 불문처리한 경우에는 그 결과를 소명자료를 제출한 자에게 통지하여야 한다. 다만, 소명자료가 이유 없다고 인정하여 처분요구를 한 경우에는 처분요구의 시행으로 갈음한다.

제14조(보칙) ① 이 규칙에 의한 적극행정면책 여부 및 감사소명자료에 대한 검토 등 처리는 「감사원법」과 감사원규칙 등에 규정된 일반적인 감사 실시, 결과 보고 및 처리 절차에 따른다.

② 감사원은 적극행정면책 등 감사소명제도의 취지를 충분히 고려하여 감사를 실시하여야 한다.

부칙 〈제267호, 2015.2.3.〉

제1조(시행일) 이 규칙은 공포한 날부터 시행한다.

제2조(경과규정) 이 규칙의 시행일 현재 감사 실시 중이거나 감사 결과를 처리 중인 감사사항에 대하여도 이 규칙을 적용하며, 「적극행정면책 등 감사소명제도 운영규정」(2014. 6. 2. 훈령 제467호)에 의하여 접수·처리 중인 사항은 이 규칙에 의한 것으로 본다.

(제1호 서식)

감사 관련 소명서

<table>
<tr><td rowspan="4">1. 제 출 자</td><td>주 소</td><td colspan="3"></td></tr>
<tr><td>기 관 명</td><td></td><td>직 명</td><td></td></tr>
<tr><td>성 명</td><td></td><td>전화번호</td><td></td></tr>
<tr><td>감사사항과 제출자의 관련성</td><td colspan="3"></td></tr>
<tr><td>2. 소명자료 관련 감사사항명 및 지적건명</td><td colspan="4">(예시) ○○집행관리실태 감사(하수관거설치공사 계약 관련)</td></tr>
<tr><td>3. 소명자료제출 취지
(해당사유 모두 표시)</td><td colspan="4">사실관계 상이( )/ 새로운 증거( )/ 법령해석 차이( )/ 적극행정면책( )
정상참작 등 기타( )</td></tr>
<tr><td>4. 소명 요지</td><td colspan="4">필요한 경우 별지로 작성</td></tr>
<tr><td colspan="5">위 감사 및 지적 내용에 관하여 소명(적극행정 면책)이 필요하여 위와 같이 소명자료를 제출합니다.

20 . . .

신청인 (인)

첨부서류 : 1. 대리인 위임장
2. 소명자료(매)
3. 적극행정면책 사유서

감사원 귀중</td></tr>
</table>

※ 소명서 작성 시 유의사항

1. 이해관계자의 대리인이 소명자료를 제출하는 경우 제출자는 이해관계자 본인의 성명을 작성하고 대리인 위임장을 첨부해주시기 바랍니다.
2. 소명자료 관련 감사사항명 및 지적건명은 위 소명자료가 어떤 지적내용에 관하여 제출된 것인지를 파악하기 위한 것이므로 알고 계신 범위 내에서 최대한 자세히 작성하시면 됩니다.

(제1호 서식 별첨)

적극행정면책 사유서

적극행정 면책요지		
구체적 판단기준 내용	해당 여부	소명자료
• 업무처리의 공공의 이익 여부		
• 업무의 적극적 처리 여부		
• 감사를 받는 자와 대상 업무 사이에 사적인 이해관계가 없을 것		
• 대상 업무처리에 필요한 정보를 충분히 검토하였을 것		
• 법령에서 정한 필수적인 행정 절차를 거쳤을 것		
• 대상 업무의 처리에 필요한 결재 절차를 거쳤을 것		
○ 기 타		

※ 적극행정 면책 신청의 경우만 작성

찾아보기 ···

INDEX

INDEX

찾아보기…

ㄱ

ㅅ

ㅇ

ㅈ

참고문헌,
참고판례 및 판정례

REFERENCE

참고문헌

감사원, 「감사원결정례집」, 2004~2014 | 감사원, 「변상판정 사례집」, 2013 | 강인옥, "변상판정 사례연구", 「신규·전입직원 교육과정 직무교육교재」, 감사교육원, 2016 | 강인옥, "징계요건 및 사례연구", 「감사전문심화과정 직무교육교재」, 감사교육원, 2016 | 강인옥, "국가재정관련 법규해설", 「신규·전입직원 교육과정 직무교육교재」, 감사교육원, 2016 | 강인옥(공저), 「공공계약법규 및 실무」, 광문각, 2013 | 강인옥, 「회계관계직원의 책임」, 광문각, 2010 | 강인옥, "변상책임의 성립요건에 관한 연구 – 판례분석을 중심으로 –", 「연구논문집」, 감사교육원, 2009 | 강인옥, "공무원법상 공무원의 의무에 관한 연구 – 성실·품위유지·청렴 및 복종의무를 중심으로 –", 연구논문집, 감사교육원, 2008 | 강인옥, "회계관계직원과 민사상 손해배상청구", 「감사」, 2008년 봄호 통권 제98호 | 강인옥, "회책법상 중대한 과실에 관한 연구 – 판례를 중심으로 –", 「연구논문집」, 감사교육원, 2008 | 강인옥, "직무상 불법행위로 인한 공무원의 책임 – 구상과 변상을 중심으로", 「연구논문집」, 감사교육원, 2007 | 강인옥, 「재정관리제도와 변상책임」, 광문각, 2006 | 강인옥, 「행정행위와 감사」, 책과공간, 2006 | 강인옥, 변상제도와 책임 중복 이론", 「감사」, 1996. 5 통권 제47호 | 금윤성, "검사직무 관련 국가배상책임 성립시 검사에 대한 구상권", 「검찰」, 대검찰청, 2003 | 김기동, "국가배상과 공무원의 개인책임", 「법조」, 법조협회, 1994.4 | 김남진, 「행정법 I」, 법문사, 2001 | 김남진, 「행정법 II」, 법문사, 2001 | 김남진·김태연 공저, 「행정법」, 법문사, 2004 | 김동희, 「행정법 I」, 박영사, 2016 | 김동희, 「행정법 II」, 박영사, 2016 | 김성엽, "회계관계직원의 민사상 손해배상책임대상판결 2006.11.16. 선고 2002다74152 전원합의체 판결", 「재판과 판례」제16집, 대구판례연구회, 2008 | 김재훈, "일본 공무원노조의 단결권제도와 시시점", 「법과 사회」32호 (2007.상반기), 박영사, 2007 | 김용섭, "행정행위의 부관의 허용성", 판례월보 324호, 판례월보, 1997 | 김철용, "공무원 개인의 불법행위책임", 「판례월보」, 1994.11. | 김향기, 「행정법개론」, 탑북수, 2016 | 대법원, 종합법률정보시스템, http://glaw.scourt.go.kr/jbsonw/jbson.do | 두산백과사전, EnCyber & EnCyber.com | 박균성, 「행정법강의」, 박영사, 2016 | 박균성, "국가배상에 있어서의 국가의 공무원에 대한 구상권", 「행정판례연구 제2집」, 1996.4. | 박윤흔, 「최신 행정법강의」, 박영사, 2009 | 서민석, "구 회계관계직원등의책임에관한법률(2001.4.7.법률 제6461호로 전문개정 되기 전의 것) 제2조 소정의 회계관계직원으로서 공무원이 아닌 사람이 같은 법 제4조 제1항에 따라 변상책임을 지는 경우, 그 직원의 소", 「대법원 판례해설」 제63호(2006 하반기), 법원도서관, 2007.7 | 석종현, 「일반행정법(상)」, 삼영사, 2005 | 석종현, 「일반행정법(하)」, 삼영사, 2005 | 양형권, "공무원의 직무상 불법행위로 인한 개인책임의 인정여부 및 구상과 관련한 문제점", 「재판연구실무」, 광주지방법원, 2002 | 안장근 외, "변상판정제도 개선방안에 관한 연구", 감사원, 2015.11.9. | 윤홍근, "직무와 관련된 불법행위에 있어 공무원 개인의 책임", 「민사판례연구 제19집」, 박영사, 1997 | 이광윤, "한국과 프랑스의 행정상 손해배상제도", 「고시계」, 1992.5 | 이명

진, “국가 공무원 비위사건의 징계제도 개선에 관한 연구–대법원 판례를 중심으로–”, 강원대학교 박사 학위 논문, 2016.2 ❙ 이상규, 「신행정법론(상)」, 법문사, 1997 ❙ 이상규, 「신행정법론(하)」, 법문사, 1995 ❙ 이시윤, 「민사소송법」, 박영사. 2005 ❙ 이승영, “지방자치단체장의 회계관계직원의책임에관한법률 상의 변상책임(대상판결: 대법원 2001. 2. 23. 선고 99두5498판결)”, 「대전지방변호사회지」, 2002년 통권 제2호 ❙ 이일세, “국가배상법상의 ‘공무원이 직무를 집행함에 당하여’에 관한 고찰(상)”, 「사법행정」, 1997.5 ❙ 장영수, “개정 공직자윤리법에 대한 헌법적 검토: 주식백지신탁제도를 중심으로”, 고려법학 46호(2006.04), 고려대학교 법학연구원, 2006 ❙ 정하중, 「행정법총론」, 법문사, 2008 ❙ 정하중, 「행정법각론」, 법문사, 2008 ❙ 최선웅, “경찰공무원 징계처분의 법적 성질”, 행정법연구 18호 (2007. 하반기), 행정법이론실무학회, 2007 ❙ 한견우, 「행정법 I」, 홍문사, 1997년 ❙ 홍정선, 「행정법원론(상)」, 박영사, 2008 ❙ 홍정선, 「행정법원론(하)」, 박영사, 2008 ❙ 홍정선, 「행정법특강」, 박영사, 2014

內野正幸, 「不法行爲·司法行爲上國家賠償責任」, 國家補償法體系, 2, 1987.

CHAPUS(R.). 「Droit administratif g n ral」, Tome 1, 1993.

Forsthoff, 「Lehrbuch des Verwaltungsrechts」, 10. Aufl (Munchen : Verlag C. H. Beck, 1973)

KANG(In–Ok). “La responsabilit administrative en droit cor en eten droit fran ais”, Th ses, Univ. de Paris 2, 1993.11.

LLORENS–FRAYSSE(F.). “Le poids de la faute dans la responsabilit administrative”, Droit 1987, n。 5.

LONG, WEIL, BRAIBANT, DELVOLVE et GENEVOIS, 「Les grands att ts de la jurisprudene administrative」, Sirey, 1993.

MOREAU(J.). 「La responsabili administrative」, puf, 1995.

MOREAU(J.). 「Droit administratif」, puf, (Droit fondamental), 1989.

MOREAU(J.). – “La responsabilit de l'Etat en raison du fonctionnement des tablissments p nitentiaires”, 「M l. Bouzat」, 1980.

MOREAU(J.). – “La cause de la demande en justice dans le contentieux de la responsabilit administrative extracontractuelle”, 「M l. Stassinopoulos」, 1974.

Wolf/Bachof, 「Verwaltungsrechts Ⅰ」, 9 Aufl (Munchen : Verlag C. H. Beck, 1974), §30 Ⅱ b

참고판례 및 판정례

〈대법원 판례〉

대법원 1964. 9.22. 선고 64누6 | 대법원 1968. 5. 28. 선고 67누67 판결 | 대법원 1972.10.10. 선고 69다701 판결 | 대법원 1972.10.31. 선고 72누157 | 대법원 1983.11.8. 선고 81다카996 판결 | 대법원 1984.1.24. 선고 83누610 판결 | 대법원 1985. 5. 14. 선고 83누362 판결 | 대법원 1987.4.14. 선고 86누183 판결 | 대법원 1988.2.23. 선고 87도2358 판결 | 대법원 1989.5.23. 선고 88누3161 판결 | 대법원 1990.3.13. 선고 89누 8040 판결 | 대법원 1990.5.8. 선고 89누1179 판결 | 대법원 1991. 3. 22. 선고 90다8152 판결 | 대법원 1991.5.10. 선고 91다6764 판결 | 대법원 1991. 5. 28. 선고 90다17972 판결 | 대법원 1991. 7. 9. 선고 91다 5770 판결 | 대법원 1992.2.14. 선고 91누4904 판결 | 대법원 1992.6.26. 선고 91누11780 판결 | 대법원 1992.7.10. 선고 91누6719 판결 | 대법원 1992.9.14. 선고 91누7606 판결 | 대법원 1992.11.27. 선고 92누 3366 판결 | 대법원 1993. 2. 9. 선고 92누4055 판결 | 대법원 1994. 1. 11. 선고 93다50185 판결 | 대법원 1994. 6. 10. 선고 93다30877 판결 | 대법원 1994. 12. 13. 선고 93누98 판결 | 대법원 1994. 12. 27. 선고 94다36285 판결 | 대법원 1995. 3. 24. 선고 94누9764 판결 | 대법원 1995. 4. 11. 선고 94다15646 판결 | 대법원 1995. 4. 21. 선고 93다14240 판결 | 대법원 1996. 2. 15. 선고 95다38677 전원합의체 판결 | 대법원 1996. 3. 26. 선고 95누14411 판결 | 대법원 1996. 4. 12. 선고 95누5752 판결 | 대법원 1996. 4.26. 선고 95누3848 | 대법원 1996. 4. 26. 선고 95누18727 판결 | 대법원 1996. 8. 23. 선고 96다19833 판결 | 대법원 1997. 1. 24. 선고 96누15763 판결 | 대법원 1997. 2. 11. 선고 96누2125 판결 | 대법원 1997. 4. 25. 선고 96누17479 판결 | 대법원 1997. 8. 26. 선고 96다33143 판결 | 대법원 1997. 9. 9. 선고 97다12907 판결 | 대법원 1998. 2. 10. 선고 97다49534 판결 | 대법원 1998. 2. 27. 선고 97누18172 판결 | 대법원 1998. 5. 8. 선고 97다36613 판결 | 대법원 1998. 9. 22. 선고 98다2631 판결 | 대법원 1999. 4. 23. 선고 99도636 판결 | 대법원 1999. 7. 27. 선고 99다23550 판결 | 대법원 1999.12.20 99무42 판결 | 대법원 1999. 12. 21. 선고 98다29797 판결 | 대법원 2000. 6. 9. 선고 98다55949 판결 | 대법원 2001. 2. 23. 선고 99두5498 판결 | 대법원 2001. 4. 13. 선고 2000다34891 판결 | 대법원 2001. 8. 24. 선고 2000두7704 판결 | 대법원 2001. 10. 23. 선고 99다36280 판결 | 대법원 2002. 3. 12. 선고 2000다55225, 55232 판결 | 대법원 2002. 9. 24. 선고 2001다56386 판결 | 대법원 2002. 10. 11. 선고 2001두3297 판결 | 대법원 2002. 10. 22. 선고 2000다65666, 65673 판결 | 대법원 2003. 2. 11. 선고 2002다65929 판결 | 대법원 2003. 4. 25. 선고 2001다59842 판결 | 대법원 2003. 6. 27. 선고 2001두9660 판결 | 대법원 2003. 11. 14. 선고 2002다55304 판결 | 대법원 2003. 12. 26. 선고 2003다13307 판결 | 대법원 2004. 11. 12. 선고 2002두11813 판결 |

대법원 2005. 1. 14. 선고 2004다26805 판결 | 대법원 2005. 3. 24. 선고 2004두14380 판결 | 대법원 2006.4.14. 선고 2003다41746 판결 | 대법원 2006.9.14. 선고 2005다22879 판결 | 대법원 2006. 11. 16 선고 2002다 74152 판결 | 대법원 2006.12.21. 선고 2006두16274 판결 | 대법원 2007.6.14. 선고 2007두3527 판결 | 대법원 2007.10.12. 선고 2007두9167 판결 | 대법원 2008.2.14. 선고 2006다82601 판결 | 대법원 2008.2.28. 선고 2006다36905 판결 | 대법원 2008.6.26. 선고 2008두6387 판결 | 대법원 2008.6.26. 선고 2006다81073 판결 | 대법원 2008.7.24. 선고 2006다63273 판결 | 대법원 2008.9.11 선고 2006다57926 판결 | 대법원 2008.10.9. 선고 2006두13626 판결 | 대법원 2009.10.29. 선고 2009다42666 판결 | 대법원 2011.9.8. 선고 2011다34521 판결 | 대법원 2012.1.27. 선고 2010다100919 판결 | 대법원 2012.6.28. 선고 2011두20505 판결대법원 2012.10.11. 선고 2011두11488 판결 | 대법원 2013.9.13. 선고 2011두16995 판결 | 대법원 2013.10.31. 선고 2011두28981 판결 | 대법원 2014.2.27. 선고 2011두29540 판결 | 대법원 2014.4.24. 선고 2012다36340 판결 | 대법원 2014.5.16. 선고 2014두35225 판결 | 대법원 2014.8.20. 선고 2012다54478 판결 | 대법원 2014.7.24. 선고 2013두13167 판결 | 대법원 2014.8.20. 선고 2012다54478 판결 | 대법원 2014.10.30. 선고 2013다203413 판결 | 대법원 2004.11.12. 선고 2002두11813 판결 | 대법원 2014.12.24. 선고 2012다116864 판결 | 대법원 2015.9.10. 선고 203추517 판결 | 대법원 2015.11.12. 선고 2014두35638 판결 | 대법원 2015.11.26. 선고 2013두13174 판결

〈감사원 판정례〉

2011년 감판 제1호(2011.1.13., 농업인자녀 학자금 등 횡령)

2011년 감판 제2호(2011-04-28, 도로명 표지시설 구매·설치비 부당 지급)

2011년 감판 제3호(2011.5.26., 장애인표준사업장 지원에 따른 이행담보 제공 확인업무 부당 처리)

2011년 감판 제4호(2011.6.3., 공사 선금급 채권확보 미조치)

2011년 감판 제5호(2011.7.7., 보건소 세출금 횡령)

2011년 감판 제6호(2011.7.7., 유가보조금 등 횡령)

2011년 감판 제7호(2011.7.14., 불법 어업손실보상금 회수채권 관리 부적정)

2011년 감판 제8호(2011.7.14., 기존무허가건물 보상업무 처리 태만)

2011년 감판 제9호(2011.07.20., 사권이 설정된 진도우회도로 편입토지 취득업무 부당 처리)

2011년 감판 제10호(2011.7.28., A 판매대금 절도)

2011년 감판 제11호(2011.8.29., B 입장료 수입금 횡령)

2011년 감판 제12호(2011.9.15., 복지시설 수입금 횡령)

2011년 감판 제13호(2011.9.15., 급식비 횡령)

2011년 감판 제14호(2011.9.15., 국내여비 등 관서운영경비 횡령)

2011년 감판 제15호(2011.9.15., 국내여비 횡령)

2011년 감판 제16호(2011.9.15., 철도화물 운송료 이중 지급)

2011년 감판 제17호(2011.10.6., 부가가치세 가산세 납부 관련 변상책임에 대한 무책판정)

2011년 감판 제18호(2011.11.22., 공사 선금급 채권확보 미조치)

2011년 감판 제19호(2011.11.22., 손실보상금 공탁업무 부당처리)

2011년 감판 제20호(2011.11.24., C 수입금 횡령)

2012년 감판 제1호(2012.3.22., D품질검사 수수료 횡령)

2012년 감판 제2호(2012.6.14., 임차보증금 망실 관련 변상책임에 관한 무책판정)

2012년 감판 제3호(2012.6.14., 선금급 채권확보업무 부당 처리)

2012년 감판 제4호(2012.7.19., 공사 선금급 정산업무 부당 처리)

2012년 감판 제5호(2012.7.19., 전대차보증금 채권 보전 업무 부당 처리)

2012년 감판 제6호(2012.9.20., 소득세 및 보험료 횡령)

2012년 감판 제7호(2012.9.20., 구상금 결정 업무 태만)

2012년 감판 제8호(2012.11.8., 문화홍보관 및 한국문화원 관서운영경비 등 횡령)

2012년 감판 제9호(2012.12.6., 직원 숙소 임대차계약 업무 부당 처리)

2012년 감판 제10호(2012.12.13., 급여원부상 주민등록번호 미변경으로 인한 반환일시금 이중지급)

2012년 감판 제11호(2012.12.13., 주민센터 세출금 횡령)

2012년 감판 제12호(2012.12.20., 유류 출납 및 유류 저장시설 관리업무 태만)

2013년 감판 제1호(2013.1.17., E 제2농공단지 조성사업 변경용역 관련 변상책임에 대한 무책판정)

2013년 감판 제2호(2013.2.7., 국민건강보험료 등 국고금 횡령)

2013년 감판 제3호(2013.2.7., 세출금 및 세입세출외현금 횡령)

2013년 감판 제4호(2013.2.7., 세입세출외현금 횡령)

2013년 감판 제5호(2013.2.7., 이사회 수당지급 관련 변상책임에 관한 무책판정)

2013년 감판 제6호(2013.2.14., 공유재산 사용료 체납금 징수업무 부당 처리)

2013년 감판 제7호(2013.2.14., F도 시설공사 선금 채권확보업무 부당 처리)

2013년 감판 제8호(2013.2.14., 축산물 직판매장 임차보증금 채권보전조치 태만)

2013년 감판 제9호(2013.2.28., G 하수종말처리장 공사비 부당 지급)

2013년 감판 제10호(2013.3.14., 채권보전조치 부당 해제)

2013년 감판 제11호(2013.3.21, 부가가치세 가산세 납부 관련 변상책임에 대한 무책판정)

2013년 감판 제12호(2013.4.25., 선금급 채권확보업무 태만)

2013년 감판 제13호(2013.5.16., 보수 등 세출금 횡령)

2013년 감판 제14호(2013.6.20., 세출금(보수) 횡령)

2013년 감판 제15호(2013.7.9., 경영수익사업 제품 공급 및 대금 회수업무 부당처리)

2013년 감판 제16호(2013.7.25., H도청 이전 신도시 토지보상 관련 서면감사)

2013년 감판 제17호(2013.10.10., 토지수용 재결신청 부당 지연처리에 따른 가산금 지급)

2013년 감판 제18호(2013.10.10., 도서구입비 등 횡령)

2014년 감판 제1호(2014.1.16., 공사 선금급 채권확보 미조치)

2014년 감판 제2호(2014.2.13., 청사취득 중 과태료 및 취득세 등 가산세 납부 관련 변상책임에 대한 무책판정)

2014년 감판 제3호(2014.4.17., 인테리어공사 하도급대금 부당 지급)

2014년 감판 제4호(2014.4.17., 공유재산 사용·수익허가업무 부당 처리)

2014년 감판 제5호(2014.5.15., 화훼생산(수출)단지 조성사업 보조금 부당 지원)

2014년 감판 제6호(2014.5.29., 선금급 채권확보업무 태만)

2014년 감판 제7호(2014.6.12., 선금 및 기성금 등 공사대금 부당 지급)

2014년 감판 제8호(2014.8.21., I센터 임대차계약업무 부당 처리)

2014년 감판 제9호(2014.9.18., 공사 선금급 채권확보 미조치)

2014년 감판 제10호(2014.10.2., 화물유치 인센티브 선지급금 지급 부당 처리)

2014년 감판 제11호(2014.10.2., 기술료 징수업무 부당 처리)

2014년 감판 제12호(2014.10.2., 예수금 등 횡령)

2014년 감판 제13호(2014.10.23., 선금급 채권확보업무 태만)

2014년 감판 제14호(2014.10.23., 공사 선금급 채권확보 태만)

2015년 감판 제1호(2015.1.22., 비품구매 관련 변상책임에 대한 무책판정)

2015년 감판 제2호(2015.3.5., 선금급 채권확보업무 부당처리)

2015년 감판 제3호(2015.4.9., 계약보증금 부당 소멸 처리)

2015년 감판 제4호(2015.4.30., 공사 선금급 채권확보업무 태만)

2015년 감판 제5호(2015.6.4., 토지보상금 공탁업무 부당 처리)

2015년 감판 제6호(2015.8.27., 공사 선금급 채권확보 업무 태만)

2015년 감판 제7호(2015.827, 선금급 채권확보 조치 태만)

2015년 감판 제8호(2015.9.10., 고용·산재보험료 등 채권회수 관련 변상책임에 대한 무책판정)

2015년 감판 제9호(2015.9.10., 기타징수금 관리 관련 변상책임에 대한 무책판정)

2015 판정 1(2016.2.4., 관사 임대차계약업무 부당 처리)

2015 판정 2(2016.2.25., 공탁금 등 횡령)

2014 판정 1(2016.3.24., 공사 선급금 관리와 채권확보 태만)

2015 판정 3(2016.3.24., 공사 선금채권 확보 미조치)

2014 판정 2(2016.4.7., 채권 압류된 공사대금 부당 지급)

2015 판정 4(2016.5.19., 계약변경 승인업무 처리 태만)

2015 판정 5(2016.5.19., 공사 선금급 채권확보 미조치)

2015 판정 6(2016.5.19., 선금채권 확보 미조치)

| 저자 약력 |

강인옥

현) 감사원 교수
한국공법학회 부회장 역임
동국대학교 법과대학 강사 역임
프랑스 Paris 2 대학교에서 박사학위 취득(법학박사)

| 저서 |

《공공계약법규 및 실무》(공저) 광문각
《회계관계직원의 책임》 광문각
《재정관리제도와 변상책임》 광문각
《행정행위와 감사》 책과공간
《La responsabilité administrative en droit coréen et en droit français》 프랑스 ANRT
《세계의 감사원》(공저) 조명문화사
《산업경제와 개발행정》(공저) 강원출판사 외 다수

변상과 징계의 이론과 사례

2016년 6월 21일 1판 1쇄 인 쇄
2016년 6월 28일 1판 1쇄 발 행

지 은 이 : 강 인 옥
펴 낸 이 : 박 정 태

펴 낸 곳 : **광 문 각**

10881
파주시 파주출판문화도시 광인사길 161
광문각 B/D 4층
등 록 : 1991. 5. 31 제12 - 484호
전 화(代) : 031-955-8787
팩 스 : 031-955-3730
E - mail : kwangmk7@hanmail.net
홈페이지 : www.kwangmoonkag.co.kr

ISBN : 978-89-7093-805-9 93360

값 : 34,000원

※ 저자와의 협약으로 인지를 생략합니다.